本书得到云南财经大学博士学术基金全额资助出版

"大一统"秩序与中国地缘文明的统合

莫 翔◎著

中国社会科学出版社

图书在版编目(CIP)数据

"大一统"秩序与中国地缘文明的统合 / 莫翔著 . -- 北京：中国社会科学出版社，2024.6
ISBN 978-7-5227-3663-1

Ⅰ.①大…　Ⅱ.①莫…　Ⅲ.①国家统一—政治思想史—研究—中国—古代 ②地缘政治学—研究—中国　Ⅳ.①D092.2②D6

中国国家版本馆 CIP 数据核字(2024)第 110727 号

出 版 人	赵剑英
责任编辑	梁剑琴
责任校对	王　龙
责任印制	郝美娜

出　　版	中国社会科学出版社
社　　址	北京鼓楼西大街甲 158 号
邮　　编	100720
网　　址	http：//www.csspw.cn
发 行 部	010-84083685
门 市 部	010-84029450
经　　销	新华书店及其他书店

印刷装订	北京君升印刷有限公司
版　　次	2024 年 6 月第 1 版
印　　次	2024 年 6 月第 1 次印刷

开　　本	710×1000　1/16
印　　张	22.75
插　　页	2
字　　数	362 千字
定　　价	128.00 元

凡购买中国社会科学出版社图书，如有质量问题请与本社营销中心联系调换
电话：010-84083683
版权所有　侵权必究

目 录

绪 论 …………………………………………………………… (1)
第一章 "一思维"与"大一统"理念 ………………………… (7)
  第一节 "一思维"与"大一统"概念 ……………………… (7)
    一 基于"一个中心的""一思维" …………………… (7)
    二 "大一统"概念及"大一统"思想 ………………… (16)
  第二节 以政治权力为核心的"大一统"思想的建构 …… (26)
    一 关于思想"大一统"的构想 ……………………… (26)
    二 权力集中于君主的政治"大一统"设计 ………… (29)
    三 泛政治化与一切都统一于皇权的思维意识 …… (33)
  第三节 以"华夷一体""天下一统"为鹄的的"大一统"
        治理目标 ……………………………………………… (35)
    一 "夷夏之辨"与"华夷一体" ……………………… (35)
    二 基于"天下""王道"理念的"大一统" …………… (41)
第二章 "大一统"皇权秩序的思想、制度及社会建构 ……… (47)
  第一节 "大一统"皇权秩序的思想建构 ………………… (47)
    一 "大一统"皇权秩序的思想基础 ………………… (47)
    二 皇权体制对"大一统"皇权秩序思想的国家意识形态化 … (51)
  第二节 "大一统"皇权秩序的制度建构与一元化政治权威
        体系 …………………………………………………… (58)
    一 "大一统"皇权秩序的制度建构 ………………… (58)
    二 皇权秩序的绝对一元化政治权威体系 ………… (68)
  第三节 "大一统"的社会、经济秩序模式 ………………… (71)
    一 政经一体与"超经济强制" ……………………… (71)
    二 "家国同构"与社会结构的一体化、原子化 …… (79)
  第四节 关于"大一统"皇权秩序的思考 ………………… (89)

第三章　世俗政治、实用理性与皇权"大一统"秩序……（94）

第一节　中国皇权社会的世俗主义政治及皇权主导下的
宗教信仰……（95）
一　儒学的世俗性与中国皇权社会的世俗政治……（95）
二　皇权主导下的宗教信仰及宗教多元化……（102）

第二节　中国传统政治的实用理性特质……（105）
一　中国人思维的实用理性特征……（105）
二　实用理性的治国之道……（109）

第三节　世俗政治与皇权"大一统"秩序……（111）
一　尊崇权力而非崇拜上帝的世俗性文化……（111）
二　缺乏神权制衡的世俗政权与皇权"大一统"秩序……（115）

第四节　对中国实用理性文化的反思……（118）

第四章　中国古代边疆治理的演变：从外部均衡到内部均衡……（120）

第一节　游牧社会、农耕社会的竞争、共生及外部均衡……（120）
一　游牧社会、农耕社会及二者的竞争、共生……（120）
二　中原农耕政权与北方游牧政权争雄天下的博弈……（125）
三　胡汉共天下：游牧文明与农耕文明在军事、政治上的
外部均衡……（130）

第二节　边疆民族征服性王朝二重治理体制下的内部均衡……（134）
一　"大一统王朝"的类型及二元治理体制……（134）
二　二元体制的成熟：基于"大一统"的二元治理体制……（137）

第三节　清朝"大一统"体制：真正实现"大一统"的
皇权秩序……（144）

第五章　从顾此失彼的"海防"与"塞防"到"海权"与
"陆权"并举……（152）

第一节　清朝的海防、塞防危机及地缘安全困境……（153）
一　"塞防""海防"危机及"塞防"与"海防"之争……（153）
二　"塞防"与"海防"的实质及顾此失彼……（155）

第二节　晚清地缘政治困境、财政困境及文明转型困境……（156）
一　"海防""塞防"之争与晚清所面临的现代地缘政治
困境……（156）
二　晚清国家行动能力的低下与财政困境……（160）

三　"海防""塞防"之争背后的文明困境…………………………（164）
　第三节　从"海防""塞防"到海权、陆权………………………………（176）
　　一　中国文明转型与中国海权、陆权并重的必要性……………（176）
　　二　关于中国现代海权与陆权发展的思考………………………（180）

第六章　地缘文明视域下的现代海权、现代陆权……………………（185）
　第一节　大航海时代与东亚朝贡体系、中国传统陆权的终结……（186）
　　一　大航海时代与现代海权的崛起………………………………（186）
　　二　中国主导的东亚朝贡体系与中国传统陆权的终结…………（189）
　　三　中国不得不面对的西方主导的现代海洋时代………………（196）
　第二节　现代海权、陆权的实质及海权与陆权的平衡……………（212）
　　一　作为历史、文化哲学而非战争哲学的海权论、陆权论……（212）
　　二　海权与陆权的本质及历史考察………………………………（220）
　第三节　海权与陆权的二元竞争与平衡发展………………………（238）
　　一　海权与陆权的二元竞争与国际秩序…………………………（238）
　　二　海权与陆权的相辅相成及平衡发展…………………………（248）

第七章　"大一统"思维、中道理性与中国海陆文明统筹发展………（266）
　第一节　当代中国地缘政治形势及地缘发展战略选择……………（267）
　　一　中国地缘的海陆复合型特性、优势及困境…………………（267）
　　二　中国地缘战略选择：基于中道理性的海陆枢纽地位的
　　　　塑造…………………………………………………………（270）
　第二节　"大一统"的现代诠释与基于民权的开放"大一统"
　　　　秩序…………………………………………………………（277）
　　一　中国围绕经典进行"诠释"的学问传统……………………（277）
　　二　"大一统"的现代诠释…………………………………………（284）
　　三　基于民权、开放原则的"大一统"秩序与大国崛起………（293）
　第三节　海陆复合型的中国必须克服的地缘政治困境
　　　　——"威廉陷阱""胼力陷阱"………………………………（307）
　　一　海陆复合型国家面临的地缘政治困境："威廉陷阱"与
　　　　"胼力陷阱"…………………………………………………（307）
　　二　崛起进程中的中国所面临的地缘政治难题…………………（315）
　第四节　中国规避地缘政治困境的途径与中国海洋、大陆
　　　　文明的统筹发展……………………………………………（318）

  一　中国规避"威廉困境""腓力陷阱"的途径：周边
　　　外交、有限海权与全球化……………………………………（318）
  二　基于"大一统"精神的中国海洋文明与大陆文明的
　　　融汇整合………………………………………………………（328）
主要参考文献…………………………………………………………（339）
后记……………………………………………………………………（356）

绪　　论

　　文明发展无法离开地理条件，并深受其限制、影响。就此而论，文明就是"地缘文明"。"地缘文明"概念出现于学者阮炜所著《地缘文明》一书。笔者深受此概念启发，也将在本书写作中借鉴此概念。"地缘文明"是一个"地缘—历史"共同体，或者是一个地缘实体或地缘集合体，其有大体相同之"历史—文化"记忆，以及拥有较高之"经济—政治"整合性。长久生活于同一地缘整体内的相邻民族、国家或文明将不可避免地相互联系、结合，以及在共享地缘环境中展开形式、程度各异之合作、互动，[①] 从而给既有文明增加新内涵。地理恒定，但文明变动不居，文明的发展、演变最终会超越地理限制，被地理条件割裂的不同区域性文明终将联系与统合。

　　人类社会是持续演化的文明系统，兼具时间和空间两大维度，构成文明的各要素在时间、空间上的分布并不均匀，从而产生特点迥异的不同文明。生存于地理范围的人类社会，必然从事政治、经济及文化活动，而"地缘+经济""地缘+经济"及"地缘+文化"，将演化和催生出地缘政治、地缘经济及地缘文化，这些都是地缘文明的关键构成。生产能力高低导致的财富布局的不均衡，以及资源分布的不平衡或在某一时空范围内的相对稀缺性，是导致不同文明形态冲突的关键因素。为争夺生存空间、生存资源，不同文明形态反复博弈，并冲突不断。

　　中国近代之前的数千年文明历程，主要是游牧社会与农耕社会持续冲突且融合的历史。生息在北部、西北及东北草原的游牧民族、猎耕民族，为获取生存所需资源，不断南下、南侵或入主中原，对中原农耕文明产生

[①] 阮炜：《〈地缘文明〉绪论》，http://m.aisixiang.com/data/17598.html，2021年9月19日。

巨大压力,甚至建立"大一统"王朝,从而深刻影响了中国文明与历史发展脉络。"如果突厥—蒙古族游牧部落的历史仅限于他们的远征,或者仅限于在寻找新牧地中发生的尚不清楚的那些小冲突的话,那么,它们的历史简直没有多大意义,至少就目前的利益而言。人类史上重要的事实是这些游牧民对南方的文明帝国所施加的压力,这种压力反复出现,直到征服成功。游牧民的袭击简直是一种自然规律,是由盛行于他们土生土长草原上的各种条件所决定的。"① 面对来自北方草原游牧部落的持续压力,中原农耕政权不得不予以回应。游牧文明与农耕文明的冲突、竞争及融合,推动着中国文明、国家形态及治理结构的演变。在中国数千年的历史长河中,游牧民族与农耕民族的纠葛贯穿各朝代。南下中原"打草谷"始终是草原政权营生的重要构成,而北上塞外"驱逐鞑虏"又是中原英主在国力昌盛时必须诉诸的行动。

地缘文明,既包含地缘政治与地缘经济,也包含地缘文化,其对文明发展的影响,丝毫不亚于前二者。中国文明进程中,以儒家思想为核心的中国文化是建构中国文明的关键变量,是整合中国大地上两种重要地缘文明——游牧文明与农耕文明的重要精神力量。古代中国诸子百家关于世界秩序建构的理论是基于"天下观"的"天下大一统秩序论","大一统"是"天下观"思想的旨归。若"天下观"是一体,则"大一统"观与"夷夏"观,却是这一体之两面,它们共同构成"天下观"认知的全部,二者缺一不可。② 自秦汉以来,"大一统"理念彰显为系统化、理论化的政治文化,也被逐渐制度化为较完善的国家治理体系。作为政治统治需要的"大一统"观向来是中国历代王朝国家治理实践的指导原则与价值导向。作为具体国家治理体系的"大一统"机制,则是基于皇权专制与中央集权而发展出的系列具体制度、政策等。"大一统"国家的确立和巩固是华夏文明延续的制度基础。自秦汉"大一统"王朝建立以后,历朝历代,无论是统一时期还是分裂时代,无不以江山一统为正道,以天下分治为歧途,"大一统"是华夏思想体系中诸子百家思想的共识。"大一统"

---

① [法]勒内·格鲁塞:《草原帝国》,蓝琪译,项英杰校,商务印书馆 2017 年版,"导言"。

② 吕文利:《中国古代天下观的意识形态建构及其制度实践》,《中国边疆史地研究》2013 年第 3 期。

于制度建构层面体现为"大一统"皇权专制秩序。①"大一统"皇权秩序的思想建构主要由农耕民族思想家完成，制度建构由农耕政权开启。此后，农耕民族、游牧民族及兼具游牧与农耕双重特性的渔猎民族，三者共同推进"大一统"皇权秩序及制度建构的完善。

人类社会秩序是动态而演化的，彰显着人的主体性、价值性。人类社会秩序演变是合规律性与合目的性的统一。在客观自然条件和社会规律允许范围内，人类社会秩序的具体形态，取决于作为主体性存在的人所具有的物质力量与观念力量的相互建构，人类的意识、观念始终影响及建构着人类社会秩序及其规则。"大一统"观念是汉代以来儒家思想中最重要的理念，亘贯古今，对于维系中国统一国家形态及文明发展有着非比寻常的意义。"大一统"的价值追求及制度安排，在给中国皇权专制秩序提供支持的同时，也为中国文明发展及变革提供制度、价值资源。中国皇权体制框架下的"大一统"秩序，是迟滞中国文明发展的"布罗代尔钟罩"②，也是中国文明融合发展与突破的起点。

"天下"之中的中国文明进程，并非只有一种文明，而是二元文明或多元文明的并存、互动，主要是游牧文明与农耕文明的并存、互动，伴随这个过程的是"大一统"秩序与"华夷"秩序的相互建构。"大一统"秩序于实践层面的建构经历数千年之久才完成，理论层面的基本建构完成于先秦时代。西汉，"大一统"秩序思想以完整理论形态呈现（主要核心思想是：董仲舒提出的"罢黜百家，独尊儒术"；董仲舒阐释的《春秋公羊传》"大一统"思想，其称"《春秋》大一统者，天地之常经，古今之通谊也"③）。董仲舒将"大一统"置于至高无上的位置，其正符合汉武帝追求一统政治的目标。在"大一统"秩序中，"华"（农耕文明）与"夷"（游牧文明）的互动构成其主要内容。农耕文明与游牧文明的关系，

---

① 关于皇权秩序研究的成果很丰富，其中，王毅的专著《皇权制度研究》、刘泽华文集《刘泽华全集：中国的王权主义》，是皇权秩序研究的典范。

② 布罗代尔钟罩是指阻隔市场的制度藩篱。市场经济是一种不断扩展的人类合作秩序，在历史上，这一合作秩序曾被一些未知因素所牵制，导致它无法扩张并占据整个社会，历史上的市场经济就好像被困在一种与世隔绝的"钟罩"之内。是什么因素制约着人类合作秩序的扩展？该问题被法国历史学家费尔南德·布罗代尔（Fernand Braude）视为一个没有解开的历史之谜，这种被封隔的经济状态则被称为"布罗代尔钟罩"。参见陈国富《"布罗代尔钟罩"》，《开放时代》2005年第3期。

③ （东汉）班固撰：《汉书》，中州古籍出版社1996年版，第784页。

首先表现为空间结构上的并存，并于时间进程层面互相建构，最终实现"大一统"秩序于实际层面的构建完成。自秦汉以来，"大一统"既彰显为一套绵密的政治文化，也呈现为一套严密而复杂的国家治理体系。

中国是一个多民族国家，其历史的主要脉络呈现游牧民族社会与农耕民族社会的竞争、融合。中国文明就是在游牧政权、农耕政权建构进程的跌宕起伏及相互冲突、相互建构中发展及绽放异彩。中国"大一统"皇权秩序的构筑，农耕民族提供精神支柱和主要制度框架，而游牧民族则提供关键军事助力，而中国东北兼具游牧与农耕双重身份的渔猎民族却通过将二者较好结合，缔造出一个真正"大一统"且具有二元体制特征的"大一统"皇权秩序。空间拓展之际，也是政治生活模式的重构，其意味着一场深刻的政治、经济及文化革命，并是对政治、经济及文化分类原则的重塑。[①] 不融入、不汲取农耕文明的制度、思想因素，以及不依靠农耕文明持续稳定的物质力量，游牧部落缔造的帝国只能昙花一现。纯粹的农耕文明由于其文明的封闭特征及高成本运作模式，却决定了其不能将统治秩序直接而持久地覆盖至游牧地区，而往往受制于后者。只有将农耕文明的持续性、稳定性及物质生产能力与游牧文明的军事冲击力结合起来，"大一统"秩序才能最终完成。中国漫长历史中，"我者"与"他者"始终寻求相互认同和融合，这或许是中国历史独特之处。

自秦王朝开创皇权"大一统"体制以来，直至21世纪初期，陆权或大陆属性是中国文明的长期属性。中国具有海陆复合的地缘属性，但囿于小农社会的自给性、封闭性及皇权体制的专制性，传统帝制中国主要还是一个陆权或大陆之国。中国历史上，农耕政权与塞外游牧强邻围绕长城一线持续展开的侵扰与反侵扰，在帝制的中国王朝国家中塑造出根深蒂固的陆权观。对于中原王朝而言，其地缘战略的关键目标是安抚北方游牧强邻或将其纳入"大一统"皇权秩序。今日中国能成为一个具有世界影响的大国，一个主要因素就是中国"大一统"王朝为现代中国留下了庞大的陆地疆域，而在其中，游牧政权对中国陆地疆域的扩大贡献巨大。中国"大一统"王朝完成的农耕地区与游牧地区的整合，将中华传统"大一统"秩序置于其发展之历史巅峰，也为中国从较单一的大陆文明形态向

---

① 汪晖：《作为思想对象的二十世纪中国——空间革命、横向时间与置换的政治》（下），《开放时代》2018年第6期。

海陆平衡发展的复合型地缘文明发展奠定了雄厚地缘基础。

英国历史学家阿诺德·约瑟夫·汤因比（Arnold Joseph Toynbee）曾在《历史研究》一书中提出"挑战—应战"文明互动模式。根据这种模式，文明的产生、演化，既非依靠种族的优越，也并非依凭良好的地理环境，而是人们面对外在环境的持续"挑战"而实施成功"应战"的结果。"挑战"和"应战"是文明兴衰的根本原因，成熟文明通过化解无数挑战成长起来。一个文明在应对挑战时若不得要领或屡失良机，将会衰败或消亡。中国传统文明的"大一统"秩序，主要是游牧文明与农耕文明交往中互为"挑战"与"应战"的结果。近代之前的中华文明虽然遭遇数次强烈而危险的挑战，但凭借成功"应战"，中华文明始终稳定发展而绵延不绝。自19世纪中叶西方世界以强制力将中国置于西方主导的世界秩序中以来，其就面临着从传统文明向现代文明转型的重任，这种转型是最先肇始于西方的现代文明向中国传统文明"挑战"及中国传统文明进行"应战"的结果，在地缘文明层面，却表现为现代海洋文明、现代大陆文明挑战中国传统大陆文明及后者应战前者。费正清在《剑桥中国晚清史》中明确指出，中国近代史，是"扩张的、进行国际贸易和战争的西方同坚持农业经济和官僚政治的中国文明之间的文明对抗"，"从根本上说，这是一场最广义的文化冲突"。[①] 以史观之，中西文明冲突给中国发展带来的压力，正是中国"现代性"的起源。

在外在西方文明的压力与中国自身内在文明的张力双重作用下，现代中国保留绵延数千年的中国精神内核，又吸纳西方文明中的理性、自由、民主要素，从而实现中华文明的"创造性转化"，并迈向现代化道路。对于中国文明的现代转型，现代精神与中国传统思想都发挥着不可替代之作用。中国"大一统"皇权秩序，一开始就受地缘文明影响，也深刻塑造着地缘文明，而最终也将被文明的发展所超越。中国文明基因中的"大一统"精神将是整合传统与现代、海洋文明与大陆文明因素的最好精神载体，并将激起新的文明创造。唐君毅认为，中国文化遵循"反本复始"的演化路径，即"依一中心精神，由内向外不断推广实现，而于和平中发展"，实现"使故者化为新，而新者通于故"的精神诉求。[②]

---

① [美] 费正清：《剑桥中国晚清史》（上卷），中国社会科学院历史研究所编译室译，中国社会科学出版社1985年版，第2、251页。

② 唐君毅：《中国文化之精神价值》，正中书局2000年版，第15页。

自地理大发现以来，西方文明开始崛起，其推动的全球化将世界不同地理空间中的历史轨道连接在一起，并形成彼此互动的全球历史，人类也相应需要在哲学上探求一种面向全人类的普适性价值与律则。即在彼此分割且人种、语言、文化、信仰完全不同的复杂历史现象背后，找到一个指引人类生活未来发展方向的目标或意义模式，并缔造出一种真正的普遍主义哲学，由此形成对全球普遍历史的叙述。亨廷顿说："区域政治是种族的政治，全球政治是文明的政治。"[1] 人类文明发展其实是从区域性文明迈向世界文明的历史进程。文明间的横向交往是空间性的，也是时间性的，即处于不同发展阶段的不同文明的相互衔接进程。历史不仅是从过去到现在的文明变迁进程，也是不同文明间的相互渗透过程。文明的"起源"很可能是不同文明间在空间上的交流与互动的结果。[2] 1922 年，英国哲学家伯特兰·罗素（Bertrand Russell）写就题为《中西文明比较》的文章，其中指出："不同文明之间的交流过去已经多次证明是人类文明发展的里程碑，希腊学习埃及，罗马借鉴希腊，阿拉伯参照罗马帝国。"[3] 相异文化、文明间的冲突总是暂时的，相互汲取、融合则是主流。

在新时代下，基于"大一统"精神的中国地缘文明统合，其意义在于它是对无限性、发展性的承诺，而不是对现今西方"全球律则"及其"普世性"的臣服。"大一统"精神的思想基础是中国哲学阐释的"生生之谓易"中的有关"生生"的宇宙论、历史观。中国新时代的"大一统"代表着一种不同于海洋中心论或大陆中心论的普适性全球律则，而是一种富有张力与弹性的世界观和秩序观。"大一统"是一个将历史文明与现代文明、独特性与普遍性、多样性与平等性相综合的概念。"大一统"也是一种规范性理论，其所包含的超越性、天下性，将为反思世界政治的文明前景提供更富生机的思想进路。

---

[1] ［美］塞缪尔·亨廷顿：《文明的冲突与世界秩序的重建》，周琪、刘绯、张立平、王圆译，新华出版社 2009 年版，第 6 页。

[2] 汪晖：《作为思想对象的二十世纪中国（下）——空间革命、横向时间与置换的政治》，《开放时代》2018 年第 6 期。

[3] ［英］伯特兰·罗素：《中西文明比较》，载［英］罗素《一个自由人的崇拜》，胡品清译，时代文艺出版社 1988 年版，第 8 页。

第一章 "一思维"与"大一统"理念

从古及今,文化是塑造帝国、王朝或国家形态并影响其兴衰、分合的持久性力量。文化建构的思维模式是确立民族、国家生存方式的最重要精神力量。自秦始皇统一中国,中国步入长达两千余年的皇权时代,而"大一统"统治秩序的构造与形成,则是皇权时代最显著的特征。"大一统"秩序中,权力高度集中于皇帝,皇权至高无上,思想高度统一,国家确立起一种统治思想,国民只能有一种思想方式。中国古人的"一思维"是建构"大一统"秩序的关键变量,"大一统"思想也潜移默化为中国人固有思维模式。

第一节 "一思维"与"大一统"概念

一 基于"一个中心的""一思维"

在社会活动中,人们会逐渐形成稳定的思维方式,并基于此把握、认知世界及建构社会组织。思维模式是文明、文化最深层特质与最稳定因素。中国古代思想中,内涵丰富的"一",是本体性、终极性概念。"一"是数之始,事之源,是太极,涵盖万物。中国思想呈现整体性、综合性思维取向。在中国思想中,万事万物被阴阳两分,但统于"一","一"是阴阳"二"合之"一"。"统一"是阴阳统于"一",矛盾的两方合于"一"才是"统一"。"一"是天地万物之本原,是宇宙之根本规律,是多中之一。

老子首先将"一"作为哲学术语运用。春秋之际老子的道论哲学中,"道"是核心,万事万物统一于"道",并依"道"运行、演变。老子将"一"与"道"等同。"一"统摄、支配万物,贯通天、地、人。"道"之为"物"的模式为:"视之不见名曰夷,听之不闻名曰希,抟之不得名曰微。此三者不可致诘，故混而为一。"① "一"之主要价值是："万物得一以生，侯王得一以为天下贞。"② 老子视"一"为宇宙全部。《老子想尔注》有云："一者，道也。……一在天地外，人在天地间，但往来人身中耳……一散形为气，聚形为太上老君。常治昆仑，或言虚无，或言自然，或言无名，皆同一耳。"③ "一"即"道"，象征宇宙最终极、最普遍及最绝对的真谛。天、地、神、谷及侯王，一旦得"道"，就可"无为而无不为"④，"是以圣人抱一为天下式"⑤。当老子用"夷""希"及"微"阐释"道"不能被感官感知时，说"三者不可致诘，故混而为一"⑥。立足本体论诠释"道"时，"一"表征"道"为日月经天之唯一真理，是独一无二先天地生且化生宇宙万物者，天地得之亦能清明安宁。"道"无形无相且捉摸不定，故"混而为一"。当立足于宇宙的生成诠释"道"时，"道生一"，"一"即为宇宙万物之所以然，"一"先天地而生，无"一"，则天地无以化生，万物便"无所措手足"。中国古代思想者普遍认可老子"道生一，一生二，二生三，三生万物"⑦的宇宙生成论。"道"即为天地生成演化之规律。

老子的"一"思想属"一元论"哲学，迥异于西方"二元论"。《周易系辞下》云："天下之动，贞夫一者也。"⑧ 这也彰显着"一崇拜"。"贞"，即正、守正。"正"是正态、常态、本性。故，"贞"即是一。孟子说："且天之生物也，使之一本。"⑨《中庸》也云："天地之道，可一言而尽也：其为物不贰，则其生物不测。"⑩ 本体论与宇宙生成论统一，以及有与无、体与用及天与人合一的思维模式，是中国古代思想者思考宇宙起源、人生发展的鲜明特点。"中国人观察事物，往往重视统摄全面，

---

① 冯达甫撰：《老子译注》，上海古籍出版社2006年版，第31页。
② 冯达甫撰：《老子译注》，上海古籍出版社2006年版，第94页。
③ 饶宗颐：《老子想尔注校正》，转引自杨宏声《道家和平思想研究》，南京出版社2008年版，第245页。
④ 冯达甫撰：《老子译注》，上海古籍出版社2006年版，第114页。
⑤ 冯达甫撰：《老子译注》，上海古籍出版社2006年版，第54页。
⑥ 冯达甫撰：《老子译注》，上海古籍出版社2006年版，第31页。
⑦ 冯达甫撰：《老子译注》，上海古籍出版社2006年版，第101页。
⑧ 赵建伟、陈鼓应译注：《周易今注今译》，商务印书馆2005年版，第646页。
⑨ 鲁国尧、马智强注评：《孟子注评》，凤凰出版社2006年版，第94页。
⑩ 陈戍国点校：《四书五经》（上），岳麓书社1991年版，第12页。

而不喜欢局部的分析。"① 牟宗三认为，西方文化属于"智的文化系统，其背后的基本精神是'分解的尽理之精神'"，是一种"'方以智'的精神"；"而中国'综合的尽理之精神'，则是'圆而神'的精神"②。中国文化是侧重时间性且以时间为本位的文化，强调时间的绵延不绝，立足于时间的不可分割性，人与天地万物乃是完整而不可分割的有机体。

在反思世界存在方式时，与西方一样，中国也有二分法。西方的二分法与三条思想律（同一律、矛盾律及排中律）紧密关联，西方二分法中，规定一次，必然伴随否定一次。《周易》思维中的阴阳鱼、太极图式两分法是中国式两分法，其中，阴阳互补交融而相互转化，但互补及转化规则缺乏逻辑。《周易》中的阴与阳的关系，不是严格对偶及相互排斥的关系，而是阴中有阳，阳中有阴，故无法演化出形式逻辑的矛盾律、排中律。《周易》的阴阳二数，发展出三，没有沿两分原则发展。《周易》的八卦是阴阳两极互动的结果。在纯阳卦"乾"卦与纯阴卦"坤"卦之下，是三个阳卦、三个阴卦。三个阳卦皆由一个阳爻两个阴爻构成，三个阴卦无不是由两阳爻一个阴爻组合。王弼认为，天地人三才，做主的只能是一个。③

除道家外，其他学派也有把"道"与"一"并列，如《韩非子·扬权》提出："道无双，故曰一。"④《吕氏春秋·大乐》也云："道也者，至精也，不可为形，不可为名，强为之，谓之太一。"⑤《淮南子》曰："同出于一，所为各异"⑥；"一也者，万物之本也"⑦。"一"是宇宙原始混沌之统一体与万物本原——"太一"。宋明理学中，"一"代表"理"，所谓"万物森然于方寸之间，满心而发，充塞宇宙，无非此理"⑧。

"一"也与"分"相对，代表"合"，即合和归一，即事物间或事物内部各要素间既对立又统一。"一"是事物的本质、归宿，而"分"则是

---

① 许倬云：《中国人的思考方式》，《浙江人大》2019年第7期。
② 牟宗三：《中国哲学的特质》，上海世纪出版集团2008年版，第144—145页。
③ 刘家和：《理性的结构：比较中西思维的根本异同》，《北京师范大学学报》（社会科学版）2020年第3期。
④ 郑之声、江涛编著：《韩非子》，北京燕山出版社1995年版，第50页。
⑤ 张双棣等注译：《吕氏春秋译注》，北京大学出版社2011版，第107页。
⑥ 王洁红译注：《淮南子》，广州出版社2004年版，第153页。
⑦ 王洁红译注：《淮南子》，广州出版社2004年版，第168页。
⑧ 《陆九渊集》卷三十四，中华书局1980年版，第423页。

事物之表象，万物不归"一"，便不完满。老子认为，纷扰的世间万物，终将万法归一。"有物混成，先天地生……吾不知其名，字之曰道，强为之名曰大。大曰逝，逝曰远。远曰反……人法地，地法天，天法道，道法自然。"① 道创生天地万物，人效法地，地效法天，天效法道，道效法自然。道是绝对而终极性的存在，"道法自然"，即道就是"自然"，"道"与"自然"并非对立的。《淮南子》云："天地运而相通，万物总而为一。"② 又说："万殊为一。"③ 道家杰出代表庄子曾说："厉与西施，恢诡谲怪，道通为一。"④ 人物千差万别，世界现象万殊，但以重玄之道（虚通无滞的精神境界）看，道通为一（都是相通浑一的）。"理一分殊"是中国古代哲学关于体悟道体理论的重要思维模式。《周易·系辞下》曰："天下同归而殊途，一致而百虑。"⑤ 孔颖达疏："言天下万事终则同归于一，但初时殊异其途，路也。"⑥ 春秋时，百家争鸣，孔子说："参乎，吾道一以贯之。"曾子曰："唯。"⑦

自《易经》始，到老庄道学，再到宋明理学，都将天、地、人有机贯通，都视自然、社会、人生相互间是整体的一体化系统，并认为万事万物始于一又归于一。作为宇宙发生论、世界本体论的"一"概念，在中国思想界被广泛引申运用于政治、社会、思想等各领域。"一"概念是最集中概括且最典型反映中国古人政治理想及心态的概念，"一"是中国传统政治思想的"全息元"。"一"与"杂""乱""分"相对，表征社会齐整如一的有序化秩序；"一"与"二""多"等相对，指政治统一和一元化体制建构；"一"表征社会政治秩序的稳定及政治权力流动的单向性，并否定逆向、双向及多向权力关系。⑧ 英国历史学家汤因比认为，老子"一"思想是一种玄妙之智慧。老子时代，中国人有追求"一"（统一、纯一等）的强烈意识，"一"思想内涵彰显于政治理论和道家的形而上学

---

① 冯达甫撰：《老子译注》，上海古籍出版社2006年版，第114页。
② 王洁红译注：《淮南子》，广州出版社2004年版，第43页。
③ 张广保编著：《淮南子》，北京燕山出版社1995年版，第183页。
④ 马恒君译注：《庄子正宗》，华夏出版社2005年版，第29页。
⑤ 赵建伟、陈鼓应译注：《周易今注今译》，商务印书馆2005年版，第660页。
⑥ 转引自张立文《理一分殊论：中国哲学元理》，《社会科学战线》2022年第2期。
⑦ 王国轩、张燕婴、蓝旭、万丽华译：《四书》，中华书局2007年版，第16页。
⑧ 丛日云：《"一"与"多"：中西政治文化的两种个性分析》，载徐大同、高建主编《中西传统政治文化比较研究》，天津教育出版社1997年版。

中。汤因比认为，寻求统一是中国古人的行动准则，并体现了博大精深之"道"。①

春秋战国之际，西周王朝建构的"一"秩序早已瓦解，诸侯并立而相互攻伐，诸子纷纷拿出匡扶社稷之策，但无不旨在使江山一统或定于"一"。在追求"一"的政治意识驱使下，政治秩序建构主导者力图将天下万物都纳入"一"的秩序框架，并改造任何违背"一"秩序的行径，而使其归于"一"。"一"则安，"多""杂""乱"则令人惊怖难安。战国晚期，列国皆视"一天下"为基本政治理念，皆不甘安于区域分治，都试图一统天下。列国之间相争的不是天下是否统一，而是对统一天下，执着于"舍我其谁也"。历代中国政治家都执着于整全而统一的"天下"。

春秋战国时期，百家争鸣，诸子思想内容迥异，但无不以建立"统一秩序"为鹄的，百家争鸣只为天下一统。西周，学在"官府"，东周之前并无诸子的"百家争鸣"。东周，天子权威式微，诸侯势力做大，天下纷扰，诸子百家于乱世著书立说，其中，有提倡以法治国，有主张施仁政，也有以阴阳五行说解释兴衰，最终汇成"九流"（儒家、道家、阴阳家、法家、农家、名家、墨家、纵横家及杂家），为江山重归一统贡献力量。儒家推崇"仁"，并凸显"定于一"的礼乐道德秩序；法家提出稳定、规制社会的法条律令，强调权力主导的"车同轨、书同文"的法制社会秩序；墨家倡导"兼爱""非攻"，追求"尚同""执一"的社会治理模式；彰显自由思想的道家，也认同统一秩序。老子有"小国寡民"的政治设计，"小国"之后，则是作为最终秩序的"天下"，即"以国观国，以天下观天下"②。老子还揭示"取天下"和"天下王"的奥秘："昔之得一者：天得一以清；地得一以宁；神得一以灵；谷得一以盈，万物得一以生，侯王得一以为天下贞。"③ 战国时代思想内容上有差异的一流思想家都受"大一统"理想启迪。诸子争论尖锐，却都视建立统一秩序为由乱入治之要。

春秋之际，礼坏乐崩，自周公始遵守了数百年的规矩被颠覆，失礼之举愈益增多，社会秩序混乱，公共规则遭到破坏，思想共源被毁弃，"民

---

① 参见［英］汤因比《历史研究》（中册），曹未风等译，上海人民出版社1986年版，第320—321页。

② 冯达甫撰：《老子译注》，上海古籍出版社2006年版，第126页。

③ 冯达甫撰：《老子译注》，上海古籍出版社2006年版，第94页。

无所措手足"①。面对礼坏乐崩的纷乱时局，诸子都力图扭转乾坤。整个春秋时代，都是"诸侯异政，百家异说"②，天下秩序离乱状况从未好转，而是情势愈加恶劣。作为事实描述，"百家争鸣"是表述百家论争的客观状况。价值上，今人视"百家争鸣"为思想解放，值得称颂。古人（尤其是诸子）却对百家争鸣局面心怀不满，诸子对"百家争鸣"基本持批判立场。比如："世衰道微，邪说暴行有作""处士横议"；③ "天下多得一察焉以自好""以自为方"；④ "好恶殊方，是以九家之术蜂出并作，各引一端，崇其所善，以此驰说，取合诸侯"⑤。上述表达都是诸子对"百家争鸣"的贬抑评价。庄子明确反对争鸣，力图将各家之说相通相应。"譬如耳目鼻口，皆有所明，不能相通。犹百家众技也，皆有所长，时有所用。"⑥百家言说就好像相互阻隔的人之口耳目鼻，孤芳自赏。庄子提出要"判天地之美，析万物之理，察古人之全"⑦。即于各家学说中探寻分散的万物之理，然后竭尽所能恢复已失散的古人完满道德，不做持一孔之见的"一曲之士"⑧。如此方能避免"道术将为天下裂"⑨。即避免百家异说的思想混乱局面。《荀子》云："今诸侯异政，百家异说，则必或是或非，或治或乱。"⑩荀子视百家争鸣为导致混乱时世的主要原因。荀子云："辩而无用，多事而寡功，不可以为治纲纪。"⑪ 在荀子眼中，"无用之辩"正在阻碍社会发展。其进而提出："总方略，齐言行，壹统类。"⑫

在"一"思维影响下，"大一统"意识成为中国人心灵深处稳定的文化积淀。在应对人与人之间的矛盾冲突时，中国人秉持"劝和不劝分"的立场。中国人的审美中，视整齐划一为美，视丰富多彩为杂乱无章，认

---

① 王国轩、张燕婴、蓝旭、万丽华译：《四书》，中华书局2007年版，第62页。
② 张觉校注：《荀子校注》，岳麓书社2006年版，第262页。
③ 鲁国尧、马智强注评：《孟子注评》，凤凰出版社2006年版，第109页。
④ 马恒君译注：《庄子正宗》，华夏出版社2005年版，第571页。
⑤ （东汉）班固撰：《汉书》，中州古籍出版社1996年版，第600页。
⑥ 马恒君译注：《庄子正宗》，华夏出版社2005年版，第571页。
⑦ 马恒君译注：《庄子正宗》，华夏出版社2005年版，第571页。
⑧ 马恒君译注：《庄子正宗》，华夏出版社2005年版，第571页。
⑨ 马恒君译注：《庄子正宗》，华夏出版社2005年版，第571页。
⑩ 张觉校注：《荀子校注》，岳麓书社2006年版，第262页。
⑪ 张觉校注：《荀子校注》，岳麓书社2006年版，第50页。
⑫ 张觉校注：《荀子校注》，岳麓书社2006年版，第51页。

第一章 "一思维"与"大一统"理念

为其会败坏兴致，于是千方百计要将其改为"统一"，"统一"则是气势恢宏而美不胜收。

中国的"一"思维，关键不在于"统一"，而在于"一个中心"，即天下统一于一个中心。中国形意统一的文字中，一个中心是"忠"，两个中心就为"患"。《荀子·议兵篇》云："权出于一者强，权出于二者弱。"① 董仲舒说："心止于一中者，谓之忠；持二中者，谓之患。"② 韩非子说："一家二贵，事乃无功。"③《孟子·万章》云："孔子曰：'天无二日，民无二王。'"④ 面对梁襄王遽然问"天下恶乎定"时，孟子笃定地说"定于一"⑤。《吕氏春秋》则称："天下必有天子，所以一之也。天子必执一，所以抟之也。一则治，两则乱。"⑥ 董仲舒提出："《春秋》大一统者，天地之常经，古今之通谊也。"⑦ 其还强调"一"的内涵："天道大数，相反之物也，不得俱出，阴阳是也"⑧；"天之常道，相反之物也，不得两起，故谓之一"⑨。董仲舒提出的阴阳二气"不得俱出""不得两起"，彰显的是正反两面不能一并出场的思想。如果阴与阳能"俱出""两起"，则无正反之可言。《元史·太祖本纪》云："吾闻东方有称帝者。天无二日，民岂有二王耶?"⑩ "大一统"秩序中，最高权力中心是唯一的，最高权力必须由帝王操控，即所谓"礼乐征伐自天子出"⑪。"统一"彰显整齐划一与臣民对一个中心的等级秩序的严格遵守，是权力意志的彻底贯彻与落实，历代王者无不以此为最高追求。中国人向来崇拜"中"。被视为华夏文明源头的河图、洛书（太极、阴阳、四象、五行、八卦九宫等概念皆可追溯于河图、洛书），其结构呈中心与四方或八方的

---

① 张觉校注：《荀子校注》，岳麓书社2006年版，第174页。
② 苏舆撰、钟哲校：《春秋繁露义证》，中华书局1992年版，第346页。
③ 郑之声、江涛编著：《韩非子》，北京燕山出版社1995年版，第53页。
④ 鲁国尧、马智强注评：《孟子注评》，凤凰出版社2006年版，第160页。
⑤ 鲁国尧、马智强注评：《孟子注评》，凤凰出版社2006年版，第8页。
⑥ 张双棣等注译：《吕氏春秋译注》，北京大学出版社2011年版，第504页。
⑦ （东汉）班固撰：《汉书》，中州古籍出版社1996年版，784页。
⑧ 曾振宇注说：《春秋繁露》，河南大学出版社2009年版，第299页。
⑨ 曾振宇注说：《春秋繁露》，河南大学出版社2009年版，第301页。
⑩ 《元史》卷1《太祖纪》，转引自巴哈提·依加汉《十三世纪前乃蛮统治制度二题》，载南京大学元史研究室编《内陆亚洲历史文化研究》，南京大学出版社1996年版，第466页。
⑪ 王国轩、张燕婴、蓝旭、万丽华译：《四书》，中华书局2007年版，第82页。

组合关系。"大一统"秩序的政治前提是"要在中央"的中央专制集权，即"事在四方，要在中央。圣人执要，四方来效"①。地方无独立的政治、经济、军事及司法权力，必须遵循中央统一政令。法家的慎到认为："多贤不可以多君，无贤不可以无君"；"立君而尊贤，是贤与君争，其乱甚于无君"。②学派、观点及思想或许可以多些，但政治权力务必集中于君主，政治权力绝对不能二元化、多元化，因为"两则争，杂则相伤"③。申不害云："明君治国……三寸之机运而天下定……一言正而天下定。"④管子也是唯一中心"大一统"政治理念的拥趸者。《管子》云："使天下两天子，天下不可治也。"⑤《管子》又云："明一者皇，察道者帝。"⑥管子表示，"明一者皇"才是最高政治境界、最理想政治体制。这些表述都表明，追求"一统"的意识已深入法家理论核心。管理及统治统一的"天下"是中国众多政治家的最高追求。

自秦朝将"天下之事无小大皆决于上"⑦确立为统治原则，乾纲独断的皇权专制一向主导着中国传统政治。东汉章帝之时，朝廷将《白虎通义》确立为国家法典，《白虎通义》清晰规定了帝制时代皇帝权威的绝对性及君臣关系，并充分彰显天下只有唯一"中心"的观念。《白虎通义·号》云："或称天子，或称帝王何？以为接上称天子者，明以爵事天也。接下称帝王者，明位号天下至尊之称，以号令臣下也。……以天下之大，四海之内，所共尊者一人耳。"⑧《白虎通义》明确规定，上天赋予天子掌控人间一切之绝对权力，帝王以至尊号令臣下，"至尊"意味着排除一切挑战皇权的可能性。天子是普天之下的官宦士庶唯一之所共尊者，帝王掌控天下的权力的神圣性、绝对性、唯一性及独一性，不容置疑、动摇及削弱。《白虎通义·封公侯》云："王者所以立三公九卿何……王者受命为

---

① 郑之声、江涛编著：《韩非子》，北京燕山出版社1995年版，第49页。
② 高流水、林恒森译注：《慎子、尹文子、公孙龙子全译》，贵州人民出版社1996年版，第60、48页。
③ 高流水、林恒森译注：《慎子、尹文子、公孙龙子全译》，贵州人民出版社1996年版，第39页。
④ 《申子·君臣》，转引自王斐弘《治法与治道》，厦门大学出版社2014年版，第368页。
⑤ 吴文涛、张善良编著：《管子》，北京燕京出版社1995年版，第207页。
⑥ 吴文涛、张善良编著：《管子》，北京燕京出版社1995年版，第148页。
⑦ （汉）司马迁：《史记》，江俊伟、甘宏伟评注，崇文书局2010年版，第45页。
⑧ 陈立：《白虎通疏证》，中华书局1994年版，第47页。

天地人之职，故分职以置三公，各主其一，以效其功。一公置三卿，故九卿也。"① 确立三公九卿职位是"王者受命为天地人之职"的需要，是帝王延伸皇权以全面掌控天下的需要，三公九卿的职责与义务是辅佐皇权"以顺天成其道"，并非平分帝王权力。

中国历史中，王朝更替不断，但一个超越具体王朝，且以中原为中心并代表华夏文明主脉的"政治—文明共同体""中国"始终存续，其保持政治层面制度典章的稳定性、连续性及文明层面文教语言礼乐风俗的一致性、连贯性。中国古人的"天下思想"中，"中国"居中央，是"王"或"天子"施政的核心区域，拥有"中国"即象征着"正朔"。"中国"为"天下"中心，拥有"中国"便可成为号令天下的正统王朝的观念，深刻影响了中国历代王朝的国家治理。获取"中国"控制权是汉族各政治力量致力于达成的最高政治目标，也是中国北疆各民族政权南下侵夺的重要动力。具体时代，"中国"由某具体正统王朝代表。不同割据政权都试图问鼎中原，夺取代表"中国"的正统。中国人的视界中，天下是唯一的，代表天下的只能是一个"奉天承运"的正统王朝。天下之中，可能并存数个割据王朝，无论是魏晋南北朝，还是五代十国，都以争夺天下正统为鹄的。

中国传统思想有"不二法门"（即法门不二）之经典信条。"二"，反也。中国汉语中，止一是"正"，不正即"歪"；一个中心为"忠"，两个中心便是"患"。中国人的观念中，整体是大于局部的，"一"是高于"二"的，"统一"要优于"分裂"。重视统一性，强调整体性，是中国思维最显著特征之一。西方文化强调求异思维，且鼓励个人"标新立异"，而中国文化则强调求同性思维，对意见分歧通常要求"求大同，存小异"。中国传统文化及官方意识形态异常重视思想的"守一""齐一"。思想的"大一统"控制，使中国缺乏思想自由，阻碍了中国思想市场的形成，从而抑制中国人的创造性。中国古代"天人合一"之说，在生活中被异化为"人人合一"而缺乏个体独立意识的形象。人人合一、人与神及自然合一，意味着个体的人并未从神和自然界的世界中分离、独立出

---

① 陈立：《白虎通疏证》，中华书局1994年版，第129—131页。

来。① 个人缺乏独立人格、自由思想，正是"大一统"皇权体制建构的重要前提。

中国 16 世纪的思想家李贽（1527—1602 年）因宣扬"天下万物皆生于两，不生于一"的观点，② 被以"敢倡乱道，惑世诬民"的罪名下狱，而后自杀。李贽主张的"执一便是害道"③ 观点也被宗法权威压制且一直备受冷落。其实，孟子也有"执一便是害道"的相近思想表述。孟子曾云："所恶执一者，为其贼道也，举一而废百也。"④ 哲学家黑格尔在谈及皇权时代的中国时说："他们围绕着一个中心，围绕着那位元首，他以大家长的资格——不是罗马帝国宪法中的君主——居于至尊的地位。……东方观念的光荣在于'唯一的个人'一个实体，一切皆属于它，以致任何其他个人都没有单独的存在，并且在他的主观的自由里照不见他自己。"⑤ 相较西方哲学，中国古典哲学有不重视语言（逻辑理性）与个体自由的特点。缺乏逻辑与理性精神，个体自由就缺乏表达手段和保护屏障；没有自由而主观能动的努斯精神（个体独立意识），也就不存在凭借语言表达个体意志的需求。中国传统社会中，人际关系并不依靠语言和契约来规范，而是靠强权控制与血缘关系的黏合。这一切也抑制了中国社会的现代化与法治化。⑥

二 "大一统"概念及"大一统"思想

伴随"一"观念或思维的深刻影响，中国古代社会形成了一个对中国社会发展影响至深的概念——"大一统"。"大一统"观是自西周以来历代王朝立国的基本指导思想。大一统，就是尊崇一统。"大"的本意是尊崇、重视，蕴含褒奖、尊美之义；"一"是元，是本源、根本的意思；"统"之原义是指丝之头绪，《说文·丝部》的解释是："统，纪

---

① 邓晓芒：《中西文化心理模式分析》，http：//www. aisixiang. com/data/106675. html，2022 年 11 月 12 日。

② 李贽：《夫妇论因畜有感》，https：//baike. baidu. com/item/夫妇论因畜有感/19954961?fr=aladdin，2021 年 8 月 9 日。

③ 《李贽文集》（第 3 卷），《藏书》，社会科学文献出版社 2000 年版，第 598 页。

④ 鲁国尧、马智强注评：《孟子注评》，凤凰出版社 2006 年版，第 240 页。

⑤ [德] 黑格尔：《历史哲学》，王造时译，上海书店出版社 2001 年版，第 107—108 页。

⑥ 邓晓芒：《西方文化凭什么成为当今的强势文化》，http：//www. aisixiang. com/data/134028. html，2022 年 5 月 28 日。

也。纪，别丝也。"① 段玉裁注："众丝皆得其首，是为统。"② 后来引申为总领、统管、统合及纲纪等义。③ 在《辞海》中，"大一统"被解释为："大犹言重视，尊重；一统，指天下诸侯统一于周天子，后世因称统治全国为大一统。"④ 一般而言，"大一统"是指民族、国家、政令、思想、历法、礼仪、度量衡、文字及货币等的统一，其中，政治、思想一统最重要。儒家经典《礼记》对"大一统"的诠释是："天无二日，土无二主，国无二君，家无二尊，以一治之也。"⑤ 即天下由一个政权、君主统治，反对分裂、割据，必归于一统。"大一统"秩序是中国文明演变的一条主线与持续发展的动力，也是各民族内向凝聚的聚合力。"大一统"秩序是有其思想根源的，即中国人头脑中固有的"一"思维。

"大一统"一直是中国人的内心期望，也是中国文明的一个普遍性理念。儒家对"大一统"概念的诠释最具代表性。儒家经典《诗经》有云："溥天之下，莫非王土；率土之滨，莫非王臣。"⑥ 其中，王者即天子，"天下一统"于王的意识非常明显。儒家经典《尚书》的《禹贡》篇有载，大禹曾把天下划分为冀、兖、青、徐、扬、荆、豫、梁、雍九个部分，统称九州，这显示憧憬"大一统"的思想、意识已有明确地理载体。⑦《左传》有"封略之地，何非君土？食土之毛，谁非君臣"之说；⑧《史记·五帝本纪》有云：黄帝"置左右大监，监于万国，万国和"⑨。这都是关于大一统的表述。

西周时的周公"制礼作乐"之"礼"，也彰显着"大一统"，周公没有明确提出"大一统"概念，但他的"礼"思想及"礼制"显然是一种关于"大一统"体制的设计，是一种王权"大一统"而非皇权"大一

---

① 转引自赵振铎《训诂学纲要》，陕西人民出版社1987年版，第195页。
② 段玉裁：《说文解字注》，中华书局2013年版，第651页。
③ 韩星：《"大一统"辩证》，《北京日报》2021年1月4日。
④ 夏征农主编：《辞海》，上海辞书出版社1999年版，第1435页。
⑤ 钱玄等注译：《礼记》（下），岳麓书社2001年版，第844页。
⑥ 陈戍国点校：《四书五经》（上），岳麓书社1991年版，第373页。
⑦ 参见姜建设注说《尚书》，河南大学出版社2008年版，第147—161页。
⑧ 陈戍国点校：《四书五经》（上），岳麓书社1991年版，第1076页。
⑨ （汉）司马迁：《史记》，江俊伟、甘宏伟评注，崇文书局2010年版，第1页。

统"的设计。① 华夏政治上的"大一统"时有中断,但"周孔之道"塑造的亲和力、向心力、凝聚力则绵延不绝,并对"大一统"思想的系统建构有决定性作用。② 西周,周王大封诸侯,裂土分治,并配有严谨的礼乐制度。制礼作乐表征王权至高无上,天子、诸侯及士大夫等的祭祀、宴乐活动,以及其拥有礼器车舆、妻室之数目等,礼乐制度都有严格规定,诸侯臣民必须遵守。对此,孔子深以为然,并说:"天下有道,则礼乐征伐自天子出;天下无道,则礼乐征伐自诸侯出。"③ 针对春秋时代天下无道的纷扰混乱,即"礼乐征伐自诸侯出""自大夫出"及"陪臣执国命",④ 誓愿"从周"的孔子对周公"大一统"思想给予发扬:主张"礼乐征伐自天子出";作《春秋》以尊天子;参与"堕三都"维护统一;维护"周礼"的统一思想;倡导"正名"的统一思想。⑤ 孔子期望重构"君君、臣臣、父父、子子"的"天下有道"社会、政治秩序,倡导天子治天下,诸侯治本国。天子权威于天下一统中彰显,"非天子,不议礼、不制度、不考文"⑥。这正是"天无二日,土无二王"中央集权与皇权专制思想的渊源。春秋时期,霸道兴起,孔子认为,霸道对于维护周天子地位和夏夷"大一统"具有积极作用,并积极评价管仲功绩:"相桓公,霸诸侯,一匡天下,民到于今受其赐。"⑦ 此外,《礼记·礼运》篇也阐述了"天下一家"思想:"故圣人耐能以天下为一家,以中国为一人者。"⑧ 继孔子之后,墨子提出"一同天下"理想目标,并指出:"察天下之所以治者何也?天子唯能壹同天下之义。是以天下治也。"⑨ 所谓"一同天下",即天下归于一、天下统一及君临天下。如此,则天下大治而安。

---

① 黄玉顺:《中国"大一统"的"三时一贯"论》,《学海》2009 年第 1 期。
② 参见元震《周孔之道、礼乐文明:华夏文化传统人之物》,文化艺术出版社 2007 年版。
③ 王国轩、张燕婴、蓝旭、万丽华译:《四书》,中华书局 2007 年版,第 82 页。
④ 王国轩、张燕婴、蓝旭、万丽华译:《四书》,中华书局 2007 年版,第 82 页。
⑤ 孙开泰:《孔子的大一统思想》,http://blog.sina.com.cn/s/blog_4ee37f260100a2kx.html,2022 年 11 月 21 日。
⑥ 钱玄等注译:《礼记》(下),岳麓书社 2001 年版,第 713 页。
⑦ 王国轩、张燕婴、蓝旭、万丽华译:《四书》,中华书局 2007 年版,第 70 页。
⑧ 钱玄等注译:《礼记》(上),岳麓书社 2001 年版,第 305 页。
⑨ 周才珠、齐瑞端译注:《墨子全译》,贵州出版集团 2009 年版,第 69 页。

战国时期，诸侯间征伐不休，周天子徒有虚名，"道德大废，上下失序"，① 列国"争地以战，杀人盈野，争城以战，杀人盈城"②。面对残酷社会、政治现实，孟子主张"君仁臣义，君民同乐"③。在回应梁襄王"天下恶乎定"的提问时，孟子答曰："定于一"（朱熹将其解释成："必合于一，然后定也。"④）。"定于一"，就是天下统一则天下安定。王又问："孰能一之？"孟子回答："不嗜杀人者能一之。"⑤ 春秋、战国时代，周朝大一统政治格局被打破，诸侯群起，礼崩乐坏，但"大一统"观念却根深蒂固。孟子预言，"天下将定于一"。认为大乱之后是大治，天下分久必合。"大一统"并非单指领土"统一"，还内嵌着政治清明、社会安宁、经济繁荣之义。先秦诸子中，战国时期儒家代表荀子曾较多论及"一"问题。荀子为"大一统"秩序构思出"以一持万""无为而治"的治道路径："法先王，统礼义，一制度，以浅持博，以今持古，以一持万。"⑥ 他视"天下"归于"大一统"为至高政治理想。对于荀子构思的"大一统"秩序而言，"天下疆域一统"是其基础，"思想一统"是其内核，"制度一统"是其保障，"君权集中"是其特质。对于那些试图"笞棰暴国，齐一天下"⑦ 及"一制度"的王者而言，荀学可谓是为其量身定做的思想重器。对"天下为一，诸侯为臣，通达之属，莫不从服"⑧ 的汤武盛世，荀子推崇备至，认为"一天下"者，可"名配尧、禹"。⑨ 他期望现实中出现能效法古代圣王的君主。"思想一统"是荀子"大一统"思想的核心内容。荀子认为，"百家之说，诚不详"⑩，各家都是私心自用，

---

① 刘向：《战国策》，转引自刘冰《〈左传〉中"烝""报"现象再辨析》，《乐山师范学院学报》2010年第8期。

② 鲁国尧、马智强注评：《孟子注评》，凤凰出版社2006年版，第125页。

③ 参见鲁国尧、马智强注评《孟子注评》，凤凰出版社2006年版，第1—18页。

④ （南宋）朱熹：《四书章句集注》，中华书局1983年版，第206页。

⑤ 鲁国尧、马智强注评：《孟子注评》，凤凰出版社2006年版，第8页。

⑥ 张觉校注：《荀子校注》，岳麓书社2006年版，第78页。

⑦ 张觉校注：《荀子校注》，岳麓书社2006年版，第78页。

⑧ 张觉校注：《荀子校注》，岳麓书社2006年版，第124页。

⑨ 张觉校注：《荀子校注》，岳麓书社2006年版，第132页。

⑩ 张觉校注：《荀子校注》，岳麓书社2006年版，第316页。

"各是其所是，各非其所非"①，主张围绕"一天下"的目标及要求使"六说者立息，十二子者迁化"②。荀子认为，百家异说是"知而险，贼而神，为诈而巧，言无用而辩，辩不惠而察，治之大殃也"③，必须平息，以建构一元化主流意识形态。"荀子实际上是把儒家经典看成学术和知识既完整又统一的体系，相信天地之间的真理都包含在其中。"④ 荀学中，"一"是诗书礼乐之总称，亦是政治制度建构、国家统治的方式。荀子提出"一制度"的目标，因为，"制度一统"是荀学"大一统"思想的保障。荀子提倡的齐一天下的制度被称为"王制"，即"天下之大隆，是非之封界，分职名象之所起，王制是也"⑤。在《王制》一文中，对王者治下的社会礼仪、政治、文化、经济及官僚制度等，荀子有具体阐释。建立在合乎礼义原则基础上的统一制度，天下臣民自然应当一体遵循，即"百姓莫敢不敬分安制以礼化其上"⑥。中央集权体制是荀学"大一统"思想施行的保障机制。荀子认为，只有通过君主政治集权及建立天下统一的中央集权政体，才能防止权力分散。他指出："隆一而治，二而乱。自古及今，未有二隆争重而能长久者。"⑦ 只有清除"二隆争重"的内斗政治结构，社会才能和谐有序、繁荣稳定。荀子秉持"权力必须出于一"的立场，并认为："权出一者强，权出二者弱。"⑧ 作为"大一统"之学的荀学，是秦朝"大一统"实践的行动指南，也是秦汉以降的王朝国家推行"大一统"的理论基础。总体上说，"周孔之道"对中国观念形态的"大一统"形成有决定性作用。⑨ 此外，法家典籍《管子》中也彰显了"大一统"理念："使天下两天子，天下不可治也；一国而两君，一国不

---

① （清）钱大昕：《弈喻》，https：//baike.baidu.com/item/弈喻/4316844？fr = aladdin，2022年1月3日。

② 张觉校注：《荀子校注》，岳麓书社2006年版，第52页。

③ 张觉校注：《荀子校注》，岳麓书社2006年版，第53页。

④ 王中江：《传经与弘道：荀子的儒学定位》，载姜广辉主编《经学今诠三编》（《中国哲学》第24辑），辽宁教育出版社2002年版。

⑤ 张觉校注：《荀子校注》，岳麓书社2006年版，第225页。

⑥ 张觉校注：《荀子校注》，岳麓书社2006年版，第139页。

⑦ 张觉校注：《荀子校注》，岳麓书社2006年版，第170页。

⑧ 张觉校注：《荀子校注》，岳麓书社2006年版，第174页。

⑨ 参见元震《周孔之道、礼乐文明：华夏文化传统之人物》，文化艺术出版社2007年版。

可治也。"①《管子》还勾勒出"大一统"政体的具体范式:"天子出令于天下,诸侯受令于天子,大夫受令于君。"② 在秦始皇统一中国进程中,居功甚伟的法家思想家李斯明确提出:"灭诸侯,成帝业,为天下一统。"③

作为一个正式概念,"大一统"由汉儒提出。"大一统"概念首见于西汉成书且承续孔子"大一统"理念的《春秋公羊传》。"大一统"思想是研究及传承《春秋公羊传》思想的公羊学派的核心理念。《公羊传·隐公元年》对孔子《春秋》所载隐公"元年,春,王正月"做出解释:"元年者何?君之始年也。春者何?岁之始也。王者孰谓?谓文王也。曷为先言王而后言正月?王正月也。何言乎王正月?大一统也。"④ 元年,是诸侯国国君执政的第一年。春,是一年之开始。王,是符合道德礼义的"文王"。正月这个历法,是文王制定,故先说王然后才说正月。说"王正月",是为凸显王道统一于元(道)以及天下统一于王。⑤ 这里明确把"大一统"视为王者获取"正统性"的思想与实践基础。⑥《汉书·王吉传》云:"《春秋》所以大一统者,六合同风,九州共贯也。"⑦ 即全国各地风俗教化相同而统一、九州之内政令得到贯彻。

对儒家"大一统"思想的系统诠释,西汉大儒董仲舒是第一人,其系统阐释并论证《春秋》"大一统"思想,提出"一统乎天子",并认为"《春秋》大一统者,天地之常经,古今之通谊也"⑧。真正"大一统"是空间与时间的完美融合。《春秋》经的"大一统"思想是天地间恒久不变的常道常法,日月经天,其无时无处不存。帝王统领自然地理疆域,也统治人间社会,通过规定时间起始及社会运行准则建构出一套政教秩

---

① 吴文涛、张善良编著:《管子》,北京燕山出版社 1995 年版,第 206—207 页。
② 吴文涛、张善良编著:《管子》,北京燕山出版社 1995 年版,第 239 页。
③ (汉)司马迁:《史记》,甘宏伟、江俊伟评注译,崇文书局 2010 年版,第 510 页。
④ 陈戌国点校:《四书五经》(下),岳麓书社 1991 年版,第 1251 页。
⑤ 韩星:《"大一统"辩证》,《北京日报》2021 年 1 月 4 日。
⑥ 杨念群:《"大一统"与"中国""天下"观比较论纲》,《史学理论研究》2021 年第 2 期。
⑦ (东汉)班固撰:《汉书》,中州古籍出版社 1996 年版,第 905 页。
⑧ (东汉)班固撰:《汉书》,中州古籍出版社 1996 年版,第 784 页。

序。① 对诠释汉朝这个新生的大一统政权的存续，董仲舒所进行的理论论证有很高权威性。董仲舒在呈递给汉武帝的《天人三策》中，立足天人古今的广阔视域论证诠释"大一统"的含义，强调"道之大原出于天，天不变，道亦不变"②。其中的"天"与"道"，彰显着董仲舒对恒久天人合一宇宙秩序的领悟与理解。在永恒的天地秩序中，"道"的含义就是"大一统"。在董仲舒看来，对于"大一统"国家，必须有与之相匹配且论证其合法性的思想体系，同时，唯有国家上下统一，法制号令、规章制度才能顺利施行。董仲舒以《春秋》为依据，说服汉武帝"罢黜百家，独尊儒术"，尊崇一统。自此，"大一统"思想成为中国此后历代王朝遵奉的治国之道。董仲舒的"大一统"思想与"罢黜百家，独尊儒术"主张相结合，对中国历史发展有深远影响。

基于《春秋》公羊学的董仲舒"大一统"思想除了维护皇权专制的政治一统及意识形态统一，也致力于阐释王道政治理想。在《天人三策》中，董仲舒对《春秋》思想有所发挥与诠释："臣谨案《春秋》之文，求王道之端，得之于正。正次王，王次春。春者，天之所为也；正者，王之所为也。其意曰，上承天之所为，而下以正其所为，正王道之端云尔。然则王者欲有所为，宜求其端于天。"③ 董仲舒是效法天道以立人道。"大一统"不等于"大统一"。"一统"是凭借道德或天子的德化维持整个政治社会的整体性、和谐性及向心性，感召、吸引周围各民族，最后现实超越种族界限而天下一家的王道理想；"统一"是诉诸强制力或武力实现整个政治社会的整齐划一，强迫各民族遵循一种规则，通过强制力对整个社会进行硬性的外在捆绑。④ 一统的基础是人心所同而纯正深厚的道德，故可长久维持，统一的基础是不可持续的暴力，暴力一旦耗尽，通过暴力征服而强迫划一统一的社会与国家就会崩溃瓦解。"一统是崇高的王道理想，统一则只是最基本的政治价值。"⑤ 一统是基于道德的王道一统；统一则是基于武力的政治统一。在儒学家蒋庆看来，"大一统"有"形而上"与

---

① 杨念群：《"大一统"与"中国""天下"观比较论纲》，《史学理论研究》2021年第2期。
② （东汉）班固撰：《汉书》，中州古籍出版社1996年版，第783页。
③ （东汉）班固撰：《汉书》，中州古籍出版社1996年版，第778页。
④ 蒋庆：《公羊学引论》，辽宁教育出版社1995年版，第293页。
⑤ 蒋庆：《公羊学引论》，辽宁教育出版社1995年版，第293页。

"形而下"双重含义。形而上的"大一统"就是"以元统天""立元正始"。① 元是宇宙万物之本体与基始。"所谓一统,就是要统于元,以元为宇宙万物和历史政治的本体基始。"② 同时,"大一统的形下含义是尊王,是在天下无王的时代建立王道政治,通过王来统系天下,实现六合同风,九州共贯的一统局面"③。"王有一种特殊身份,可以参通天地人,是连接形上世界与形下世界的枢纽;王可以通过建立王道政治来统一天下,使天元贯穿到人类历史与政治社会中。"④ 与秦朝单纯依靠武力的一统不同,董仲舒倡导的"大一统"是内涵有所扩展、思想境界有所升华的"大一统",不仅包括领土完整、政治统一和意识形态的统一,也包括天与人之间的统一,是一种将形而下与形而上结合起来的"大一统"。

东汉儒学大师何休在《春秋公羊解诂》中说:"元者,气也,无形以起,有形以分,造起天地,天地之始也。"⑤ 何休对《春秋公羊传》中的"何言乎王正月?大一统也"的解释为:"统者,始也,总系之辞。夫王者,始受命改制,布施政教于天下,自公侯至于庶人,自山川至于草木昆虫,莫不一一系于正月,故云政教之始。"⑥ 这里,何休是将"王正月""大一统"与"政教之始"等同的。"布政施教于天下"被何休看作"大一统"的内涵。唐朝徐彦进一步补充道:"所以书正月者,王者受命制正月以统天下,今万物无不一一皆奉之以为始,故言大一统也。"⑦ 唐代学者颜师古进而解释:"一统者,万物之统皆归于一也。春秋公羊传:'隐公元年春王正月。何言乎王正月?大一统也。'此言诸侯皆系统天子,不得自专也。师古之注,本于董仲舒。"⑧ 在颜师古看来,以周朝天子为核心有序组织社会而使中国实现真正政治统一,是"大一统"的原初含义。

---

① 蒋庆:《公羊学引论》,辽宁教育出版社1995年版,第277页。
② 蒋庆:《公羊学引论》,辽宁教育出版社1995年版,第283页。
③ 蒋庆:《公羊学引论》,辽宁教育出版社1995年版,第284页。
④ 蒋庆:《公羊学引论》,辽宁教育出版社1995年版,第284页。
⑤ 何休:《公羊传解诂·隐公元年》,转引自边家珍《汉代经学发展史论》中国文史出版社2003年版,第297页。
⑥ (东汉)何休:《春秋公羊传解诂·隐公元年》,转引自汪高鑫《董仲舒与汉代历史思想研究》,商务印书馆2012年版,第290页。
⑦ (东汉)何休注,(唐)徐彦疏:《春秋公羊传注疏》,北京大学出版社1999年版,第10页。
⑧ 魏文华编著:《董仲舒传》,新华出版社2003年版,第338页。

公羊家的"大一统"是尊崇作为宇宙初始且是天地万物、人类社会本源、本始的"一"——"道",具体于政治,就是天子秉赋天命而皈依于形而上之本体(元),并基于此推行政教,使政治活动一统于超越性的价值源头——"天道",获得超越性之存在价值,并以此作为新的一统天下的发端。

中国"大一统"的起始,学界有不同表述。顾颉刚说:"中国的统一始于秦……在战国以前则只有种族观念,并无一统观念。"① 李零指出:西周的封建制与秦始皇统一天下是构造中国"大一统"社会的两件重大事情。西周是依靠血缘纽带与亲缘关系达成天下一统,秦始皇则是通过法律、统一的社会标准实现天下统一。中国的"大一统"正是依靠上述"一热""一冷"两种力量共同铸锻。正是上述两次"大一统"缔造出"中国"概念。② 周朝"大一统"思想源自西周的封土建国及其所导致的对三大观念的认同,即"天子至上的政治认同、华夷之辨的民族认同、尊尚礼乐的文化认同"③。1917年,王国维曾从现代视角对中国历史上殷、周之际的政治、文化变革做出诠释:"殷、周间之大变革,自其表言之,不过一姓一家之兴亡与都邑之移转;自其里言之,则旧制度废而新制度兴,旧文化废而新文化兴。"④ 周代在国家实体建构上有质的突破,终结了部落时代,进入封建时代。西周的宗法血缘封建制,是中国古代国家成型的标志。⑤ 西周封建,其推动力量来自上层,诸侯国之上有天下共主"天子",经天子自上而下的大分封,形成"封建亲戚,以藩屏周"的统治或治理格局,即便天下礼坏乐崩,还有名义大家长——天子,直到战国晚期秦灭东周,这个象征符号一直存在。"西周封建"是小国征服大国而构思巧妙的统治方法,古书叫"柔远能迩"。"周"是蕞尔小邦,僻处雍州,但征服了比它大很多的国家商,统治范围超越了商代、夏代。

中国西周封建与欧洲中世纪封建有很大区别。"西欧封建社会同时并

---

① 白寿彝:《悼念顾颉刚先生》,《历史研究》1981年第2期。
② 李零:《大一统的模式是古代的世界化》,https://wenhui.whb.cn/third/baidu/201905/31/267143.html,2022年12月3日。
③ 马卫东:《大一统源于西周封建说》,《文史哲》2013年第4期。
④ 王国维等:《国史四十四讲》,北京理工大学出版社2013年版,第3—4页。
⑤ 任剑涛:《常与变——以五大变局重建中国历史宏大叙事》,《中国文化》2021年第2期。

存庄园与城市两个经济中心,是二元性的;而中国封建社会经济结构是城乡一元性的,商周封建是建立在村社基础上的村社封建社会,不存在独立于村社的自由城市……西欧的 feudalism 可称之'契约封建制'。……中国西周的封建制……领主与附庸间没有契约可言,而是由宗法关系相维系,通过血缘纽带及血亲伦理实现领主对附庸的控制……故可称之'宗法封建制'。"① 欧洲封建是自下而上的,西周封建是自上而下的。这种迥异的"上下之分",对未来东西方历史进程影响深远。

《诗经·小雅·北山》云:"溥天之下,莫非王土;率土之滨,莫非王臣。"这是周朝"大一统"的最好注解。与殷商的"王畿"和"四土"方国的松散关系不同,在周朝,直到"四海"之滨的全"天下"都是周王疆土,管理疆土的,都是周王臣民。在周打败商朝并取而代之之后,需要建立起一套适合统治的政治制度。周朝一改商朝时的继承制度,采用严格嫡长子继承制度,并加以分封制度,即将家族之中的长幼尊卑扩大到国家体系。这种家族制度确保了周天子在国家事务中的威压,天子是家长,更是国主。但是,单纯依靠分封制度还不够,因为人有私心,礼乐制度和德治因此应运而生。"礼"作为社会规范,其划定人的身份,最终促生出等级制度。"乐"则是基于"礼"的等级制度,其能舒缓社会矛盾。德治却使分封制、礼乐制变为所有人遵循的成规。周公的"敬德保民"理念也成为周代国家治理的指导思想。"皇天无亲,惟德是辅。民心无常,惟惠之怀。"② 遵循上述理念建构的制度体系,即周代礼制体系,其引导着此后中国历代历朝的统治方向。正是凭借制度创新,天下诸侯通过血缘关系而紧密结合,这种家族体系继续扩大,就形成真正"家国概念"。家与国具有同构性,并紧密相连而成为一体化存在。周的"大一统"也为之后中国"秦汉""唐宋""明清"等"大一统"王朝打下基础。正是西周封建开启中国"大一统"的政治、思想局面。

哲学上,"大一统"原初含义是,使天地万物归依于一个形而上的本体,其最著名概括是:"道生一,一生二,二生三,三生万物。"③ "一"是宇宙万物的本体,"一即一切""一切即一"。天地万物皆由"一"所生,最后复归于"一"。"一统"代表天地万物的来源和最终着落。"大一

---

① 冯天瑜:《封建考论》(修订版),中国社会科学出版社 2010 年版,第 160—166 页。
② 姜建设注说:《尚书》,河南大学出版社 2008 年版,第 369 页。
③ 冯达甫撰:《老子译注》,上海古籍出版社 2006 年版,第 101 页。

统"以形而上的超越形式涵盖天地、社会等各层级,这是形而上本体层面的高度统一,这种统于"一"的超越性哲学思路为之后特定语境下政治社会的"一统"提供了超验性的价值根据。据公羊家诠释,"大一统"中的"一"是元,"统"是始,一统就是元始,元始是囊括包含政治社会在内的天地万物的形而上根基或本体。《春秋公羊传》之所以说"王正月",就是强调王道统一于元(道)、天下统一于王。在中国历史上,"大一统"的内涵不断演化和丰富,并从哲学概念引申为王朝国家统治与治理的合法性,以及在外延方面逐步扩大至社会治理的操作与制度建构层面,并涵盖社会、文化、思想等一切领域的治理,凸显国家治理的整体性、统一性。

第二节 以政治权力为核心的"大一统"思想的建构

一 关于思想"大一统"的构想

春秋战国,"诸侯异政,百家异说"①,思想领域百家争鸣,蔚为大观,这是奠定与塑造中国传统政治思想的时代。中国政治思想始于"分",各家唯我独尊,缺乏宽容,极力排斥其他派别,试图以自己的学说统一天下人的思想。先秦时期的"百家争鸣"其实是"百家争宠",诸子都凭借自己的治国平天下之说向君王或权势者邀宠。② 这种争宠心态是诸子百家集体无意识的体现。这种集体无意识异常牢固,外来宗教佛教一到中国,也随即蜕变为协助官方治国平天下的精神力量,成为官方意识形态儒家思想的补充。集体无意识是中国在政治上走向统一的重要思想根源。

关于思想统一,墨子有直接而简洁的表达——"尚同",即人民必须与最高统治者在思想上保持一致,以及国家必须用统治者的思想统领全社会思想。墨子曰:"天子之所是,皆是之,天子之所非,皆非之。""天子唯能壹同天下之义,是以天下治也。"③ 即天下万民上同于天子,都以天

---

① 张觉校注:《荀子校注》,岳麓书社2006年版,第262页。
② 邓晓芒:《传统文化的反思与再造》,《同舟共进》2016年第2期。
③ 周才珠、齐瑞端译注:《墨子全译》,贵州出版集团2009年版,第69页。

子之是非为是非。"一同天下之义",思想绝对统一,才能天下太平。"尚同"思想是极端文化专制主义,即天下只能有一种思想,并且只能有一人有资格、有权利去思想。

战国时代,孟子试图用其所认定的孔子的圣人之道,去统一人的思想。孟子云:"孔子成《春秋》而乱臣贼子惧。……我亦欲正人心,息邪说,距诐行,放淫辞,以承三圣者。"① 孟子以捍卫孔子之道为使命,并认为凡与孔子之道相悖者都应批判。荀子也试图禁止不同的思想主张,主张用一种思想统一天下所有人的思想,甚至主张运用专制力量达成这个目标。荀子云:"夫民易一以道而不可与共故,故明君临之以势,道之以道,申之以命,章之以论,禁之以刑。"② 荀子认为,思想统一并皈依正道,靠说理很难成行,而必须要靠强权和刑法。

就强调运用强制力达成思想一统,战国时的法家比起荀子更甚。《管子》曰:"明君在上位,民毋敢立私议自贵者。国毋怪严,毋杂俗,毋异礼,士毋私议。倨傲易令,错仪画制,作议者尽诛。故强者折,锐者挫,坚者破。引之以绳墨,绳之以诛谬,故万民之心皆服而从上。推之而往,引之而来。"③ 根据《管子》,古代圣王考核人才,并不看重学问与思想,而是看能否与君上保持思想一致。身为国君,务必整齐人心、统一士人之思想、意志,否则,即便有广土众民,亦无法确保国家安全。统一思想是确保国家安危的关键。故圣主明君治国,务必要使人民不敢私立异议、不能有个性,国家的风俗习惯、法度礼节及思想必须绝对统一。要严惩那些傲慢不恭、乱改法令及私立异说的人。个性强烈、态度强硬、思想顽固及行为冒尖者,务必打击使之屈服。应通过法度制裁、杀戮及管制等,使天下民众绝对服从君王,时刻与君王保持一致。《管子》在依法行法的语境中阐释了思想专制主张,即用严酷、强制的"法"实现国家的思想统一。

法家思想集大成者韩非子关于统一思想的主张,更是彰显极端文化专制主义。他曾说:"是境内之民,其言谈者必轨于法"④;"言行而不轨于法令者必禁"⑤。韩非子认为,应用法家思想统一人们的言行,不仅人的

---

① 鲁国尧、马智强注评:《孟子注评》,凤凰出版社2006年版,第110页。
② 张觉校注:《荀子校注》,岳麓书社2006年版,第284页。
③ 吴文涛、张善良编著:《管子》,北京燕山出版社1995年版,第137页。
④ 郑之声、江涛编著:《韩非子》,北京燕山出版社1995年版,第437页。
⑤ 郑之声、江涛编著:《韩非子》,北京燕山出版社1995年版,第377页。

行为要符合于法，且言谈、思想及言论，也必须合乎于法，不能思考法之外的问题。韩非子试图将思想控制深入人的心灵深处，正如他所言："禁奸之法，太上禁其心，其次禁其言，其次禁其事。"① 其思想专制主张可谓深入灵魂。中国先秦诸子无一不把国家、社会治理的根本对准人心，并将控制人心、统一思想作为治理目标以及统治者实现社会控制的基本途径。思想控制是中国皇权政治的重要特质。

法家认为，统一思想是君上治国之要，"禁言""禁行"及"禁心"是治国之道的必要选择，其中"禁心"是最关键、最有效之法，最后要实现以君心为臣心，处处"以上为意"，"心出一穴"，最终使臣民丧失独立思考之能力和意志，只知服从君王。主张"王道"（以仁义之师、道义感召为基础达成天下政治一统）的儒家，在思想上也是坚决排斥异己。先秦百家争鸣的背后，汇聚着一股统一及控制思想的合力，最终催生出始于秦汉的中国思想"大一统"局面。秦朝建立后，开始"焚书坑儒"，严格推行法家以强制手段统一思想的政策主张，随后的汉朝则推出"罢黜百家，独尊儒术"的思想政策。汉代大儒董仲舒在向汉武帝建议："臣愚以为诸不在六艺之科，孔子之术者，皆绝其道，勿使并进。邪辟之说灭息，然后统纪可一而法度可明，民知所从矣。"② 班固说："战国从衡，真伪分争，诸子之言纷然殽乱，至秦患之，乃燔灭文章，以愚黔首。"③ 他是把"诸子之言"，视同诸侯凭借武力的相互征伐，认为秦的"燔灭文章，以愚黔首"，是迫于这种形势不得已而为之。对于秦朝的禁书，李斯有言，叫"别黑白而定一尊"④，即黑白分明，彼此明确，天下之事，事无巨细都由皇帝定夺。秦始皇禁书，让读书人或知识分子以吏为师，只学法律或抄文件，大家都是刀笔吏、刑名师爷，通过这样，就能息天下争。汉武帝却比秦始皇高明，他的"一尊"是孔子，是虚拟精神领袖。通过虚拟精神领袖统领读书人，并统一其思想。在"溥天之下，莫非王土；率土之滨，莫非王臣"的权力范围，为维护皇权的绝对性，皇权体制绝不允许异端出现，所有可能的异端都将被消灭在萌芽状态。

"大一统"之"统"，乃统治者之"统"。统治者控制人民，首要是

---

① 郑之声、江涛编著：《韩非子》，北京燕山出版社1995年版，第387页。
② （东汉）班固撰：《汉书》，中州古籍出版社1996年版，第784页。
③ （东汉）班固撰：《汉书》，中州古籍出版社1996年版，第591页。
④ （汉）司马迁：《史记》，甘宏伟、江俊伟评注译，崇文书局2010年版，第45页。

控制知识分子的思想。其主要途径与方法，就是将读书人的理想统一到"尊孔—读经—做官"的道路上来。科举考试是中国禁锢思想的创举，读书人只要走上科考，就会对皇帝忠心耿耿，不会犯上作乱。此外，对老百姓的精神控制，则是宗教多元化。中国有政治、思想及学术"大一统"，但无宗教"大一统"。中国宗教，一直是多元化格局，这与西方正好相反。宗教多元化，使社会很难出现挑战统治思想的信仰体系。

二　权力集中于君主的政治"大一统"设计

中国文化根深蒂固地认为，天下与天下秩序只能有一个。《礼记·曾子问》将这种思想表述为："天无二日，土无二王，尝禘郊社，尊无二上。"[1] 中国人心中，中国历史自统一始，传说中的上古时代帝王三皇五帝都是"天下"统一的共主，而上古之时的尧舜禹汤文武，则是一以贯之道统的缔造者。上古时代，中国人头脑中就有一个社会整体、一个中心及一个圣王的治理理念。中国人观念中，三代圣王皆为"天下"共主。帝尧以其仁德"光被四表，格于上下"[2]，并"协和万邦"[3]。舜之仁政、刑罚则使"天下咸服"[4]。禹之威势"东渐于海，西被于流沙，朔南暨声教，讫于四海"[5]。夏商周三朝统治范围是"天下"，最高统治者称"天子"。上古三代统一的历史传统塑造着春秋战国诸子的政治理念，即诸侯并立被视为反常、暂时之现象，天下一统才是正道。

春秋战国时代，东周王朝衰微，诸侯并立争霸，战乱迭起，先秦诸子深感不安，纷纷提出政治大一统构想。诸子中的儒家代表孔子，其一生孜孜以求的理想就是实现华夏的政治统一。孔子曰："天下有道，则礼乐征伐自天子出；天下无道，则礼乐征伐自诸侯出。"[6] 即最高统治者"天子"应主导全国一切重大活动之决定权。"一统"是东周时期的一种主流思潮，孟子在回答梁惠王"天下恶乎定"的提问时，果断地回答"定于一"。另一儒家代表荀子也持类似观点："一天下，财万物，长养人民，

---

[1] 钱玄等注译：《礼记》（上），岳麓书社 2001 年版，第 260 页。
[2] 姜建设注说：《尚书》，河南大学出版社 2008 年版，第 125 页。
[3] 姜建设注说：《尚书》，河南大学出版社 2008 年版，第 125 页。
[4] 姜建设注说：《尚书》，河南大学出版社 2008 年版，第 132 页。
[5] 姜建设注说：《尚书》，河南大学出版社 2008 年版，第 161 页。
[6] 王国轩、张燕婴、蓝旭、万丽华译：《四书》，中华书局 2007 年版，第 82 页。

兼利天下，通达之属，莫不从服。"①

在面对诸侯、列国相互征战的天下纷扰局面时，先秦诸子各种匡扶天下的方案的最终目标都是"平天下""一四海"，即重整分崩离析、礼崩乐坏的华夏共同体，使"天下""定于一"，即意味有道之君"得天下"。当秦汉完成政治一统后，"天下"随之成为不可分割的整体。历代帝王都追求"尺地一民，尽入版藉"②。东汉《说文解字》解"王"字为："王，天下所归往也。"③ 北宋征伐南唐是这种"一统"理念的典型体现。即便南唐国主李煜对宋称臣，可宋军仍跨江征伐。宋太祖对南唐求和使者说道："江南国主何罪之有？只是一姓天下，卧榻之侧，不容他人酣睡！"④ 在"一"之心态中，即便他人"安睡"而不威胁自己的"独立"，亦不能见容。

中国古人关于"大一统"设想中，从未有过关于权力多元、权力横向关系及结构的构想，都倾向于视权力关系为完全纵向关系，即把所有权力集中于帝王，使权力关系、权力结构简单化、单向化。中国古人无法理解由相互平等的人相互协作、协调及制衡而共同行使权力的横向权力关系。

中国商周时代，其政治、社会结构是"家天下""家国一体"，天子、王以大家长、宗主身份高居万民之上。《尚书》中，"予一人"的自称多次出现。《尚书》强调王在社会中的至尊地位和王权的独一性、排他性。王宣称："予迓续乃命于天，予岂汝威，用奉畜汝众。"⑤ 王奉天承命，统治处于被畜养、被支配地位的人民。"勉出乃力，听予一人之作猷。"⑥ 任何事情都由王决断，王之外的人只有出力的本分。"邦之不臧，惟予一人有佚罚。"⑦ 国家失政，责任也在王。周朝的王号称"天子"，"皇天上帝

---

① 张觉校注：《荀子校注》，岳麓书社2006年版，第52页。
② 《大元一统志·序》，转引自刘迎胜《中国古代图籍中的亚洲海域》，《元史及民族与边疆研究集刊》2020年第1辑。
③ 许慎：《说文解字》，转引自周生亚《古籍阅读基础》，百花文艺出版社2011年版，第302页。
④ 转引自黄清华编著《李煜》，海南出版社1997年版，第70—71页。
⑤ 姜建设注说：《尚书》，河南大学出版社2008年版，第171—172页。
⑥ 姜建设注说：《尚书》，河南大学出版社2008年版，第170页。
⑦ 姜建设注说：《尚书》，河南大学出版社2008年版，第170页。

改厥元子"①。同时，周王亦是民之父。"天子作民父母，以为天下王"。②王也是天下万民之主。所谓"礼乐征伐自天子出"，"普天之下，莫非王土，率土之滨，莫非王臣"之类的原则，就是王至尊地位和身份的反映。先秦诸子正是基于上述传统思考政治体制，并把商周时代王的独尊地位、一元化政治理想化、合理化及理论化。

先秦诸子没有细致划分国家权力，而视其为整体性存在，认为在国家最高层面并存两个或两个以上权力实体是不正常的，君王大权独揽天经地义。所谓"国不堪贰"，"君命无贰"。"贰""多"之现象将是祸乱或祸乱之源。诸子几乎都认为，"乱莫大于无天子"③。但也不能"使天下两天子"，否则"天子不可治也"④。慎到指出："两则争，杂则相伤。"⑤ 故"多贤不可以多君，无贤不可以无君"⑥。荀子曰："隆一而治，二而乱，自古及今，未有二隆争重而能长久者。"⑦ 墨子则构想出金字塔式的"尚同"政治结构，金字塔顶端的是一个"天子"。融汇百家之说的《吕氏春秋》反映了诸子关于权力结构的共同观念，即天下必有天子，天子之权无出其右且独一无二。《吕氏春秋》有云："天下必有天子，所以一之也；天子必执一，所以抟之也。一则治，两则乱。"⑧ 与西方人执着于分权及提防权力集中不同，中国人则是执着于集权与防止权力分割，反对将权力让渡予人，认为"唯器与名，不可以假人"⑨。孟德斯鸠说，若立法、行政和司法权三权合一，"则一切便都完了"⑩。中国人则认为，若分割权力，则永无宁日。

在诸子的理念中，二元、多元政治体制于操作上绝不可能，天下必须

---

① 姜建设注说：《尚书》，河南大学出版社2008年版，第227页。
② 姜建设注说：《尚书》，河南大学出版社2008年版，第190页。
③ 张双棣等注译：《吕氏春秋译注》，北京大学出版社2000年版，第313页。
④ 吴文涛、张善良编著：《管子》，北京燕山出版社1995年版，第207页。
⑤ 高流水、林恒森译注：《慎子、尹文子、公孙龙子全译》，贵州人民出版社1996年版，第39页。
⑥ 高流水、林恒森译注：《慎子、尹文子、公孙龙子全译》，贵州人民出版社1996年版，第60页。
⑦ 张觉校注：《荀子校注》，岳麓书社2006年版，第170页。
⑧ 张双棣等注译：《吕氏春秋译注》，北京大学出版社2000年版，第504页。
⑨ 赵生群：《春秋左传新注》（上），陕西人民出版社2008年版，第413页。
⑩ ［法］孟德斯鸠：《论法的精神》，张雁深译，商务印书馆1982年版，第153页。

一统于唯一君主，社会或国家权力体系的最高领导者只能有一个。"权者，君之所独制也。"① "权势者，人主之所独守也。"② 韩非告诫君王："毋弛而弓，一栖两雄。"③ 孟子引证孔子之语："天无二日，民无二王。"④ 在回应"天下恶乎定"时，孟子说"定于一"。荀子指出，"天子无妻，告人无匹也"。⑤ 关于治国之道，先秦诸子思想呈多元化倾向，但在政治制度设计上，却拥有共同的政治心态与理想，即追求具有同一价值观的社会与君主独占权力的一元化权力结构。

一元化政治制度设计涵盖三方面：君主地位至高无上，独一无二，与臣民的"权悬"巨大；中央集权原则："事在四方，要在中央，圣人执要，四方来效。"⑥ "百县之治一形"⑦；权力关系的单向度，即下级绝对服从上级，不存在下级对上级的权力制约，"无从下之政上，必从上之政下"⑧，也不存在权利对权力的制衡。此外，基于一元化政治体制设计，还培养臣民的"忠"君道德，臣民只能忠于君主。西方中世纪在政府与教会之间分配感情和忠诚的情形，在中国绝无可能，也被视为是不道德的。

秦始皇统一中国后，先秦诸子的一元化政治体制构思得以在政治实践中推行。汉朝建立后，其承续秦制，并进一步完善、巩固一元化政体。此后，整个中国古代社会，一元化政体的推行被不断强化，从未改变，并内化为世人不可动摇之思维定式及价值取向，政治一元化思维也从未受到质疑，也从未被反省，几乎无人超越一元化思维去思考问题。在漫长的中国历史中，绝大多数中国人认为权力应由中央政府掌控，并坚信这是社会保持安定或稳定的关键。政治一元化思维或理念是促生与维持中国单一政治制度与中央集权体制的重要因素。中国人始终对竞争性的政治或政治权威被分割深感不安。

---

① 张觉校注：《商君书校注》，岳麓书社2006年版，第110页。
② 吴文涛、张善良编著：《管子》，北京燕山出版社1995年版，第362页。
③ 郑之声、江涛编著：《韩非子》，北京燕山出版社1995年版，第53页。
④ 鲁国尧、马智强注评：《孟子注评》，凤凰出版社2006年版，第160页。
⑤ 张觉校注：《荀子校注》，岳麓书社2006年版，第305页。
⑥ 郑之声、江涛编著：《韩非子》，北京燕山出版社1995年版，第49页。
⑦ 张觉校注：《商君书校注》，岳麓书社2006年版，第20页。
⑧ 周才珠、齐瑞端译注：《墨子全译》，贵州出版集团2009年版，第181页。

三 泛政治化与一切都统一于皇权的思维意识

整体性思维取向是中国传统思维的主要特征,即视自然与人类、人类生活各领域为不可分割之整体。同时,贯穿中国人整体思维的则是政治或政权权力。在中国古人思想或观念中,世界是由政治权力贯穿及维系的整体。中国古人思维是一种"泛政治化"的整体性思维。

中国古人思想视域中,宇宙万物和人类社会各领域构成一个有机整体,其运转皆以政治为中轴,政治权力是世界的中枢神经且渗入一切领域,支配万有,世界整体及所属都被赋予政治意义。在"泛政治化"整体政治思维框架下,万事万物都被打上政治印记,绝不容忍与政治秩序不协调之秩序存在,政治权威支配与规范一切,一切都统一于政治。[①] 在中国家国同构与皇权专制的政治体制框架下,政治是一切问题之轴心,皇权是世界中枢,而政治思想家都从皇帝家臣的地位出发思考世界秩序及世界治理,视政治及治国平天下为压倒一切之议题与使命。

中国古人视域中的天人关系中,作为"天"之子的帝王处中枢地位,其奉天命统治万民,是万民与"天"联系的中介。董仲舒阐释"王"字之含义时说:"三画而连其中,谓之王。三画者,天、地与人也,而连其中者,通其道也,取天地与人之中以为贯而参通之,非王者庸能当是?"[②]

公元前221年,秦王嬴政扫灭其他诸侯国建立秦朝,这在当时之人看来是开创性的"一统":"昔者五帝地方千里,其外侯服、夷服诸侯或朝或否,天子不能制。今陛下兴义兵,诛残贼,平定天下,海内为郡县,法令由一统,自上古以来未尝有,五帝所不及。"[③] 因此李斯建议秦王嬴政称"泰皇",但嬴政最终决定:"去'泰',着'皇',采上古'帝'位号,号曰'皇帝'。"[④] 自称"始皇帝",谋"传之无穷"[⑤]。中国皇权体制自秦朝至清朝,历时2100多年。其间,皇帝制度、宰相制度、首辅制度、内阁制度、官僚制度以及文官、武将、嫔妃、太监、宦官等,无不以皇权

[①] 丛日云:《"一"与"多":中西政治文化的两种个性分析》,载徐大同、高建主编《中西传统政治文化比较研究》,天津教育出版社1997年版。

[②] 曾振宇注说:《春秋繁露》,河南大学出版社2009年版,第285页。

[③] (汉)司马迁:《史记》,江俊伟、甘宏伟评注,崇文书局2010年版,第41页。

[④] (汉)司马迁:《史记》,江俊伟、甘宏伟评注,崇文书局2010年版,第41页。

[⑤] (汉)司马迁:《史记》,江俊伟、甘宏伟评注,崇文书局2010年版,第41页。

为中心，无不是服务于专制皇权。在以皇权为核心的权力社会，皇权制度运作，无不是以维护、夯实皇权为目标，并致力于实现皇权对社会、政治、经济及文化等各方面的完整、严密控制。① 中国古人构思的整体宇宙图式中，处于中心位置的是政治，其辐射并弥漫于世界各部分，是自然和社会生活的主旋律，并主导一切，而帝王则是中心之中心，是整个世界的焦点。中国古人的整体思维方式和天人合一观，就揭示宇宙和人之奥秘而言，有深邃一面，但由于屈从和服务于皇权，最终导致其在政治领域的运用被扭曲，并误入歧途。

中国皇权体制中，作为思想最高范畴的"道"与作为权力最高称谓的"王"或"皇帝"，紧密关联。中国传统思想体系中，"道"是最高范畴，是普遍规律、理性及神圣性的最高抽象，也是中国思想与文化的命脉所系。"王"是对最高掌权者的称谓，也表征以专制权力为核心的社会、政治秩序以及与此相应的意识形态、观念体系。中国传统思想中，"道"与"王"进行着有机组合，相对二分又合二而一，以合为主，相互内嵌又相辅相成。② 先秦诸子同时把圣人、君子与先王、圣王视为道之源，从而为王与道合一、道源于王做了思想准备。历史上，秦始皇视自己与道同体。秦始皇宣称自己是"体道行德"，③ 实现了王、道一体。"体道"④ 这个语词最早见于《庄子·知北游》。其后荀子说："知道察，知道行，体道者也。"⑤ 韩非将"体道"视为君主有国、保身的前提。秦始皇所谓的"体道"便源于此。秦始皇不仅体道，还兼有圣王的身份，其推行的制度及颁布的命令是"圣制""圣意"及"圣志"，流芳千古。先秦诸子缔造的神圣之"道"最终被秦始皇收入囊中，秦始皇的思想也流布于世。其后，贾谊提出"君也者，道之所出也"⑥。董仲舒在《春秋繁露·王道》中说："道，王道也。王者，人之始也。"⑦ 并提出"王道通三"之说。

---

① 黄进华：《皇权悲剧》，中国三峡出版社2006年版。
② 刘泽华：《传统政治思维的阴阳组合结构》，《南开学报》（哲学社会科学版）2006年第5期。
③ （汉）司马迁：《史记》，江俊伟、甘宏伟评注，崇文书局2010年版，第43页。
④ 马恒君译著：《庄子正宗》，华夏出版社2005年版，第379页。
⑤ 张觉校注：《荀子校注》，岳麓书社2006年版，第269页。
⑥ 贾谊：《大政下》，https://guoxue.httpcn.com/html/book/UYXVTBXV/CQAZUYILCQ-XV.shtml，2022年1月3日。
⑦ 曾振宇注说：《春秋繁露》，河南大学出版社2009年版，第160页。

道、王道、王混为一体,道由王出。家世寒微的李觏说:"无王道可也,不可无天子。"① 中国历史上,神圣的"道",必须给王的"圣旨"让路。帝王搞"朕即国家",又推行"朕即道"。②

第三节 以"华夷一体""天下一统"为鹄的的"大一统"治理目标

一 "夷夏之辨"与"华夷一体"

中国古文明初期,人们对民族间的文化差异就有分辨。③ 中国人于夏商周之际萌生"夷夏"观念。夏商时期的人,将自己称为"夏"或"华",而将在文化上与中原迥异的四周民族称为"夷"。中原华夏族在与四周的"夷狄"交往中,逐渐产生"华夏"文明程度高于"夷狄"的观念,也逐渐萌生包含"夷夏有别"和"夷夏之变"两层含义的"夷夏之辨"。《春秋左传正义·定公十年》云:"中国有礼仪之大,故称夏;有服章之美,谓之华。"④《说文·大部》云:"夷,东方之人也。"⑤ "夷"又泛指中原华夏族之外的各少数民族。"夏"与"夷"在生活习惯、传统风俗及地理空间分布上有别。"中国戎夷五方之民,皆有性也,不可推移。"⑥ "九夷、八狄、七戎、六蛮,此谓之四海。"⑦ "四海"范围,"夏"居中,"夷蛮戎狄"环于其四周,合起来就为"四海"。"文化高的地区称为夏,文化高的人或族称为华,华夏合起来称为中国。对文化低即不遵守周礼的人或族称为蛮、夷、戎、狄。"⑧

---

① 李觏:《李觏集·佚文》,转引自郭凤海《"家国"与"祖国"辨正——中国历史上两种政治哲学的冲突及启示》,《理论探讨》2010年第2期。

② 刘泽华:《传统政治思维的阴阳组合结构》,《南开学报》(哲学社会科学版)2006年5期。

③ 参见田继周《先秦民族史》,四川民族出版社1988年版。

④ 转引自杨逢彬主编《学鉴》(第六辑),武汉大学出版社2013年版,第58页。

⑤ 山东古国史会编;刘敦愿、逢振镐主编:《东夷古国史研究》(第2辑),三秦出版社1990年版,第175页。

⑥ 陈戍国点校:《四书五经》(上),岳麓书社1991年版,第480页。

⑦ 邓启铜注释:《尔雅》,殷光熹审读,东南大学出版社2015年版,第185页。

⑧ 范文澜:《中国通史简编》,人民出版社1965年版,第180页。

儒家向来坚持"以夏变夷"理念。儒家思想的"夷夏之辨"强调对华夏文化的捍卫，反对中原华夏顺服于文明层次落后的夷狄的礼俗风尚而苟安，也强调以华夏文明教化夷狄——"以夏变夷"，而使华夏文明一统天下，并绵绵不绝。"夷夏之辨"宣扬"性相近，习相远"，"夷夏"之间落后与文明的关系并非安常习故，"夷"经学习华夏文明，可由"夷"进"华"或"夏"。孟子曾提出"吾闻用夏变夷者，未闻变于夷者也"[1]。荀子指出："然而涂之人也，皆有可以知仁义法正之质，皆有可以能仁义法正之具，然则其可以为禹明矣。"[2] 春秋时期楚国被中原诸国视为蛮夷，但楚庄王却自认德可配鼎，"楚子问鼎之大小轻重焉"[3]。鼎是华夏文明的代表性符号与典型象征，楚王问鼎反映楚国自我身份认同的改变，即从蛮夷到诸夏的进升。

儒家向来强调"裔不谋夏，夷不乱华"[4]，但也将"华夷之别"的标准确定为是否行用华夏礼仪或周礼，称"夷狄之有君，不如诸夏之亡也"[5]，且认为夷狄可以被周礼教化。《论语·子罕》记载："子欲居九夷，或曰：'陋，如之何？'子曰：'君子居之，何陋之有？'"[6] 朱熹注称："君子所居则化，何陋之有。"[7] 孔子提出"礼分夷夏"的标准，并表现出使更多夷狄经习"礼"进升或融入华夏的强烈意愿，这种夷夏关系的阐释彰显着"大一统"思想。唐代的韩愈对孔子关于夷夏关系的观点进行了总结："孔子之作《春秋》也：诸侯用夷礼则夷之；进于中国则中国之。"[8] 经中国历史的不同阶段，"夷夏之辨"逐渐演化为"华夷一体"。[9]

"礼别夷夏"思想在凸显区分夷夏的标准之际，也为夷进升夏及"大一统"思想提供理论论证。血缘、种族无法改变，但"礼"却能后天习

---

[1] 鲁国尧、马智强注评：《孟子注评》，凤凰出版社2006年版，第88页。
[2] 张觉校注：《荀子校注》，岳麓书社2006年版，第301页。
[3] 于民主编：《中国美学史资料选编》，复旦大学出版社2008年版，第4页。
[4] 陈戍国点校：《四书五经》（下），岳麓书社1991年版，第1188页。
[5] 王国轩、张燕婴、蓝旭、万丽华译：《四书》，中华书局2007年版，第10页。
[6] 《论语集释》，《新编诸子集成》，中华书局1990年版，第147、604—605页。
[7] （南宋）朱熹：《四书章句集注》，中华书局1983年版，第113页。
[8] （唐）韩愈：《韩愈文选》，人民文学出版社1980年版，第218页。
[9] 段超、高元武：《从"夷夏之辨"到"华夷"一体：中华民族共同体意识形成的思想史考察》，《中南民族大学学报》（人文社会科学版）2020年第5期。

得，从而为夷夏身份确定及变化提供变数。以是否认同、习得"礼"作为分判夷夏的标准的确立，是"大一统"思想建构的关键。所谓"大一统"，即政治、经济、制度及文化等皆一统于华夏。

春秋战国之际，诸侯或列国之间相互攻伐。诸子关于天下治理各有主张，但在天下大治的根本路径选择上，却高度一致，即"定于一"。孟子被梁襄王问"天下恶乎定"时，毫不犹豫地说"定于一"。①"定于一"的天下囊括"华"与"夷"。深入诠释《春秋》"微言大义"的《春秋公羊传》曾云："何言乎王正月？大一统也。"对"大一统"的通常诠释是，以一统为大。关于"一统"所涵盖之范围，《公羊传》的说法是："曷为外也？《春秋》内其国而外诸夏，内诸夏而外夷狄。王者欲一乎天下，曷为以外内之辞言之？言自近者始也。"② 这里的"内""外"，是治理、施政的由近及远，并非天下有"外内"之别。从内至外依次有"其国"与"诸夏""夷狄"三个层次。"外"是相对性存在，在儒家所宣扬的"王者无外"理念及治理目标下，都是"内"。公羊家何休曾阐释"春秋公羊学"关于人类社会演进的三世说，将华夷一统过程嵌入其中。其云："于所传闻之世，见治起于衰乱之中，用心尚粗粗，故内其国而外诸夏"；"于所闻之世，见治所升平，内诸夏而外夷狄"；"至所见之世，著治太平，夷狄进至于爵，天下远近大小若一"。③ 在何休的"三世说"中，"诸夏"与"夷狄"之间的关系是动态演变的，其突破了"华夷之辨"设定的种族区隔。在"三世说"中，"传闻世""所闻世""所见世"分别为"据乱世""升平世""太平世"。经三阶段的依次递进，"诸夏"与"夷狄"之间渐次相互交融，最终实现儒家"大一统"思想倡导的"王者无外"理想。据乱世是周天子处理内部事务的时期，即"内其国而外诸夏"；升平世是"中国"与"夷狄"区隔分明并势不两立的时代，即"内诸夏而外夷狄"；太平世是王者无外而夷狄进于爵而最终实现天下大同的时代。④ "三世说"最终突破"中国"与"夷狄"相对立的诠释理

---

① 鲁国尧、马智强注评：《孟子注评》，凤凰出版社2006年版，第8页。
② 梅桐生译注：《春秋公羊传全译》，贵州人民出版社1998年版，第340页。
③ 《春秋公羊传解诂》，转引自张仲谋《中国神秘数字》，中国矿业大学出版社1996年版，第52页。
④ 杨念群：《"大一统"与"中国""天下"观比较论纲》，《史学理论研究》2021年第2期。

路。使夷狄认同华夏文明而跃升于夏，这正是"大一统"的重要标志，也是大一统思想设定的目标与理想。

西汉，汉武帝开疆拓宇，为实现天下一统，亟须调整"夷夏大防"政策。董仲舒将《春秋公羊传》中的"大一统"思想与"夷夏"观相统一，为把"夷狄"纳入华夏文明提供理论支撑。《春秋公羊传》最早提出"大一统"思想，董仲舒在《春秋繁露》一文中深化这一思想，使"天下一统"与"华夷"观相契合。董仲舒云："《春秋》无通辞，从变而移，今晋变而为夷狄，楚变而为君子，故移其辞以从其事。"① 可见，"夷"与"夏"是能相互转化的，"夷狄"能否跃升为"华夏"取决于"夷狄"是否遵从华夏文明标准。董仲舒等公羊学家还强调，"大一统"乃上天意旨，文明中心区将为落后的周边做垂范："三统五端，化四方之本也。天始废始施，地必待中，是故三代必居中国。法天奉本，执端要以统天下，朝诸侯也。"② 在"华夷"关系上，"大一统"思想坚持华夏文明是天下的中心，是"夷狄"的必然归宿。夷夏分判的界限不是种族、血缘，而是政治的文明发展程度。夷夏之间没有固定分界，而是处于不断相互升降的过程。此外，儒家还宣扬"修其教，不易其俗。齐其政，不易其宜"的理念。③ 即对被征服的异族，因袭其宗教信仰、文化习俗而不强行改变，将政令合并统一于统治者，也不变更其传统生产模式。

公元前221年，秦朝首先于政治实际统治层面实现对中原诸夏的一统，且南平百越，北击匈奴，并南越、西南夷、西戎，缔造规模空前的统一多民族中央集权专制国家。同时，秦朝还将中央集权的郡县制度推广至所有统治范围，并施行书同文、车同轨、行同伦，终使战国时期的"大一统"政治理想成为现实。西汉初期的文帝、景帝统治时期，囿于孱弱国力，西汉政府在处理民族关系上恪守华夷有别、守土安疆理念，凸显"夷夏大防"。武帝时期，西汉国力鼎盛，思想领域"罢黜百家，独尊儒术"，遵奉儒学的政治家为适应政治"大一统"局面，倡导"以夏化夷"，试图将"夷狄"纳入华夏，达成"华夷"一统。中原王朝夷夏关系理念及处理夷夏关系的策略选择，一般取决于夷夏之间力量对比的变化。在中原"大一统"王朝发展稳固、国力强势之际，人们一般会从"尊王"视

---

① 曾振宇注说：《春秋繁露》河南大学出版社2009年版，第135页。
② 曾振宇注说：《春秋繁露》河南大学出版社2009年版，第213页。
③ 钱玄等注译：《礼记》（上），岳麓书社2001年版，第178页。

角阐释夷夏关系，强调"王者无外""华夷一体"。在中原王朝国力衰败、胡汉矛盾激化时，人们通常倾向从"攘夷"角度阐释夷夏关系，强调"夷夏之防"。武帝曾实施长达40余年的征伐匈奴之战，严夷夏之防；当匈奴衰弱，而成为汉朝属国，夷夏之防观念又转向夷夏一统。故东汉有郑玄注"天子"云："今汉于蛮夷称天子，于王侯称皇帝。"①

魏晋南北朝时期，中国四分五裂，但受儒家"大一统"观念浸润影响的各割据政权无不以华夏文明承袭者自居，称自己"奉天承命"，视自己为中国，以实现天下"大一统"为政治目标，并视其他割据政权为"僭伪""夷狄"。如《魏书》就云："昔黄帝有子二十五人，或内列诸华，或外分荒服"，"昌意少子，受封北土，国有大鲜卑山，因以为号"，"其裔始均，入仕尧世，逐女魃于弱水之北，民赖其勤，帝舜嘉之，命为田祖"。②《魏书》通过叙述拓跋鲜卑与华夏的共祖，为鲜卑政权的正统性找寻血缘根据。《魏书》还增设"岛夷列传"，蔑称南方割据政权为"岛夷刘裕""岛夷萧道成"，将北朝尊奉为儒家礼乐文明轴心，称"魏所受汉传国玺"，承继了"大一统"王朝秦汉两朝的正统。

隋唐两朝，中国再次实现"大一统"。对"夷夏"关系的处理，隋文帝实施"守御安边"之策，隋炀帝"混一戎夏"，唐太宗则声称，"自古皆贵中华，贱夷狄，朕独爱之如一"。③隋唐两朝，"夷夏大防"传统观被打破，开启"胡越一家，自古未之有也"的民族关系大格局。唐太宗认为，"夷狄亦人耳，其情与中夏不殊"。④即"夷狄"与华夏族具有同等人格。唐太宗认为"夷狄"亦有仁孝，"仁孝之性，岂隔华夷"⑤。

五代以后，两宋偏安，辽、西、夏、金、蒙古等少数民族政权崛起，儒者发挥"大一统"为正统之义，认为宋虽非"大一统"国家，却因文化"道统"所在而实为正统，辽、金、西夏等则为"夷狄"。同时，与宋朝并存的辽、金、西夏等割据政权，也都自称"中国"，并视自己为正

---

① 《礼记正义》，转引自贾益《从国家治理的角度思考中国历史上的"华夷"与"大一统"》，《史学理论研究》2020年第5期。

② （北齐）魏收：《魏书》，中华书局1974年版，第1页。

③ 《资治通鉴》卷198《唐纪十四·太宗贞观二十一年》，转引自姜以读、李容生编著《中国古代政府管理思想精粹》，国家行政学院出版社2000年版，第262页。

④ 《资治通鉴》卷197，转引自马驰《唐代番将》，三秦出版社2011年版，第222页。

⑤ （唐）吴兢：《贞观政要》卷5《孝友第十五》，上海古籍出版社1978年版，第162页。

统。宋朝与少数民族政权之间冲突不断,与此相伴随的是,宋朝对自身是华夏文明承载者身份的凸显。北宋石介在《中国论》中严格界定"华夷"间的界限:"四夷外也;中国内也。天地为之乎内外,所以限也。夫中国者,君臣所自立也,礼乐所自作也,衣冠所自出也。"① 宋代强调华夷有别,也主张"用夏化夷",即通过传播儒家文化、宣扬华夏仁义道德怀柔夷狄。

元明清三朝,又再造"天下一统"局面。元朝皇帝以天下共主自居,不辨华夷。明朝开国皇帝朱元璋在反对元朝统治时,以"驱除鞑虏,恢复中华"为号召,但建立明朝而统治稳固后,却以"华夷无间""皆朕赤子"之观念安抚天下。清朝建立统一而疆域辽阔的多民族国家,为稳固统治,其创立不同于前朝的正统论。前朝正统论均基于"承天授命"和"以德化人"的儒家思想而建构。② 清朝"正统论"的核心思想是对自身所缔造的在规模上前所未有的"大一统"政权的颂扬,凸显清朝对前朝的承绪,并极力取消华夷之别。

清朝为彰显自身的正统性与统治合法性,自皇太极继承大统后便严禁"华夷之辨",提出"满汉之人,均属一体,凡审拟罪犯、差徭、公务,毋致异同"③。"一体"观首次成为中国统治者对各民族关系处理的指导思想,数年后皇太极又称"满洲、蒙古、汉人,视同一体"④。清朝建立初期,为稳固政权,因此需用"大一统"思想协调各民族关系,"华夷"一体观被具体化为"满汉一家""满藏一体""满蒙一体"。

雍正当政时,其借审理"曾静案"编《大义觉迷录》,系统批判"华夷有别"论,而竭力宣扬"大一统"民族观。根据《大义觉迷录》,天下大一统,有德者居之,无德者弃之,与民族身份无关,"上天厌弃内地无有德者,方眷命我外夷为内地主"⑤。至此,"华夷之辨"道别了基于民族文化有别而相互歧视的论说,回归儒家围绕德治阐释华夷之别的思想正

---

① (宋)石介:《徂徕石先生文集》,中华书局1984年版,第116页。
② 杨念群:《清朝"正统性"再认识——超越"汉化论""内亚论"的新视》,《清史研究》2020年第4期。
③ (清)希福等:《清太宗实录》,中华书局1985年版,第26页。
④ (清)希福等:《清太宗实录》,中华书局1985年版,第26页。
⑤ (清)清世宗:《大义觉迷录》第1卷,中国社科院历史研究所清史室编,中华书局1983年版,第5页。

轨。此后，乾隆进一步阐释天下"大一统"与"华夷之辨"之间的关系，其明确指出"夷狄而中华，则中华之；中华而夷狄，则夷狄之"①，从而摆脱"华夷之大防"的观念。清代"华夷"一体观在理论与实践层面都超越了以往历朝历代的"华夷"观。

自秦朝开始，中国历朝历代，皆以天下一统为正流，以天下分异为歧路。"大一统"不仅是统治者的政治追求与理想，且深入人心，成为凝聚中国各民族的精神力量。任何政权，无论建立者是何民族，都视"大一统"为建政主要目标、价值依归，以及维护政权的主要手段。中国历史上各朝代、各政权提出的"华夷之辨""华夷一体"等主张，其目的都是维护自身统治的合法性，以及争居正统地位。"夷夏一体"观与政治、文化统一观，都是中国古代"大一统"思想的关键构成。②

中国古代，"华"与"夷"区分的依据是文化、文明的有无，不是"武"的有无，"夷"接受"华"之礼文化、文明，即可进升为"华"。"夷夏之别"不完全是血缘，主要是文化、文明层面的东西。文化是可转化的，从"文明"到"野蛮"或从"野蛮"到"文明"，夷夏之别的实质是文野之别。"文"只存续于"华"中，正因为有"文"，"华"才因此成为"华"。③所谓"正统"并非"汉族"的专属。中国"大一统"王朝并非都是汉人建立，少数民族建立政权后，也期望实现自身为"天下之主"的政治秩序，即正统。"华夷互动"是中国古代历史演变的一条基本脉络，是决定中国古代王朝国家兴衰、天下治乱分合的重要力量，也是中国疆域形成、中华民族缔造的重要动力。

二 基于"天下""王道"理念的"大一统"

伴随"四海""中国"等概念，中国古人还创造出理解世界的"天下"概念。中国古代文化中，"天下"概念，广义上指称世界，中义上指称九州、四海，狭义上指称王朝国家。④"天下"是地理概念，也代表一

---

① （清）庆桂等：《国朝宫史续编》，北京古籍出版社1994年版，第869页。
② 彭丰文：《西汉"大一统"政治与多民族交融认同》，《民族研究》2016年版第2期。
③ ［日］宫崎市定：《中国文化的本质》，载《宫崎市定论文选集》下卷，中国科学院历史研究所翻译组编译，商务印书馆1965年版，第304页。
④ 赵永春：《中国古代的"天下""中国"观》，《社会科学》2021年第4期。

种政治秩序或政治价值观。① 儒家文化中，"天下"秩序的核心内容与目标是"王道"。"王者无外"，有"王道"，"天下"方能成为天下。天下在地理上即代表世界本身，彰显着儒家王道理想目标的普遍性。② 作为儒家的理想性政治，"王道"是"天命""天道"在"天下"及人间秩序的落实。"溥天之下，莫非王土，率土之滨，莫非王臣。"③ 天道、王道唯一，替天行王道的天子，天子治理之天下，亦都是唯一。这种唯一性，在国家治理上表现为中央集权的大一统秩序。王道行于天下，即王道秩序。

王道秩序是好的秩序。"华夏"与"夷蛮戎狄"共居"天下"之地理空间中。关于"王道"特质，孔子有"近者悦，远者来"之阐释。王道主要彰显为一种文化、文明吸引力、示范力，其更多地体现为软实力。吸引他人自愿学习，而非用武力强加于人，是王道与霸道的关键区别。历史上，中国主要是通过和平的"修文德以来之"，促进中原之外的少数民族接受、认同华夏文化，并基于此使其逐渐融入"大一统"天下秩序。④ 钱穆曾指出，"与罗马帝国之由一中心放射而展扩及于四围者又不同"，"盖中国乃由四方辐辏共成一整体，非自一中心伸展其势力以压服旁围而强之使从我"。⑤

中国文化中，"天下"概念是对以中国中原农耕区为中心的世界空间构想，也代表着一种理想之伦理道德秩序。⑥ 中国"早期的'国'是一个权力体，与此相比较，天下则是一个价值体"⑦。作为价值体意义而存续的天下，其拥有一整套文明的价值体系，并拥有彰显其价值体系内涵的包括政治、法律、文化制度等在内的典章制度、文化礼仪。顾炎武曾有

---

① ［日］渡边信一郎：《中国古代的王权与天下秩序》，中华书局2008年版，第70页。

② 干春松：《王道与天下》，http：//www.aisixiang.com/data/131711.html，2022年3月27日。

③ 陈戍国点校：《四书五经》（上），岳麓书社1991年版，第373页。

④ 闫恒、班布日：《夷夏关系与"大一统"的历史形态》，《中央社会主义学院学报》2021年第4期。

⑤ 钱穆：《国史大纲》，转引自任锋《大一统与政治秩序的基源性问题：钱穆历史思维的理论启示》，《人文杂志》2021年第8期。

⑥ 许纪霖：《天下主义、夷夏之辨及其在近代的变异》，《华东师范大学学报》（哲学社会科学版）2012年第6期。

⑦ ［美］列文森：《儒家中国及其现代命运》，郑大华译，中国社会科学出版社2000年版，第84页。

"亡国亡天下"之论："易姓改号，谓之亡国；仁义充塞而至于率兽食人，人将相食，谓之亡天下。"①"国"是暂时而区域性的王朝国家权力秩序，"天下"是普世而永恒的礼仪秩序。"天下"内嵌着恒久、绝对的仁义价值、礼乐规范。"天下"之价值体系源自超越的、形而上之天道。自西周始，在中国人心里，天就是有德性之天，就是超越性的存在，天道与人道相通、相应及相合，天意通过民意彰显，"天下"概念内嵌的伦理价值因此兼具超越性与世俗性。②

无论是价值意义层面，还是空间层面，"天下"都彰显着超越具体族群、地域及国家的普世文明特性，只要接受中华文明的文化礼仪、典章制度，就自然成为天下的一部分，差异只是中心与边缘的不同，但都遵从同种文明尺度和价值体系——天下主义。③ 所谓"天下"，并非中国所认为的"世界只有如此大"，而是指，世界只有唯一人文伦理秩序。中国将自身视为世界这唯一文明的首善之地及依靠、寄予。"'天下'是一个无远弗届的同心圆，一层一层地开花，推向未开化。"④

中国文化理念中，"没有绝对的'他者'，只有相对的'我者'"⑤。作为文明的"天下"，其有绝对的他者，即拒斥华夏文明的夷狄，因此需要夷夏之辨。具体存在的"夷"与"夏"，是相对的，"夷"可经教化而进升为"夏"，经教化，作为"他者"的"夷"可化为"我者"之"华"。"天下"是普世性、绝对性之存在，"夷夏"是相对性、历史性的存有。⑥ 中原华夏不存在绝对种族界限，历史上夷夏之间有数次大融合，春秋时期、魏晋南北朝到隋唐、五代及辽、金、元时代、清朝，都经历了

---

① （清）顾炎武：《日知录》，转引自李耀宗编《伦理学知识手册》，黑龙江人民出版社1984年版，第222页。

② 许纪霖：《天下主义、夷夏之辨及其在近代的变异》，《华东师范大学学报》（哲学社会科学版）2012年第6期。

③ 许纪霖：《天下主义、夷夏之辨及其在近代的变异》，《华东师范大学学报》（哲学社会科学版）2012年第6期。

④ 许倬云：《我者与他者：中国历史上的内外分布》，生活·读书·新知三联书店2010年版，第20页。

⑤ 许倬云：《我者与他者：中国历史上的内外分布》，生活·读书·新知三联书店2010年版，第20页。

⑥ 许纪霖：《天下主义、夷夏之辨及其在近代的变异》，《华东师范大学学报》（哲学社会科学版）2012年第6期。

夷夏或胡汉大融合。汉族是农耕民族，而胡人基本是游牧民族。在中国大地，农耕民族与游牧民族经南北朝、隋唐和元清的数次双向交融，中原华夏文化被不断注入胡人文化，如佛教就是异域宗教，汉族身上也融入众多少数民族血统。天下主义彰显的是绵延不绝的化夷为夏之历程。夷夏之间，有绝对之区隔（有无礼乐教化是夷夏分判的绝对标准），又相互融合、内化，每次中原文明向外伸展，华夏民族都融合胡人血脉。"中国人常把民族消融在人类观念里面，也常把国家观念消融在天下或世界的观念里。"①

中国宏阔的天下主义以中原文明、文化为内核，并包容、内化"蛮夷"之文化、种族，逐渐形成更宏阔、更开放的中华文明。从五胡乱华到六朝隋唐，再到两宋，汉族不再纯粹，夷夏间血缘混杂，中原文化、文明不再纯然，也吸纳外来文化、思想，宋明理学就汲取佛教真谛，佛教也被中国化，佛教之出世佛陀也蝶变为在世禅宗。中国的夷夏之辨始终受到起始于先秦的天下主义的规约。

历史上，华夏文明、文化具有排他性的以汉族为中心的种族主义，也有基于天下主义的包容性极强的文化主义。作为民族、文明共同体的叙述与阐释，它们互相分离、相互纠缠，也相互内嵌。② 在古代中国，天下价值观彰显着王道理想的普世性观照，夷夏之辨凸显着对具有不同生活方式的族群的区隔。天下价值凸显华夏之特殊主义，也追求以华夏为中心的普世文明。普世性的天下价值体系与特殊性的华夏合为一体，普世性的天下主义孕生于特殊性的华夏文化，也通过华夏文化而得到彰显。

"天下"一词在中国传统思想中，并非自然—地理概念，而是具有人文特征的治理概念。对内而言，具有超越性的天下主义是建构政权合法性的价值基础。中国古典时代，"政治权威被置于更大的宇宙秩序中"③。对外而言，天下以"天子"为秩序中心，层层向外延伸，是一种同心圆式的差序结构，主要依据接受华夏人文教化的程度，区分出"夏"与

---

① 钱穆：《中国文化史导论》，商务印书馆1998年版，第132页。
② 参见 ［美］杜赞奇《从民族国家拯救历史：民族主义话语与中国现代史研究》，王宪明译，社会科学文献出版社2003年版，第39—74页。
③ 参见 ［英］戴维·米勒、韦农·波格丹诺编《布莱克维尔政治学百科全书》，邓正来等译，中国政法大学出版社1992年版，第408页。

"夷"。梁启超说："我国先哲言政治，皆以'天下'为对象，此百家所同也。'天下'云者，即人类全体之谓……而不以一部分自画。"①

在中国文化中，"大一统"并非"大统一"。"大统一"强调的是领土与权力集中，但这种集权不可持续。"大一统"比"大统一"有更丰富内涵，有更复杂的制度设计，甚至更高的文明层次，"大一统"不仅强调权力的"一"，也致力于完成思想的"统"。中国古代儒家思想家确立尧、舜、禹、汤、文、武、周公至孔子、孟子、荀子的儒家道统，历代王朝兴替，少数民族入主中原，都要尊儒家为思想正统，奉正朔、易服色，彰显基于思想文化一统基础上的政治一统。②"大一统"是儒家追求和推崇的王道政治理想，"大统一"是法家思想指导下的霸道政治实践。③

"大一统"观念有空间拓展之义，也强调武力扩张必须基于足够的道德合法性而展开。武力行动是否具有道德依据是分判"大一统"与"大统一"及"王道"与"霸道"的标准。秦朝尽管统一整合中原地区达成政治权力"大统一"，但却因缺乏王道、仁德支撑而"二世而亡"，缺乏德性、王道的秦朝经常被视为非"正统"王朝。明朝学者张志淳对"大统""一统"及"正统"等概念的内涵做过界定与区分，他说："愚尝思之，能合天下于一，谓之大统；合而有道，谓之正统；虽能合天下而不以道，若秦、晋、隋，只谓之大统、一统可也。"④依此标准，秦朝断然难以被视为"大一统"王朝，而武功盖世、疆域空前辽阔的元朝应承"大统"之名，却难入"正统"之序，理由是"彼于道甚逆，而以势一之故也"，即单纯凭借武力占据天下而实现疆域一统，并不足以具备称为"正统"的资格。⑤"大一统"理念的内核是尊崇王道及宣扬王道政治抱负。公羊家"大一统"尊崇的"一"，就是"道"。"大一统"必

---

① 转引自王杰《中国文化中的天下观》，《中国领导科学》2020年第2期。

② 陈立明：《"大一统"思想与中国国家建构》，《山东省社会主义学院学报》2021年第3期。

③ 韩星：《不能把"一统"与"大统一"混为一谈——"大一统"辨证》，《北京日报》2021年1月4日第12版。

④ 张志淳：《南园漫录》卷3《正统》，转引自钱茂伟《明代张志淳〈南园漫录〉研究》，《历史文献研究》2008年（总第27辑）。

⑤ 杨念群：《"大一统"与"中国""天下"观比较论纲》，《史学理论研究》2021年第2期。

须依道而行，即帝王或天子承天命，归依于形而上之本体（元），基于此，推行王道政治，教化万民，使复杂政治活动一统于超越性的价值源头——天，从而使现实政治获得超越性的存在价值，并基于此开启新的一统天下进程。

第二章 "大一统"皇权秩序的思想、制度及社会建构

华夏文明历史中,"大一统"是观念形态,也是具体政治实践。公元前221年秦始皇统一天下,西周八百年封建制终结,中国进入国家权力一元独大的"大一统"时代。自秦始皇统一中国直至清朝终结,中国的国家及社会体制在本质上是皇权专制。"一统天下"其实是皇权专制,而非封建制、世族门阀制,更非共和制。自秦始皇确立"天下事无大小皆决于上"① 的统治原则,皇权专制便成为帝制中国的政治本质,政治思想的功能也基本是为论证"大一统"皇权专制的合理性。"大一统"并非仅是指国家的"大统一"或地域整合,"大一统"主要体现为国家政治权力高度集中、思想文化的整齐划一,以及政治权力对经济活动、社会生活的高度管控。

第一节 "大一统"皇权秩序的思想建构

一 "大一统"皇权秩序的思想基础

中国春秋战国之际,天下纷扰,诸侯相互征伐,而思想领域却是中国思想最为繁荣的"百家争鸣"时代。诸子百家将原有西周时代的"大一统"观念系统化、理论化,并赋予新内涵,即强调政治秩序的统一。孔子针对"礼乐征伐自诸侯出"的混乱政局,提出"礼乐征伐自天子出"以及"君君、臣臣、父父、子子"的"天下有道"理想社会秩序。孟子主张"天无二日,民无二王"②,认为天下秩序应"定于一",且君仁臣

---

① (汉)司马迁:《史记》,江俊伟、甘宏伟评注,崇文书局2010年版,第45页。
② 鲁国尧、马智强注评:《孟子注评》,凤凰出版社2006年版,第160页。

义、君民同乐。荀子则认为，"君子者，天地之参也，万物之总也，民之父母也"①。韩非子认为，"一栖两雄""一家两贵"②是祸乱之源。诸子对"大一统"政治秩序观的表述虽有差异，但无不强调自上而下的政令统一，该理念最终由"海内为郡县，法令由一统"③的秦朝实现。自秦始皇建立秦朝直至清朝灭亡，"天下之事无小大皆决于上"。

"大一统"皇权制度，不仅要求制度一统，也追求思想一统。思想、学说的一元化是"大一统"秩序重要特征，先秦诸子在构想"王天下"蓝图时，几乎都视思想一统为理所当然。所谓的"天下有道，则庶人不议"④，"圣王不作，诸侯放恣，处士横议，杨朱、墨翟之言盈天下"⑤等，诸子都视思想多元为乱世之源。秦始皇时期，吕不韦指出："听众人议以治国，国危无日矣。"⑥李斯却建议"别黑白而定一尊"，"有敢偶语《诗》《书》者弃市"⑦。先秦诸子中，就摧毁人民智性及倡导皇权专制而言，法家思想最彻底、最露骨。法家主张"尊君"与树立君上绝对权威，君主必须操控最高权力，绝不允许大权旁落、君弱臣强现象出现。《韩非子》全书充斥着"霸天下""制天下""王天下""一匡天下""强匡天下"之说。在韩非子看来，君主必须摆脱一切批评，君王过失的责任应由臣下承担。"尊君"实践中必须基于"卑臣"。"臣愈卑则君愈尊，而且非卑臣亦无以见君之尊。"⑧《韩非子》有云："明君无为于上，群臣竦惧乎下……臣有其劳，君有其成功，此之谓贤主之经也。"⑨韩非子的"尊君卑臣"论可谓切中要害、彻底周全。⑩

为"尊君"，韩非子提出法（统治臣民的规范）、术（君主的权位）、

---

① 张觉校注：《荀子校注》，岳麓书社2006年版，第94页。
② 郑之声、江涛编著：《韩非子》，北京燕山出版社1995年版，第53页。
③ （汉）司马迁：《史记》，江俊伟、甘宏伟评注，崇文书局2010年版，第41页。
④ 王国轩、张燕婴、蓝旭、万丽华译：《四书》，中华书局2007年版，第82页。
⑤ 鲁国尧、马智强注评：《孟子注评》，凤凰出版社2006年版，第109页。
⑥ 张双棣等注译：《吕氏春秋译注》，北京大学出版社2011年版，第502页。
⑦ （汉）司马迁：《史记》，江俊伟、甘宏伟评注，崇文书局2010年版，第45页。
⑧ 余英时：《反智论与中国政治传统——论儒、道、法三家政治思想的分野与汇流》，http://www.aisixiang.com/data/75255.html，2022年4月9日。
⑨ 郑之声、江涛编著：《韩非子》，北京燕山出版社1995年版，第36页。
⑩ 余英时：《反智论与中国政治传统——论儒、道、法三家政治思想的分野与汇流》，http://www.aisixiang.com/data/75255.html，2022年4月9日。

势（驾驭臣子使之俯首帖耳的权术）的主张。君主只有掌握这三种利器，才能行使权力、防止权力下移。他说："抱法处势则治，背法去势则乱"①，"君无术则弊于上，臣无法则乱于下"②。韩非子的理论强调君主集权与专制，以及强调君权不容侵犯，是君权绝对论的典范。此外，"愚民"是法家"尊君"的重要手段，《韩非子》云："故明主之国，无书简之文，以法为教；无先王之语，以吏为师。"③ 即除了"法"，不许有任何书籍存留。

汉武帝时期，"大一统"政治秩序、中央集权皇权专制制度基本建构起来。为适应当时已形成的皇权一统专制政治，大儒董仲舒提出，"一统"是古今社会共同诉求，为巩固"一统"，必须推行君主专制统治，这叫作"尊君"。立足"天人相与"观，董仲舒论证"大一统"乃"天地之常经，古今之通谊"④。他对皇权"大一统"做了最全面的思想论证。

根据董仲舒的君权论，权力源自天，但他还是维护君权与主张专制，正如他所说："君之所以为君者，威也……威不可分……威分则失权，失权则君贱"。⑤ 他还说："人主立于生杀之位，与天共持变化之势"；"天地人主一也"。⑥ 他还对"王"字做了益于皇权专制的诠释："古之造文者，三画而连其中谓之王……取天地与人之中以为贯而参通之，非王者庸能当是。"⑦ 这些解读提升了皇权专制权威。

董仲舒总结秦王朝"刑治导致"覆灭的教训，提出统治者应德治和法治并用，强调以仁义道德教化人民。他说："天道之大者在阴阳，阳为德，阴为刑；刑主杀而德主生。是故阳常居大夏，而以生育养长为事；阴常居大冬，而积于虚空不用之处。以此见天之任德不任刑也。"⑧ 董仲舒将"阴"与"阳"视为"天"的基本特质，德、仁爱、生育等是"天"

---

① 郑之声、江涛编著：《韩非子》，北京燕山出版社1995年版，第374页。
② 郑之声、江涛编著：《韩非子》，北京燕山出版社1995年版，第383页。
③ 郑之声、江涛编著：《韩非子》，北京燕山出版社1995年版，第437页。
④ （东汉）班固撰：《汉书》，中州古籍出版社1996年版，第784页。
⑤ 曾振宇注说：《春秋繁露》，河南大学出版社2009年版，第203页。
⑥ 曾振宇注说：《春秋繁露》，河南大学出版社2009年版，第287页。
⑦ 曾振宇注说：《春秋繁露》，河南大学出版社2009年版，第285页。
⑧ （东汉）班固撰：《汉书》，中州古籍出版社1996年版，第778页。

之阳性特征的表现，刑、杀等是"天"之阴性特质的表征。"天意"欲生不欲杀，昭示"天"的仁爱之心。君主上法于天，施政当以"德化为本"，故应"任德不任刑"。董仲舒还主张，应基于"德化"原则推行刚柔并济、威惠并施的政策。他说："国之所以为国者，德也；君之所以为君者，威也。"① 即"德"固然必要，"威"也不可或缺。

董仲舒在向汉武帝呈递的《举贤良对策》中，强调了统一思想的重要性，要求"罢黜百家，独尊儒术"，即把儒家思想确定为社会统治思想与国家意识形态，并提出建立疆域、文化、制度及社会等全方位高度统一之中央集权国家。董仲舒认为，"统一思想"是保持一统局面的必要前提，并应是最高统治者治国指导思想。他指出："今师异道，人异论，百家殊方，指意不同，是以上亡以持一统；法制数变，下不知所守。"② 即思想多元化必然导致政治、法制混乱，进而解构帝国统一秩序。他提出："诸不在六艺之科孔子之术者，皆绝其道，勿使并进。"③ 即宣布有违儒家理论的各种思想为非法。董仲舒认为，思想统一就可使"邪辟之说灭息，然后统纪可一而法度可明，民知所从矣"④。董仲舒的主张被汉武帝采纳，此后，"大一统"思想渐次深入人心而成为中国皇权时代政治、社会及文化之特色。"大一统"思想经董仲舒从天地、阴阳等方面系统诠释，最终成为专制皇权论证自身合法性的理论。

董仲舒借助《春秋》公羊学对皇权做合法性论证之际，也承续前代圣王、圣人理念，把儒家思想与神圣、超越的"天"结合，实现"圣"与"王"的逻辑统一，以对汉代"大一统"皇权专制的合法性、神圣性做理论证明。基于《春秋公羊传》的"大义微言"，董仲舒对《春秋》进行丰富而深入的诠释，使《春秋》成为两千余年中国皇权国家纲纪天下的"神圣法典"。⑤《春秋》开篇言："元年春王正月。"公羊学家充分诠释这句话，提出"大一统"概念。《春秋公羊传》将"元年春王正月"诠释为："元年者何？君之始年。春者何？岁之始也。王者孰谓？谓文王

---

① 曾振宇注说：《春秋繁露》，河南大学出版社2009年版，第203页。
② （东汉）班固撰：《汉书》，中州古籍出版社1996年版，第784页。
③ （东汉）班固撰：《汉书》，中州古籍出版社1996年版，第784页。
④ （东汉）班固撰：《汉书》，中州古籍出版社1996年版，第784页。
⑤ 路高学：《国学博士论坛：董仲舒与大一统》，http：//www.guoxue.com/? p=34809，2021年9月13日。

也。曷为先言王而后言正月？王正月也。何言乎王正月？大一统也。"[1] 这显然是尊王和肯定天下一统。董仲舒立足"天人相与"观点，论证"大一统"，并深入诠释《春秋公羊传》关于大一统的内涵。董仲舒认为，"《春秋》大一统者，天地之常经，古今之通谊"[2]，即"一统"乃理所当然，不容置疑。他还把"大一统"观延伸至宇宙、社会、自然、人生等各领域。董仲舒"大一统"思想的核心是天子：天子是"天"之子，代表"天"，并遵循"天道"统治天下；天子治下的是百官及百姓；天子赋予官员治理百姓的权力。董仲舒建构的"大一统"皇权政治理论的实现政治、社会基础是"天"、天子、百官及百姓构成的严密等级关系，并鲜明彰显"大一统"皇权秩序的等级观念。皇权为核心的等级秩序越牢固，皇权统治秩序也越稳定。董仲舒曰："唯天子受命于天，天下受命于天子，一国则受命于君。君命顺，则民有顺命；君命逆，则民有逆命。故曰：'一人有庆，兆民赖之。'"[3] 董仲舒把天下安定系于君王，并发展出一套以天子为核心的等级观念。在皇权专制体制下，董仲舒基于儒家理论本位建构起一个层级分明且无民主、无平等意识的等级秩序理论。董仲舒提出君臣、父子和夫妇之间关系的"王道之三纲"（君为臣纲，父为子纲，夫为妻纲）。通过对《春秋公羊传》中"大一统"观念的诠释，董仲舒把儒家重视的伦理关系提升到天道的形而上层次，从而为"大一统"皇权专制提供价值合理性，也赋予儒家思想和儒家先贤至高政治地位。[4]

二 皇权体制对"大一统"皇权秩序思想的国家意识形态化

自秦始皇开创"大一统"皇权统治秩序始，中国历代帝王无不将自己的身份圣神化，从而向世人昭示自己享有天命，以及彰显自己的权力与位置是无可置疑的。董仲舒通过提出"天人感应论"（"天"是有意识的存在，皇帝贵为"天子"，并秉承"天"意统治万民，"天子"行为若有

---

[1] 陈戊国点校：《四书五经》（下），岳麓书社1991年版，第1251页。
[2] （东汉）班固撰：《汉书》，中州古籍出版社1996年版，第784页。
[3] 曾振宇注说：《春秋繁露》，河南大学出版社2009年版，第277页。
[4] 路高学：《国学博士论坛：董仲舒与大一统》，http://www.guoxue.com/? p=34809，2021年9月13日。

失误,"天"将以天灾等警示天子,若不改过,必遭天谴。"天人感应"凸显的是"天人之际,天人合一"),将"圣王合一"理论提到更高理论境界,达成"圣"与"王"的逻辑性统一,最终建构起系统的论证皇权合法性的理论体系。董仲舒通过重新构建天的权威,重新解释天道,将儒学天命化、神学化,试图借天道神圣力量遏制帝王的权力意志。董仲舒的理论中,帝王的使命是,"承天意以从事,任德教而不任刑"[1],"以教化为大务"[2]。圣王遵循天命教化万民是顺天意的行为。对董仲舒的见解,汉武帝欣然接受。帝王是圣王,秉天意而教化万民,地位因此更神圣、更权威。对董仲舒而言,他设想的依靠天道制约专制皇权的理论也有了实现的可能,这正是董仲舒提出"天人感应论"的用意。

经董仲舒诠释,"大一统"理念获得透彻表达,因为"大一统"理论是为皇权专制政治体制的合法性而论证,自然赢得汉武帝支持,也最终成为国家意识形态。董仲舒认为,"大一统"的核心要义是"一元",而《春秋》也最看重"元"。"谓一元者,大始也"[3];"惟圣人能属万物于一而系之元也"[4]。在政治上,"元"即皇权时代的皇帝。"元"即"始","汉承秦制",秦始皇是中国第一个皇帝,即"始皇帝"。秦始皇作为"元""始",乃"千古一帝"[5]。皇权大一统是那个转型时代的普遍观念。《汉书·王吉传》云:"《春秋》所以大一统者,六合同风,九州共贯也。"[6] 李斯初见秦王就提出:"灭诸侯,成帝业,为天下一统,此万世之一时。"[7] 建构皇权专制秩序是皇权大一统观的核心。故董仲舒说:"《春秋》之法,以人随君,以君随天";"故屈民而伸君,屈君而伸天,《春秋》之大义也"。[8] 董仲舒视皇权"大一统"理念为超越时空的"通义":"《春秋》大一统者,天地之常经,古今之通谊也。"[9] 故帝王"有改制之

---

[1] (东汉)班固撰:《汉书》,中州古籍出版社1996年版,第778页。
[2] (东汉)班固撰:《汉书》,中州古籍出版社1996年版,第779页。
[3] 曾振宇注说:《春秋繁露》,河南大学出版社2009年版,第145页。
[4] 曾振宇注说:《春秋繁露》,河南大学出版社2009年版,第185页。
[5] 李贽:《藏书·世纪列传总目》,转引自甘黎明、刘新光《宏基初奠:秦汉改革及其因果成败》,南京大学出版社2000年版,第81页。
[6] (东汉)班固撰:《汉书》,中州古籍出版社1996年版,第905页。
[7] (汉)司马迁:《史记》,甘宏伟、江俊伟评注,崇文书局2010年版,第510页。
[8] 曾振宇注说:《春秋繁露》,河南大学出版社2009年版,第127页。
[9] (东汉)班固撰:《汉书》,中州古籍出版社1996年版,第784页。

名,无易道之实"①。即具体制度、具体规范因时、因地制宜而有所变化,但其"所以然"之道却万世不易。

皇权"大一统"体制中,皇权体制的御用思想家通过具有泛政治化色彩的"天人合一"哲学来解决君臣问题、皇权及政治权力的合法性问题,其核心议题是君臣(民)关系。中国古人把自然称为"天","天"是具有人格化特征的神秘存在,其有理性、情感及意志,与人相通、相类及相应。"天亦有喜怒之气,哀乐之心,与人相副。"②"天人合一""天人合德"及人与自然一体等理念在中国古代深入人心,由此,政治与自然也被直接同一。政治秩序与自然秩序无清晰界限,属同一秩序。乾坤、天地、阴阳有尊卑之分,而君臣、父子、夫妇间关系也随天道而具有贵贱之别。天、地、人具有共同规范、规则。"天"之规律与政治规律同一。③ "夫礼,天之经也,地之义也,民之行也。"④ "法天合德,象地无亲,参于日月,伍于四时。"⑤ 圣人治世要"法天""法地""法四时"。天有四季,国家亦应有"四时之政"。如春季万物复苏,性属"仁",国家应施仁政;秋季万物萧杀,性为"急",施政则从严。四时之政失调,将会导致不良政治后果。最终,通过汉武帝的"独尊儒术",儒家话语转变为朝纲文化,"先秦诸子""百家争鸣"的自由精神变为"皇权至上""内法外儒"的"思想专制"。

帝制中国时代,汉武帝率先确立意识形态的统一,但直到东汉汉章帝钦定《白虎通义》,儒家伦理纲常、礼制规范才真正一统天下,以及奠定皇权秩序政教、君师及圣王合一的统治模式。《白虎通义》以天子之名颁布道统,彰显国家意志,教化臣民。《白虎通义》颁布后,儒家纲常名教、礼制规范得以一统天下、垂法万世。董仲舒倡议,朝廷应培养有德行的官僚,而不能仅打造只具有工具理性而缺乏价值追求的"刀笔吏"。他说:"今之郡守、县令,民之师帅,所使承流而宣化也;故师帅不贤,则

---

① 曾振宇注说:《春秋繁露》,河南大学出版社2009年版,第122页。
② 曾振宇注说:《春秋繁露》,河南大学出版社2009年版,第297页。
③ 丛日云:《"一"与"多":中西政治文化的两种个性分析》,载徐大同、高建主编《中西传统政治文化比较研究》,天津教育出版社1997年版。
④ 陈戍国点校:《四书五经》(下),岳麓书社1991年版,第1140—1141页。
⑤ 吴文涛、张善良编著:《管子》,北京燕山出版社1995年版,第67页。

主德不宣,恩泽不流。"① 官员应是民之表率,民以官、君为师、以君为圣,官、师同体、同源,从而为皇权社会绘制出政教合一的图景。汉代官吏,迥异于秦代官吏,前者讲仁心,后者无德性。在汉朝,政统与道统得到有效糅合,君王与儒师实现合一。② 秦汉以后,中国皇权社会建构起帝王君师合一的权威,并"以吏为师",实现思想一统成为历朝的基本国策。"思想一统"旨在将天下人的思想观念统一到帝王意愿上来,使专制帝王成为最高精神权威,思想领域的歧义最终都以钦定为准。"以吏为师"是一种官本位、权力本位。皇帝是最高掌权者、最高教育者及真正的"哲学王",是"以吏为师"的终极意义。皇权社会中,皇权凌驾于真理与信仰之上,所有宗教信仰只有仰帝王鼻息,才能发展存续。教权与王权的分离、对峙,是西方政治、社会生活的传统与特征。中世纪的欧洲,教会是制约王权的重要力量,其牢牢控制社会思想文化和民众的精神信仰,且凭借强大组织体系同封建王权分庭抗礼。在传统中国,道教和佛教,是山头林立,门派众多,并无西方基督教那种自上而下、层层控制的严密组织体系,丝毫无抗衡王权的能力。佛教与道教的竞争及各自内部的门派之争,驱使各教派为获得正统地位而主动依附王权,"不依国主,则法事难立"③。帝王因此能超然于各教之上,决定各教之命运。各宗教或各教派,发展与存续,均以帝王意志为转移。中国的"大一统"思想是统一于"君师合一"的最高统治者,其带来的后果必然是政治专制、思想僵化、经济封闭及文化保守。

  自孔子创立儒学至汉代初年,儒学经两次自我反思,使儒学在诸子学说中力压群芳,并能在遭受秦朝实施的"焚书坑儒"的灭顶之祸后凤凰涅槃,并在汉初与法家、道家的斗争、融合中脱颖而出,最终登顶国家统治思想。首次儒家的自身反思由战国末期的荀子进行,第二次由汉朝初期的董仲舒展开。"董仲舒在百家庞杂中独尊孔子,颇似荀卿,但他承袭邹衍,来讲天人相应。"④ 在孔孟之道与两汉儒学之间,荀学起到承前启后的作用。荀子夯实周代及孔子重礼乐的传统,重视规范与制度建构,强调

---

① 张文治编:《国学治要》,北京理工大学出版社2014年版,第734页。
② 余治平:《儒家圣王治理传统:政教合一、官师一体》,《江海学刊》2019年第5期。
③ 《高僧传·释道安》,转引自陈修斋、萧萐父主编《哲学史方法论研究》,武汉大学出版社1984年版,第239页。
④ 钱穆:《中国思想史》(新校本),九州出版社2012年版,第109页。

"礼治"及"礼"在治国理政中的作用,并系统发展儒家礼治思想,视礼为治国最高准则。荀子曰:"礼义者,治之始也"①,"国之命在礼"②,"礼者,治辨之极也,强国之本也,威行之道也,功名之总也。"③

荀子认为,儒家有统一的道德秩序,却没有建构统一治理体系。根据战国末期的政治、社会形势,荀子援法入儒,充实儒家礼学,超越"儒家之礼"与"法家之法"的对立,使两者于政治、法律层面交融,使儒学摆脱"迂远而阔于事情"④的尴尬,重返孔子倡导的经世致用精神,使儒学经秦祸之后快速崛起,为董仲舒"独尊儒术"奠定基础。荀子认为,"《礼》者,法之大分,类之纲纪也。"⑤即礼是法的纲领。荀子也重视法之作用:"法者,治之端也。君子者,法之原也。"⑥荀子之"法"是"道法""义法",是以"礼"为主导之"法";而法家之"法",则缺乏道德价值及"道"的支撑,是执着于追求权力、满足私欲的纯粹法术。荀学宣扬的治道中,"法"是"治之端",不可或缺,不可轻忽,但"礼"却是更为根本的"道"。荀子批判法家"尚法而无法"⑦,这是法家之"法"的注定结局。有时,荀子将礼界定为法,曾说:"礼之所以正国也,譬之,犹衡之于轻重也,犹绳墨之于曲直也,犹规矩之于方圆也。"⑧荀学丰富了"礼"的内涵,赋予其严谨性、外律性及强制性。

荀子援礼入法的目的,是为在新的政治、社会形势下丰富儒学的思想内涵及拓展儒学的思想领域。"这样用法治来充实改造礼治,体现了新的时代精神。"⑨对于"礼"与"法"的诠释,荀子既是分而述之,也统而合之。合之则是"礼法";就分述之而言,则是以"礼"为"治之始",以及以"法"为"治之端"。荀学始终与法家保持距离。⑩荀子汲取"法"之部分精神充实"礼"的内容,是认识到法的强制性将能为礼治提

---

① 张觉校注:《荀子校注》,岳麓书社2006年版,第94页。
② 张觉校注:《荀子校注》,岳麓书社2006年版,第208页。
③ 张觉校注:《荀子校注》,岳麓书社2006年版,第182页。
④ (汉)司马迁:《史记》,甘宏伟、江俊伟评注译,崇文书局2010年版,第439页。
⑤ 张觉校注:《荀子校注》,岳麓书社2006年版,第6页。
⑥ 张觉校注:《荀子校注》,岳麓书社2006年版,第144页。
⑦ 张觉校注:《荀子校注》,岳麓书社2006年版,第50页。
⑧ 张觉校注:《荀子校注》,岳麓书社2006年版,第130页。
⑨ 任继愈:《中国哲学发展史》(先秦卷),人民出版社1983年版,第672页。
⑩ 阎步克:《士大夫政治演生史稿》北京大学出版社1996年版,第197—198页。

供有力支撑，其并未背离儒家精神。"荀子之政治思想以法为末，以人为本。故近申商者其皮毛，而符合孔孟者其神髓也。"① 在荀学中，礼与法并行，并在治国理政中收异曲同工之效。荀学基于性恶论阐释礼法并用，彰显出综合治理理念。

在荀学的礼法并用中，"礼"与当今国家政治系统中的政治原理、原则及宪法相似，"法"与当今的政治制度及具体法律规范类似。荀子认为："圣人化性而起伪，伪起而生礼义，礼义生而制法度。"② "故非礼，是无法也。"③ 荀子思想中，治道是礼治为主、法治为辅。面对战国时代列国相互攻伐的局面，荀子立足中道思维，审势而行，执两用中，扬弃儒家"尊王贱霸"传统，给予"霸道"积极评价。荀子提出"隆礼、尊贤而王，重法、爱民而霸"④，主张"礼法并施、王霸兼用"，开创儒法合流先河。荀子认为，礼治、王道与法治、霸道相辅相成，"霸道"是达成"王道"的手段及路径。"霸业"并非荀子的终极政治理想，只是达成"王道"政治的中介。荀子指出，拒绝儒术及不行"王道"，是秦国治国之策的致命短板，并提出矫正之策——"节威反文"的王道，即收敛苛政而遵奉儒家仁义文治之道。公元前221年，扫灭六国的秦国建立起中国首个皇权"大一统"中央集权王朝，但秦朝终因只行暴虐之法而不施仁义之政而亡。历史证明，礼法互补的统治模式是维系"大一统"王朝长治久安的最佳选择，故成为皇权专制国家持久推行的治国之策。

荀子的儒学理路是汉代儒学发展的先导。董仲舒的儒学遵循荀子思路，注重其实践性、可行性，并注重限制皇权，以免汉朝重蹈秦朝覆辙。为制衡皇权，董仲舒重新阐释天之含义，提出"天人感应"论，将皇权涵盖于天意之下，并运用儒家"仁"的思想予以限制，最终将儒学从民间学说升格为唯一官方意识形态，儒学也从自由独立之精神成为皇权"大一统"下的政治儒学。汉王朝不仅在政治上是一天下，在意识形态领域也统一于儒学。

法家思想对于建立大一统治理体系有实效之功，但于道义或人道层面存在严重缺失。只有将法家理念建构的专制制度，与儒家的贤能政治、信

---

① 肖公权：《中国政治思想史》（一），辽宁教育出版社1998年版，第108页。
② 张觉校注：《荀子校注》，岳麓书社2006年版，第296—297页。
③ 张觉校注：《荀子校注》，岳麓书社2006年版，第16页。
④ 张觉校注：《荀子校注》，岳麓书社2006年版，第189页。

义仁爱相结合，方能缔造天下持续"大一统"与成就天下"正道"。对于"大一统"秩序，法家贡献了政权建构模式——中央集权郡县制和基层官僚系统，儒家则是提供道德秩序，以及缔造士大夫精神与建构家国天下的集体主义伦理。儒家天下理想内含"大一统"与王道，但法家"大一统"只有赤裸裸的武力征服与霸道，而缺失天下主义的必要人文情怀。自汉武帝始，历代王朝于国家治理中大都是儒法并用、外儒内法，儒家的天下文化与法家的"大一统"政治共同建构起王朝的合法性、稳定性。皇权专制的理论指导与根据，就是韩非子的君主专制论与董仲舒"天人合一"说的结合，即王霸并用与儒法合流。"大一统"皇权秩序建构中，若缺少法家，儒家无法实现结构化、组织化的国家建制及基层社会动员，也无法于战乱、纷扰之世实现国家自我强化；但是，若"大一统"秩序缺失儒家加持，法家建构的威权制度只能是标准化、垂直化、同质化的执行体系，终将趋于僵化，儒家能赋予皇权体制灵活且包容的调适空间。

西汉时期，在汉武帝的大力支持下，经董仲舒等人系统发展而成的"官方儒学"升格为国家意识形态。此后，两千多年的中国皇权国家，基本上是一个中央集权官僚制国家，其以儒家思想为论证政权合法性的国家意识形态，以工具主义特性浓厚的法家思想为御民之术，两者共同支撑皇权国家的运转。在这种政治、社会形态中，皇帝被神圣化为"天子"，以儒学为思想灵魂的科层官僚体系掌握"天命"诠释权。在皇权国家中，国家政权与儒学精英建立起互为依靠的共生关系，从而为国家统治提供合法性解释，以及为臣民生活提供道德准则，也在社会精英中缔造和维持同质性文化，并为社会下层提供进入仕途的机会。其中，官方儒学给予国家精英阶层统一的文化、价值认同将弥补皇权国家对社会控制能力之不足，这是皇权"大一统"秩序能维持两千余年的重要原因。[①]

随着程朱理学的出现，儒学走向政治哲学化，儒家思想被宗教化。程朱理学宣扬主敬、穷理及践形三个主旨，这正切合专制统治者心意。"穷理"内嵌论证专制统治合法性的意蕴；"主敬"则是对既有社会秩序的敬畏与维护；"践形"则是对儒家纲常伦理教义的躬行。这些思想是最有利于皇权国家意识形态的精神养分。宋元明清时期，程朱理学成为官方统治思想，论证皇权专制统治制度的思想体系更加系统、更加思辨及更加缜

[①] 赵鼎新：《中国大一统的历史根源》，《文化纵横》2009年第6期。

密，专制思想更趋哲理化，并使皇权专制思想的核心教义"三纲五常"原则神圣化，进而强化、夯实专制秩序。明代，为控制士人或读书人的思想，朝廷采取"八股取士"，命题内容皆来自四书五经，禁止发挥个人见解，科举考试的答卷文体被严格限定为八部分，故名"八股文"。读书人的思想范畴被束缚在狭小空间内。

第二节 "大一统"皇权秩序的制度建构与一元化政治权威体系

一 "大一统"皇权秩序的制度建构

"大一统"是政治理念，更是设计复杂的政治制度，并需借助复杂权力操作技术来加以运作。公元前221年，秦始皇终结华夏长期分裂局面，实现江山一统，并开始建构网罗一切之政治、社会整合体制。其中，官僚体制、郡县制是建构"大一统皇权秩序"的关键制度。

帝制中国，皇权不受制约，专制帝王凌驾于整个社会或国家之上，所有社会或国家成员都是帝王的奴仆。帝王具有肆意处置臣子与万民之权。皇帝集天子、道德楷模、法律化身、君父于一体。帝制时代的中国，朕即国家，帝王是国家化身，是军事、政治、经济、文化、宗教等最高主宰者。皇权是除皇权之外的所有权力之源，是真正的"元权力"，其高于且统率其他一切权力，这是帝制中国立国之本与最高"宪法"。

秦朝是中国首个"大一统"专制王朝，通过中央政府和直属中央的郡、县，皇帝直接统治全国，是真正的集权制王朝。秦王朝，在行政体制上实行高度的中央集权体制，并推行高度统一的文化保障措施——"车同轨""书同文""行同伦"。[①] 秦朝推行深刻影响中国历史的"大一统"政策。秦朝建立后，其废除延续800年之久的周朝封建制。在周朝，"九鼎至尊"的周"天子"只是政治上的天下"共主"，其直接统治区域只在王畿之内。王畿以外地区是诸侯各自为政的"独立王国"。通过"废封建，立郡县"，秦朝抑制了中国向分裂方向发展。秦朝用制度将"大一

---

① 樊树志：《国史十六讲》，中华书局2006年版，第47页。

统"模式固定下来。文化的制度化是文化模式确立并延续的关键，经制度固定的"大一统"文化模式才能真正超越纯粹地理上的统一。通过秦朝废封建而建郡县的统治模式，中国"大一统"制度实践和文化模式被确立，并被秦之后的王朝承续与完善，"大一统"制度与文化是中国两千多年皇权社会的基本社会结构与文化模式。秦朝汲取中国上古时期形成的"定于一""大一统"的主流文化传统，并将这一传统推向更具实质性的实际操作层面。"大一统"思想的先秦版本是"王权一统"，即《诗经》所言："溥天之下，莫非王土。率土之滨，莫非王臣。"[1] 秦朝之后，所有政权都将天下的政治、文化一统作为最终政治目标，而不甘苟安于一隅。秦朝统一天下后，中国政治治理模式有了划时代转折：周朝非中央集权的贵族统治的封建形态演变为中央集权的官僚统治的专制形态；郡县制取代分封制，封建统治模式被彻底消灭。中央官僚制度是皇权体制中维护绝对皇权的首要安排。秦至清两千年的帝制时代，是中央集权的皇权专制社会，一切政治权力最终集中于皇帝。以皇权为中心的官僚制度与以中央国家政权为中心的郡县制度，是支撑皇权专制及保障皇权绝对控制社会的具体制度。[2]

由于缺乏制衡，专制的至尊皇权无限扩张，但皇权无法依靠一己之力统治广袤帝国。皇权体制的政治结构是专制主义，而非封建主义。对于实现皇权专制统治而言，皇权主导的官僚政治而非基于自然权力的贵族政治才是最佳办法。只有官僚政治才能保证皇权专制权威。"大一统"皇权国家拒绝、排斥贵族化。官僚政治能使皇权国家支配、役使尽可能多的纳税平民，并能使官僚体系成员保持流动性与活力，也方便皇帝控制人事权，使天下官员都成为天子门生。皇权专制与官僚政治是帝制中国制度构架的关键构成，是贯通中国皇权社会政治制度的两条主线，其中皇权专制主义居核心、主导地位，影响、制约官僚政治发展。[3] 自秦汉至清朝，中国始终是官僚化帝制国家，皇帝只有凭借官僚才能君临天下，官僚机器是帝制

---

[1] 陈戍国点校：《四书五经》（上），岳麓书社1991年版，第373页。
[2] 巩绍英：《略论秦汉以来专制主义的中央集权制度》（上），《历史教学》1965年第1期。
[3] 徐晓全：《中国古代皇权与相权之争及其对制度变迁的影响——皇权与相权之争的制度分析》，http：//m.aisixiang.com/data/38368.html，2021年1月19日。

的"车轮",皇权意志决定官僚制的品质、细节。①

在中国帝制时代,皇权是绝对不容挑战的存在,秦汉两朝设立的三公九卿、始于隋唐两朝的三省六部制等官僚制度无不是为巩固皇权而建制,官僚制度在整体上是为延伸皇权及夯实皇权控制社会的能力而缔造。司马光在《应诏论体要》的奏折中,对官僚制与帝王间关系有深邃洞悉:"君为元首,臣为股肱……古之王者,设三公九卿,二十七大夫,八十一元士,以纲纪其内;设方伯、州长、卒正、连帅、属长,以纲纪其外。尊卑有序,若身之使臂,臂之使指,莫不率从。此为政之体也。何为治事有要?夫人智有分而力有涯,以一人之智力,兼天下之要务,欲物物而知之,日亦不给矣。"② 司马光揭示出官僚与帝王间关系的要害:"君为元首,臣为股肱",帝王对官僚、臣属的驱使若"身之使臂,臂之使指"。即官僚或臣属是皇权的衍生物与延伸,官僚、臣属绝对臣服于帝王。官僚制度建构是帝王绝对垄断权力的皇权专制体制应对帝王能力有限性与国家事务无限性之间矛盾(即所谓"夫人智有分而力有涯,以一人之智力,兼天下之众务,欲物物而知之,日亦不给矣")的必然选择。治天下,帝王若事必躬亲,势必心余力绌。

中国历代政治家、思想家都把治世的实现寄托于明君贤相,认为只要有圣主明君,再围绕圣主明君建构由其支配的官僚制度贯彻其意志,就能国泰民安。以维护皇权为鹄的的官僚制度是中国古代治理国家所找到的最好政治制度,官僚体制是皇权的副翼,并围绕皇权运转。③ 在官僚化的帝制社会中,皇权是官员权力及其权力合法性的来源与依据,官员行为以皇帝好恶为风向标。④ 为夯实皇权而设的官僚制度,其成形或成熟后也会程度不同地超出皇权的控制,甚至有时会成为皇权的对立面,但官僚制度对皇权意志的相对偏离,对绝对皇权专制无丝毫撼动。皇权高度警惕官僚制

---

① 张鸣:《皇权不确定性下的统治术——传统中国官场机会主义溯源》,《人民论坛·学术前沿》2013 年 10 月上。

② (宋)司马光:《应诏论体要》,转引自傅云龙、吴可主编《唐宋明清文集》(第 1 辑:宋人文集)(卷 2),天津古籍出版社 2000 年版,第 876 页。

③ 李振宏:《从政治体制角度看秦至清社会的皇权专制属性》,《中国史研究》2016 年第 3 期。

④ 张鸣:《皇权不确定性下的统治术——传统中国官场机会主义溯源》,《人民论坛·学术前沿》2013 年第 19 期。

度的异化,尽力排除其对皇权的离心因素。中国皇权社会宰相制度的演变,较明晰地反映了这个问题。

中国专制主义官僚社会的大部分时期,官僚政治系统的核心是担负处理全国政务职责的政府领袖宰相。至尊皇权与作为事实上的政府首脑宰相的并存,必然会产生权力争夺。秦朝开创官僚政治之初,中央政府官僚体系的第一层次由丞相、太尉及御史大夫组成,即所谓三公。丞相主持管理国家行政事务;太尉作为皇帝的军事顾问、参谋,主管全国军事;御史大夫负责监察百官,以保证官员对皇帝的忠诚。三者互不隶属而互相牵制,都致力于保障君主的绝对权威。① 这种三权分立结构,有通过分工以提高行政效率的考量,但主要目的还是为实现皇权对相权的限制。

西汉时期,皇帝设"六尚"为自己的秘书,宰相设"十三曹"为自己的秘书,② 负责全国行政事务,全国政务集中于宰相,宰相还管官员任用、赏罚,也参与军事行动谋划与指挥。宰相府是中央政府最大的国家机关。庞大相权令皇帝如芒在背。自汉武帝始,皇帝渐次扩充尚书台机构,赋予尚书台更多权力,由此,尚书台开始侵夺三公之权。东汉时期,皇帝继续扩大"尚书"权力,并使其拥有行政权力,这无疑表征着皇权专制的加强与皇权对相权的限制。

自汉武帝始,除尚书台被扩充外,皇帝的侍从、顾问数量也开始递增。③ 随着专制皇权扩张,皇帝的侍从、顾问在魏晋时期逐渐演化成皇帝的秘书机构——中书省和门下省。自尚书台夺占丞相权力而变成实际的中枢机构后,兼尚书的重臣便成为事实上的宰相。之所以要设置中书省,就是为了分割尚书台权力,中书省专门负责起草诏书,并掌握、管理机要重事。门下省原是皇帝的侍从机构,起初在皇帝身边发挥拾遗补阙之作用,随时间推移,其权力日益增大,获取"封驳权"后,升格为正式审核机关。魏晋时期,三省、尚书省下辖之六部(吏部、户部、礼部、兵部、刑部、工部)的雏形显露。魏晋时期三省六部制雏形的形成,体现了皇权侵夺相权、专制皇权扩大的趋势。④

---

① 张鸣:《中国政治制度史导论》,中国人民大学出版社2004年版,第40页。
② 钱穆:《中国历代政治得失》,生活·读书·新知三联书店2002年版,第4页。
③ 张鸣:《中国政治制度史导论》,中国人民大学出版社2004年版,第85页。
④ 徐晓全:《中国古代皇权与相权之争及其对制度变迁的影响——皇权与相权之争的制度分析》,http://m.aisixiang.com/data/38368.html,2021年1月19日。

隋唐承续魏晋官僚制度。隋朝恢复健全魏晋时期作为中央官僚机构的三省六部，并确立"三权分立"的政府行政机制，即中书省草拟、门下省审核及尚书省执行。到了唐朝，三省制度进一步完善。史学家钱穆将汉代与唐代的宰相制分别界定为领袖制与委员会制。"汉代有一人来掌握全国的行政大权，唐代则把相权分别操于几个部门，由许多人来共同负责，凡是经各部门会议决定。"① 三省六部制分了丞相之权，而国家大事的最终决定权却在皇帝手上，其目的是使皇帝更方便地集权。

唐代施行众多宰相集体议事的制度，三省长官（宰相）脱离本部门，集中精力负责全国政务处理，三省副职成为三省事实上的负责人。最后，皇帝取消了三省职位的正职，只设副职，且副职进入政事堂。唐代最终确立起君逸臣劳的宰相制度，而且，宰相集中议事制也提升了决策的准确程度。通过三省的确立与划分，宰相之权被分割，且各个被分割出来的权力形成一种相互制衡的格局，从而避免了一权独大。同时，宰相官阶的降低也使宰相权力受到削弱。②

宋代，相权分割更严重，中书省管行政，枢密院管军事，统称两府。门下省、尚书省不再预闻朝廷最高政令。宋代，最高决策者是皇帝，皇帝有同意权与提出意见之权，宰相奉命行事。皇帝亲擢谏官，谏官超然于政府，也无长官，谏官对以宰相为中心的政府实施监察与诤议。宋代，专制被加强，相权在衰落。③

明朝，专制皇权空前强化，此前政权中相对独立于皇权和能相对制衡皇权的政治力量无一不被清除。政权体制中不存在任何能有效抑制皇帝滥用权力的制衡机制，作为绝对垄断性的政治力量，皇权可任意操纵、干预及控制一切国家政治生活。④ 洪武十三年，明太祖以"谋反"罪诛杀当时的宰相胡惟庸，并废止此前在中国已推行了一千五百余年的宰相制度，从而彻底搞定长期存续的君权与相权相冲突的问题。由此，吏部、刑部、兵部、户部、礼部、工部六部直接向皇帝负责，皇帝"乾纲独揽""事皆亲

---

① 钱穆：《中国历代政治得失》，生活·读书·新知三联书店2002年版，第36页。
② 徐晓全：《中国古代皇权与相权之争及其对制度变迁的影响——皇权与相权之争的制度分析》，http：//m.aisixiang.com/data/38368.html，2021年1月19日。
③ 徐晓全：《中国古代皇权与相权之争及其对制度变迁的影响——皇权与相权之争的制度分析》，http：//m.aisixiang.com/data/38368.html，2021年1月19日。
④ 李渡：《明代皇权政治研究》，中国社会科学出版社2004年版，第31页。

决", 相权被皇权完成吞并。明太祖还立下"祖训"："任何人、任何时候不得恢复宰相制度, 违者处死。"废相之举使皇权专制政治空前强化。"这种把一切权力都揽在皇帝个人手中的高度集权状况, 是在明朝以前从没有过的。"①

皇帝独揽全部权力, 却无法完全应付全部政务。宰相制度被废后, 建构补偿性替代制度势在必行。明代内阁制, 就是明太祖以后的皇权专制制度用来替代宰相体制的替代性机制。废相后, 皇帝将从前的宰相之权授予自己的秘书班子, 从而极大强化了皇权。阁权完全不同于相权, 殿阁大学士只是皇帝的秘书班子, 缺乏皇帝赋予的制度合法性, 属于体制外机构。明朝, 阁权始终依附皇权, 内阁终究没有成为国家法定最高行政机构。只有得到皇帝授权及庇护, 阁员才能发挥政治影响。内阁权力尽管缺乏法理根据, 但凭借"面对""密揭"及"票拟"等途径, 内阁大学士还是参与到中枢决策中, 在明朝权力运作机制中, 内阁拥有一定决策权。② 阁员身在权力中枢且参与谋划国家大事, 但正式身份是翰林院官员, 官阶只有五品, 级别低于六部长官太多。就政治功能而言, 强化和夯实皇权专制统治, 是内阁的主要政治职能。③

"在皇权专制方面, 明清却有一以贯之的精神血脉, 所有的制度安排无一不是围绕着如何加强皇帝的权力而展开的。"④ 清朝政治制度建构彰显出皇权专制与畸形官僚政治的强大制度惯性。清朝中枢决策机制运转完全以皇帝意志为中心, 雍正皇帝设置军机处标志皇权专制达到顶峰。雍正朝, 清廷对西北用兵, 为能快速便捷且机密地处理西北军务, 雍正设立"办理军机处"。随后, 军机处演变为清廷决策中枢。皇帝钦定军机大臣, 且严密监督其工作。"雍正乾隆二帝所以能实行极端专制政治, 正是因为他们以军机处为枢机。"⑤ 清代, 中国皇权专制达到巅峰, 皇权再不受制

---

① 吴晗：《明史简述》, 中华书局1980年版, 第21页。
② 李渡：《明代皇权政治研究》, 中国社会科学出版社2004年版, 第34页。
③ 徐晓全：《中国古代皇权与相权之争及其对制度变迁的影响——皇权与相权之争的制度分析》, http://m.aisixiang.com/data/38368.html, 2021年1月19日。
④ 张鸣：《中国政治制度史导论》中国人民大学出版社2004年版, 第214页。
⑤ 张鸣：《中国政治制度史导论》中国人民大学出版社2004年版, 第183页。

约,成为绝对最高权威。①

"秦以丞相、太尉、御史大夫三公秉政。西汉有中外朝之分,东汉虽置三公而事归台阁,魏以中书掌机密,尚书也成了外围。隋唐实行中书、门下、尚书三省分权,翰林管理文书号为'内相'。唐末五代枢密使夺宰相之权,宋以中书、枢密对掌文武二柄,别置三司使通领盐铁、度支和户部,号为'计相'。明废丞相,吏、户、礼、兵、刑、工六部尚书直接对皇帝负责,殿阁大学士组成皇帝的办公机构,掌握了实际的权力,清又以军机处代替内阁的地位,内阁变成了空衔。这样一层一层地像剥笋一样,无非是'人主之狎近幸而憎尊望者逼己',就是说,尽量把权力保持在皇帝自己手里。"②宰相制度演化是以皇权对相权的控制为历史逻辑的,宰相制度的历次变革无不以皇帝之近臣控制权力为结果。从秦汉的三公九卿,到隋唐的三省六部,在始于秦汉的中央官制中,数次内朝变外朝复又建新之内朝,复杂的官制变革都表现为一切权力向皇权集中、一切变化都是为加强绝对皇权。③

东汉章帝时有一次讨论儒家经典的国家会议——白虎观会议,并形成代表皇权意志的经学法典——《白虎通义》。《白虎通义·爵》云:"天子者,爵称也。爵所以称天子者何?王者父天母地,为天之子也……帝王之德有优劣,所以俱称天子者何?以其俱命于天,而王治五千里内也。"④《白虎通义·号》云:"或称天子,或称帝王何?以为接上称天子者,明以爵事天也。接下称帝王者,明位号天下至尊之称,以号令臣下也……以天下之大,四海之内,所共尊者一人耳。"⑤ 据《白虎通义》规定,天子权力来自上天授予,上天赋予其控制人间一切之绝对权力。尽管"帝王之德有优劣",但帝王"俱命于天",普天下,官宦士庶,所共尊者只能有天子一人。帝王以至尊身份号令天下,所谓"至尊",即消除挑战皇帝权威、权力的任何可能,皇帝操控天下的权力神圣、绝对而唯一,其

---

① 徐晓全:《中国古代皇权与相权之争及其对制度变迁的影响——皇权与相权之争的制度分析》,http://m.aisixiang.com/data/38368.html,2021年1月19日。

② 巩绍英:《略论秦汉以来专制主义的中央集权制度》(上),《历史教学》1965年第1期。

③ 李振宏:《从政治体制角度看秦至清社会的皇权专制属性》,《中国史研究》2016年第3期。

④ 陈立:《白虎通疏证》,中华书局1994年版,第1—4页。

⑤ 陈立:《白虎通疏证》,中华书局1994年版,第47页。

坚如磐石而不容置疑。

关于帝王百官的职责，《白虎通义·封公侯》有所规定："王者所以立三公九卿何……王者受命为天地人之职，故分职以置三公，各主其一，以效其功。一公置三卿，故九卿也。"① 设三公九卿，是"王者受命为天地人之职"及帝王延伸权力以掌控天下的需要，三公九卿的天职与本分是辅佐帝王"以顺天成其道"。设置百官不是为平分帝王之权，百官是帝王延伸自己权力的工具。

皇权体制的官僚制度中，官僚必须正视、摆正自身位置。国家大法《白虎通义·三纲六纪》对百官所扮演角色有明确定位："君为臣纲……君臣法天，取象日月屈信，归功天也。"②《白虎通义·五行》还曰："子顺父，妻顺夫，臣顺君，何法？法地顺天也。"③ "臣顺君""君为臣纲"是《白虎通义》根据宇宙运行法则提出的法地顺天的原则性规定。于制度规范层面树立起绝对皇权，以及于国家礼制层面明确规范皇权与官僚制度的相互关系及位置，是白虎观会议的最终成果。官僚制度终究被牢固地定位为皇权的附庸。④

在中国的皇权社会中，官僚集团是皇权专制得以成行的关键前提，但皇权体制却拒斥封建贵族势力的发展。皇权专制追求"普天之下，莫非王土"和"率土之滨，莫非王臣"，封建贵族的存在，会妨碍皇权体制的这种追求。"封"，意味着贵族拥有封地和百姓；"建"，表明贵族对封地和百姓拥有治理权。官僚集团则是皇权的附属品，他们管理山川湖泊、管理编户齐民，是在替皇权打理生产资料与劳动力。秦汉至明清，是"封而不建时代"，即"分封而不赐土，列爵而不临民，食禄而不治事"⑤。贵族与高级官僚的名下有土地，被赐予爵位，也有俸禄可领，但没有土地所有权，不能管理土地上的百姓，也不能处理封地政务。⑥

---

① 陈立：《白虎通疏证》，中华书局1994年版，第129—131页。
② 陈立：《白虎通疏证》，中华书局1994年版，第375页。
③ 陈立：《白虎通疏证》，中华书局1994年版，第194页。
④ 李振宏：《从政治体制角度看秦至清社会的皇权专制属性》，《中国史研究》2016年第3期。
⑤ 赵尔巽等撰：《清史稿》，中华书局1976年版，第8936页。
⑥ 谌旭彬：《两害相权：秦制时代的底层民生》，www.dunjiaodu.com/top/2021-08-03/6957.html，2021年9月3日。

皇权体制中，用士人（读书人）为官，或许比裂土封侯或由高门豪族垄断官职要进步，也有益于社会各阶层的流动和皇权稳固，但被任用的士人仅是皇权的工具或奴仆，地位卑微。司马迁《报任安书》留有悲凄名言："仆之先人非有剖符丹书之功，文史、星历，近乎卜祝之间，固主上所戏弄，倡优畜之，流俗之所轻也。"①"倡优畜之"反映了汉代士大夫官吏在皇权政治中的真正身份与地位。宋代，在仁宗、英宗两朝为官的刘敞，曾对皇权体制中的为官之道有感而发："为人臣者，不可以不自重也。食而废事，君虽弗诛，则犬豕畜之；媚而废节，君虽弗诛，则倡优畜之；妒而废能，君虽弗诛，则婢妾畜之；巧而侥幸，君虽弗诛，则寇窃畜之。"②"犬豕畜之""倡优畜之""婢妾畜之"及"寇窃畜之"，反映了皇权体制中官员的实际境遇。清代才子纪晓岚就被世人称为"娼优大学士"。

除了官僚体制外，支撑皇权体制的另一个关键制度建制是郡县制度。秦始皇刚统一中国建立秦朝，就国家治理，是实行分封制还是实行郡县制，朝廷就此问题展开讨论。法家思想家李斯坚持实行郡县制，并阐释其中缘由："今海内赖陛下神灵一统，皆为郡县，诸子功臣以公赋税重赏赐之，甚足易制。天下无异意，则安宁之术也。置诸侯不便。"③"皆为郡县"乃"安宁之术"，而推行分封制，则会重蹈东周时期诸侯相互攻伐、天子难禁的覆辙。推行郡县制则能保障天子对天下的绝对操控。这是秦始皇最后选择郡县制的原因。

郡县制是有助于皇权集中的，历代政治家或文人学士对此多有论及。这里试举数例：《汉书》有云："汉家承秦之制，并立郡县，主有专己之威，臣无百年之柄。"④ 柳宗元曰："有罪得以黜，有能得以赏。朝拜而不道，夕斥之矣；夕受而不法，朝斥之矣。"⑤ 朱熹有云："秦之法尽是尊君

---

① （东汉）班固撰：《汉书》，中州古籍出版社1996年版，第825页。
② （宋）刘敞：《公是先生弟子记》卷三，清武英殿聚珍版丛书本，转引自李振宏《从政治体制角度看秦至清社会的皇权专制属性》，《中国史研究》2016年第3期。
③ （汉）司马迁：《史记》，江俊伟、甘宏伟评注，崇文书局2010年版，第42页。
④ （东汉）班固撰：《汉书》，中州古籍出版社1996年版，第1194页。
⑤ 柳宗元：《封建论》，转引自卢正言编著《毛泽东读过的中国古代散文》，上海辞书出版社2013年版，第205—206页。

卑臣之事，所以后世不肯变。"① 郡县制之所以被推行的关键在于，其可保障皇权的"专己之威"，是制度层面的"尊君卑臣之事"。柳宗元曾在《封建论》中阐述郡县制给予皇帝任意驱使臣下的自由。通过郡县制度，皇帝可任意授予与收回权力，对权力的操弄，不受任何掣肘，可谓得心应手，游刃有余。秦朝开创的郡县制度，是保障皇权绝对权威的最有效行政制度，这是历代皇权国家都行秦政制的原因。②

郡县制体制推行中，郡守、县令以皇帝代表的身份面对民众，化身为皇权意志。当黎民百姓面对地方长官之时，就等于面对皇权的威严，从而不敢有轻忽、怠慢。通过直接任命地方官，帝王实现对天下万民的控制。郡县制度下，所有郡守、县令，皆由皇帝任命，郡守、县令的权力来源是皇权的唯一性、绝对性，地方长官无条件臣属于皇帝，是"主卖官爵，臣卖智力"③。郡守、县令必须无条件地忠于皇权，否则将被剥夺权力，甚至身家性命难保。通过郡县制，皇权赢得地方权力对自己的绝对服从与认同，以及赢得对全国所有权力与所有事物的绝对垄断与绝对控制。实行郡县制是皇权牢固掌控天下所有财富、生命及权力的最好途径。④ 在中国，郡县制国家"为文化上统合儒法、权力上高度集中、形式上高度官僚化、族群关系上综合郡县与封建、内外关系上极为丰富的王朝政治提供了大一统国家的基本框架"⑤。

帝制中国的官僚制度主要由两部分组成，即以三公九卿、三省六部等为基本组成与架构的中央行政体制与以皇权为权力中枢的地方郡县制，它们是皇权专制的牢固基础。关于这种行政体制中的权力运作模式，申不害有形象描述："明君如身，臣如手；君若号，臣如响。君设其本，臣操其末；君治其要，臣行其详；君操其柄，臣事其常。"⑥ 所有官僚都是帝王

---

① 《朱子语类》卷一〇八，转引自张允熠《阴阳聚裂论》，北方妇女儿童出版社1988年版，第26页。

② 李振宏：《从政治体制角度看秦至清社会的皇权专制属性》，《中国史研究》2016年第3期。

③ 郑之声、江涛编著：《韩非子》，北京燕山出版社1995年版，第314页。

④ 李振宏：《从政治体制角度看秦至清社会的皇权专制属性》，《中国史研究》2016年第3期。

⑤ 汪晖：《作为思想对象的二十世纪中国——空间革命、横向时间与置换的政治》（下），《开放时代》2018年第6期。

⑥ （唐）魏徵等编撰：《群书治要》，北京理工大学出版社2013年版，第483页。

的工具,帝王乾纲独断,"发号施令,天下莫不从风"①。两千余年的帝制中国社会完全由皇权控制,皇帝成为国家兴衰治乱之关键。

二 皇权秩序的绝对一元化政治权威体系

皇帝的绝对权威是皇权"大一统"秩序的轴心,"大一统"秩序运转围绕巩固皇帝绝对权威而展开。学者刘泽华曾用"五独"概括皇权:"天下独占;地位独尊;势位独一;权力独操;决事独断。"② 这正是建立"大一统"体制的目的。皇权体制中,没有封臣对封君权力的分割,也绝不允许有独立于皇权的教会组织的权威。专制帝王是国家所有可控范围的唯一权力中心,"六合之内,皇帝之土","人迹所至,无不臣者。"③ 在专制王朝中,不仅统治者表现出"卧榻之侧,岂容他人酣睡"④ 的霸道,思想界也普遍认同一元政治格局,甚至形成"一则治,二则乱"的惯性思维。《诗·小雅·北山》最早对此作明确表述:"溥天之下,莫非王土;率土之滨,莫非王臣。"⑤ 孔子称"天无二日,民无二王,"⑥ 管子说"使天下两天子,天子不可治也"⑦。集百家学说于一体的《吕氏春秋》较集中地反映了诸子关于一元政治的共识:"天下必有天子,所以一之也;天子必执一,所以抟之也。一则治,两则乱。"⑧ 所谓"大一统",就是"君一",即帝王权威独一无二。中国古代社会的政治思想,几乎都认同"王者执一",很少考虑"二而治"的可能。

秦"立百官之职"⑨,经汉朝完善机构职能,最后确立起皇权国家官僚制度基本框架,其特点是"职臣遵分,各知所行"⑩。历代王朝统治者

---

① 许匡一译注:《淮南子全译》(上),贵州人民出版社1993年版,第429页。
② 刘泽华:《为什么说王权主义是中国传统思想文化的主干?——研讨历史的思想自述之四》,《政治思想史》2013年第3期。
③ (汉)司马迁:《史记》,江俊伟、甘宏伟评注,崇文书局2010年版,第43页。
④ 张斌:《中国成语故事儿童版》(下册),安徽少年儿童出版社2001年版,第218—219页。
⑤ 陈戌国点校:《四书五经》(上),岳麓书社1991年版,第373页。
⑥ 鲁国尧、马智强注评:《孟子注评》,凤凰出版社2006年版,第160页。
⑦ 吴文涛、张善良编著:《管子》,北京燕山出版社1995年版,第207页。
⑧ 张双棣等注译:《吕氏春秋译注》,北京大学出版社2011年版,第504页。
⑨ (东汉)班固撰:《汉书》,中州古籍出版社1996年版,第291—376页。
⑩ (汉)司马迁:《史记》,江俊伟、甘宏伟评注,崇文书局2010年版,第44页。

尤其注重塑造政治体系内各机构间的相互分隔、牵制的部门关系，以夯实帝王的集权性和政权的稳固性。秦设三公九卿之官，各职位并立而互不统属。西汉汉武帝时，中央政府产生由大将军、尚书等官构成的中朝和以丞相为核心的外朝，以达成内外制约的目的。为夯实君主集权，东汉光武帝将处理日常文书的尚书台升格为总理国家政务的中枢。尚书台下设六曹，后演变为吏、户、礼、兵、刑、工六部尚书。六部并列、互不统属，地位平等，部门间表现出横向、平行的区隔性、封闭性。六部是中央行政机关，但各部长官并无直接向地方长官发布命令的权力，只是皇权的派出部门、行政管理机构。清代，六部尚书、侍郎各自对皇帝负责，各有单独上奏权，有意见分歧，就奏请皇帝裁决。各省督抚作为地方封疆大吏，各自向皇帝负责，同时有监督其他地方政务的权力，可相互参劾，若意见相左，唯有奏请皇帝裁夺。为加强对主要行政官员的监控，中国王朝国家还设置"典签""通判"等副贰之官，监督、制衡主官权。皇权国家中，官僚体系各部门之间，"没有一个机关可以宰制别一个机关"，"无论甲机关与乙机关，就是一个机关内的甲人员与乙人员，都有互相监视、互相牵制的意味"。①

皇权国家中，君主拥有无上尊严。正如《白虎通·号》所云："所以尊王者也，以天下之大，四海之内，所以共尊者一人耳。"② 帝王独享至尊至贵，"口含天宪"，"言出法随"，凌驾于一切律令之上。"大一统"秩序中，帝王独揽大权，无任何力量制约其权威。"君天下，曰'天子'。朝诸侯、分职授政任功，曰'予一人'。"③ 在决策过程中，帝王需要听取建议，但乾纲独断是专制帝王维护自身权威的不二法门。李斯称君主"独制于天下而无所制也"④，康熙的表述更直白："天下之权，唯一人操之，不可旁落。"⑤

"大一统"秩序中，帝王是所有社会关系的中枢，是一切权力、权威

---

① 李剑农：《最近三十年中国政治史》，太平洋书店1930年版，第14页。
② 《白虎通·号》，转引自陈赟《庄子哲学的精神》，上海教育出版社2016年版，第130页。
③ 陈戍国点校：《四书五经》（上），岳麓书社1991年版，第441页。
④ （汉）司马迁：《史记》，江俊伟、甘宏伟评注，崇文书局2010年版，第515页。
⑤ 那尔泰等：《国朝宫史》卷《训谕二》"康熙五十三年六月十七日"，转引自徐凯《明朝大厦倾覆与社会矛盾的合力作用》，《社会科学战线》2011年第11期。

的源泉，甚至是天人关系枢纽。帝王乃"天"之子，奉天承运，是人道与天道的沟通者。董仲舒诠释"王"字含义时宣称，"三画而连其中，谓之王。三画者，天、地与也，而连其中者，通其道也，取天地与人之中以为贯而参通之，非王者庸能当是?"①中国古代社会的思想家、治国者从未设想过多元制衡的权力格局，始终把政治秩序归结为以帝王为中心和顶端的纵向隶属关系，为护持这种权力关系，帝制中国始终存在严密的社会控制。中国"大一统"政治的专制程度，是欧洲历史的封建制度无法望其项背的。马克斯·韦伯曾将中西方共有的家长制传统做了区分，其认为，"（西方）封建制度是家产制的一种边缘形式，它倾向于规范化的、固定的领主与封臣的关系"②。中国家产制是家长制的典型形态，具有传统主义和专断意志的特性。除受传统制约外，家产制权威还往往凌驾于法律、规范或契约之上。"纯粹的家长制支配形式没有任何法律的限制。"③帝王是世俗社会的最高统治者，也是天下万民的最高精神领袖。"一个具有神圣不可动摇的传统的国王和一个具有绝对自由的专横与仁慈的国王并存。"④毫无疑问，这道出了"大一统"皇权专制政治的实质。

中国皇权社会，没有任何制度化的限制皇权的法典性规定，一切成文法律或礼制的规定，都是无条件捍卫皇权的神圣性，即便皇帝的作为已严重危害社会正常发展，人们也没有正当途径或办法去制止，除揭竿而起以武力反抗皇权专制外，人们在一切情形中都对皇权无可奈何。⑤在皇权专制政治架构中，丞相也被赋予相当权力，也有监察、封驳及谏议制度等。这些制度有时可制约皇帝的恣意妄为，但却并非皇权的对立面，保障皇权正常行使是它们被设置的初衷。在这些制度框架中任职的官员，皆由皇帝

---

① 曾振宇注说：《春秋繁露》，河南大学出版社 2009 年版，第 285 页。
② Max Weber, *Economy and Society*, edited by Guenther Roth and Claus Wittich, University of California Press, 1978, Vol. 2, p. 1070. 转引自李强《传统中国社会政治与现代资本主义》，http://www.aisixiang.com/data/19679.html，2022 年 1 月 8 日。
③ Max Weber, *Economy and Society*, edited by Guenther Roth and Claus Wittich, University of California Press, 1978, Vol. 2, p. 1009. 转引自李强《传统中国社会政治与现代资本主义》，https://www.aisixiang.com/data/19679.htm，2022 年 1 月 8 日。
④ ［德］韦伯：《儒教与道教》，洪天富译，江苏人民出版社 1995 年版，第 120 页。
⑤ 李振宏：《从政治体制角度看秦至清社会的皇权专制属性》，《中国史研究》2016 年第 3 期。

任命，官员权力也由皇帝授予，被授予的权力是不可能有效制约他的授予者的。①

中国古代，皇权的绝对权威不能触碰，皇帝始终占据法律、权力，甚至道德的制高点，一切制度都无法打破绝对皇权。皇帝"窃持国柄，手握王爵，口衔天宪"②，皇权专制，是真实不虚的事情。

第三节 "大一统"的社会、经济秩序模式

秦建立统一王朝之后，奠定江山一统格局，进而又通过"废封建""焚书坑儒"及推行"车同轨""书同文"等统一政策，初步建构"大一统"的社会控制格局。其后，经历代王朝统治者的强化，网罗且整合一切的"大一统"社会控制体系逐步健全。

一 政经一体与"超经济强制"

在中国皇权"大一统"秩序中，政治权力一直能肆意干预经济活动，独立于政治权力的自由经济秩序并不存在。皇权专制是家天下秩序，帝王是天下的土地、财富产权的最终拥有者。秦始皇确立皇帝制度时就宣称："六合之内，皇帝之土。"③ 宋代程颐曾云："凡土地之富，人民之众，皆王者之有也。"④ 在东方亚细亚社会形态中，"个人从来不曾成为财产的所有主，而只是占有者，他事实上是体现了社会统一的那个人底财产和奴隶"⑤。在"亚细亚所有制形式下""专制君主"是"唯一的所有者"⑥。既然天下土地和民众都是帝王私产，自然就不存在民众的独立合法权益。管子清楚表述，国家"利出一孔"，"予之在君，夺之在君，贫之在君，富

---

① 李振宏：《从政治体制角度看秦至清社会的皇权专制属性》，《中国史研究》2016年第3期。

② 《后汉书·朱穆传》，载杨晓明主编《资治通鉴》（现代版）（上），北岳文艺出版社2004年版，第282页。

③ （汉）司马迁：《史记》，江俊伟、甘宏伟评注，崇文书局2010年版，第43页。

④ 《周易程氏传·大有》，转引自牛彤《孙中山宪政思想研究》，华夏出版社2003年版，第82页。

⑤ 马克思：《政治经济学批判大纲》（第3分册），人民出版社1973年版，第111页。

⑥ 马克思：《政治经济批判》（1857—1858年草稿），转引自庞卓恒《唯物史观与历史科学》，高等教育出版社1999年版，第51页。

之在君"①。

  经济活动只是"大一统"秩序的组成部分,皇权拥有对其进行任意干预的自由。正如马克思所说,"行政权力"在社会生活中居主导地位,形成"权力也统治着财产"的现象,以至于权力能"通过如任意征税、没收、特权、官僚制度加于工商业的干扰等等方法来捉弄财产"。② 在"大一统"皇权秩序之下,经济活动始终围绕满足皇帝的欲望、巩固皇权统治秩序而展开。"政府不着眼于提倡扶助先进的经济,以增益全国的财富,而是保护落后的经济,以均衡的姿态维持王朝的安全。"③ 从秦朝"颛川泽之利,管山林之饶"④,到汉代的国家专卖制度,统治者随时可垄断赢利丰厚的产业与籍没巨商大贾的家产。黄宗羲对"大一统"秩序下君王独占天下之利的情形有深刻总结:"以为天下利害之权皆出于我,我以天下之利尽归于己,以天下之害尽归于人。"⑤

  自秦汉至清朝的两千多年皇权社会历史中,中国经济发展始终处于农耕自然经济水平上的自我循环和"内卷"状态,这是中国皇权体制推行的重本(农业)抑末(工商)的禁榷制度和官手工业体制安排导致的恶果。西汉时期,市场自发成长,商业贸易扩大,冶铁业迅速发展,商人资本集聚,皇权社会统治者感受到自己权威受到财富的挑战。此外,传统社会缺乏法治规制,伴随市场自发秩序的扩展,社会财富集聚于少数人,"豪富吏民訾数巨万,而贫弱愈困⑥。"这是皇帝打击豪商大贾而抑制市场经济发展的现实理由。公元前140年,汉武帝(公元前156—公元前87年)开始推行一系列遏制和打击民营工商业发展的政策:强力推行"均输平准"(国家在各地统一征购、运输货物及国家平衡物价的经济政策)等统购统销的国营商业政策,同时施行"禁榷制度",即官府经营盐、铁、酒等关键行业,并垄断重要物资的运输和贸易;对商人及民营工商业课以重税,要求民营商人必须呈报财产数额,如呈报不实,罚充军一年,其后果是"商贾中家以上大率破";颁布有利无责的"告缗令",即

---

  ① 吴文涛、张善良编著:《管子》,北京燕山出版社1995年版,第470页。
  ② 《马克思恩格斯全集》第四卷,人民出版社1958年版,第330页。
  ③ 黄仁宇:《万历十五年》,中华书局1982年版,第2页。
  ④ (东汉)班固撰:《汉书》,中州古籍出版社1996年版,第456页。
  ⑤ (明·清)黄宗羲,李伟译注:《明夷待访录译注》,岳麓书社2008年版,第6页。
  ⑥ (东汉)班固撰:《汉书》,中州古籍出版社1996年版,第457页。

第二章 "大一统"皇权秩序的思想、制度及社会建构

发动平民告发偷税漏税者，举报人将获得偷漏金额的半数，另一半上缴国库，错告诬告概不追责。通过告发和没收财产，汉朝政府就"得民财物以亿计，奴婢以千万数，田大县数百顷，小县百馀顷，宅亦如之"①；通过改变币制掠夺或减少商人货币财富；贬低商人人格与社会地位。作为控制社会和确保朝廷收入来源的"成功"举措，汉武帝的禁榷和官营制度以及其他抑商政策，被汉朝之后的王朝效仿，从而束缚了中国传统社会市场经济的自发扩展和经济增长的"斯密动力"机制的形成。禁榷制度下，展开经营的官工业生产的盐、铁、农具、酒、矾等产品，尽管被作为商品售卖，但官工业经营的目标并非发展上述产业，而是旨在于通过垄断剥削消费者，以及实现财政收入的增加与重本（农业）抑末（工商）的目的。由于政府垄断了最有大规模发展可能的工业部门，一般商品经济的发展也就很难了。

汉武帝的禁榷抑商政策给当时中国私营冶炼业造成严重打击。通过推行禁榷制度，官府垄断冶铁业的经营，并控制价格，结果"铁器苦恶，贾贵，或强令民买卖之"②。加之，"吏或不良，禁令不行，故民烦苦之"③。为达成对外战争和实施内政治理的目标，汉武帝通过抑商政策的各种手段搜刮商人。为填补财政空虚而推行的搜刮政策祸害了商人，算赋、口赋的增加，币制的变动及徭役的频繁，使人民深受其苦。汉武帝强制推行的控制社会的专制政治以及多重抑商政策，开启了皇权体制有效束缚商品经济发展、市场扩展的政治进程及机制建构。④ 为应对日益增加的开支需求，汉武帝还进行"财政创新"：建立盐铁专营制，通过行业垄断专营，政府可任意调整盐铁价格，官僚体系需要之时，就可实现民间财富的向国家转移；操纵货币政策，控制货币发行，根据需要实施通胀政策。汉朝汉武帝时期发行的"皮币""五铢钱""白金"等货币，就是皇权国家展开"全民征税"与利用通膨榨取民脂的工具。此外，向土地要收益也是皇权国家的重要"国税"收入，为解决皇权国家财政问题的土地制度改革贯穿历朝历代。

---

① （汉）司马迁：《史记》，江俊伟、甘宏伟评注，崇文书局2010年版，第176页。
② （汉）司马迁：《史记》，江俊伟、甘宏伟评注，崇文书局2010年版，第178页。
③ 吕庆业、姜玉山主编：《中国法家文化名著》，延边大学出版社1995年版，第547页。
④ 韦森：《皇权专制政制下中国市场经济的周期性兴衰》（上），《战略与管理》2013年第78期合编本。

"大一统"秩序除支配经济生活外,还扫灭所有社会自主性力量。"属于一个专制势力的社会决不允许任何其他权力存在。一切不同的倾向都会被排斥和追杀。占统治地位的原则从来不允许一种不同的原则在它的旁边显露和起作用。"① 中国皇权对游离于国家体制之外的社会自主性因素有异乎寻常的政治戒心。专制统治者认为,社会自主性力量(如商业、官僚、宗教及宗族势力),都会损害帝王绝对权威,甚至会萌生不臣之心。中国专制王朝将整个社会生活都纳入"大一统"秩序控制范围,并运用国家强制力量消除社会自主性力量成长空间。

古代中国,自秦始皇"废封建"、行郡县制之后,分封体系终结,贵族势力倾覆,国家政权力量贯彻至社会基层,建立起强大的自上而下、层级隶属的政治控制体系。履行国家治理职责的各级官员,其职位及权力,直接来自帝王授予,效忠帝王而非对人民负责或对自己身份负责,才是他们首要行为准则。中国官僚群体完全依附"大一统"体制,是体制既得利益群体,绝非专制王权的制衡者。

古代中国历朝都有过繁荣的城市商业经济,但从未因此出现自治城市及相对独立且能联合起来抗衡王权的市民阶层。"中国的城市,既非古希腊等地的城邦国家,也没有中世纪那样的'都市法',因为它并不是具有自己政治特权的'政区'。"② 中国古代城市都是政治中心,城市商业经济是基于服务政治或权力中心而获得发展,是先有城,才有市。皇权体制下的城市,一直缺乏独立自治,同时,权力能无约束地支配财产,商人合法权利从未得到有效维护,即使在商业繁荣时期,商人阶层也没有能力发展成相对独立的利益集团,更不可能提出"无代表不纳税"的主张。

国家治理中,横向社会组织是减缓自上而下的政治权力压迫孤单社会个体的缓冲机制,但"大一统"秩序却缔造出强大皇权直接操控无任何反抗能力的孤立个体之局面。历代专制王朝统治者无不是尽可能弱化民众横向联系,以及极力强化民众对自上而下权力体系的依附。中国"大一统"皇权体制极力排斥民众参与公共生活。为护持皇权的绝对权威,历代皇权专制国家最高统治者高度警惕任何可能削弱自身权威的社会或民间力量,严格禁止民间结社,剪灭组织化的宗教行为。皇权政治中,臣子结

---

① [法]基佐:《欧洲文明史》,程洪逵等译,商务印书馆1998年版,第22页。
② [德]马克斯·韦伯:《儒教与道教》,洪天富译,江苏人民出版社2003年版,第14页。

盟的横向势力产生是冒犯皇权专制体制之大忌，最高统治者严厉禁止任何横向关系在政治体制内部出现，历代统治者严厉推行"禁党"政策，禁止臣下横向交往、政治交结，"散其党，收其余，闭其门，夺其辅，国乃无虎"①。在皇权之下，臣民间关系是消除一切差别的"平等"，彼此间缺乏横向联系与协作，只能依附和效忠皇帝，这是中国皇权专制的重要社会结构基础。皇权体制中，臣民没有作为人的人人平等，只有作为皇帝奴仆的人人平等。"在共和政体下，之所以人人平等，是因为人就是一切；在专制政体下，之所以人人平等，是因为人一钱不值。"②秦汉以来，专制王朝通过"编户齐民"制度建立起控制基层民众的严密体系。编户齐民或户籍制度是皇权统治的社会基础，其实质并非普通的社会管理，而是对民众的人身支配制度。为了征发徭役，户籍登记内容非常详细。③户籍制度"把个人从家族的樊篱中拉将出来，使个人与国家建立了直接而简洁的权利义务关系……社会生活的各个方面毫无例外地置于专制王权的支配之下。国家享有一切权利，个人都承担全部义务"④。皇权社会，没有民法体系，只有苛严的刑法体系，法律是"王法"或帝王的刑民之具，基本不以捍卫民众权利为目标，法律"既不维护传统的宗教价值，也不保护私有财产。它的基本任务是政治性的：对社会施以更加严格的政治控制"⑤。

　　为建构控制社会的严密体制，皇权体制还借重民间的宗法伦理及士绅阶层，打造控制社会的网络。皇权社会秩序的维护需要将秩序规则内化为道德准则，即将遵从规则演变、内化为个体的道德义务，形成刚柔并济的控制体系，给国家强制性权力运作披上温情的伦理、道德面纱。皇权专制国家有庞大疆域和人口，囿于古代治理技术的低效，皇权很难渗透至社会生活每个层面及角落，国家财政也无法供养直接掌控整个社会的庞大官僚

---

① 郑之声、江涛编著：《韩非子》，北京燕山出版社1995年版，第36页。
② ［法］孟德斯鸠：《论法的精神》（套装上下册），许明龙译，商务印书馆2011年版，第93页。
③ 刘泽华、张清俐：《洞察中国古代历史的王权主义本质——访南开大学荣誉教授刘泽华》，http://www.aisixiang.com/data/89799.html，2022年6月28日。
④ 武树臣：《"横的法"与"纵的法"——先秦法律文化的冲突与终结》，《南京大学法律评论》1996年第2期。
⑤ 参见［美］D.布迪、C.莫里斯《中华帝国的法律》，朱勇译，江苏人民出版社2004年版，第5页。

队伍。单纯依靠国家暴力机器控制社会秩序是秦王朝二世而没的关键原因。汉朝统治者意识到,"秦非不欲治也,然失之者,举措太众、刑罚太极故也"①。自汉代"以孝治天下"始,道德约束在社会控制体系中的作用逐渐受到重视,并成为暴力控制的重要补充。唐高宗在其制定的《永徽律疏》中明确宣布说:"德礼为政教之本,刑罚为政教之用,犹昏晓阳秋相须而成者也。"② 中国皇权社会,其社会控制模式的总体特征是"德礼政刑、综合为治"。清代康熙朝曾颁布《圣谕十六条》:"敦孝弟以重人伦,笃宗族以昭雍睦,和乡党以息争讼,重农桑以足衣食,尚节俭以惜财用,隆学校以端士习,黜异端以崇正学,讲法律以儆愚顽,明礼让以厚风俗,务本业以定民志,训子弟以禁非为,息诬告以全良善,诫窝逃以免株连,完钱粮以省催科,联保甲以弥盗贼,解仇愤以重身命。"③ 其以"重人伦""重农桑""端士习""厚风俗"为要旨,较清晰地凸显出刚柔并济的控制思路,并彰显着浓厚伦理道德色彩,发挥着规范传统中国小农社会人民行为的职能。

秦始皇废除分封制之后,专制王朝的财政收入直接来自从农户征收的税收。"从历史记录看,中国是世界上唯一从公元前迄20世纪始终直接向各个农户抽税的国家。"④ 这样,"政府的实力,以其能否向大批小自耕农征取粮食及人力为准则"⑤。古代经济发展缓慢,落后财政体制无法供养庞大官僚队伍,若县以下还需委派各级官员,那么选拔成本将数倍增高,国家权力是无法对广大农村区域实施直接行政控制的。秦汉以来,自上而下的国家政权建设只到县一级为止,县以下的正常社会秩序维持则不得不借重民间力量。马克斯·韦伯提出:"中华帝国正式的皇权统辖权只施行于都市地区和次都市地区。出了城墙之外,中央权威的有效性便大大

---

① 《新语》,转引自傅云龙、吴可主编《唐宋明清文集:第1辑:唐人文集》卷3,天津古籍出版社2000年版,第1760页。
② 《唐律疏议·名例篇》,转引自蒋传光《略论唐宋时期的社会控制模式》,《上海师范大学学报》(哲学社会科学版)2008年第2期。
③ (清)康熙:《圣谕十六条》,转引自周宝东《〈宣讲博闻录〉:圣谕宣讲小说的集大成者》,《明清小说研究》2019年第4期。
④ 黄仁宇:《中国大历史》,生活·读书·新知三联书店1997年版,第47页。
⑤ 黄仁宇:《中国大历史》,生活·读书·新知三联书店1997年版,第49页。

地减弱乃至消失。"① 费孝通则指出,国家权力在乡下是"悬空了的权力","皇权统治在人民实际生活上看,是松弛和微弱的,是挂名的,是无为的"。② 在帝制时代的中国,政府对乡村社会的控制,是通过国家政权与乡村权威相结合的模式而达成,即官方的行政控制系统与非官方的控制系统并存。③ 中国皇权社会的民间或非官方的社会控制机制,包括乡约、族规、家法等制度和习俗,以及包括以乡绅为代表的乡村精英力量和宗族、乡里等组织。其中,乡绅阶层在乡村治理中发挥着关键作用,其是基层社会治理的主角,也是国家在乡村治理的代理人。乡绅包含"乡"与"绅"。"乡",即乡村,是由宗法血缘关系建构的地域单位;"绅",指"古代士大夫束在衣外的大带。引申以指束绅的人"④,是身份的象征。秦汉乡里组织形成之前,乡村治理中最活跃的是"士绅","士为民之首,一方之望。凡属编氓,皆尊奉之,以为读圣贤之术,列胶庠之选"⑤。秦汉实行"乡亭制",官派为主、民间推选为辅的选派方式推选出的乡绅是治理乡村社会的组织领袖。从"士绅"到"乡绅",其表明治理乡村社会的组织领袖的人员构成不再局限于读书人。⑥ 中国乡绅,其地位的获取凭借的是知识、声望。中国大多数乡绅是通过科举制选拔出来,是"学绅",是"一群特殊的会读书的人物"⑦,他们重视对宗族与地方事务责任的承担。⑧ 受过儒家思想熏陶是乡绅的重要特质。乡绅受益于儒家文化,又在乡间推崇儒家文化,使儒家文化、宗法家族观念深入人心。大一统皇权秩序,追求中央集权,又要实现乡村自治,文化灌输将是关键。中国古

---

① [德]马克斯·韦伯:《儒教与道教》,洪天富译,江苏人民出版社1993年版,第110页。
② 费孝通:《乡土中国生育制度》,北京大学出版社1998年版,第63页。
③ 许纪霖、陈达凯:《中国现代化史》(第一卷),上海三联书店1995年版,第78页。
④ 华东政法学院语文教研室选译:《古代判决书选译》,杭州日报印刷厂1981年印刷,第136页。
⑤ (清)王杰:《钦定学政全书》卷7、卷3,转引自杨建荣《中国传统乡村中的土绅与土绅理论》,《探索与争鸣》2008年第5期。
⑥ 秦德君、毛光霞:《中国古代"乡绅之治":治理逻辑与现代意蕴》,《党政研究》2016年第3期。
⑦ 费孝通:《中国绅士》,惠海明译,中国社会科学出版社2006年版,第41页。
⑧ 秦德君、毛光霞:《中国古代"乡绅之治":治理逻辑与现代意蕴》,《党政研究》2016年第3期。

代知识分子并不生产知识，而是在儒家思想范畴内规范人的行为，在教育水平较低的乡村，乡绅们的文化引领作用尤为重要。受过教育的乡绅们在皇权与民意之间起到缓冲作用，知县一级官员也只需要和乡绅沟通，再由乡绅往下和乡民们沟通便可。很多乡绅有官僚背景，县级官员与乡绅的沟通自然通畅很多，乡绅作为本地代表自然有办法让乡民们认可中央政策。秦晖先生有言："国权不下县，县下惟宗族，宗族皆自治，自治靠伦理，伦理造乡绅。"① 中国传统乡绅，其成员组成主要是卸任官员、暂居乡里的官僚，无功名、无官职的乡里领袖及自由绅士。② 在传统中国社会，乡绅非官非民，是独特的社会阶层，有独特生活模式，但享有国家给予的相应特权，如参加特殊的礼仪、免除徭役、免受刑罚、减税等。

在皇权专制国家中，乡绅阶层是既得利益群体，在乡村享有权威，其地位依赖于其拥有的文化资本及国家给予的特权。专制王朝能有效控制乡绅，是其允许乡绅在乡村治理中发挥主导作用的原因。专制王朝"依靠国家控制的有固定入选数额的科举制度以决定能否进入绅士阶层……意识形态控制迫使绅士们白首穷经，钻研儒学信仰的那些君权至上的准则。因此绅士同国家的关系有双重性质，既支持着国家，又为国家所控制"③。乡绅阶层是皇权"大一统"秩序权力网络的组成，恰是经乡绅之手，皇权国家将国家权力渗透进乡村生活。乡绅阶层绝无可能成为独立政治力量，也不可能代表乡村民间社会抵制皇权控制。

中国传统乡村的宗族自治与乡绅治村，以绝对服从皇权专制权威为前提，"大一统"皇权体制决不容忍绅权、宗族势力过度扩展。明初，"浦江郑氏九世同居，明太祖常称之。马皇后从旁綮之曰：以此众叛，何事不成？上惧然，因招其家长至，将以事诛之"④。皇权专制下的家族治理，家族制定的家规、族规中，"遵守政府法令"通常是首要条款。关于中国

---

① 秦晖：《传统十论——本土社会的制度文化与其变革》，复旦大学出版社2003年版，第3页。

② 秦德君、毛光霞：《中国古代"乡绅之治"：治理逻辑与现代意蕴》，《党政研究》2016年第3期。

③ [美] 张仲礼：《中国绅士：关于其在19世纪中国社会中作用的研究》，李荣昌译，上海社会科学院出版社1991年版，第5页。

④ 方孝标：《钝斋文选》卷六，转引自秦晖《问题与主义》，长春出版社1999年版，第378页。

传统社会治理，曾有"皇权不下县"的说法，但这是说国家政权的政府建制建到县一级，并非意味着皇权国家允许县以下的乡村进行自治。据学者秦晖的研究，汉朝县以下推行乡—亭—里制，与里相适应，还设置了社、单之职。里是行政组织，社为祭祀组织，单是民政、社会组织，三个组织均配置多个职位。"汉之一里为户仅数十，而以上三系统设职就不下20个。虽未必每里全设，亦足惊人。以上诸职连同承担情治、信息职能的亭邮系统，上接乡一级诸机构，组成了一个严密的控制网络。"① 皇权社会中，县以下的乡里保甲等基层组织，并非乡村社会的人民自治组织，而是为方便皇权国家征发赋役及稳固皇权统治而建构的人口编制。②

二 "家国同构"与社会结构的一体化、原子化

中国皇权"大一统"体制秩序中，社会呈一元化特征，其中一个重要特征是，"家"与"国"的同构化。"家国同构"是家庭、家族及国家在组织结构层面的相同或相似，是一种国家、社会治理模式，其旨在使国家治理与家庭自律具有同质性，使家庭伦理与忠君爱国保持一致。正如孟子曰："天下之本在国，国之本在家，家之本在身。"③ 根据儒学，家庭是社会稳定的基础，其担负国家最基本的社会组织功能，在内部结构上，家与国家具有同质性，国家秩序是基于家庭秩序而建构。中国政治"大一统"由法家完成，但家国同构性，却是法家于法制层面的建构与儒家于人伦关系上的建构的统合。

最初，中国传统社会的家国同构体制是西周王朝根据礼制宗法原则而建构。家国同构社会体制中，家庭、家族及国家均基于"血亲—宗法"关系而建构，都存在严格的家长制。在政治层面，家和国存在紧密内在勾连，家庭管理是国家治理的缩影，国是家的扩大。中国的"国家"概念蕴含上述双重政治结构的内涵。在中国思维视域中，"国家"表征的是"家"与"国"的同构性、合一性，国是家之放大，家是国之浓缩。所谓"家天下"，可理解为"国"与"家"在存在形式上的同一性，也可理解

---

① 秦晖：《传统中国社会的再认识》，https://3g.163.com/news/article/5CMCUH0I00013-FL0.html，2022年8月10日。

② 程念祺：《中国古代缺乏以社会自治为前提的县域治理》，《探索与争鸣》2009年第11期。

③ 鲁国尧、马智强注评：《孟子注评》，凤凰出版社2006年版，第119—120页。

为国家（君主）权力来源于父权，是父权的扩张。① 对中国皇权社会治理模式，黑格尔指出："皇帝犹如严父，为政府的基础，治理国家的一切部门"，这就如同家长管理子女。此种置臣民于幼稚状态（缺乏行动自由、思想自由及独立人格）的"家长政治原则"，使中国人在人格、思想、法律、利益及阶层等层面的表现迥异于其他民族。② "家天下"的皇权"大一统"秩序绝不允许任何拥有完全独立权益的阶层、个人的存在。普天之下，一切以皇帝为中心，人人在皇权面前只有做"奴才"的平等。

家国同构体制中，维护家长、族长的绝对权威与维护帝王的绝对专制权威被合二为一。帝王的权力至高无上、终身拥有、世袭罔替。家国同构体制能保证具有绝对权威的皇权永远掌握于一家一姓，最终形成"家天下"政治格局，这种局面被秦以后的王朝承续发展。家国同构体制中，帝王家国不分，以国为家，搞"朕即国家"，家即天下，统治者拼命灌输君父一体、臣子一体及忠孝一体思想，强调"为子为臣，惟忠惟孝"③，借以维系家庭、家族与王朝的双重稳定。专制皇权国家也明确规定君高于父、忠重于孝，要求臣民移孝为忠，"奉君忘身，徇国忘家"④。专制皇权国家把忠于国家的概念偷换为忠于皇帝，而忠君却以一家一姓对国家的世袭统治为前提。这种忠君是悖于理性的愚忠，并是助纣为虐。在中国皇权社会中，基于子孝、妇从、父慈伦理观念而确立的家庭伦理关系，恰是基于民顺、臣忠、君仁理念而设想的国家、社会关系的写照与缩影。家庭是组成国家体系的基本单元，也是国家的同构体。⑤

维持流动且具有一致性的社会、经济组织秩序，是皇权"大一统"秩序的重要特征。社会经济的无组织性力量将会对超大规模国家及其形成构成挑战，维持持续的再生产以及维系组织化力量是"大一统"秩序的本质。⑥ 在社会、经济领域，皇权国家在国家与个体间建立起组织联系，

---

① 启良：《中国文明史》上卷，花城出版社 2001 年版，第 78 页。

② ［德］黑格尔：《历史哲学》，王造时译，生活·读书·新知三联书店 1956 年版，第 167—171 页。

③ （唐）长孙无忌等撰，刘俊文点校：《唐律疏议》卷 1，中华书局 1983 年版，第 7 页。

④ （唐）马雄：《忠经·冢臣章第三》，转引自彭忠德、赵骞主编《官箴要语》，武汉大学出版社 2007 年版，第 95 页。

⑤ 金观涛：《在历史的表象背后》，四川人民出版社 1983 年版，第 34 页。

⑥ 参见金观涛、刘青峰《兴盛与危机》，转引自王旭《大一统国家观的中国宪法学原理》，《法制与社会发展》2022 年第 6 期。

借此以防止贵族、豪强等对社会的把持、分化,从而实现整个社会的组织一体化。其思路是章太炎对秦始皇"平政"之概括:"古先民平其政者,莫遂于秦。秦皇负扆(帝位)以断天下,而子弟为庶人……自法家论之,秦皇为有守。非独刑罚依科也,用人亦然……夫有功者必赏,则爵禄厚而愈劝……世以秦皇为严,而不妄诛一吏也。"① 即缔造除皇帝之外的社会各阶层身份的可流动性与实质(所有人都是皇帝的奴才)平等,扫除孕生阶层、身份固化的社会条件。秦朝政治制度的一个重要特点,就是抑制帝室及贵族权力,使其不拥有政治、经济特权。与西欧在部落社会终结后出现阶级分化不同,中国部落社会并未真正终结。在中国,社会组织化、有效动员的社会基础始终存续。② 自秦国商鞅变法始,迈向"大一统"国家建构模式的秦国弃置基于血缘嫡庶的传统身份秩序,开始基于战功、品行、能力确立新的社会身份等级。商鞅变法还开启编户齐民体制,即以户为单位管理人民,废除封建体制下地方存有的贵族、长老、族长等地方领袖,所有人无不是国君臣民,实现以君权为中心的"平等"。秦国也迈向政府直接整饬人口秩序的道路,"民有二男以上不分异者,倍其赋"③,禁止曾经的合族或家族聚居,强制性分散大家族,并将分散孤立的小家族整编成什伍组织,统统置于国家权力直接掌控之下。④ 北魏、隋唐建构的律令制度将民众从六朝(吴、东晋、刘宋、齐、梁、陈)的豪族控制中脱离出来,然后纳入国家"大一统"政治。唐朝用乡里邻保制替代北魏的宗主督护制,施行土地公有,抵制土地兼并,以避免产生豪强和农奴,最终是国家替换地方"宗主"而直接"督护"民众。⑤ 由于不存在四分五裂且相对封闭的封建主义经济及农奴制,故抑制了垄断身份、资源的贵族阶层在中国的出现,其结果是国家与人民直接建立组织化联系,并有实现

---

① 章太炎:《秦政记》,载《章太炎全集》第 4 册,上海人民出版社 2014 年版,第 64—65 页。
② 王旭:《大一统国家观的中国宪法学原理》,《法制与社会发展》2022 年第 6 期。
③ (汉)司马迁:《史记》,甘宏伟、江俊伟评注,崇文书局 2010 年版,第 402 页。
④ 参见[日]增渊龙夫《中国古代的社会与国家》,转引自王旭《大一统国家观的中国宪法学原理》,《法制与社会发展》2022 年第 6 期。
⑤ [日]谷川道雄:《中国中世社会与共同体》,转引自王旭《大一统国家观的中国宪法学原理》,《法制与社会发展》2022 年第 6 期。

"普惠"之可能。"大一统"秩序中，社会身份流动，并"政民一体"①。

皇权专制体制框架下的中国，其最基本社会单元不是个人而是家庭（家族）。家庭（家族）是独立生产经营单位、经济组织，但也履行各种"社会"义务，承担朝廷指定责任，从而也是政治性社会单元，其家长（族长）必须以家长（族长）身份管理家庭（家族）成员。在中国皇权社会中，皇权专制体制是传统家庭制度的坚固堡垒，二者相互从对方获得支持、力量及惯性。"中国的家庭像一个小宇宙，像袖珍型的国家，父亲是专制者。"② 在中国，无数分散孤立的小农家庭就如四处散落的马铃薯，须用口袋才能将它们"整合"。正是"大家长"专制皇帝统领无数"小家长"，才使中国小农社会无数分散的小农家庭成为皇权专制的广泛基层组织。皇权社会的国家治理是皇帝独断的"家天下"治理模式。"家天下""家国同构"的社会、国家治理模式中，统治者宣扬"天下一家"，给家族小家长、国家大家长皇帝个人对权力的垄断涂抹了浓郁的血脉亲情，染上皇权面前"人人平等"（其实人人都是奴才）的色彩，以及赋予臣民极大的归属感，从而使皇权专制统治具有极大的欺骗性、虚伪性。

自汉朝开始，由周礼衍生出的儒家"三纲"理论——"君为臣纲、父为子纲、夫为妻纲"，成为维护家国同构的政治、社会结构的重要国家意识形态。"三纲"关涉君臣关系或政治关系，也关涉家庭。用伦理修养将政治关系与家族关系勾连捆绑在一起，是中国纲常教义的精妙之处，其内在根源就是家国同构。《孟子·离娄上》所云的"天下之本在国，国之本在家，家之本在身"③，以及《礼记·大学》所言的"身修而后家齐，家齐而后国治，国治而后天下平"④，彰显的正是家国同构的皇权社会国家治理的路径。家国同构是中国皇权社会政治结构的首要特征，也促生与护持了中国皇权专制社会的超稳定结构。

家国同构的国家、社会治理体制中，"孝"是核心。中国古代社会，对人的性格塑造，家族制度和"孝"的伦理起重要作用。家庭是中国社会最关键的社会构成。处于家庭核心位置的父母享有对子女的绝对专制权

---

① 钱穆：《政学私言》，转引自任锋《君道再还：钱穆宪制思维中的元首论》，《开放时代》2019年第2期。
② ［美］费正清：《论中国》，薛绚译，正中书局1994年版，第14页。
③ 鲁国尧、马智强注评：《孟子注评》，凤凰出版社2006年版，第119—120页。
④ 陈戍国点校：《四书五经》（上），岳麓书社1991年版，第1页。

力，并完全按自己的意志与理想塑造或培养子女。古人将"孝"与"顺"合称，称"孝顺"，子女须无条件顺从父母。孝还有一关键内涵——"肖"，即一个人只有在思想、行为等方面保持与父母一致，才能被称为孝。中国人"在精神上从来没有断乳"。中国传统教育不尊重、不鼓励个性，而是扼杀个性。《弟子规》《女儿经》及《孝女经》等各种传统启蒙"经典"，将所有人的言行举止、生活细节规范化。中国传统家庭模式及教育"使年轻人失去了事业心、胆量与独创精神"，它"恰好是个人主义的反动"。[1]

中国皇权政治的首要特点是专制，其衍生物是社会停滞不前、单调刻板和千篇一律。哲学家孟德斯鸠认为，东方国家"今天的法律、风俗、习惯，甚至那些无关紧要的习惯，如衣服的样式，和一千年相同"[2]。其所指"东方"也包括中国。英国哲学家约翰·穆勒指出，中国人是"一个富有才能并且在某些方面甚至也富有智慧的国族"，然而后来却"变成静止的了"，"他们几千年来原封未动"。[3] 原因何在？密尔认为，"使一族人民成为大家都一样、叫大家用同一格言同一规律来管制自己的思想和行为"[4]。即压制每个人的个性与创造性是导致中国社会发展长期停滞的根本原因。总体上看，皇权体制下的中国社会缺乏个性发展。孔子强调对人民"齐之以礼"[5]。"齐"即"一"，"礼"就是国家教化臣民之准则，也是臣民的行为规范（"礼"发挥着准宗教功能）和规制臣民行为的外在秩序（"礼"发挥着部分法的功能）。如孟德斯鸠所说："礼教构成了国家的一般精神。"[6] 每个中国人无不被牢牢固定于"礼"之秩序中，并按"礼"的要求或标准被模铸出来。两千余年的中国皇权专制历史，中国人始终膜拜一套经典、遵从一套格言及实践一种行为方式。

中国古代政治家、思想家始终追求"一民"之道、"一民"之治，淡化、模糊社会各阶层、各群体的分别、分层及分野，竭力将整个社会纳入"君—臣—民"的等级性的社会、政治结构。臣民被视作整体性存在，内

---

[1] 林语堂：《中国人》，学林出版社1994年版，第182页。
[2] [法] 孟德斯鸠：《论法的精神》，张雁深译，商务印书馆1982年版，第231页。
[3] [英] 密尔：《论自由》，程崇华译，商务印书馆1982年版，第77页。
[4] [英] 密尔：《论自由》，程崇华译，商务印书馆1982年版，第77页。
[5] 王国轩、张燕婴、蓝旭、万丽华译：《四书》，中华书局2007年版，第6页。
[6] [法] 孟德斯鸠：《论法的精神》，张雁深译，商务印书馆1982年版，第315页。

部矛盾被消融于"君—臣—民"为主体的家国同构社会体制中。臣民群体内部,有"君子"与"小人"、"贤"与"不肖"的分别,也有上下尊卑之不同,但却没有"根本性的利益冲突"。儒家之"礼"凸显出臣民群体内部各阶层的"分""等级"及"差别",旨在实现社会各阶层间的"齐民""一众"及"不争",即所有臣民无不被纳入由"礼"框定的整齐划一社会秩序中。帝制中国社会中,地位不同群体间的界限模糊而富有弹性,贫富贵贱并非恒定而是上下流转的,"一民"之道在中国传统社会中缔造出一种相对平等的社会结构,但这是一种臣民面对皇帝时的平等,即除皇帝之外的所有人都是臣子或臣民,以及臣子间的地位并非固定不变的。这使社会呈现一体化结构,且使至高无上的皇帝可游刃有余驾驭臣下与亿万子民。帝制中国社会,不存在中世纪欧洲社会那种僵硬的等级划分,当然,帝制中国也没有缔造出基于平等原则之契约关系。不同于西方中世纪各种身份的区分,中国传统社会的等级区分,主要是官僚与平民的区分。通过推行科举制度,在皇权社会的中国,仕途大门基本向所有人敞开,平民子弟也可"朝为田舍郎,暮登天子堂",最终缔造出稳定且各阶层上下垂直流动的社会结构。在中国的皇权专制国家中,"除掉皇帝的尊严以外,中国臣民中可以说没有特殊阶级、没有贵族……其余的人都是一律平等"。"中国人既然是一律平等,又没有任何自由,所以政府的形式必然是专制主义。"① 因为中国不存任何能与皇权相抗衡的社会力量。

社会结构一体化,并非意味社会内部各阶层间不存在矛盾。对于君臣间、臣民内部的利益冲突,儒家通常诉诸道德说教给予遮蔽、调和,试图用德化解决社会冲突。孟子对梁惠王说:"何必曰利?亦有仁义而已矣。"② 法家承认君臣利益冲突,但却视君主利益为国家利益的绝对核心,认为臣民利益应统一于帝王。所谓"利出一孔","予之在君,夺之在君,贫之在君,富之在君"③。儒家、法家都不认可臣民利益诉求的合法性、合理性,也否认臣民内部存在利益的多样性、冲突性。

在中国古代思想体系中,"公"与"私"是对立的,"私"是不合法的,他们通常将君主之私诠释为公,而却将臣民个人、集团利益定性为

---

① [德]黑格尔:《历史哲学》,转引自张允熠《中国主流文化的近现代转型》(下),黄山书社2010年版,第448页。
② 鲁国尧、马智强注评:《孟子注评》,凤凰出版社2006年版,第1页。
③ 吴文涛、张善良编著:《管子》,北京燕山出版社1995年版,第470页。

私。《管子·任法》中说："私者，下所以侵法乱主也。"① 韩非子指出："古者苍颉之作书也，自环者谓之私，背私者谓之公。"② 他们都要求"立公去私"。在传统帝制中国家国一体、家国同构的社会、政治框架下，土地、百姓等天下一切所有都被视为君主私产。"贵为天子者"，当"富有天下。"③ 这是君王与臣民共同认可的观念，很少有人对此质疑。中国古代思想家几乎都视自己为君主家臣，并基于这种角色认识政治秩序问题，并把"天下"统一于有道君王作为最终奋斗目标。中国"一"之心态也是一种家臣心态。秦始皇扫灭六国后宣称："六合之内，皇帝之土……人迹所至，无不臣者。"④ 这正是先秦诸子的政治理想。

中国的思想家及普通人对"争"一向抵触而缺乏好感，因为"上下交征利而国危"⑤。"争则必乱，乱则穷矣。"⑥ 儒家、墨家力图借助"仁""义""兼爱"等道德说教"整合"社会各群体，消弭社会各阶层、各群体间所存在的利益冲突，力图使具有利益冲突的各群体合和为一，实现社会统一和谐。法家则主张，君王利益应超越或凌驾于臣民利益之上，社会一切行动应以君主利益为依归。臣民利益之获取只能来自君主恩赐，臣民绝不能主动表达和维护自身利益。生、杀、富、贫、贵、贱是帝王操控臣民的"六柄"⑦。只要君王贤明，臣民自然会得到公正对待。臣民只能仰承君王雨露或恩赐，且"帝德乾坤大，皇恩雨露深"，君王也必须视臣民为一个整体而对待之，并"爱民如子"。

中国皇权社会，处处彰显国家政权对所有臣民人身的牢固控制、对工商业发展的抑制及对思想文化的全面专制。自秦汉开始，中国皇权国家就建立起严格的乡里组织、周密的籍账系统，通过户籍、田册、税簿把编户齐民牢牢控制于保伍（基层户籍编制）之内、土地之上。在全方位、全封闭人身控制下，绝无可能萌生民主、平等及自由等近现代观念，而只能滋生顺民思想。世界近代史中，商品经济的充分发展是解构森严封建等级

---

① 吴文涛、张善良编著：《管子》，北京燕山出版社 1995 年版，第 323 页。
② 郑之声、江涛编著：《韩非子》，北京燕山出版社 1995 年版，第 434 页。
③ 张觉校注：《荀子校注》，岳麓书社 2006 年版，第 35 页。
④ （汉）司马迁：《史记》，江俊伟、甘宏伟评注，崇文书局 2010 年版，第 43 页。
⑤ 鲁国尧、马智强注评：《孟子注评》，凤凰出版社 2006 年版，第 1 页。
⑥ 张觉校注：《荀子校注》，岳麓书社 2006 年版，第 86 页。
⑦ 吴文涛、张善良编著：《管子》，北京燕山出版社 1995 年版，第 324 页。

制，以及确立个人权利诉求与独立意识的关键前提，但在重农轻商的皇权国度，这一基本前提绝无可能被建构起来。

  皇权社会中，皇帝执掌最高权力，也是精神领域的教主。皇帝热衷于君师合一，以便他利用国家机器，压制一切思想异端、独立精神，并强行向臣民灌输皇权专制思想，借以驯化臣民、愚弄民众。秦始皇式的焚书坑儒与汉武帝式的独尊儒术，都是皇权社会的文化专制，但后者更高明，独尊儒术使天下万民服从专制皇权的奴性深入骨髓。马克思曾说："专制制度必然具有兽性，并且和人性是不相容的。"① "专制制度的唯一原则就是轻视人类，使人不成为其人。"② 皇权制度的消极影响，关键不在于皇帝个人品行，问题的根本在于皇权制度本身。

  保持人力、物力的稳定汲取，并不断提升汲取强度、增加汲取总量，是皇权体制的主要施政诉求。为达成此目的，皇权体制会致力于消灭有影响的人与组织，包括不断打击官僚集团，防止他们朋党化，并有意识地造就出碎片化与原子化的社会结构。在碎片化社会中，将难以存在抑制皇权的有组织社会力量，从而可降低汲取成本，提升汲取强度，增加汲取总量。在碎片化结构社会中，整个社会缺乏活力，人与人之间难以发生有效连接，知识与知识之间也难以发生有效碰撞，难以缔造出经济、思想及政治共同体。皇权社会的思想文化发展往往处于停滞状态，经济上推行重农抑商政策。皇权体制推行重农抑商政策的目的并非重视或维护农民利益，而是因为商业天然追求信息传播的通畅、人与人的有效联结、人与货物的自由流通以及私人财产权，这些都会破坏皇权专制体制的稳定。其实，私有财产权与商品经济的专业化分工能让生产要素得到更好配置，这是"做大蛋糕"的思路。但是，奉行秦制的皇权社会注意力却专注于"汲取蛋糕"而非"做大蛋糕"。③ 皇权社会中，皇权能肆意通过各种"调控"，确保社会经济活动不脱离政权控制而独立分化。传统中国从未有人主张"让市场的归市场，国家的归国家"。

  中国专制"大一统"国家之所以能够建立，一个关键原因是，传统中国社会是一个碎片化社会，正是社会经济的碎片化对应着高度组织化的

---

① 《马克思恩格斯全集》第 1 卷，人民出版社 1956 年版，第 414 页。
② 《马克思恩格斯全集》第 1 卷，人民出版社 1956 年版，第 411 页。
③ 谌旭彬：《两害相权：秦制时代的底层民生》，www.dunjiaodu.com/top/2021-08-03/6957.html，2021 年 9 月 3 日。

上层建筑（官僚体系等专制国家机构），以及缺乏独立于政府权力之外的非政府社会组织力量，才使得专制政体任意驱使作为孤立存在的社会单元，并建构"大一统"王朝国家。在中国漫长的专制社会历史中，小农是中国农村社会的主体，小农经济是整个社会经济的基础。马克思在谈论小农社会形态时曾说："小农人数众多，他们的生活条件相同，但是彼此间并没有发生多种多样的关系。他们的生产方式不是使他们相互交往，而是使他们互相隔离。"①无数分散小农家庭以孤立无辅的"原子"式状态存在，这些经济单元"便是由一些同名数相加形成的，好像一袋马铃薯是由袋中的一个个马铃薯所集成的那样"②。自给自足的小农经济生产方式也催生出农村"碎片化"的社会、经济结构。小农经济社会中，土地经营及其他财产或生产要素呈分散布局，生产经营规模小，各经济单位之间势力相对均衡。小农经济与家庭手工业联系紧密，还形成无数个自给自足、封闭自守的孤立整体。小农经济在发展上的自足性、封闭性，使农村社会整体上呈分割状态的格局，即小农家庭经营的土地与小农生活的村落都呈"碎片化"的分割状态。因此，无数小农相互之间无法形成全国性联系，也不能缔造出任何抗衡国家政权的政治或社会组织。

中国皇权"大一统"秩序发展的历史进程中，每当"碎片化"分布的小农经济陷入困境并走向崩溃之际，皇权专制"大一统"国家就会风雨飘摇，甚至解体，汉、隋、唐、明诸朝，无不如此；而当小农经济在社会经济结构中处于优势地位并稳定发展时，皇权专制"大一统"国家便能稳定存续且彰显出相应活力，汉代"文景之治"、隋代"开皇之治"、唐代"开元盛世"及清代"康乾盛世"等，皆是伴随小农社会的稳定发展而产生。可以说，小农经济是"大一统"皇权专制国家的经济基础，鉴于此，"大一统"皇权专制国家往往会采取维护小农经济的措施：通过抑制大地主的土地兼并而夯实小农经济社会的经济基础；遵奉"以农为本"治国思想，推行"重农抑商"政策。③皇权专制国家在稳定小农经济之际，也诉诸制度性措施维持农村社会的高度"碎片化"状态，即王亚南所言的"分土而治""分地而食"及"化此前的大小独立自给体为一包

---

① 《马克思恩格斯选集》第 1 卷，人民出版社 1972 年版，第 693 页。
② 《马克思恩格斯选集》第 1 卷，人民出版社 1972 年版，第 693 页。
③ 刘祖云、曲福田：《由"碎片化"走向"组织化"——中国新农村建设的战略构想》，《社会科学》2007 年第 6 期。

容的通有于无的整体"的治国之策。① 皇权专制国家为缔造"碎片化"社会，在制度建构层面主要表现为两方面：第一，土地制度层面，历代皇权国家都凭借制度及政策抑制耕地"所有权"集中，而将耕地分割成无数小块，以家庭为耕种单位，责任落实到户，形成"碎片状"的井田状态，历史上的井田制、假田制及均田制等，都是如此操作。最终的结果是，无数小农家庭汇成传统中国小农经济的汪洋大海。第二，在民众的居住与活动范围规划上，历代皇权专制国家都凭借郡、县、乡、里等行政区划建制，对农民实施分区域控制与管制，并诉诸"编户齐民"的办法，建立户籍制度，抑制农业人口自由迁移。通过推行郡县与户籍制度，农民世世代代都被束缚在狭小区域，与土地的结合愈加紧密。通过上述手段，组成中国传统农村社会的无数个以血缘为纽带的自然村落呈分散性与碎片化的状态而分布。历代皇权国家正是通过对土地与村社的"分割"而达成对农村与农民的"分而治之"。②

中国小农经济社会由一个个相同且孤立的"原子"式家庭构成，其以家庭或家族的个体劳作为基本单位，男耕女织，生存主要依靠对小块土地的自然耕作与分散经营，最终促生出自给自足的生产方式与生活格局。"分散性""碎片化"及"封闭状"是小农经济社会生产、生活的主要特点。在小农社会中，对小块土地的孤立分散经营使有限土地资源被置于与世隔绝的状态。由此，小农只能局限于家庭或家族内谋求生存资源与发展路径，只能通过"男耕女织"生产模式解决衣、食等基本生活所需。小农的生产、消费方式最终将小农家庭与外部世界分隔开来，使小农安分守己，行为中规中矩，活动被局促于狭隘空间。因此，就"造成全国范围内一切关系和个人的齐一的水平"，"使得有可能从一个最高的中心对这个划一的整体的各个部分发生同等的作用……所以它也就引起这一国家权力的全面的直接的干涉和它的直属机关的到处入侵"。③ 因此，密如织网叠叠层层的官僚机器牢牢笼罩整个社会，操控社会一切生活。皇帝身处密网中枢，其权力不受任何制约，臣僚为服务帝王所设，如此一来，国家就演化为人格化国家，操控整个社会的行政关系成为社会关系的核心。

---

① 王亚南：《中国官僚政治研究》，中国社会科学出版社1981年版，第54页。

② 刘祖云、曲福田：《由"碎片化"走向"组织化"——中国新农村建设的战略构想》，《社会科学》2007年第6期。

③ 《马克思恩格斯选集》第1卷，人民出版社1972年版，第697页。

第四节　关于"大一统"皇权秩序的思考

周朝建立后，经周人的制礼作乐，中国文明凝聚为一个有共同信念和生活理想的"礼乐共同体"，中国文明也从此拥有坚实的价值内核、文化纽带，家、国、天下成为其基本秩序构成。东周末期，秦国剪灭封建制，在当时的"天下"范畴内实现政治"大一统"，建立奉皇权为至尊的"郡县—官僚制"政体。但"质胜文则野"，秦朝的统治最终因缺乏道德礼仪上的正当性而走向崩溃，这表明"大一统"事业尚未完成。汉承秦制之际，补齐秦制存在的道德短板，完成文化"大一统"，即将原先分散的、习俗的、未经阐释的礼治观念理论化、系统化，礼治遂成为"皇权—官僚"的"大一统"体制的正当化原则。"大一统"是华夏文明对世界存在形式的想象，是华夏王朝国家进行资源组织、动员的方式、机制，也是王朝国家政权为存续而展开竞争的制度安排。时至今日，"大一统"机制仍是中华民族求发展、求生存的关键手段。

借助社稷、政经、政社及政教一统的统合机制，"大一统"皇权秩序自上而下建立起庞大的权力控制网络，将整个社会生活及所有人群都纳入国家体制网络。中国皇权专制国家是"以绝对化的身分，绝对化的权力为中核"[1]。皇权专制国家体系是一架构造严密的管控机器，"一切文化、经济，只能活动于此一机器之内，而不能轶出于此一机器之外"[2]。以集权化专制体制为坚强依靠，凭借国家强制性政治力量全面管控社会生活，最终缔造政治、经济、社会及文化一体化的整合机制，是皇权"大一统"社会秩序建构的主要模式。在"大一统"社会控制体系中，一切活动旨在巩固皇权专制王朝的统治秩序，皇权国家将整个社会生活纳入政治权力控制范围，剪灭任何有可能威胁或减弱皇权专制统治权威的自主性力量，以强制性政治手段保证社会稳定。以乡约、族规及家法等为规范形式，以乡绅为管理主体力量，以宗族、乡里等为基本制度载体的所谓乡村"自治"，其存续受到皇权的严厉管控，其功能只在于弥补皇权"大一统"秩序对社会基层控制的不足，与西方历史上的城市自治相去甚远，绝非现代

---

[1] 徐复观：《封建政治社会的崩溃及典型专制政治的成立》，载李维武编《徐复观文集》第 5 卷，湖北人民出版社 2002 年版，第 83 页。

[2] 徐复观：《封建政治社会的崩溃及典型专制政治的成立》，载李维武编《徐复观文集》第 5 卷，湖北人民出版社 2002 年版，第 83 页。

更非现代意义上的市民社会。

"一思维"与"大一统"思想发展的终极形态是至尊"皇权"。"大一统"思想强调中央对四面八方的绝对统辖，强调皇权对万物的无条件占有与对万民的绝对支配，并借助形而上的天道理念建构皇权国家的光荣、尊严。皇帝是国家化身，集军事、政治、经济、文化、信仰等领域的最高权力于一身。作为"元"权力与最高权力，皇权是除其之外的一切权力之源，且统率其他一切权力，这是皇权国家不可动摇的立国之本。自汉朝开始的帝制中国，皇权在依靠强制性权力控制社会之际，也将对社会的管控寄托于人心及思想控制，并最终达成对人身与人心的双重控制。在"一"及"大一统"思维模式里，皇权追求政令一统的中央集权，也要统一思想。政令一统，即通过权力垄断、集中，实现对国家的政治、军事及社会从中央到地方的管理。思想一统，即在全国确定奉行同一道德与观念，实现国人意识形态、观念思想之统一，实现民众对皇权的膜拜、遵从。在中国人的观念中，皇权专制天然合理且无可置疑，是中国唯一可选取的政治模式。春秋战国，政治思想上百家争鸣，但各流派在思维方式与价值取向上相差无几。西汉开始，儒家被奉为至尊而成万世一系之"道统"。思想一统与政令一统高度重合，相互依存、相互拱卫，共同维护皇权。

皇权体制中，统治者始终如一追求大权独揽，治国理念、策略时有改变，但绝对皇权的强大且唯一至尊地位不容置疑与改变。从古至今，中国人痴迷、推崇的"大一统"，都是帝王或皇权的"大一统"。唐朝李白曾赞叹："秦皇扫六合，虎视何雄哉！"[1] 明朝的李贽在《藏书》中尊始皇为"千古一帝"。[2] 为保证自己绝对权威与避免政权分裂，皇权执掌者不时削藩、打压宗教与削弱社会力量。独尊而强大的皇权绝无可能甘居人下，也无可能与其他政治体制并存，要么掌控一切，要么毁灭。在推翻帝制，建立现代政权后，皇权及其政权形式注定要陨落。

中国皇权专制制度是基于小农经济、小农社会而建构，历史上的"文景之治""开元盛世""康乾盛世"等，本质上属于封闭、守旧的小

---

[1] 李白：《古风·秦王扫六合》，https://so.gushiwen.cn/mingju/juv_afea34468e1d.aspx，2022年4月6日。

[2] 李贽：《藏书·世纪列传总目》，转引自史童《李贽批孔反儒尊法论述选译》（下），《厦门大学学报》（哲学社会科学版）1975年第1期。

农文明，在面对现代工业文明冲击时，显得不堪一击。中国古代官僚帝制社会稳定而凝滞，只有王朝兴替而无生产力变革，无法孕育出先进生产力。明太祖废除宰相职位后，皇权体制下的官僚政治更趋僵化，使中国封闭的小农文明更加低效，社会发展愈加难以挣脱小农经济束缚。16世纪以后，伴随西方工业文明兴起，在市场发育、科学技术、生产力及社会制度方面，中国逐渐落后西方。落后归根结底是专制主义制度的落后。空前强化的皇权专制使中国于16世纪后开始落后于西方社会，在19世纪中期后开始遭受西方奴役。

自秦至清，以帝王为轴心的官僚政治（郡县制是其地方政治形态），加上基层由乡规里约组合而成的宗法乡里制度，共同构建起中国传统社会的"郡县—乡里社会"，其基本格局是，上有中央集权的朝廷与郡县，下为分散而自治的乡里。

"大一统"观念建构着中国政治秩序、社会治理的基本模式，也形塑着中国人的心理倾向与对政治、社会秩序的基本理解。"大一统"观念及制度性践行使"中国"成为一个为最大多数人群认同的多元民族共同体，并由此激发国民自豪之情与爱国情怀。"大一统"体制还锻造出中国国民对政府将政治稳定性置于国家治理首要位置的认同心态，并且是中国近代抵抗西方入侵可依赖的政治、民族主义文化源泉，也是凝聚当代中国人人心并推动中国致力于社会动员、民族主义抗争的理想口号。

"大一统"带来的规模效应、资源动员能力是节约统治成本及夯实统治基础的最有效模式，但"大一统"又与专制王朝的统治特性始终内在勾连，并与帝王排斥异己、独断专行的恶行紧密关联，因而又成为黑暗压抑时代的代名词。皇权"大一统"体制使所有生活在其中的中国人丧失行动自由、思想自由及独立人格。帝制时代的中国社会，个人缺乏精神自由及缺乏在公共空间表达情感和认识的自由意志。中国皇权体制中，从政治上的中央集权，到社会领域的编户齐民，再到精神领域的"罢黜百家、独尊儒术"，无不体现出对个体自由的取消，这终究导致中国文明走向衰败。

基于"一""大一统"思维的"大一统"皇权专制秩序，使中国政治发展呈现停滞性、单一性。中国传统政治理论与传统政治制度，自春秋战国与秦汉以后，直至帝制终结，始终僵化定型而无突破。中国皇权专制体制框架下，王朝国家分合治乱循环单调重复，家天下、君主专制政治千年不变。"自上世以来，天下亡国多矣，而君道不废。"① 古代，"公共权力"观念从未在中国形成。春秋战国时代虽然列国并存，但这是政权多元化，而非政体多元化，列国都是君主专制政体。中国向来缺乏政治权力内部制衡的传统，也不存在社会力量对政治权力的外部制衡。中国古人的视野内，没有任何异于君主专制的其他政体类型。对没有君主的民众自治、人民主导的政权，对君主权力进行分割、限制及控制、监督的政体，以及对由选举产生君主及限定君主任期，臣民们不知晓，也不可能理解。臣民对政治的思考从未超出君主专制，君主也从不担心君主专制受到挑战，唯一警惕的是其位置被别的觊觎者取代。政治危机主要是帝王的信誉危机、权势和效能受到挑战，而并非皇权专制制度本身的危机。整个传统社会，中国人无一不是在君主专制框架内思考国家治理，国家也无法挣脱暴政与腐败的循环政治怪圈，直到近现代政治思想传入，才使中国人看到冲破专制黑幕的晨光。

历史上，绵延两千余年的"大一统"体制及观念是维系中国多民族统一国家存续发展的关键，但由于被皇权专制裹挟，也导致古代中国社会黑暗一面。传统的以皇权为中心的"大一统"中央集权一元化治理模式，教训不少。以皇权为中心的古典"大一统"体制及观念已不能适应中国现代国家构建与现代文明发展的需要，但晚清王朝崩溃触发的中国"大一统"国家四分五裂与民族危亡，却证明了一个事实，即为支持中国现代国家、文明发展，"大一统"理念及政治、社会体制必须在扬弃中发展。

对于当代中国的现代国家建构及现代转型的完成而言，基于现代文明发展的"大一统"体制建设是不可或缺的关键支柱。"大一统"观念是推动中国由分裂走向统一的强大思想动力，也彰显着中国人推动自身文明走向超越性发展的自觉精神。"大一统"原则高于"夷夏之辨"。在"大一统"文明观中，"天下"并非固定不变的政治、社会建构，而是推陈出新地不断迈向超越不同区域文化、文明的"大一统"文化、文明。"大一统"理念使"天下"超越中国历代具体王朝，孕育出普遍性的"中国意识"。"中国"是一个政治实体，亦是一种文化精神、一种文明意识。追求政治秩序、社会秩序与文明秩序的统一及相互支撑，以及致力于达成万

---

① 张双棣等注释：《吕氏春秋译注》，北京大学出版社2011年版，第599页。

邦协和、世界大同，是"大一统"精神的最重要内涵。"大一统"体制及文化是当代中国国家治理模式创新、文明发展的动力，也是世界文明的必要构成，将为人类不同民族的和谐共处提供典范。

"大一统"是贯穿中国文明史的重要思维方式、政治传统，在经历"三千年未有之大变局"之后，中国仍延续了"大一统"的合理内核，使其成为中国现代化进程的重要助力。作为现代中国的深层结构，"大一统"是中国特色，也是理解中国的关键切入点。

第三章　世俗政治、实用理性与皇权"大一统"秩序

　　华夏文明的思想经典对无限、无形之天及幽隐不见的鬼神世界保持敬畏，但更多的是以人间世俗生活的经验理性为主要内容。就政治气质、政治主流文化而言，中国皇权政治是典型的世俗政治。李约瑟说："如果我们想到其他不同民族的观念（如印度、伊朗、基督教与伊斯兰教等），我们便会了解古代中国思想中根本没有什么'彼世'——这正是它为什么常常使人觉得奇异之所在。"① "中国实际上是个缺乏宗教的国家，不仅上层社会没有宗教，全体人民也同样没有。"② 在世界文明的轴心时代（Axial Period），③ 中国的一元化冲动最主要表现并非形而上层次，而是落实到形而下的权力，从而使中国政治呈现世俗性特征。中国政治并非不受宗教影响，但宗教力量从未在政治进程中发挥关键作用，始终不能与政权相抗衡。古代中国，中国人始终强调"溥天之下，莫非王土，率土之滨，莫非王臣"④，世俗社会的最高统治者拥有绝对权力，并被视为"天子"——最崇高存在之"天"在人间的代表，作为上天代表的皇帝（天子）掌握国家暴力机关，其权力不可挑战。传统中国自施行秦政以来，天地万物都需臣服于至尊的皇权。

　　中国世俗政治有根深蒂固的思维根源——实用理性。中国人看重现世

---

① ［英］李约瑟：《中国的科学与文明》（第2卷），剑桥大学出版社1974年版，第98页。
② ［英］罗素：《中国问题》，秦悦译，学林出版社1999年版，第151页。
③ 轴心时代理论是德国哲学家卡尔·雅斯贝尔斯在其所著的《历史的起源与目标》（*The Origin and Goal of History*）一书中提出的人类文化、文明发展的理论。轴心时代，即以公元前500年为中心，从公元前800年到公元前200年，是奠定了人性之精神基础的时代，这个时期产生了我们至今仍在思考的各种基本思想，创立了人类赖以不断生存的世界宗教。参见吕文郁《春秋战国文化史》，东方出版中心2007年版，第1页。
④ 陈戍国点校：《四书五经》（上），岳麓书社1991年版，第373页。

人事，秉持实用理性的处世哲学。"中国传统文化（或人文精神）是充分入世的，重现实，重实际。"① 实用理性是中国人审视世界的最重要思维模式，是中国人包括政治行为在内的一切行为的指导原则。

实用理性与世俗政治，使中国人缺乏政治上的形而上思考与终究关怀，在政治治理上，主要聚焦于治道、治术之运用，而缺乏对政体、政道的思考与建构。世俗主义文化盛行的后果是，中国缺乏制衡世俗权力的宗教力量，宗教基本不影响国家政治运作。世俗主义也使中国文化具有较强包容性，这也是中国社会迈向"大一统"的重要原因。

第一节 中国皇权社会的世俗主义政治及皇权主导下的宗教信仰

一 儒学的世俗性与中国皇权社会的世俗政治

西汉，世俗性儒家学说被朝廷定为官方意识形态与中国思想领域的至尊，此后华夏两千余年的皇权社会，儒家始终是政治领域的统治思想，并建构中国政治的世俗性特征。儒学吸取佛教、道教思想而神化皇权，但世俗性仍是其主流倾向。古代社会的中国民间，佛教、道教与儒学并存，也对政治发挥影响，但其在政治领域的影响远逊于儒家，宗教在中国的影响力一直不能跟皇权比，这与西方历史上教权与王权对社会的二元统治显然不同。古代中国，没有凌驾于政权的神权，皇权在政治中始终居于绝对统治地位，宗教始终被政治所支配，皇权高于神权，皇帝自称天子，宣扬"君权天授"及受天命行使皇权，从而享有无上权威，宗教只有依附皇权及唯有在皇权扶植、利用下，才能传布、发展。为加强或巩固君主地位，皇权会利用宗教统治国家，但皇权绝不允许宗教危害专制统治和儒家等级伦理纲常。在中国，宗教是否能存续很大程度决定于世俗统治者的态度。"专制王权是神权、族权、军权、经济权、司法权的综合体现，是国家的最高权力。"②

思想层面，中国很早就独尊作为人文之教的儒学。儒家思想在中国思

---

① 张岂之：《中华人文精神》，西北大学出版社1997年版，165页。
② 魏红：《试论中西古代刑名观之异同》，《贵州大学学报》（社会科学版）2007年第4期。

想界的至尊地位，很难被其他思想替代。迥异于以外在超越为目标的宗教，儒学追求"即工夫即本体"①"工夫所至，即其本体"②的内在超越，儒学的形而上特性也明显弱于一般意义上的以探求世界本源与追寻终极关怀为目的的哲学。在儒学视域中，人不应以世俗生活之幸福为满足，应于成圣的内向修行道路中追求"参赞天地之化育"③"从心所欲不逾矩"④的圣人之德，以及实现天德合一的境界，但儒学却认为，即使是圣人也不应否定及脱离人间世俗生活。

鉴于皇权至上及儒家思想在中国思想界的统治地位，中国传统政治及政治观表现出显著的世俗主义特质。中国政治的世俗性特质首先从儒家思想的世俗气质及儒家学说在意识形态领域占据统治地位彰显出来。儒家以人的"德性"来统领生活、祭祀。"人"是世俗生活主体，也是面对天地鬼神的祭祀主体。儒家以入世的立场及生活的世俗性抵制宗教，又凭借自身所具有的宗教意义上的超越性平衡世俗性。⑤深受儒家思想浸润的中国人注重能信的主体，而不重所信之客体。华夏文化以道德实践为中心，与道德无关的信仰无足轻重。儒家是"人文宗教"，缺乏宗教的礼法规矩。儒家的仪式性内容"礼"，是俗之进阶目标，是俗的更高彰显。礼，即礼俗，可被视作习惯法或社会自发秩序。礼来自传统、习俗，是对人情常理之承认，是圣贤对自然法的发现，即"因俗制礼""则天垂法"。儒家并无宗教意义上的至上神理念，儒家的人格完善不依赖对神圣对象的虔诚膜拜，而是经人文意义的"德性""良知"内在超越而达成。儒家是以世俗而人文的形态担当华夏的价值和信仰系统。人文主义、凡俗化特点是华夏文明最深刻特性，中国人文主义的基础及彰显并非依靠宗教及外在超越的意识形态。华夏文明的"天人合一"、王道政治及经纶济世理念，深耕于凡俗社会。中国人拒斥脱离凡俗社会与日常生活的真理，中国求实甚于求真。中国人从不围绕外在超越的权威来建构自身文明。西汉，汉武帝

---

① 参见许家星《阳明〈中庸〉首章诠释及其意义》，《复旦学报》（社会科学版）2021年第1期。
② 《明儒学案·序》，转引自何俊《南宋儒学建构》，上海人民出版社2013年版，第96页。
③ 王国轩、张燕婴、蓝旭、万丽华译：《四书》，中华书局2007年版，第128页。
④ 王国轩、张燕婴、蓝旭、万丽华译：《四书》，中华书局2007年版，第6页。
⑤ 胡小君：《先秦儒家具备人文宗教特质》，http：//www.cssn.cn/zhx/zx_zxrd/202006/t20200624_5147527.shtml，2022年3月25日。

"罢黜百家，独尊儒术"。此后，儒家理论始终是帝制中国政府认可并致力于传布的正统政治理论，儒学是中国皇权国家朝纲礼仪、典章制度、礼法、乐教、刑罚、政令及政治教化的灵魂与指导思想，儒家三纲五常也是统治者治国理政、规范社会关系的基本纲领。儒学还是官方教育的法定内容，科举制推行后，熟悉儒家经典的儒生们构成官僚集团的主体。在社会（尤其是下层社会）有广泛影响的佛教、道教，始终游离于官僚士大夫兴趣的核心之外。作为儒家中坚力量的读书人、士大夫或官员宗教意识淡薄，热衷仕途功名与治国平天下的政治理想，退则修身齐家，享受人伦之乐，只有遭逢人生坎坷或官场仕途不顺，才会遁入佛道之门。"中国人在成功时都是儒家，失败时则是道家。"[1] 唯有世俗的富贵荣华无望，中国人才会在精神层面"体悟"佛道视人生为苦、为空之真谛，才会将目光转向彼岸。受儒家思想陶冶的官僚士大夫始终是中国社会最有影响力的集团，其主导政治生活，并将世俗政治理论贯彻于政治实践，使宗教力量终究难以渗透进政治。儒家思想深深根植于中国的历史文化、社会各层面及国民的心理结构，且儒家基于"百姓日用即是道"原则将儒学观念渗透进民间社会，从而使儒学成为标准、纯粹的中国式政治理论。

孔子是儒家学派开创者，其深刻理解周礼精髓，是周礼集大成者。儒学核心理论源自西周礼乐文化，是对基于血缘纽带的宗法政治结构的理论升华，彰显着宗法政治理念。周公制礼作乐，以德配天，用世俗化的"德"替代形而上性、抽象性及宗教性的神，使"德"成为政治最高合法性的来源。西周的中国人开创中国世俗化政权、世俗政治的先河，并赋予华夏文明高度世俗化品性。春秋战国，礼崩乐坏，宗法政治外在结构遭到摧毁。逢遭乱世，儒家创建，自此伊始，儒家就自觉担当恢复和传承礼制的使命。儒家总结夏商周传统，并使之传承后世。秦汉大一统秩序建立后，溯源于夏商周三代政教传统的新型宗法政治结构被衍生出来，儒学从而获得坚实的社会、政治基础，根深叶茂。宗法政治与儒家思想相互交融而相互强化，夯实着中国人的世俗性格，并使其沉淀于心灵深处，进而塑造中国人的心理结构。儒学在中国的思想统治地位长达两千余年，其对社会的教化之功夯实了中国人的世俗心理结构。[2]

---

[1] 林语堂：《中国人》，学林出版社1991年版，第67页。
[2] 丛日云：《世俗政治与宗教政治——中西政治文化的两种气质》，载徐大同、高建主编《中西传统政治文化比较研究》，天津教育出版社1997年版。

汉代以后，儒、释、道"三教"在中国思想界鼎足而立，但只有儒家积极入世并成为统治者治国理政和政治教化的指导思想。佛家思想聚焦于宇宙观和人生哲学，本质上是出世性的，缺乏系统且适合中国社会特性的社会政治理论，也无在政治领域与儒家角逐的欲求和实力。道家追求长生和神仙境界，世俗品格浓厚，其出世倾向弱于佛家，但厌恶尘世、超世绝俗仍是其主要品性。道家参政意识比佛家强，求仙不能，就退而为"帝王师"。当道人成为"帝王师"时，便是儒道融合、仙圣合体。[①] 儒学始终在政治思想中处垄断地位，佛教、道教无力争胜。

基督教教义中创造并主宰世界的上帝和拯救人类的基督，这种人格神的概念，对儒家而言是陌生的。儒学核心信仰并非如基督教那样的人格神，儒学中充当基督教上帝角色的是"天"。"天"之含义模糊且蕴含多种意义。"天"首先是自然，即人之外的整个外部自然界。中国古人观念中，"天"往往与"命""道"相耦合，是有内在运行规律的存在，即"天命"与"天道"。"天"具有人格化特征，有意志、情感，能与人类沟通，与人事关联，即"天人合一"。周朝，"天"取代商朝时代的"帝"，此后，曾作为世界最高主宰的人格神从中国人内心世界中消逝。西汉，儒学家董仲舒建构出天人整体的宇宙论，自此儒学无须借助人格神便能对世界存在做周全解释。"天""天意"是政治准则、规范及政治实践的源头及终极依据，现实政治秩序是宇宙总系统之有机组成，也是天地秩序在人间的全息投影。圣人、帝王是天下万民与上天交流沟通的桥梁。"天子"即帝王秉承天意统治万民，其君临天下而享有人世无上权威，当然，也受天的"约束"。"在中国，天代表着一种超越性的力量和原则……皇权国家试图垄断天的超越性力量，同时把精英和大众的宗教信仰控制在人类繁荣的非超越性领域之内。"[②]

天深邃高远而广袤无垠，给予人们无限遐思的空间。凡非人为之物、超出人能力之外的因素，皆可归因于天。儒学没有清晰明白的戒律留给世人，也无圣书向万民传达天意，也无如教会那样诠释天意且拥有实质权力的机构可依靠，甚至也无教皇那样的最高精神领袖（儒家的最高精神领袖其实是皇帝）。天之力量不可被质疑，但天之意志很模糊，任由人诠

---

① 丛日云：《世俗政治与宗教政治——中西政治文化的两种气质》，载徐大同、高建主编《中西传统政治文化比较研究》，天津教育出版社1997年版。

② 杜赞奇：《中国世俗主义的历史起源及特点》，《开放时代》2011年第6期。

释,"天"之内涵也极富弹性。西周时的中国人就体察到天命不足恃,"天惟时求民主","天惟德是辅"。天之意志由民情彰显,并假手于人得以达成,即"天视自我民视,天听自我民听"①。儒家之"天"充盈纯粹人的内容,其内涵带有人本主义特征。② 汉学家费正清指出:"在世界上大多数帝国统治者主要依靠宗教权威的时候,儒家给现政权的行使权威提供了一种理性上的和伦理上的依据。这是政治上的一大发明。"③

中国人看重现世,缺乏实质性的宗教形态,中国人向来只秉持现实的生活态度。对人格神,儒家缔造者孔子的态度是:"祭如在,祭神如神在。子曰:'吾不与祭,如不祭'"④;"未能事人,焉能事鬼","未知生,焉知死";⑤ "务民之义,敬鬼神而远之,可谓知矣"⑥。对神,孔子是谨慎回避,且持怀疑主义态度与立场,即"不语怪力乱神"⑦。即使神存在,人事才是最要紧的,鬼神之事并非最急切之事,无实用价值。这是典型实用理性态度。儒学还将佛教看作违背"尧、舜、周、孔之道"的"夷教",批判佛教徒弃妻子、剃发、不行跪拜之礼及违背孝道等,认为其违背了中国文化传统的世俗伦常。儒学认为,佛教教义"玄",是"生死之事鬼神之务","虚无难信"。儒家坚持"眼见为实"的"实证"主义,拒斥玄虚说教。儒学认为,佛教"空",即不实用,佛教的淡化家庭观念、疏远政治,于国于家无用且损政害国。儒学讲实际、修身,儒家修身的目的不是灵魂救赎,而是身心和谐、自我圆满及齐家治国平天下。⑧ 宋代大儒朱熹立足儒家伦理思想,批判佛教教义违背儒家伦理纲常,他认为:"禅学最害道,庄老于义理绝灭犹未尽,佛则人伦已坏,至

---

① 姜建设注说:《尚书》,河南大学出版社2008年版,第354页。
② 丛日云:《世俗政治与宗教政治——中西政治文化的两种气质》,载徐大同、高建主编《中西传统政治文化比较研究》,天津教育出版社1997年版。
③ [美]费正清:《美国与中国》,张里京译,世界知识出版社2002年版,第58页。
④ 王国轩、张燕婴、蓝旭、万丽华译:《四书》,中华书局2007年版,第10页。
⑤ 王国轩、张燕婴、蓝旭、万丽华译:《四书》,中华书局2007年版,第50页。
⑥ 王国轩、张燕婴、蓝旭、万丽华译:《四书》,中华书局2007年版,第26页。
⑦ 王国轩、张燕婴、蓝旭、万丽华译:《四书》,中华书局2007年版,第32页。
⑧ 丛日云:《世俗政治与宗教政治——中西政治文化的两种气质》,载徐大同、高建主编《中西传统政治文化比较研究》,天津教育出版社1997年版。

禅则又从头将许多义利扫灭无余。"① 佛家坏掉义理是朱熹批判佛家的主要原因。朱熹说:"佛老之学,不待深辨而明。只是废三纲五常,这一事已是极大罪名,其他更不消论。"② 即无须明白佛老之学的道理,单单是其颠覆三纲五常,就已罪大恶极。儒家关心现实、关怀社会,倾向于过问、干涉及参与政治,视参政为"以道援天下"最重要的渠道及人生的最重要事业。儒学与政治高度切合,历代儒家圣人与大儒无不关注政治。《礼记·哀公问》:"孔子侍坐于哀公,哀公曰:'敢问人道谁为大?'孔子愀然作色而对曰:'君之及此言也,百姓之德也,固臣敢无辞而对?人道政为大。'"③ 可以看出,孔子把人道与政治紧密联系,且视政治为人世间最要紧之事,为人伦、人事的关键和首要,世间万事,唯此为大。参政议政,士之本职。孔孟周游列国,一生"求仕"不止,目的正在于此。

儒家教主孔子因其学识、道德境界超出常人,而被视为不带神秘色彩的圣人,圣人也是人(世界各大文明的思想体系中,其被尊为教主的主体,唯有中国儒家思想的教主是人,而其他各思想体系的教主皆为"神")。官方儒学又最终将圣人具体化为人世最高统治者的帝王,乾纲独断的帝王才是儒家及万民真正崇拜敬畏的对象。儒家给被尊为圣王的皇帝披上神秘外衣,但始终没有将帝王升格为形而上的神。帝王被儒家分为贤君与暴君两种类型,从而也就否定了神人合一。圣王的权力及其使命是世俗的,仅涉及人之世俗生活,不涉及人之来世命运。④ 儒学秉持充分世俗化的处世态度、生活理想,以自足而积极乐观的思想审视世俗与人生。儒学经典《论语》首篇就阐释三个"乐"(子曰:"学而时习之,不亦说乎?有朋自远方来,不亦乐乎?人不知而不愠,不亦君子乎?"),昭示儒学的乐世精神。

由于秉持乐世态度,儒学对现实人生持高度肯定的态度,完全在世俗

---

① 《朱子语类》卷一二六,转引自王国猛、徐华《朱熹理学与陆九渊心学》,西南交通大学出版社2006年版,第13页。

② 黎靖德编:《朱子语类》卷34,转引自闫孟祥《宋代士人的三教观念》,《光明日报》2010年11月3日第7版。

③ 陈戍国点校:《四书五经》(上),岳麓书社1991年版,第619页。

④ 一些研究者认为,圣王肩负具有教化臣民的职责,并由此控制人们精神生活,故圣王是政教合一的统治者。圣王控制的臣民的精神生活,与教皇主宰的教民的精神生活,在内容上完全不同,前者的大部分内容,在后者眼中只属于世俗生活。

生活领域构思人生理想与目标。儒学在社会治理上的最高理想是实现王道政治：圣王治世，确立以"三纲"（"君为臣纲，父为子纲，夫为妻纲"）、"五常"（"仁、义、礼、智、信"）为基础的社会秩序；物质条件宽裕的生活；施行忠孝为本的人伦道德体系。孟子说："五亩之宅，树之以桑，五十者可以衣帛矣。鸡豚狗彘之畜，无失其时，七十者可以食肉矣。百亩之田，勿夺其时，数口之家可以无饥矣。谨庠序之教，申之以孝悌之义，颁白者不负载于道路矣。"① 王道政治的主要具体目标是：实现水平普通的生活改善，只是使人"仰足以事父母，俯足以畜妻子，乐岁终身饱"②。这并非人生需求及追求的全部，但却是人生最主要的需求。儒家没有天国的设想，儒家视域中，人类社会最完善之境界就是圣王治下的国泰民安。

儒家为个体构思设计了"修身、齐家、治国、平天下""内圣外王"的世俗生活路径。通过培养自身善良天性、自省和不断完善自我道德，以及通过"格物致知"体悟宇宙及人生道理，个人就能实现完美人格及人生理想，而无须借助神之力量和清规戒律。根据儒家思想，人之外在生活应首先在家庭中得到实现与满足。孟子说："仁之实，事亲是也；义之实，从兄是也；智之实，知斯二者弗去是也；礼之实，节文斯二者是也；乐之实，乐斯二者，乐则生矣；生则恶可已也，恶可已，则不知足之蹈之手之舞之。"③

由于通过家庭伦常关系，人就可尽享"人伦之乐"，就能实现人生圆满，以及获得精神需求的满足，伦理性世俗家庭生活从而也就自然替代了宗教生活。个人若有条件、志向，也可为国尽忠，甚至治国平天下。儒家人生的自足圆满是通过内在超越道路达成的，无须借助神的外在权威，无须寄托来世、天国。在中国，儒学不借助上帝就为所有人建构起全整道德体系、完满人生理想，通过内在超越，每个人在精神上都能上升至圣人境界，即人人皆可成舜尧。儒家为中国人设计出内在超越路径，这种世俗路径也淡化了中国人对身后命运的思量和对天堂的慕求。

在中国，儒家思想建立在强大的宗法制度和家国同构社会结构基础之上，其深根于中国人务实而世俗的感情心理，以三纲五常、等级礼教为思

---

① 鲁国尧、马智强注评：《孟子注评》，凤凰出版社2006年版，第4页。

② 鲁国尧、马智强注评：《孟子注评》，凤凰出版社2006年版，第12页。

③ 鲁国尧、马智强注评：《孟子注评》，凤凰出版社2006年版，第132页。

想内核，以忠孝精神为世间之人情感交汇点，以皇权崇拜为思想导向，以维护专制皇权为思想旨归，以成圣为人生理想最高境界。这些内容成为抑制宗教思想在中国传布的强大制度与精神力量，并消解或溶解人民的宗教情怀。宗教信仰因此无法成为中国社会、政治文化的主流。在中国，任何宗教都会向儒家妥协，其宗教特质由于受儒家强大影响而被削弱，并沾染世俗化色彩。①

二 皇权主导下的宗教信仰及宗教多元化

当道教创立和佛教传入时，儒学已定为一尊，在读书人、官僚及士大夫集团内部，儒家思想已扎根多年，是评判一切之标准与权威，各宗教只能在儒学边缘生存。中国古代社会末期，儒释道三教合流，相互融合，但在政治或官方哲学领域，则是佛家、道家汲取儒家思想弥补自己在政治哲学领域的短板。最终，儒家的三纲五常理论成为三教共识。儒家世俗政治思想在中国的统治地位决定了中国政治文化在理论层面的世俗性特征。赢得世俗快乐幸福是民众求神拜佛的主要目的，中国人通常会为追求世俗目标而改变或放弃宗教信仰。国家政权对中国人世俗生活的影响及支配远比宗教力量更直接、更实在。当神权与政权发生冲突，中国人多半屈从皇权，皇帝才是他们生活的主宰。② 在古代中国，最高权威是君主，而非教皇或教会，社会行为准则是法律，而绝非宗教教义。

中国人对宗教信仰可有可无，对精妙而抽象的神学思辨不感兴趣，不关注神学的真理性、公理性。中国人是多神论与泛神论者，神谱杂乱而没有条理。中国古人强调人与自然的和谐统一，并将此种和谐关系描述为"人法地，地法天，天法道，道法自然""天人合一"。在"法"与"合"的过程中，人总是缺乏主体性的恭顺听从。人对"天"始终是莫名的畏惧。正是出于这种畏惧感，中国古人创造了各种自然神。屈原在《九歌》中把自然神称作河伯、东君、少司命、大司命、湘君、湘夫人、东皇太一

---

① 丛日云：《世俗政治与宗教政治——中西政治文化的两种气质》，载徐大同、高建主编《中西传统政治文化比较研究》，天津教育出版社1997年版。

② 丛日云：《世俗政治与宗教政治——中西政治文化的两种气质》，载徐大同、高建主编《中西传统政治文化比较研究》，天津教育出版社1997年版。

及云中君，分东西南北中排列。① 中国人膜拜的神话人物或对象很多，如天、财神、菩萨、如来佛、太上老君等，甚至还有各种动物图腾崇拜。为满足自己世俗需要，百姓、帝王可任意封神，三教融汇贯穿中国思想史的大部分时期。对不相容之众神，中国人既膜拜，也忽视，因为孔子建议"敬众神，而远之"。中国敬仰诸神，但神的权威、地位的排序并不固定，各寺庙、道馆之众神像的陈列顺序并不一致。中国文化兼容并蓄，这种特点使中国的宗教发展呈现佛教与道教相融合的特征，而最后是儒教统摄佛教、道教，"三教同源，万法同宗"。

在西欧，基督教在信仰领域赢得统治地位，并摄取世俗政治权力后，就致力于清除其他宗教力量，以及在自身内部消除异端以护持正统教义。中世纪的西欧，在信仰领域，基本上是一个上帝、一部圣书、一个统一教会、一个至高无上的教皇，而在世俗政治领域，却呈多元化状态。在中国，宗教领域与神的世界是多化元的，而世俗政治领域却高度一元化。只要不危害世俗政权，政府一般不干预宗教事务。中国宗教领域存在的分歧、冲突从未在政治进程中制造重大麻烦。宗教多元、神的世界的自由放任，使宗教无法对世俗政治权力形成有效制约，却使皇权赢得超越各教的最高仲裁者地位，最终也促成政治一元化。中国皇权容忍宗教多元化，且利用宗教多元化巩固自己的专制地位。②

在西方，基督教早在罗马帝国时期就建构起系统的教会组织，并延续至今。教会自上而下建构出完整而系统的一套中央集权式教阶制，教会将所有信徒网络于自己的机构中，组织、主持教徒宗教生活，并拥有对信徒施加强制性行为的权力。教会宣称，不身处教会中的信徒将不在基督之内，即"教会之外无救恩"。教会借助自身的高度组织化，对中世纪欧洲的社会、政治进程施加着重要影响力，甚至一度与王权平起平坐、相互抗衡。

在中国，多教并立，儒家政治、社会地位始终在其他教派之上，佛教、道教都缺乏强大教会组织与浓烈参政意识，对信徒的社会、政治生活

---

① 何新：《〈九歌〉十神奥秘的揭破》，载何新《圣灵之歌：〈楚辞〉新考》，中国民主法制出版社2008年版。

② 丛日云：《世俗政治与宗教政治——中西政治文化的两种气质》，载徐大同、高建主编《中西传统政治文化比较研究》，天津教育出版社1997年版。

也较淡漠,两教都依附于王权。"不依国主则法事难立。"① 中国皇权超脱于各教之外,并凌驾于各教之上。某种宗教即便被皇帝信仰,也无法凭借教规对皇权实施制约,更无独立宗教法庭裁判皇帝言行。佛教、道家的存续、发展,必须得到皇帝支持。两教及教内各派对法统、道统的夺取,都必须求助皇权。宗教分歧、冲突往往由皇帝裁决。佛教、道教在思想上还必须向居于官方意识形态正统地位的儒学靠拢。②

中国历史上,中国汉族文化信仰世界的一个重要特点是"三教合一",大多数帝王也实施三教并用政策,即"儒家治世、佛教治心、道教治身",儒家、佛教及道教分别适用或侧重于社会、国家治理、精神修养及身体修炼,三教圆融并存。专制皇权对宗教的态度是利用兼控制。以儒为主,佛道为辅,是专制皇权对国民、社会施行思想及意识形态控制的不二法门。佛教、道教具有的神圣、超验特征,正是儒学缺失的,可作为其重要补充。由于宗教的超越性与神圣性能论证与夯实皇权统治的合法性,宗教也因此成为皇权施行政治教化的辅助工具,即"圣人以神道设教,而天下服矣"③。同时,专制皇权也建立专门机构严厉控制宗教组织发展及活动,如核准设立寺观庵院、颁布度牒,以及禁止大规模宗教集会及教职人员未经官方批准私自远游等。专制皇权高度警惕宗教势力的壮大,一旦宗教力量膨胀而威胁政权稳固,就会遭到严厉镇压,历史上的"三武一宗"灭佛事件(即北魏太武帝、北周武帝、唐武宗、后周世宗摧毁佛教的行为)就是典型例子。中国的佛教、道教缺乏绝对性、神圣性,故很少出现宗教间的辩论,也不会有宗教战争。世俗政权的意志基本完全决定佛教、道教的地位与发展。帝制时代的中国的政教关系,始终是皇权支配教权与教权服从、服务皇权。

在中国,政治世俗性和绝对专制皇权对社会的一元化统治,使民众丧失独立于政治权力与皇权的个人生活。对宗教终极关怀的淡漠,使中国人缺乏抗衡皇权专制思想的有力的精神武器。中国人缺乏真正的宗教生活,这使其生活、人生都受控于、依赖于皇权。由于缺乏强有力的教会组织,

---

① 张云江、田亮:《道安:不依国主则法事难立》,《中国民族报》2022年3月15日第7版。

② 丛日云:《世俗政治与宗教政治——中西政治文化的两种气质》,载徐大同、高建主编《中西传统政治文化比较研究》,天津教育出版社1997年版。

③ 陈鼓应、赵建伟:《周易今注今译》,商务印书馆2005年版,第195页。

使中国人缺少了一个抵御皇权专制的有效屏障,个人权利在强大皇权面前被压缩至近于无。中世纪的西欧,教权与王权并列的二元化权力体系的存在,在人的心理上促生出关于世俗政府权力有限的观念。在传统中国,无限制的政府权力无所不在,没有人会质疑政府权力干预个人生活行为的合法性。西方近代勃兴的个人自由、个人权利是在宗教庇护下孕育并发展成熟的,正是教会管辖庇护的领域在近代蝶变为个人自由的领域。在中国皇权专制下的世俗政治环境,断无可能培育出个人自由、个人权利的政治意识。[①]

第二节 中国传统政治的实用理性特质

一 中国人思维的实用理性特征

中国古代,哲学家更多是从现实需要赋予哲学人事与道德的内容,较少思考形而上的问题。章太炎认为:"国民常性,所察在政事日用,所务在工商耕稼,志尽于有生,语绝于无验。"[②] 中国哲学思考聚焦于社会政治、人文伦理及人事。春秋战国之际,百家争鸣,但所有思想流派都回避神灵或造物主问题,而是直接面对人世之事、具体政治实践。孔子笃信天命,却对神灵与形而上问题避而不谈,主张:"敬鬼神而远之,可谓智矣。"[③] 对上天,孔子说:"天何言哉?四时行焉,百物生焉,天何言哉?"[④] 墨子大谈特谈"天志""明鬼",但其最终志趣还是一般民众的政治追求。老庄曾论"道化万物",提出"道生一,一生二,二生三,三生万物"宇宙生成论,但这与上天、神灵毫无瓜葛。中国古代哲学最终缔造出不依赖宗教、神学而积极入世的道德伦理学说、价值体系及世界观,最终确立现实主义、经验主义、人间理性及实用理性在社会生活中的主导地位。中国古代思想家几乎未曾从抽象层面追问事物的本质,也不在形而上学意义上叩问"什么是……"的问题。"夫子之文章,可得而闻也;夫

---

① 丛日云:《世俗政治与宗教政治——中西政治文化的两种气质》,载徐大同、高建主编《中西传统政治文化比较研究》,天津教育出版社1997年版。
② 汤志钧编:《章太炎政论选集》(下册),中华书局1977年版,第698页。
③ 王国轩、张燕婴、蓝旭、万丽华译:《四书》,中华书局2007年版,第26页。
④ 王国轩、张燕婴、蓝旭、万丽华译:《四书》,中华书局2007年版,第88页。

子之言性与天道，不可得而闻也。"① 他们总是在具体场合、对具体情势行为做出具体判断。如《论语》中说："克己复礼为仁。"② 孔子更多时候是通过描述具体场景、具体行为阐释"仁者"应如何行事。故孔子紧接上句又云："为仁由己，而由人乎哉？"

伴随历史发展，儒释道三教合流，但儒学却始终是两千余年来中国哲学和文化发展主流，它积极入世、回避神灵的思想和社会政治伦理，深嵌于中国人内心。佛教、道教及近代传入中国的基督教，都未能把中国人的心灵引向超自然、超人间的形而上且神圣的视域。自唐朝伊始，佛寺遍及大江南北，但却从未发挥类似欧洲修道院在欧洲政治中所起的作用。承认以"忠""孝"为基本内容的中国道德范畴，是佛教立足于中国的先决条件，正是这种妥协大大淡化了佛教的固有精神。

中国人的精神世界宗教影响力比较微弱，与中国古代文明形态及其思想特征有关。中国传统农耕文明向来看重史料、考据及宗法伦理关系，从而赋予中国人更重视现实生活的特征，其精神追求与思维取向始终扎根于现实世界。政治世俗化、生活的经验主义色彩、儒家思想的非宗教性特征及儒学在人们心中根深蒂固的影响，使中国人在思维上呈现出典型的实用理性特征。

一般言之，所谓实用理性，就是一种立足世俗的理性精神或态度，缺乏对超验价值的追求，只关注现实、此岸之价值。在中国，国家政策与个人生活，无不显露出"实用理性"精神。"实用理性"概念首见于李泽厚的专著《实用理性和乐感文化》，该概念被赋予丰富内涵。根据李泽厚的论述，中国人重现实问题、人事及经验的思维方式可称为"实用理性"。如儒学以伦理为本位，以"仁"阐释"礼"，"礼"却深深熔铸于现实世俗生活的伦理实践。"孔子没有把人的情感心理引导向外在的崇拜对象或神秘境界，而是把它消融满足在以亲子关系为核心的人与人的世间关系之中，使构成宗教三要素的观念、情感和仪式统统环绕和沉浸在这一世俗伦理和日常心理的综合统一体中，而不必去建立另外的神学大厦。"③ 李泽厚在《漫说"西体中用"》一文中指出："所谓'实用理性'就是它关

---

① 王国轩、张燕婴、蓝旭、万丽华译：《四书》，中华书局2007年版，第21页。
② 王国轩、张燕婴、蓝旭、万丽华译：《四书》，中华书局2007年版，第56页。
③ 李泽原：《中国思想史论》（上），安徽文艺出版社1999年版，第25—26页。

注于现实社会生活,不作纯粹抽象的思辨,也不让非理性的情欲横行,事事强调'实用'、'实际'和'实行',满足于解决问题的经验论的思维水平,主张以理节情的行为模式,对人生世事采取一种既进取又清醒冷静的生活态度。它由来久远,而以理论形态去呈现在先秦儒、道、法、墨诸主要学派中。"①"实用理性"中之"实用"词语,就字面理解,就是说中国经典思想中的理性思维彰显出重具体价值、具体作用或功能而轻忽抽象理论思辨的特质。正如李泽厚所说:"先秦各家为寻求当时社会大变动的前景而授徒立说,使得从商周巫文化中解放出来的理性,没有走向闲暇从容的抽象的思辨之路,也没有走向厌弃人世的追求解脱之途,而是执着于人间世道的实用探求。"②

中国诸子百家都强调学以致用,所谓"用",即有益于世道众人或国计民生。华夏文化精神的根本品质是强调"正德利用厚生",这使中国人认识万事万物通常是基于事物与人的关系而展开,主要是考察它们是否有道德的应用价值、是否有艺术与文学价值以及是否切合实用。在中国人的文化、道德、理智及人情中,无不彰显着中国思想中作为潜意识激流的实用主义。中国人异常关注与重视现实生活、实现利益,对事情的看待,无不是立足于"实用""实际"和"实在"。这种思维特性与心理特征潜移默化,最终内化为中国人的精神气质、性格、行为习惯及思维模式,也深刻影响与建构着中国传统文化。

"一般言之,我们民族的传统,是偏重实用的。我们有发明、有技术,而没有科学。"③ 中国人引以为豪的"四大发明"是技术,而非科学。中国科学上落后于西方,其差距并非在技术层面的发明创造,而在于科学探求的动机、视野及方法。中国人的实用理性文化及思维使其古代先哲在精神探求方面较少观照理论性的东西,也并不看重"是非""真理"本身的价值,而是把对世界探索的重心放在"运用"的智慧上。中国人是"求实",而不"求真"。在中国,政治家、思想家向来鄙薄书斋中的学者,对真理的看轻,加之实用理性的盛行,以至于"经世致用"价值观在中国人思想中长久占据主导地位。

---

① 李泽厚:《漫说"西体中用"》,《孔子研究》1987年第1期。
② 李泽厚:《中国思想史论》,安徽文艺出版社1994年版,第304页。
③ 《吴大猷科学哲学文集》编辑组编:《吴大猷科学哲学文集》,社会科学文献出版社1996年版,第283页。

儒学经典《大学》曾提到"格物""致知""修身""齐家"及"平天下",这是一个完整而异常注重实际的设计。儒家的"万物皆备于我"理念,[①] 道家的"天地与我并生,而万物与我为一"思想,[②] 其彰显的观念是:"物"只有通过"我"这个实用主体才能凸显其价值。近代,当内嵌着科学、民主精神的西方坚船利炮轰开中国国门之际,中国统治阶层抛出"中学为体,西学为用"的精神理念,试图凭此救亡图存,但"中体西用"只强调研习能"经世致用"的西洋器物,却轻忽从根本上决定器物的科学、民主精神及思维方式。

从先秦诸子,直至明清诸贤,其作品之精神无不彰显实用理性主义。所谓"以《禹贡》治河,以《洪范》察变,以《春秋》决狱,以《诗》三百五篇当谏书",无不彰显儒学重实用而轻理论的思维倾向。儒家向来是崇实尚行,战国时代的荀子主张"知之不若行之"的经验论,汉代王充著《论衡》宣扬"疾虚妄""见用实事"的经验论,唐朝的韩愈以儒学功利主义驳斥佛教教义,宋明理学尽管建构起超然的形而上之"理",但还是再三强调实践、力行及践履等道德经验主义。

相较中国知识群体(读书人),西方知识分子较少关注尘世,而是致力于追求超越的"真理",而中国知识分子对抽象真理毫无兴趣,沉醉于体悟"道"。西方人是求"真"的,而中国人则致力于求"实"。中国人求"道",其中之"道",是实实在在的存在——道路、方法及途径。中国人关心"事实",但几乎不会像西方人那般去探讨、明辨"事实"的"真"与"假"。中国文化与思维中,"人情世故"的价值远远高于真理。正所谓"人情练达即文章,世事洞明皆学问"。当"正德利留厚生"原则深刻影响中国人的心灵世界时,中国人心中便潜移默化形成重现实、重人情的心理。中国人对物体功用的兴趣远甚于对物体本身。

中国古典哲学基本不思考形而上的纯哲学问题。在中国文化中占重要地位且形而上特征明显的道家文化,影响的主要是知识分子,对于普通人影响并不大。马克斯·韦伯在《中国宗教——儒教和道教》中指出:"中国哲学没有一种理性的形式主义特点……中国哲学没有产生经院哲学,因为它在职业上就不专注于逻辑,逻辑概念本身对中国哲学来讲是绝对陌生

[①] 鲁国尧、马智强注评:《孟子注评》,凤凰出版社2006年版,第231页。

[②] 马恒君译注:《庄子正宗》,华夏出版社2005年版,第36页。

的。中国哲学只关注经文的书写，它不是辩证的，而是保持着对纯实践问题和世袭官僚身份利益的倾向。"[1] 在韦伯看来，中国哲学即是经验哲学，缺乏超验的理性思辨和形而上学思考。

二 实用理性的治国之道

在中国，世俗性的儒说自西汉被钦定为正统思想，此后两千余年的中国皇权社会儒学始终在政治领域一统天下。儒家思想产生于动荡的时代，它的出现和其他学派的思想一样，是为了给现实社会提供解决方案。它的目的在于规范国家（诸侯国）之间、人之间及社会的秩序。现实性是儒家的根本特性。儒家思想的核心内容"和、仁、仁政"，以及伦理思想、三纲五常理论及君主专制理念都是世俗的。儒家思想只是一种社会规范和认同的理念，不是什么神秘的宗教教义。正是儒学给中国政治烙下世俗性底色。儒学在发展中也汲取各种宗教思想，神化皇权，但其主流倾向一直是世俗的。与儒学并存的佛教、道教，也曾对中国政治产生巨大影响，但在整个中国传统社会，它们对政治的影响始终远逊于儒家。儒学毫无掩饰地袒露其对权力的热衷，儒家经典《诗》《书》《易》《礼》《乐》《春秋》，其传授内容主要是关于加强自我修养的方法与一整套文官制度的建构。

儒家的实用理性首先是一种理性精神。儒家兴起的春秋战国时代，是一个无神论、怀疑论思想活跃的时代。"天道远，人道迩，非所及也"[2]；"民，神之主也，是以圣王先成民而后致力于神"[3]；"国将兴，听于民；将亡，听于神"[4]。出于《左传》的这些记述基本上反映了那个时代的风潮。孔子选择以"孝悌"为根本内容的"仁"学诠释"周礼"，也暗合那个时代的实用理性思想与社会风潮。春秋战国时代的儒家思想，没有宗教的神秘与狂热，也没有禁欲主义对生命本能的扼杀、纵欲主义对生命本能的放纵，而是期望通过理性满足及节制人之情欲，儒家期望通过人性完

---

[1] Max Web, *The Religion of China—Confucianisnt and Taoism*, Macmillan Publishing Company, 1964, pp. 227-228. 转引自彭鸿雁《中国哲学的特质是实用理性还是实践理性?》，《江淮论坛》2005 年第 3 期。

[2] 陈戍国点校：《四书五经》（下），岳麓书社 1991 年版，第 1116 页。

[3] 陈戍国点校：《四书五经》（上），岳麓书社 1991 年版，第 707—708 页。

[4] 陈戍国点校：《四书五经》（上），岳麓书社 1991 年版，第 751 页。

成自我救赎。

在对待鬼神等问题上,孔子当时采取的是理性主义态度,持"存而不论"的态度加以回避。《论语》有云:"子不语怪力乱神。"之所以不讲,就是因为没用。孔子阐释最多的问题是日常生活的伦理纲常。故子贡才言:"夫子之文章,可得而闻也,夫子之言性与天道,不可得闻!"[1] 不盲目服从非理性权威是孔子思想的特质,因此,其不需要上帝的命令。孔子期望通过个体人格完善与道德升华实现天下大治的人道主义使命。孔子期望把一切置于理性主义的天平上加以衡量。传统中国社会始终以道德代替宗教,没有形成终极存在且高于理性的宗教信仰,"以道德代宗教"是中国文化的重要特性。庄子曾总结,"六合之外,圣人存而不论"[2]。与日常人伦、日用无关的一切知识、学问,圣人都持存而不论的态度与立场。

道家主张"法自然",有不少宇宙论、逻辑学及相对主义等纯哲学的阐释,但道家鼻祖老子关注的重点依然是"以正治国,以奇用兵,以无事取天下"[3],着重于探究"君人南面之术",显露的正是实用理性特质。

关于治国之道的研究,诸子百家中最突出的是法家。在春秋战国时期诸侯争斗的背景下,强调国家有能力展开统一的社会调动,以推进技术、军事、水利等多方面发展。相对于其他诸子学说,法家思想的最大特点是其强国家逻辑具有最大的实用性。法家思想强调最大限度进行社会军事动员,其政策以战争为导向。借助人口调查、户籍编制及整合行政体制等,推行法家治国理念的政权把农民、工匠等整合进国家军事体系,实施战争全民总动员,为战争作为好充足兵源准备,最终改变与优化传统战争人力、物力资源结构。法家重视农业,以实现"富国强兵",强调强化国家财政汲取能力,并致力于将基于军事纪律衍生出的法律规定转化成组织管理手段。在军事意义上,法家指导的国家政策,更有利于国家展开一种对本国社会进行彻底动员及对敌对国家实行系统性摧毁与掠夺的"总体战"。借助集权动员的较高能效,法家治国理念指导的变法缔造出中央集权的皇权"大一统"国家体制结构,法家的变法措施既依赖也夯实着这

---

[1] 王国轩、张燕婴、蓝旭、万丽华译:《四书》,中华书局2007年版,第20页。
[2] 马恒君译注:《庄子正宗》,华夏出版社2005年版,第38页。
[3] 冯达甫撰:《老子译注》,上海古籍出版社2006年版,第133页。

种权力结构，又最终清除一切阻碍中央集权皇权"大一统"专制实施的障碍。① 法家以主张和实行变法而著称，法家之"法"迥异于现代社会"法治"之法。现代"法治"的立法者必须从公民集体那里获得授权，现代"法治"的本质是符合正义的善法的统治。法家所言之"法"，是君王控制国家、社会及驾驭臣民的手段。法家们在君主支持下，改革治国之法，以提高政治权力效能，不过这只是在君主制范围的调整和组合。法家视国家为君主操控的机器，视政治关系为赤裸裸的权力与利害关系，法家摒弃道德说教，主张君主以法、术、势治国。法是规则、规范，术是技术、方法，势则为君主的权力地位。根据法家的治国之法设计，王权或皇权将不受程序化、理性化政治的控制，从而在国家治理框架中存在着导致政治进程非程序化、非理性化的致命缺陷。法家总是在君主专制框架内思考治理问题，使中国人在整个古代始终无法摆脱暴政与腐败。②

帝制时代的中国国家治理之道，儒法结合是其最重要特点。秦始皇"焚书坑儒"，独尊儒术的汉武帝也实行法家的强权政治，秦皇、汉武都信奉法家。西汉独尊之"儒术"，并非纯粹的孔孟理论。西汉王朝的政治伦理是儒法结合，其首先是基于法家实际政治的长久践履经验，同时，也符合新的社会基础和政治结构（"大一统"专制王朝）对国家治理的新需要，并对儒家基于血缘的宗法体制和观念进行了扬弃。无论是在政治的实践层面，还是理论领域，西汉政治理论都迥异于原始儒家，其建立在追求功利效用的法家政治实践基础之上，并尽可能吸纳各家学说。

第三节 世俗政治与皇权"大一统"秩序

一 尊崇权力而非崇拜上帝的世俗性文化

自秦国统一中国后，中国在政治上就形成"大一统"专制王朝历史传统。王朝国家多次解体，但又数次重建"大一统"，且体量逐渐增大。中国王朝"大一统"还表现为文化的单体性、延续性，儒家文化为核心

---

① 孟庆涛：《法家变法与大一统帝制形成的理论逻辑》，《中南大学学报》（社会科学版）2012年第3期。

② 丛日云：《先秦与古希腊思想家政治认知方式的差别》，《辽宁师大学报》1992年第4期。

的文化贯穿中国王朝历史且覆盖范围基本等于国家疆域，文化的传承、覆盖与政体延续、统治范围高度重合。中国是一个国家，也是一种文化或文明类别。非宗教的世俗性是中国王朝国家或文明体系的基本特质，从而导致华夏文明共同体具有较强内部凝聚力，并呈现地区文化多样化及对外来文化罕见包容的特点。中国皇权专制体制下的社会特点是国家一元化、宗教多元化。中国追求政治"大一统"，但宗教信仰却相对自由。外来宗教较易在中国落地生根，中国宗教格局是多元化的，民众在信仰上有较多选择余地。中国存在佛教、伊斯兰教、天主教、基督教新教及道教，唯有道教是本土宗教，其他都属外来宗教。中国历史上从未发生实质性的宗教战争。中国社会始终没有产生统一的宗教，从而也缺乏与世俗权力相抗衡的统一精神力量。各宗教若要获得更多社会认同，都需借助皇权支持，所谓"不依国主，则法事难立"。各宗教在获得相应地位后，宗教还需服务于世俗王权。

自秦始皇扫灭六国一统中原开始，"大一统"观念便于中国人心中根深蒂固，君主与臣民都追求统一。通过"焚书坑儒"，秦始皇试图摧毁国人思想的多元化而使国人只有一种思想，并把"三皇""五帝"合二为一，创立"皇帝"称号。西汉，借助推行"罢黜百家，独尊儒术"政策，中国人将形而上特性不充分的"天"与"人"合二为一，最终将对"天"的敬畏转化为对"天子"的敬惮，中国从此步入"皇权崇拜"的世俗政治时代。

中国文明发展中，很早就奠定了以实用理性、世俗精神为特质的儒家文化为主的文明意识形态。中国儒释道有对立，但更多是相互宽容、融合。儒学是文化、文教，"教"是教育、教化，而非"宗教"，儒教其实是"人文教"。[①] 儒家宗师孔子回避谈论鬼神，其主张："未能事人，焉能事鬼？""未知生，焉知死"；[②] "不语怪力乱神"[③]；"敬鬼神而远之"[④]。孔子认为，世人应"畏天命"，对天道、祖先要心怀诚敬。先秦诸子学说中没有对"天堂""地狱"及"最后的审判"的阐释。对鬼神信仰，世

[①] 郭齐勇：《儒家道统是中国立国之魂》，http://m.aisixiang.com/data/80607.html，2021年11月27日。

[②] 王国轩、张燕婴、蓝旭、万丽华译：《四书》，中华书局2007年版，第50页。

[③] 王国轩、张燕婴、蓝旭、万丽华译：《四书》，中华书局2007年版，第32页。

[④] 王国轩、张燕婴、蓝旭、万丽华译：《四书》，中华书局2007年版，第26页。

俗性儒学并没有立足于无神论立场反对之，而是持宽容态度"敬而远之"，儒学不拒斥内部民间信仰与外来宗教。钱穆认为："孔子对于人世与天国，现实界与永生界，并已有一种开明近情而合理之解答也。"① 自秦汉始，中国建构出"天"的概念。"天"不同于政教合一国家里的"神"，"天"是抽象性存在，对"天"概念的诠释权由秉持实用理性的儒家知识分子掌握。西汉董仲舒在《春秋繁露》提出"屈民而伸君"，"民"很大程度是指官僚、贵族阶层，即压制"民"的力量来伸张君权。若君权肆意扩张、缺乏约束怎么办？就需要约束君权，而约束君权的方式是"屈君而伸天"，即在君权之上建构一更高的东西——"天"。最终形成一种主要是单向度的虚实结合的纵向权力制约格局，即皇权压倒贵族、官僚权力而维持国家统一性，同时，皇权扩张也受"天"的制约，而"天"则由儒家知识分子来进行解释，儒家知识分子又构成官僚体系的主要成员。这种循环是一种世俗性权力制约原则。

世俗性、非无神论是华夏文明的重要特质，其不存在一神教文明那种对其他文明强烈的排他性，也不具有无神论的反宗教性，同时，也不存在基于人种区别的种族主义观念，② 梁启超曾指出："春秋之号夷狄也，与后世特异。后世之号夷狄，谓其地与其种族，春秋之号夷狄，谓其政俗与其行事。"③ 围绕儒学建构起来的华夏文教主张打造基于"天道"的社会伦理与政治秩序，秉持"和而不同"理念，认为体会且遵循"天道"的人是有文化素养的，其他群体则尚需"教化"。

华夏文明对非政治属性的内部文化多样性、非政治属性的外部文化，体现出很大的包容性，这降低了周边族群对华夏文明的心理距离，也增强了周边群体对华夏文明的情感向心力。④ 王韬在《华夷辨》中指出："华夷之辨其不在地之内外，而系乎礼之有无也明矣。苟有礼也，夷可进为华；苟无礼也，华则变为夷。"⑤ 金耀基认为，"中国是一个国家，但它不同于近代的民族国家（nation-state），它是一个以文化而非种族为华夷区

---

① 钱穆：《国史大纲》（修订本），商务印书馆1994年版，第99页。
② 马戎：《中华文明独一无二的特质》，《北京日报》2018年10月22日第15版。
③ 梁启超：《〈春秋中国夷狄辨〉序》，https：//www.douban.com/group/topic/3125633/?_i=6787423ruz7wB8,6788363ruz7wB8,2022年2月21日。
④ 马戎：《中华文明的基本特质》，《学术月刊》2018年第1期。
⑤ 王韬：《弢园文录外编》，辽宁人民出版社1994年版，第387页。

别的独立发展的政治文化体，或者称之为'文明体国家'（civilizational-state），它有一独特的文明秩序"①。学者熊十力认为，中国"民族思想之启发，自孔子作春秋，倡言民族主义，即内诸夏而外夷狄。但其诸夏夷狄之分，确非种界之狭陋观念，而实以文野与礼义之有无为判断标准"②。费孝通认为，在战国和秦代，在中原地区和北方草原分别形成农耕与游牧两大统一体，即"南有大汉，北有强胡"，两大文明对峙拉锯两千多年。直到清朝才真正把两大文明统一体聚合，完成中国真正意义上的统一③。无论是中原的农耕区，还是塞外的游牧地带，在古代中国人观念中，都属于华夏文化覆盖范围的"四海之内"或"天下"。

华夏文明没有西方文明式的独立宗教传统，儒学有着非常强烈的实用理性传统和世俗精神。牟宗三对此有深刻洞察。"西方人关于生命的灵感与关于生命的指示，是在他们的文学艺术与宗教。尤其是宗教，乃是他们的灵感的总源泉。但是，中国的知识分子以其浅薄的理智主义，对于道德宗教是并无严肃的意识的，因之对于他们的宗教是并不发生兴趣的。"④ 宗教与科学有很大不同，科学无国家、无民族界限，是反映世界客观规律的分科的知识体系；而宗教是一种价值、文化存在，其有民族性。牟宗三曾指出，宗教是一个民族"文化生命"的"最深处、最根源处"的价值根基，故"文化生命之基本之动力当在宗教"⑤。尽管宗教对文化生活、人的价值观影响至深，但佛教、基督教等宗教所彰显的价值、文化取向并不拥有"普世性"，因此，"彼等不得以'宗教为普世'以自解"。⑥ 牟宗三指出，儒学因认可作为"神性之实"和"价值之源"的"天道"而被认为宗教，但儒教与普通宗教差异很大。他说："耶教为依他之信（信上帝），而儒释道三教皆不为依他之信。此三教本质上皆是从自己之心性上，根据修养之工夫，以求个人人格之完成，即自我之圆满实现，从此得解脱，或得安身立命。从此点上说，皆不需依他之信。故不类

---

① 金耀基：《中国政治与文化》，香港：牛津大学出版社1997年，第177页。
② 熊十力：《读经示要》，乐天图书集团1973年版，第130页。
③ 转引自马戎《中华文明的基本特质》，《学术月刊》2018年第1期。
④ 牟宗三：《生命的学问》，广西师范大学出版社2005年版，第30—31页。
⑤ 牟宗三：《中国哲学的特质》，上海古籍出版社2007年版，第84页。
⑥ 牟宗三：《生命的学问》，广西师范大学出版社2005年版，第124页。

典型意义之耶教。"① 普通宗教树立的超验、超凡的膜拜对象人格神是"外在超越的",故为"依他之信";儒教树立的膜拜对象"天道"因高高在上而具有外在超越性,同时又因贯注于人身、人心及生活的点点滴滴而拥有为人之性,故而又是内在超越的。儒教之"天道"是"超越而内在"的。儒教不是"依他之信",其重点放在人身上而非放在神身上,其重心、重点落在"道德的本心与道德的创造"上。

儒家伦理体系重视人的现实关系和现实利益,使汉族具有务实的心理特点,也使中国宗教徒在信仰上体现出应有的独特性,通常是临时抱佛脚,即有时信,有时不信,无事不登三宝殿。为获得庇佑,鬼神上帝,或菩萨圣母,中国人都可以信。正如老子所云:"上善若水,水善利万物而不争。"② 中国人"和而不同"的价值和思维取向使华夏文化对外来文化有罕见融合力。华夏文明先后容纳外来的佛教、伊斯兰教、萨满教及基督教等,也汲取外来哲学、话语体系、制度及文模式的内容。

二 缺乏神权制衡的世俗政权与皇权"大一统"秩序

"在中国,与文化同一性一样重要的是,各时期都存在着惊人的政治上的统一。这种统一在很大程度上起因于中国文明——唯一在任何时候都未产生过祭司阶级的文明——的独特的现世主义。固然,皇帝也是祭司,他为了所有臣民的利益而向苍天献祭,但是,他履行的宗教职责比起他的统治职责,始终居于次要地位。因而,存在于欧亚其他文明中的教士与俗人之间、教会与国家之间的巨大分裂,在中国是不存在的。"③ 佛教、道教都主张出世,反对介入世俗政治,也缺乏有效的教会组织,庙宇、道观大多远离人群,教徒也倾向于离群索居。在西方,基督教有教会组织,入世且介入世俗政治,其教堂一定建立在社区之中。中国"在任何时候都未产生过祭司阶级"是中国"大一统"国家形成的主要原因。缺乏宗教和超越世俗政体的宗教组织,就缺乏对世俗政体的制衡作用,从而让中国"大一统"政权在历史上能不断扩大。由于缺乏来自神权的制衡,世俗性政权在中国社会中始终一家独大,"普天之下,莫非王土"始终是中国最

---

① 牟宗三:《生命的学问》,广西师范大学出版社2005年版,第84页。
② 冯达甫撰:《老子译注》,上海古籍出版社2006年版,第17页。
③ [美] L. S. 斯塔夫里阿诺斯:《全球通史:从史前史到21世纪》(上),吴象婴等译,北京大学出版社2013年版,第128页。

高政治准则。伴随治理技术进步，最高权力能直接支配的范围不断扩大，对其控制的深度也不断延伸，秦始皇消灭六国后，中国周朝的王权封建治理模式也过渡到皇权专制与郡县制。周天子采取分封制，并非因为不愿意直接控制天下，而是由于缺乏可行的治理手段，不得已采用分封诸侯的治理模式，而随着管理技术发展，皇权专制就能将直接管辖权扩展到县一级。

战国末期，秦国扫灭其他六个诸侯国而建立第一个皇权专制"大一统"王朝。战国时期，列国间的兼并战争是以世俗而现实主义的法家思想为指导的。战国时期，在思想领域的诸子百家的政治话语权争夺中，具有浓烈功利主义与现实主义色彩的法家成为最大赢家。一些诸侯国在法家思想指导下的改革的成功，以及法家思想在国家治理理念上的主导地位，使"现实主义"成为战国时期列国交往关系中遵循的唯一准则，周朝通过周礼所确立的诸侯国之间的交往规则失去了话语权。秦之外的六国抵抗秦国进攻的"合纵"外交战略（在六国间建立联盟，整合六国力量，共同对抗秦国）因陷于"囚徒困境"而难以持续，六国还纷纷实施"现实主义外交"，以邻为壑，试图把源自秦国的战争祸水引向他国。秦国也因此能推行"连横"战略（秦国通过与六国分别结盟破坏合纵联盟，并采取"远交近攻"策略），各个分别击败六国，以武力统一中国。[①]

"两千多年中国的政治形态基本上可以被看作是一个'儒法国家'，即一个奉儒家学说为合法性基础，同时采用工具主义的法家作为御民之术的、中央集权的官僚制国家。"[②] 这种政治运行制度中，皇帝是神圣而至高无上之"天子"，由受儒学熏陶的儒士组成的科层官僚握有对"天命"的诠释权，同时，国家政权与儒学精英间存在着一种相互依靠的共生关系。皇权国家的"儒法国家"性质，其能为皇权专制提供合法性，并赋予臣民在生活中所需遵循的道德准则，也在社会精英群体中缔造与维持同质性文化，也给予社会底层从政的机会。西汉，董仲舒提出"独尊儒术，罢黜百家"，汉武帝给予支持并实施，儒学最终被改造为官方意识形态。官方儒学在皇权国家的精英中维持统一的文化和认同感，弥补了皇权国家对社会控制能力之不足，这是"大一统"皇权专制秩序能维持两千余年

[①] 赵鼎新：《中国大一统的历史根源》，《文化纵横》2009年第6期。
[②] 赵鼎新：《中国大一统的历史根源》，《文化纵横》2009年第6期。

第三章 世俗政治、实用理性与皇权"大一统"秩序　　117

的关键。① 自汉武帝始至帝制终结，儒学始终在中国维持着官方意识形态的地位，并始终拥有对其他思想流派的话语权优势。南北朝，儒学地位有所式微，但兴盛一时的佛教却无法取代儒学而升格为华夏正统思想。佛教秉持"佛祖面前人人平等"理念，追求来世，轻忽今生，从而很难与强调经世致用、差序格局的儒学在政治领域展开竞争，这是北朝统治者从崇佛走向抑佛、灭佛，以及魏孝文帝抑制自己族群文化并致力于提高儒学政治地位的原因。魏孝文帝的儒化或汉化改革为华夏重回"大一统"打下了基础。中国各王朝崩溃的原因各异，但各"大一统"王朝被缔造出来却有相似原因，即王朝统治者通常会发现，将儒学确立为统治意识形态，能获取政治稳定及赢得儒家知识分子支持，从而儒学是最适合之统治意识形态。汉朝形成的"儒法国家"政治形态不断在各王朝国家（包括少数民族主导建立的王朝国家）被"复制"，所有王朝国家都最终走向儒法国家形态。近代之前，儒学助推中国"大一统"王朝缔造出强有力国家、完善官僚体制，并在精英阶层确立起认同感。

　　孔子曰："未能事人，焉能事鬼？""未知生，焉知死？"② 这种述说框定一个"此岸世界"，同时回避了对"彼岸世界"的追问。原始儒学从未建构追问世界本体、本源的形而上学，也拒斥出尘脱俗的来自宗教世界的"终极关怀"。③ 实用理性是中国传统哲学的内在特质，儒家、道家都是基于人的自然本性指导社会活动与勾勒美好社会图景。儒家将仁爱、性善立为做人的准则，以圣贤为理想人格，追求天下为公的大同世界。道家主张，人应效天法地，顺物性而为，追求"天地与我并生，万物与我齐一"的理想。"实用理性蕴含着一种自然而然的政治诉求，即对民主政体必定会拥有的抽象程序和相关的制度安排的排斥。因为这种理性看重的是效率和实际效果，因而很自然地把程序正义和权力制衡理解为'繁琐''低效'，甚至曲解为'扯皮'。"④

---

① 赵鼎新：《中国大一统的历史根源》，《文化纵横》2009 年第 6 期。
② 王国轩、张燕婴、蓝旭、万丽华译：《四书》，中华书局 2007 年版，第 50 页。
③ 程志华：《再论哲学之极——牟宗三论儒学之为"道德的宗教"》，http://m.aisixiang.com/data/128287.html，2021 年 9 月 30 日。
④ 俞吾金：《中国传统文化的实用理性：将民主曲解为"扯皮"》，《探索与争鸣》2009 年第 4 期。

第四节　对中国实用理性文化的反思

　　从文明形态看，传统中国文明是小农文明，农耕民族具有强烈的实用性、可塑性，在历史上其既可与游牧文明互融，也曾与海洋文明交汇，这是现今中国很快走向改革开放并融入世界经济的重要原因。文化传统向来就是建构实现的不可或缺的力量。具有"实用理性"精神的中国传统儒家文化，重视实际与实践，轻忽抽象思辨与理论建构。中国改革开放是渐进式改革模式，强调大胆尝试，提倡"摸着石头过河""不管黑猫白猫，能捉老鼠的就是好猫"。中国改革开放中，实践主义特质与实用主义文化心理高度契合。"大一统"精神经过赋予现代精神得到重新诠释，将为中国渐进式改革开放提供强大社会黏合力，以及为中国经济统一大市场的建立提供精神动能。

　　中国古代的政治生活、社会生活，世俗的儒家垄断政治领域，宗教影响非常有限，只起辅助作用，并屈从皇权而为皇权服务。专制统治者主要根据统治的政治需要扶持或贬抑某一宗教。宗教从属于政治，其价值由政治需要决定，宗教必须仰承皇权鼻息才能生存，必须改造自己以适应皇权统治才有发展可能。在皇权统治之下，宗教要么邀宠而赢得地位，要么退出政治而自保。此外，皇权时代的民间信仰只有依靠皇权的推崇方能获得更大发展空间，皇权决定民间信仰的存亡续绝。除了儒家教义与礼教，民间信仰也是专制帝王教化、奴化万民及巩固皇权的重要思想工具。与儒家思想一样，民间信仰同样呈现世俗政治化特征，其服从、服务于皇权。

　　中国皇权时代，教育充满浓厚政治色彩，无论是官学，还是私学，其主要目的都是对民众进行以忠孝为导向的政治教化及培养忠诚于皇权的官吏（"学而优则仕"）。早在战国之际，法家"以法为教""以吏为师"思想的普及，就全面完成了教育的政治化。中国皇权社会，只有为政治服务的学科才受重视，各门学科主要是为皇权政治服务，如政治学、兵学、农学、天文学、史学等的发展无不是服务于皇权专制需要。纯粹求知、求真的研究、探讨始终处于教育、思想领域边缘。

　　基于实用理性进行思考和行事之人，往往会把当下状态中的缺乏正义性制度支撑、公正性价值引导的物质满足视为自己追求的理想目标。但是，当下"适宜"状态却往往与人类经理性思考而确立的价值、抽象的正义程序存在矛盾。帝制时代的中国，实用理性与"人治""德治"有高度亲和性。"实用理性实质上就是经验理性……实用理性的主要缺陷是：急功近利、眼界狭隘；甘居中游、甘随大流；经验狭隘、思想模糊。"[①] 实用理性中，"生存本身就是最高的原则，任何其他的原则一旦与这个最高原则发生冲突，它就面临着被弃置的命运；另外，它对'实用'的理解是如此之倚重于物质生活和人生日用，以致使现代意义上的人文精神的空间严重委琐，甚至无法开启。"[②] 尽管"实用理性"有别于狭隘的"实用主义"，但其还是缺乏纯思辨力量，表现出短视与过于重视眼前利益的特点。

中国没有纯粹的宗教，中国的宗教是实用的、功利的，而西方宗教是纯粹的、归一的、膜拜的。在中国，代替外在超越宗教信仰的"内圣外王"从来没有实现过。中国社会、经济、政治、文化等方面存在的问题，与轴心时代就涌现的中国实用理性精神紧密相关。

世俗主义政治观，使传统中国在对外关系中，也缺乏普世主义"关怀"与世界视野，始终是关起门来，"一统江山"。小农经济的封闭、专制政权的僵化及儒家思想的世俗性，使中国的中原农耕政权缺乏对外观照的兴趣。皇权时代，中国外交也深受实用理性影响，经济手段经常被用于实现政治、战略目标，经济外交是保障国家政治安全的重要支柱，并表现出将经济交往、经济手段作为维护国家战略利益主要方式的国际战略设计，厚往薄来的"朝贡贸易"是这种外交的典型体现。

---

① 俞吾金：《从实用理性走向实践智慧》，《杭州师范大学学报》（社会科学版）2014 年第 3 期。

② 俞吾金：《超越实用理性：拓展人文空间》，《探索与争鸣》2002 年第 10 期。

第四章　中国古代边疆治理的演变：
从外部均衡到内部均衡

近代之前，在农耕文明与游牧文明的对峙中寻求持久和平秩序，是中国地缘政治的核心问题。农耕区与游牧区的冲突、对峙及相互制衡是近代之前中国地缘政治的最大特征。农耕民族与游牧民族间互动构成中国地缘政治体系发展的主线，其跌宕起伏、起承转合，并趋向于均衡政治存在，它有时是农耕政权与游牧政权的二元外部对峙均衡，如汉—匈、隋唐—突厥关系，有时是游牧民族或介于游牧与农耕之间的渔猎民族主导的"大一统"多元帝国的内部均衡，如元朝、清朝。中国历史上，农耕与游牧之间，脱离任何一方的发展进程都无法解释与理解另一方的发展逻辑。

第一节　游牧社会、农耕社会的竞争、共生及外部均衡

一　游牧社会、农耕社会及二者的竞争、共生

中国学界对中国的历史研究中，农耕社会通常被视为中国历史的中心、主体，而游牧社会多被视为边缘、客体。中国人对中国边疆问题的研究中，农耕政权与游牧政权对峙、冲突及互动是重点，但研究中主要还是立足农耕政权、农耕文化的主体性地位审视二者间关系。中国古代社会，"贵华夏"而"贱夷狄"的思想观念根深蒂固。但"古代中国所存在的各种'内部边界'及其历史影响雄辩地表明，我们不能将两千多年以来的中国历史，看作仅仅是从某个中心越来越远地向外辐射其政治—文化支配力的单向'熔化'或'融合'的过程"[1]。美国中国边疆问题学者欧文·

---

[1] 姚大力：《西方中国研究的"边疆范式"：一篇书目式述评》，《文汇报》2007年5月7日第6版。

第四章　中国古代边疆治理的演变：从外部均衡到内部均衡　　121

拉铁摩尔（Owen Lattimore）①曾说：："如果想把历史发展的主要动力仅归于一方，或是中国内地，或是草原，或是草原边境，都是要出错的。"②古代中国历史发展深受"边疆"影响，古代中国是典型"边疆国家"，具有明显边疆特色："或者是建立于边疆或边疆以外的王朝向内运动以实现对中国的控制，或者是建立于中国的王朝向外运动以实现对边疆甚至更远地区的控制。"③重视游牧社会对中国历史发展的影响，以及视游牧社会是中国历史发展的重要主体，是拉铁摩尔中国边疆研究的重要特点。在拉铁摩尔看来，"如果想把历史发展的主要动力仅归于一方，或是中国内地，或是草原，或是草原边境，都是要出错的"④。正如拉铁摩尔夫妇所指出的："通晓中国历史的关键之一是了解中国和它周围'夷狄'地区之间势力消长的状况。"⑤对于游牧文明与农业文明在中国历史发展中的作用，拉铁摩尔基于华夷平等的理念将两种文明形态置于同等历史地位进行考察。他从农业社会与牧业社会的相互纠缠、互动的维度审视中国"边疆"，且视"边疆"为中国社会发展的强大推动力。

拉铁摩尔在探究中国文明发展进程时，将研究视域延伸至游牧社会与农业社会相互接触的中间过渡地带，并探究过渡区域成为中国历史变革重要动力的原因。拉铁摩尔指出，内地汉族社会与北疆游牧民族的互补共生，以及存续于中国边疆地带即长城内外边缘地带（一个文明的过渡、冲突及融合地带）的混合、融合之力量是中国统一性的重要根源。拉铁摩尔不仅开创出一个从中国内部多元文化、多元文明间的互动视域洞察中国历史发展的思想路径，也从游牧社会与农业社会的互相影响中缔造出一个完整"中国"概念。拉铁摩尔内亚洲边疆叙述视域下的"长城中心

---

① 欧文·拉铁摩尔的代表著作是：《中国的亚洲内陆边疆》《亚洲问题的解决》《美国与亚洲》等。
② [美] 欧文·拉铁摩尔：《中国的亚洲内陆边疆》，唐晓峰译，江苏人民出版社2005年版，第294页。
③ Owen Lattimore, *Inner Asian Frontiers of China*, Boston: Beacon Press, 1940, p.409. 转引自杨明洪《论"民族国家"概念及其在"中国边疆学"构建中的重要意义》，《四川师范大学学报》（社会科学版）2019年第2期。
④ [美] 欧文·拉铁摩尔：《中国的亚洲内陆边疆》，唐晓峰译，江苏人民出版社2005年版，第294页。
⑤ [美] 欧文·拉铁摩尔夫妇：《中国简明史》，陈芳芝、林幼琪译，商务印书馆1962年版，第20页。

论",是对基于农业的"黄河中心论"历史叙事与基于城市、贸易及农业经济的"运河中心论""江南中新心论"历史叙事的超越,也是对以政治制度、国家边界为框架的历史叙事的超越。① 拉铁摩尔对游牧社会与农业社会间的竞争、冲突及共生关系的阐释,是对中国统一性(不仅是地理上的统一,也是文明的统一)较深刻、较全面的解读与洞察。

草原族群,逐水草而居,游动放牧,生产工具简单粗陋,生产方式粗放,靠天养草、养畜。草原游牧经济高度专业化且不能自给自足,对以种植业为主且有剩余产品、生产方式较先进的农耕社会存在依赖性。钱穆曾说:"人类文化,由源头处看,大别不外三型。一、游牧文化,二、农耕文化,三、商业文化。……游牧、商业起于内不足,内不足则需向外寻求,因此而为流动的,进取的。农耕可以自给,无事外求,并继续一地,反复不舍,因此而为静定的,保守的。"② 历史上,游牧与农耕在历史上曾长期相互对峙、依存、战争、掠夺、和亲及互市等,是中国游牧民族与农耕民族相互交往的主要方式。游牧文明的特点是"动"且流动性大,游牧文明始终存在较强外向侵略性,为谋求生存与财富而四处流动。农耕文明是"静"而安土重迁,且具有较高稳定性。

中国历史上,长城以南基于农耕经济的农耕政体与长城以北基于游牧经济的游牧政体,既相互对立又密切联系。农耕民族和游牧民族有着迥异的经济类型与生活基础,两种民族基于各自的经济基础或生产方式分别建立起相异的文化、文明及政权体制。为了安全及追逐生存资源,沿长城一线的内外,两种政权冲突不断。游牧族群"逐水草而居"。"游牧人不迁徙难以生存,农种人却必须附于土地……游牧人迁徙则行踪万里。两者在生产方式上、生活上乃至文化心态上是大不相同的。"③ 对适宜农耕的土地的占有、控制和利用,是农耕政权经济社会发展的前提,而游牧经济存续的关键则是对游牧区域的控制。农耕经济与游牧经济在农牧交错带、过渡带的对立冲突,使农耕政权不得不在这一地带修建长城以调整农牧关系。游牧民族的经济方式和所处自然环境决定了游牧社会最高效的组织方式是部落,而非统一国家。但在中原地区出现强大的农耕王朝国家之时

---

① 汪晖:《现代中国思想的兴起·导论》,生活·读书·新知三联书店 2004 年版,第84页。

② 钱穆:《中国文化史导论》,商务印书馆 1994 年版,弁言第2页。

③ 项英杰:《中亚:马背上的文化》,浙江人民出版社 1993 年版,第 319 页。

(秦、汉、唐、宋、明),中国北部边疆的游牧民族将模仿学习农耕王朝国家的组织体制和文化,并为对抗中原王朝国家而建立起较大规模或统一的游牧帝国。中原王朝国家的制度示范和溢出效应是松散游牧部落统一成游牧民族帝国的重要原因。中原王朝国家屡遭北方游牧族群侵犯,恰是中原王朝国家制度成功带来的麻烦。①

草原不适宜定居农耕,人们以流动放牧为生。草原政权无法如农耕政体一样建构庞大官僚机构、获取稳定税收及拥有健全中央财政。官僚征收赋税,赋税维持官僚体系。赋税征收成本小于收益是官僚体系、中央财政稳定存续的前提。唯有人口定居且能被编户齐民,赋税征收成本才能小于收益。在游牧地区,逐水草而居、生产及生活高度流动的游牧群体,对其稳定征税是难以做到的,征税成本必然高于收益,故草原社会无法像农耕政权那样建立中央财政与官僚体系,也无法达成类似农耕区的大规模社会控制与治理,只能以规模不太大的部落为单位。小规模群体管理可依靠熟人关系,但群体规模超过某个临界点,熟人社会及其管理模式将难以维系,只能靠规则治理。规则运行依赖官僚体系,但草原的流动生活模式无法建立稳定的官僚体系与财政。草原的游牧部落规模一旦超过治理与控制的临界点,原有部落就会分裂。草原游牧者所必需的一些生活资料(食盐、布匹、金属制品及药品等)需从农耕区获得。战争与贸易是获取生活资料的两种途径,相较而言,贸易的成本较低。只要中原诸侯并立,且都需要从草原获取战略资源马匹,故都会竞相与草原部落进行贸易。中原诸割据政权间的竞争使在草原与中原的贸易中形成令草原部落群体满意的大致市场均衡价格,故各草原部落群体无须联合起来向中原农耕政权争取更优的贸易条件。此外,若各小部落被联合起来,也会危及各部落的自主性及贸易收益。但是,一旦中原地区建立"大一统"政权,其就能终止中原地区与游牧地区的贸易或确立偏离市场均衡价格的贸易条件。对此,通过武力劫掠必需品就会成为草原部落的必要选项。要发动对中原的战争,草原各个小部落必须联合而形成规模巨大的部落联盟,强大游牧政权由此诞生。②

秦国对中原的统一行动是中原农耕区的首次实质性统一,其也基本奠

---

① 王正绪:《古代中国大历史的社会科学解释》,《开放时代》2016年第5期。
② 施展:《中国的超大规模性与边疆》,《中央社会主义学院学报》2018年第4期。

定此后两千余年中国农牧分野,同时,也为后来的农耕区与游牧区的统一奠定制度基础。根据美国人类学家巴菲尔德的理解,匈奴帝国形成与秦汉统一中原几乎同时出现,绝非偶然。根据他的专著《危险的边疆》,中国历史上,中原农耕区的统一与分裂通常与蒙古草原的统一与分裂相伴相生。因为,当中原出现统一农耕政权时,游牧部落为了有能力与之抗衡而不得不联合起来。①

  游牧民族对中原农耕民族的冲击是巨大而深远的,自五胡乱华开始,此后有金灭北宋、元灭南宋及清灭南明等。游牧民族数次用战争征服汉民族的中原地区,但游牧民族在取得军事胜利之际,却由于自身生产力或文明程度的低下,不得不在政治、制度及文化上仰视汉民族。为稳定而长期地统治农耕民族,入主农耕地区的游牧民族必须获得农耕民族的支持,尤其是获得深受儒家思想熏陶的士绅阶层的支持,并需要在社会制度建构上学习农耕文明。真正认同汉文明的游牧民族,就逐渐被汉民族同化(如南北朝时期的五胡等),学习不深入,就很难长期立足中原(如蒙古族)。同时,汉民族也一直被动地融合学习少数民族文化,如胡服骑射等。整个华夏文明并不仅是汉民族的文化传承,而是通过众多古代民族的融合、演变而来。中国历史上,农耕社会时常受到游牧民族的冲击,但农耕文明却反向渗透到游牧社会中,使原有游牧社会逐步转变成农耕文明。在政治、军事上,入侵农耕社会的游牧民族是胜利者,但经长期与农耕社会的冲突及融合,游牧民族却纷纷皈依农耕生产模式,改变游牧习性而过上定居农耕生活,整个华夏文明从而得到扩展。

  文明因竞争而繁荣,因对抗而发展。历史上的华夏文明正是伴随农耕文明与草原文明的相互竞争、相互融合而发展进化的。对农耕文明而言,草原文明意味着破坏、杀戮、残忍和野蛮,但正是草原文明的这些特性激发了农耕文明的创造力。为了与草原文明竞争,中国中原农耕文明设计出世界上最早的平民选官制度、计划经济体制(为解决国家财政捉襟见肘的情况,汉武帝实行严格盐铁专卖政策,这其实是计划经济的早期模式)。农耕文明有很强韧性与顽强生命力,历史上,在经东汉末年群雄并起、三国并立、西晋短暂统一以及东晋南渡而南北对峙的格局之后,隋唐

---

① 参见[美]巴菲尔德《危险的边疆:游牧帝国与中国》,袁剑译,江苏人民出版社2011年版。

再度统一天下，造就华夏文明又一高峰。隋朝孕育于深度汉化的北魏政权，而有游牧血统的唐朝（唐太宗李世民的母亲和奶奶均为鲜卑贵族人士）则取代了统治时间短暂的隋朝，隋唐都有游牧文明基因。唐朝因为融合游牧与农耕两种文明基因而造就了自身的包容、开放，也没有农耕民族面对游牧民族惯常的畏惧，而是主动征服游牧部落。唐帝国先后扫灭东西突厥汗国、薛延陀汗国、西域诸国，并将统治延伸至河套、漠南、西域、漠北、安南等地。伊吾（哈密）、鄯善、高昌、焉耆、龟兹、疏勒、于阗等西域诸国不是被迫投降唐朝，就是被唐朝武力征服。唐朝还在西域通过建立安西都护府、北庭都护府而确立起统治体系。清代是中国历史上真正解决草原威胁的朝代，有清一世，草原民族基本被征服，很少能与中央政府对抗。清朝驯服喀尔喀蒙古并将其改造成蒙古八旗后，从顺治朝到康熙朝，再到雍正朝、乾隆朝，一百余年时间，对蒙古卫拉特诸部、叶尔羌诸部以及准噶尔汗国给予持续打击，最终完全征服蒙古诸部。公元1758年，清朝征服准噶尔汗国，此后，中国再无游牧强权。当草原文明走向衰败，失去挑战的中国农耕文明也随之丧失活力，当它面对比中国更文明、更富进取精神的海洋文明的挑战时，甚至连接纳和学习的勇气都已失去。海洋文明是因身处竞争环境中而率先走出封闭格局，但海洋文明绝非人类文明终点，如海洋文明没有竞争与挑战，也会走向没落。曾在与草原文明竞争中走上巅峰的中国农耕文明，基于其在轴心时代形成的精神动力，在与海洋文明的竞争中，也将会走向新高峰。

二 中原农耕政权与北方游牧政权争雄天下的博弈

农耕民族与游牧民族对生存空间、生存资源的激烈争夺，大约始于战国中期，中原北方的秦、赵、燕三国，为抵御匈奴南下而修建长城。公元前221年，秦始皇最终征灭六国，建立中国历史上首个"大一统"中央集权皇权专制王朝。自秦始皇统一中国（中原）直至明朝，农耕政体与游牧政权之间发生了四波争雄天下的博弈浪潮——"中原秦朝、汉朝与北方匈奴的博弈""中原隋朝、唐朝与北方突厥的争雄""北方蒙古帝国与中原南宋、西夏、金三朝的争雄"及"后金、北元与明朝的博弈。"[1]

秦统一中原后，为防御匈奴人南侵，秦始皇将战国时期秦、赵、燕等

---

[1] 厉声：《中国古代农耕与游牧社会交往的历史脉络》，《中国史研究》2015年第2期。

三国修建的抵御北方游牧民族入侵的长城连接起来,并修建阴山一带的长城,以及不断徙谪戍边,充实边塞,构筑此后两千余年农耕民族阻止游牧民族南侵的要塞。公元前215年,秦朝的蒙恬率军北击匈奴,夺占河南地(今内蒙古河套地区),占据阳山(内蒙古乌加河以北),秦朝还设置九原郡(今内蒙古包头)。

当秦朝统一中原农耕区使中原社会秩序发生巨大变革之际,也激发了草原地区秩序的改变,即草原部落走向联合而缔造出游牧帝国,也进而促生出贯穿此后中国两千年历史的边疆问题。① 自秦始皇修筑长城,中国便出现与中原农耕区相对应的"边疆",中原的"华夏"汉族与周边少数民族"夷狄"真正相对分离而有"内外"之别,即汉族聚居长城以南的中原农耕区而少数民族环居于中原周边的分布格局,即所谓"内诸夏而外夷狄"者。② 中国也由此开启了划分边疆及治理边疆的历史,以及开启了农耕文明与游牧文明间的持续竞争。

秦末,"诸侯畔秦,中国扰乱,诸秦所徙谪戍边者皆复去,于是匈奴得宽,复稍度河南与中国界于故塞"③。汉高祖平定中原而建立汉朝后,匈奴更成为汉朝之大患。自汉高祖至汉文帝,面对匈奴较为猛烈的南侵攻势,汉朝总体上推行防御政策。汉文帝曾经说:"长城以北,引弓之国,受命单于;长城以内,冠带之室,朕亦制之。"④ 躬行黄老之术与推行与民休息政策的汉文帝试图把长城作为农耕与游牧的南北分界,农耕与游牧彼此并立而不相犯。

从西汉武帝到东汉和帝这段时间,汉朝主动出击匈奴,汉军深入漠北、西域,屡次击败匈奴,并设置酒泉郡、武威郡、张掖郡、敦煌郡及朔方郡,并建构边塞烽燧系统(观敌报警系统)。面对汉军一系列凌厉的攻势,北匈奴被迫向西迁移,南匈奴则向中原迁移。对于抵御匈奴人南下,汉王朝虽获暂时性胜利,但国力消耗巨大。东汉末年,农民起义风起云涌、群雄逐鹿中原,东汉王朝终亡于内乱,曾臣服于东汉的南匈奴和其他游牧民族乘势再一次崛起。公元316年,匈奴首领刘曜趁西晋内乱而率众攻夺长安,西晋灭亡。此后羯人、鲜卑人、氐人、羌人纷纷进入中原建立

---

① 施展:《中国的超大规模性与边疆》,《中央社会主义学院学报》2018年第4期。
② 李治亭:《论边疆问题与历代王朝的盛衰》,《东北史地》2009年第6期。
③ (汉)司马迁:《史记》,甘宏伟、江俊伟评注译,崇文书局2010年版,第630页。
④ (汉)司马迁:《史记》,甘宏伟、江俊伟评注译,崇文书局2010年版,第634页。

政权，东西突厥也不断侵扰中原，这些游牧民族先后在长江以北建立十几个政权，形成"五胡乱华"的纷扰局面，中国由此步入政权分裂且交替频繁、民族大交融的南北朝时期。这种纷扰的四分五裂格局直到公元581年隋朝建立才告终。南北朝大多数时间里，由于游牧政权控制中国北方农耕区，游牧社会由此开始深入接触并融入农耕文明。西晋灭亡后，晋朝皇室与黄河流域居民南迁进入长江流域，这是汉族第一次大规模南迁，史称"衣冠南渡"，整个北方基本被游牧民族占据。东晋时期，南北割据政权争雄的主阵地由长城一线南移至河淮地区。

中国塞外草原突厥汗国与中原隋朝、唐朝的竞争和博弈，是中国历史上游牧民族与农耕民族竞雄天下的"第二波"。公元552年，突厥首领阿史那土门大败柔然，建立突厥汗国，自称"伊利可汗"。公元555年，突厥征灭柔然余部进而统一北方草原，此后，又相继扫灭西域诸胡国。突厥势力鼎盛时，"其地东自辽海以西，西至西海万里，南自沙漠以北，北至北海五六千里，皆属焉"[1]。公元581年，隋朝统一中原，与突厥形成南北对峙格局。公元582年，突厥沙钵略可汗率军南下，隋军北上出塞，农耕政权与游牧政权由此开启南北竞逐天下的第二次浪潮。突厥与隋唐两朝的天下逐鹿之争，以唐朝主导达成华夏"大一统"告终。[2] 其中，唐朝玄宗时期，节度使制度的确立及被推行至整个唐帝国加快了游牧社会融入农耕社会的速度。唐末"安史之乱"后，北方胡族攻入中原，在战乱纷飞的五代十国时期，大量中原汉族再次被迫南迁。

中国北方草原蒙古汗国与长城以南的金朝、南宋、西夏等割据政权的竞争博弈，是中国历史上南北竞雄的第三次浪潮。在此之前，中原的北宋王朝屡遭具有游牧文明特质的辽（契丹）、西夏（党项）和金（女真）等政权的侵扰，1126年，金兵攻陷北宋都城汴京，北宋亡，史称"靖康之变"。之后，残余北宋统治者衣冠南渡，建立南宋，定都杭州，偏安江南一隅，并向金国称臣纳贡，这是中原汉族的第三次被迫向南迁移。当中国农耕文明发展至北宋，比北宋立国更早的辽国（契丹）已是草原霸主，还统治着农耕区燕云地区。辽国有游牧军事体制，还拥有农耕产出，这使北宋面临既往中原农耕政权从未遭遇过的军事压力。12世纪

---

[1] 《周书》卷50《突厥传》，转引自曹永年编著《内蒙古通史》，内蒙古大学出版社2007年版，第354页。

[2] 厉声：《中国古代农耕与游牧社会交往的历史脉络》，《中国史研究》2015年第2期。

末叶，蒙古人崛起。1206 年，蒙古孛儿只斤部落首领铁木真统一长期分离的蒙古诸部，建立蒙古国，铁木真被蒙古各部尊称为成吉思汗。1207 年，成吉思汗挥师南下"逐鹿中原"。1207 年与 1209 年，成吉思汗两次攻伐西夏国，1227 年征灭西夏国。1211—1215 年，蒙古多次讨伐金国。1218 年，成吉思汗长子术赤征灭西域的西辽国。1234 年，蒙古与南宋合力攻灭金国，次年，蒙古出兵进攻南宋。1246 年青藏高原的吐蕃政权向蒙古臣服。1253 年，蒙古消灭地处中国西南的大理国。1260 年，忽必烈即位蒙古大汗。1267 年，忽必烈将蒙古都城从上都南迁至中原燕京（今北京），改国号为"大元"。1279 年元灭南宋，"既定海内"。南北竞雄天下的第三波浪潮，一改前两波由中原农耕政权主导的态势，转而由草原游牧民族建立的政权即元朝主导完成。蒙元实现了当时中国空前且层次更高的国家"大一统"。正如后世明朝明太祖所言："昔者，二百年前，华夷异统，势分南北，奈何宋君失政，金主不仁，天择元君，起于草野，戡定朔方，抚有中夏，混一南北。"[1] 并认为"自宋祚倾移，元以北狄入主中国，四海内外，罔不臣服，此岂人力，实乃天授"[2]。

地处中国东北的女真族建立的后金汗国与明朝建立后而退居漠北草原的"北元"汗国，与中原明王朝的竞雄博弈，是南北竞雄天下的第四波浪潮。1368 年年初，明朝建立；同年 8 月，明军夺占元大都北京，元顺帝率元朝残余势力北遁蒙古草原，元朝的中原统治告终。但是，明朝未能彻底击溃元朝，元朝残部在随后的两百多年中一直与明朝分庭抗礼，双方屡次爆发冲突。1570 年，蒙古土默特万户首领俺答汗请求明朝册封，1571 年明朝册封俺答汗为顺义王，俺答汗接受明朝颁布的"大统历"以示"奉正朔"，并改国号为"大明金国"。明朝名义上统一草原蒙古的大部分。

明朝末期，中国东北曾常处于分裂状态的女真民族获得统一。女真民族是具有农耕基础的游牧、渔猎民族。1589 年，女真爱新觉罗部首领努尔哈赤统一建州女真，1616 年在赫图阿拉建国称汗，国号金（史称后金），建元天命，起兵反抗明朝。1618 年，努尔哈赤发布讨明檄文

---

[1] 《明实录·太祖高皇帝实录》卷一九六，洪武二十二年五月癸巳条，转引自胡钟达《胡钟达史学论文集》，内蒙古大学出版社 1997 年版，第 203 页。

[2] 《明太祖实录》卷一九六，洪武二十年五月癸巳，转引自杨永康《朱元璋的元明易代观及其天命论》，《南开学报》（哲学社会科学版）2015 年第 5 期。

"七大恨",誓师伐明。后金与明之间于 1621 年发生"辽沈之战"、1622 年展开"广宁之战",后金获胜,并夺占辽河以西的东北地区,兵峰直逼山海关。为"入主中原",后金与北元联合。早在努尔哈赤统治后金时期,后金就以"满蒙联姻"展开对蒙古的分化、笼络和争取。1632 年,后金联合蒙古科尔沁部击溃蒙古察哈尔部的林丹汗,漠南随之成为后金势力范围。1635 年,"后金"改国号为"清"。1644 年 5 月,清军乘中原内乱进占北京,10 月,颁诏天下,建立统治中原的王朝。1759 年,在中国展开百余年征战的清朝最终统一中国全境。清朝的成功肇始于其入关前主动将自己社会农耕文明化,入主中原后,清朝也从农耕文明破坏者变成护持者。

中国历史上的农业文明与游牧文明间的冲突、竞争及博弈,有农耕政权越过长城向北拓展,也有游牧政权不时到长城以南侵扰。农耕政权向北扩张其势力时,当遇到不适宜农耕经济发展的地理环境时,就会停止扩张,并修筑长城,保护适宜农耕的区域。拉铁摩尔认为,"汉族以农业发达的河谷及平原为根据地,少数民族则以农业较差,不能灌溉或者需要高度技术才能灌溉的山地为根据地"①。游牧民族所处生存环境比农耕民族恶劣,是游牧政权强大后屡次南侵扩张的关键原因。

就文明优劣性看,不靠武力就可自产自足的农耕文明发展水平明显优于游牧文明,拥有游牧文明不具备的稳定产出。每当南方农耕政权衰败或分裂,游牧民族必然南侵,这也必然伴随着游牧民族对农耕文明的融入,从先秦直至清朝,农耕文明和游牧文明冲突不断,却也不断融合。

中国古代,游牧民族与农耕民族间的分界区域(对于农耕民族而言,这种分界区域被称为边疆)是动态变化的。如明朝国力强盛的洪武朝、永乐朝,长城作为"内边疆"军事体系而存在,并非明朝与游牧政权之间的边界。"仁宣之治"以后,明朝国力下降,防线内缩,长城也就成为明朝与蒙古政权的边界。② 在农耕文明与游牧文明彼此碰撞及融合过程中,长城不仅规范着彼此之间的秩序,也成为跨越农耕与游牧的文化汇聚线。

---

① 转引自董耀会《长城沿线的农耕与游牧》,《中国文物报》2016 年 2 月 23 日第 3 版。
② 赵现海:《长城与边界:明朝北疆边界意识及其前近代特征》,《求是学刊》2014 年第 4 期。

三　胡汉共天下：游牧文明与农耕文明在军事、政治上的外部均衡

在中国版图内，中原农耕文明相较周边的游牧与渔猎文明，有着无可比拟的创造物质财富的能力与组织制度上的优势，但小农生产自身的封闭性与脆弱性，以及中原王朝的统治型经济及专制体制对民间经济的敲骨吸髓，却导致中原王朝的分合与治乱循环。中原王朝的分合治乱也导致中国版图之内农耕与游牧间秩序关系的变化。

生产方式决定政体方式，而政体及内政又决定对外政策与外交战略，中国的中原王朝，以稳定的农业生产为经济基础。中国北方游牧民族的草原政体，以具有流动性的游牧经济为基础。二者各有优劣，在社会组织技术上，农耕文明具有较大的优势，而在军事上的机动性、快速突击能力上，则是游牧文明具有优势。[①] 适宜农业生产的土地是农耕文明生存与发展的最基本物质基础，以农耕文明为基础的中原王朝的内外政策，皆以占领和保住能够进行农业生产的土地为主要目标，对与农业生产无关的领土不感兴趣。农耕政权即使占领了不适宜农业生产的土地，由于缺乏经济基础，也往往难以持久占领。所以，农耕文明在与游牧文明的军事较量中，往往是胜之难守，败之不能退。中国历史上两个最强大的汉族王朝汉朝与唐朝，都曾对北方的游牧文明发动过主动的军事攻击行动，虽然在军事上都取得过胜利，但最终只能是在游牧地区象征性地确立游牧文明对中原王朝的臣服，而不能持久占领游牧地区及确立中原王朝对游牧地区的行政管辖。

古代农耕文明在对付游牧民族时，遇到的最大难题是无法集中力量对付飘忽不定、具有巨大机动能力的游牧兵团，难以对其精准设防，而若处处防守，则处处薄弱，力分则力散。为对付强大游牧民族，农耕政权对内必须借助中央集权形成凝聚力，对外则以骑兵切割草原势力，并深入漠北草原纵深打击游牧部落，以其人之道还治其人之身。同时，又配合边防递次前进，利用移民边塞、要塞争夺、经贸渗透、生活模式与文化吸引及文明碾压等多种手段，逐步分化瓦解游牧群体。但是农耕政权终究不能扎根

[①] 参见赵鼎新《文明竞争中的决定因素——农业政体与草原政体的冲突形成和发展规律》，http://www.aisixiang.com/data/59828.html，2021年6月2日。

于缺乏农业经济支撑的草原，故游牧势力总是生而又灭、灭而又生，生生不息。北方草原游牧民族精于骑术，这是生活需要，也是征战需要。由于生活方式与战斗方式有高度一致性，故游牧民族的军事力量在许多时候比中原王朝有更强的打击、突击能力。在经济上，游牧民族居无定所，生产单一，在消费上对生产稳定而多元的农耕民族、中原王朝，具有很强依赖性，除自产畜产品外，还需从中原输入谷物、织物、铁器、茶叶及手工产品等，这些物品需要原本可通过自由贸易方式解决，但由于中原农耕王朝处于皇权专制统治下，自由贸易很难成行，中原王朝与游牧政权之间的朝贡贸易也很难满足游牧民族的经济需要，更何况朝贡贸易是内聚型体制安排，其旨在夯实处于中心区的皇权国家的政治权威与经济地位。[1] 中原小农经济的自足性，决定了中原专制王朝对展开对外贸易没有兴趣。从政治与社会控制角度看，为确立与稳固专制统治，中原专制王朝奉行市场垄断政策，专制王朝在经济领域的管制使中原地区与游牧民族的贸易变得非常困难。加上种族、文化、语言之差别、隔阂，游牧民族对中原王朝产品的需求，往往难以如愿，所以游牧政权常常诉诸武力，以掠夺方式来满足自己的经济需要。此外，在游牧民族对中原王朝的战争中，"对游牧民族来说，是以'无'对'有'的斗争和掠夺，一切战争的经济负担，多半是落在被掠夺的农业民族身上，因此，它们视战争为生产手段，而非消耗，甚至连作战的给养，也会'因粮于敌'"[2]。汉朝晁错云："汉兴以来，胡虏数入边地，小入则小利，大入则大利。"[3] 正是在这种利益诱惑之下，以及由于游牧民族在军事上的优势，即使中原王朝修筑万里长城，也不能阻止游牧民族南下侵扰。

在军事上，游牧文明及其政体相对于农耕文明及其政体具有战术甚至战略上的优势。草原文明的流动性，决定了其在军事上往往具有机动性，在对农耕文明的军事行动上，往往可以做到攻其不备，出其不意，来如闪电，去如风。农耕文明尽管在物质上具有巨大优势，并拥有强大动员能力，但在针对游牧文明的军事行动中，由于游牧民族的飘忽不定和具有巨大的后退纵深，以致农耕政权的物质优势很难发挥。而且，对

---

[1] 张明之：《从朝贡体系到条约通商——近代中国对外贸易形态变迁》，《南京政治学院学报》2010年第3期。

[2] 侯家驹：《中国经济史》（下），新星出版社2008年版，第790页。

[3] （东汉）班固撰：《汉书》，中州古籍出版社1996年版，第725页。

游牧地区的军事行动中,补给和后勤保障是一个巨大的难题与成本。在军事上,由于不需要保持固定领地,以及拥有广阔战略纵深,游牧政权的军队更能在军事上实施迂回战略,对农耕文明展开出其不意的攻击行动。相较于必须保持固定领土和城池的农耕文明而言,游牧政权具有更强的承受军事失败的能力,即使在一次军事行动中失利,游牧政权可以退居较远地区,伺机卷土重来。而农耕文明一旦失去领土和城池,将意味着政权垮台和反击能力的丧失。如北宋时期,首都开封被金朝攻陷之后,北宋随之覆亡。

为求边疆稳定与安宁,以及为维护自身生存空间的安全,中原王朝对游牧民族的南下侵扰主要采取四种应对措施:"武力挞伐,迫其远遁,例如汉武帝多次讨伐匈奴;修建长城,阻其南下入侵;采取友好政策,如和亲,定点互市;将其徙入长城以南,使与汉人杂处,诱使汉化与农耕。"[1] 上述措施实施过程中,游牧民族与农耕民族不断冲突与融合,中原王朝人力物力消耗巨大,并有游牧民族数度入主中原。总体上,自秦汉至清兵入关,中国历史可谓是胡汉共天下之局面。[2]

北方大漠荒凉寒冷,只适宜游牧民族生存,战略纵深极深极广,漠南漠北南北东西纵深数千公里,这些地方不适宜农业耕种,无法建起定居文明,中原政权无法建立稳定控制,北方威胁始终无法消除。应对来自北方游牧民族的威胁是农耕政权最重要的战略问题。既然完全征服游牧民族不可行,剩下的选择只有两种:消极防御和积极防御。所谓消极防御,就是修建长城和要塞,军队以高大的城墙为屏障,依托城墙阻止游牧民族进攻,仅在游牧民族退兵时稍作追击,大部分时间不出城墙。所谓积极防御,就是把城墙和堡垒当作休整和后勤保障据点。军队不定期主动出击、远征大漠,对不愿意臣服于中原政权的游牧部落持续反复打击,直到游牧部落被打服或被打散为止。历史证明,只有积极防御,才是应对北方游牧族群威胁的正确方式,进攻才是最好的防御,正如孙子所云:"守则不足,攻则有余。"[3] 消极防御只会让北方游牧民族逐渐统一,形成强大政

---

[1] 李国祁:《由中国历史发展论国家分合的理论基础》,转引自侯家驹《中国经济史》(下),新星出版社2008年版,第790页。

[2] 余英时:《中国史上政治分合的基本动力》,转引自侯家驹《中国经济史》(下),新星出版社2008年版,第791页。

[3] 李淑娟编:《孙子兵法·三十六计》,宁波出版社2012年版,第23页。

权,然后集中力量对长城沿线的关键据点进行运动式打击。中原政权无法在数千公里战线上以比大漠骑兵更快的速度集中兵力防御,只能被动挨打,最后防御体系必然崩溃。汉朝与唐朝,其统治者在中原面对北方游牧族群的武力威胁时,主要推行积极防御战略。由于统治者积极进取、内政清明、技术先进、军力强大,国家安全和内部繁荣都得到较好保证,从而创造强汉盛唐的伟大文明。

先进的农耕文明,其社会组织、管理及生产与生活方式,远较游牧民族复杂,其战争动员,需要支付高额的组织与经济成本。游牧民族,在生产、生活及社会组织结构上,简单得多,其生存方式本身就是军事化的训练和组织,游牧民族的生存方式与战斗方式是高度一致的。农耕民族与游牧民族各自所承担的统治与治理成本相差极大。农耕文明奉行专制与集权的统治方式,官僚机构庞大,腐败严重,官民矛盾极大,这一切决定了农耕文明的统治与治理成本极高。游牧民族并未建立真正意义上的国家,也无固定之领土,各部落之间是一种联盟关系。在游牧民族中,并无农耕文明那种复杂而成本高昂的组织与统治成本。

尽管中原农耕文明较游牧、渔猎族群要先进得多,但在双方的军事较量中,一旦以农耕文明为基础的中原王朝发展进入衰败期,通常都会败于落后而野蛮的后者。农耕文明基础上建立起来的专制王朝,比起在社会结构、经济结构上简单而单一的游牧文明,其经济、社会与政治结构要复杂得多,且各因素之间存在联动性,往往是牵一发而动全身。特别是当中原专制王朝进入统治衰败期时,往往将出现官僚机构空前扩大、腐败丛生及官民矛盾激化的情况,这一切都使专制王朝的力量被四驱分散而消解。在内部矛盾激化的同时,又面对外部侵扰,内忧外困的局势将使中原专制王朝的统治成本以几何级数增加,社会负担日益加重,而最终被简单而野蛮的游牧民族所消灭。西晋、北宋、南宋、金朝及明朝,皆是在内忧外困的危机局势中被来自北方野蛮而简单的力量所消灭。"中国的悲剧乃是其在地方组织及技术上的设备尚未具有规模之际,先已有大帝国之统一,因之上下之间当中缺乏一段有效的中间阶层,全靠专制君主以他们人身上的机断弥补。"[①]

---

① 黄仁宇:《黄仁宇作品集》(下),长江文艺出版社 2002 年版,第 592 页。

第二节 边疆民族征服性王朝二重治理体制下的内部均衡

一 "大一统王朝"的类型及二元治理体制

近代之前，农耕文明与游牧文明间的对峙，以及如何于二者间确立起实现长久和平的秩序安排，是中国政治秩序的核心问题。从秦汉到元明清，中国出现过两种类型"大一统"王朝：汉族建立的秦朝、汉朝、西晋、唐朝及明朝等"大一统"王朝；边疆民族建立的元朝、清朝等征服性王朝。[1] 这两种类型的"大一统"王朝，分别对应着两种国家治理模式：秦汉等中原王朝的郡县制与蒙元、清朝缔造的多元治理体制。后者是典型的"边缘效应"产物。作为生态学概念，"边缘效应"是指："各种生态系统或各种群落之间有广泛的交接边缘。这些边缘部位往往由于生物组成和环境的特殊性，而具有独特的结构和功能，边缘部位的这种效应称为边缘效应。"边缘地带存在着强烈且频繁之能量、物质交换，其有益于生产力、结构多样性的提高。[2] 边缘效应地带存在着复杂群落结构，一些物种尤其活跃，生产力也较高；边缘效应始于激烈之竞争，终于和谐共生，在这个过程中，各物种间相互影响，其关系由激烈竞争演变为各尽其责、各取所需，最终衍生出一个物质、能量共存、共生网络，一个多层次、高效率之共存、共生网络。[3] 这种现象也普遍发生于人类社会。地理边缘往往是孕生人类社会关键历史机缘之地。华夏文明肇始于华北平原与黄土高原交界处的三河地区，西周、秦朝也是兴起于此。此后在华北平原北部边缘区也相继兴起辽（契丹）、金两个统治区域横跨长城的政权，辽、金二朝是后来崛起的元、清多民族"大一统"王朝的先驱。

当汉族"大一统"王朝建立时，其与北方游牧政权间，通常呈现一种二元对峙的政治格局。中国北方边疆游牧民族或渔猎民族建立的征服性王朝中，在国家内部治理上则呈现一种二元体制。农耕文明洗礼下的汉族

---

[1] 许纪霖：《华夏与边疆——另一种视野看"中国"》，http://www.aisixiang.com/data/80216.html，2021年5月21日。

[2] 骆世明等编著：《农业生态学》，湖南科学技术出版社1987年版，第230—231页。

[3] 邢忠：《"边缘效应"与城市生态规划》，《城市规划》2001年第6期。

主导确立的秦汉体制在中国历史上曾长期被赋予正统性，但秦汉体制，如郡县制，既未真正覆盖整个中国，也无法从根本与整体上解决农耕民族与游牧族群间的矛盾与冲突。由边疆民族政权创造并到清代成熟的双重国家治理体制，却能使农耕民族与游牧民族并存共生，并最终将农耕区之外的包括游牧区在内的广袤边疆纳入中国版图。

自秦始皇统一中国，囿于江河、高山、大漠阻隔及交通技术，汉族"大一统"王朝未能有效治理边疆区域。德国社会学家韦伯指出："政权领域的各个部分，离统治者官邸愈远，就愈脱离统治者的影响；行政管理技术的一切手段都阻止不了这种情况的发生。"[1] 汉族"大一统"王朝的"统一"是"统而不一"。汉族王朝的国家治理中，除中心地带存在"皇权不下县"外，还存在边疆地区"皇权不到边"，中央拥有名义上的统治权，治权却由边疆地方行使。

汉族建立的中原王朝，遵循儒家治理思想，其宗法伦理、礼乐典章制度以小农经济为本，与游牧民族生活模式相差甚大。中原王朝国家治理有中心与边陲之分，即从农耕到半农耕、半游牧，再到草原森林高原，这种区隔兼具地理与文化（文明）的双重性，是客观自然形态，也是人为主观建构。中心与边陲的区隔，体现的是中原农耕王朝的实际统治范围，以及其文化影响力、治理效能从中心到边陲的逐级递减，这也是汉族王朝"大一统"天下秩序的"差序格局"在空间上所彰显的特征。历代农耕的汉族王朝尽管皆以一统"天下"为己任，但在与边疆民族的交往中，又尊奉儒家"华夷之辨"原则，即以文化本位将汉族与其他民族区隔。汉族王朝强盛之际，就宣扬"用夏变夷"，即向边疆族群传布、推行汉族的文化、制度礼仪。当汉族王朝的国力在面对边地少数民族政权不处于优势而不得不在战略上处于守势之时，其又以"华夷之别"抵御边地族群的侵扰。农耕民族的汉族主导建立的王朝从未跳出"夷夏大防"的历史窠臼，在边疆治理、疆域开拓及文明融合方面，其与边地族群建立的"大一统"王朝的功业相比，还是逊色很多。汉族王朝中，汉武帝、隋炀帝、唐太宗、宋真宗、明成祖、明武宗、明英宗等帝王，为消除边患，都曾大规模向游牧族群用兵。这些征战，无论胜负，都给汉族王朝生产力水平尚

---

[1] ［德］马克斯·韦伯：《经济与社会》（下卷），林荣远译，商务印书馆1997年版，第375页。

低的小农经济带来难以承受之成本。

在中原汉族王朝与北方游牧政权对抗之际，东北边地民族却在前两者陷入混乱或比较弱势的时候占据华北甚至染指中原。东北地区地理环境多样（有森林、草原、平原与海岸），民族构成也具混合性，包括草原游牧民族、平原汉人农民、森林地区的畜牧与农耕部落、海岸的猎人与渔民。基于这种混合性，东北地区逐渐发展出一种"两元制"治理模式，对游（畜）牧和狩猎部落采取草原自治方式，对汉人则采用汉人治理模式的官僚制。这对中心与边陲二分的"差异格局"治理而言，是一种治理模式上的革新。

最早采用"二元组织体系"治理模式的是魏晋南北朝时期东北地区的鲜卑慕容氏和拓跋氏，他们先后建立覆盖大半个中原的政权——前燕和北魏，这两个朝代最高统治者以皇帝和大单于并称，此后，二元制组织治理模式也渐次走向完善。魏晋南北朝乱世时代，在社会与国家治理的水平上，比秦汉帝国都有所提升，魏晋南北朝的"乱"也伴随着更深层的政治动员及社会控制模式的多元开放与互动。此后，在具有突厥血统的唐朝，唐太宗既是皇帝，又是天可汗。

为中国带来二元治理精神自觉的是唐朝之后游牧民族契丹人建立的辽国。辽国确立起南北两院制的国家治理模式，"兼制中国，官分南北，以国制治契丹，以汉制待汉人。国制简朴，汉制则沿名之风固存也"。"辽国官职，分北、南院，北面治宫帐、部族属国之政，南面治汉人州县、租赋、军马之事。因俗而治，得其宜矣。"[①] 大辽王朝因此成为超越"农耕社会秩序"与"草牧社会秩序"二元对立的普遍性秩序的象征，并试图超越不同生产方式、不同族群而建成普遍性帝国。作为一个横跨农耕与游牧的王朝，辽朝最终在王朝内部给予农耕群体与游牧部落各自稳定的秩序安顿。辽朝的二元制度创新赋予了中国历史上的中原与边疆关系一种全新政治模式，并给予采取这种政治模式的少数民族政权强大生命力。这种二元治理模式，先后被辽朝之后的少数民族政权效仿。1125年与1127年，同样采用二元体制的由女真人建立的金国先后征灭辽朝和北宋。

1227年、1234年及1279年西夏国、金国及南宋先后被蒙古征灭。崛

---

① 《辽史·百官志》，转引自莫立民等《辽太祖耶律阿保机传奇》，山西人民出版社1999年版，第59页。

起于漠北草原并征服中原各政权的蒙古人政权元朝，始终使用蒙制与汉制两种形式的符号体系表征元朝统治的合法性，即在国号、纪年形式、官方语言、登基仪式及祭祀仪式等方面并行蒙汉两种模式。[1] 日本学者杉山正明在《忽必烈的挑战：蒙古帝国与世界历史的大转向》一书中指出，蒙元帝国缔造出一种复合治理体制，其将草原军事力、中原经济力和穆斯林商业力整合在一起，但这是缺乏文明的"没有意识形态的共生"，由此之故，横跨欧亚的蒙古帝国很快解体。[2] 在中国历史上真正将二元治理模式发展成熟的是金朝女真的后裔——明末时期的女真。通过二元治理模式，女真最终缔造出一个由少数族裔持久有效统治的强盛"大一统"王朝清朝，清朝是中国历史上中央政府实际有效统治范围最广的王朝。

辽、金、元、清等由边疆民族缔造且有效统治中原的王朝，是典型的"征服性王朝"，为了统治、管理庞大中原人口和满足自身的经济需要，"征服性王朝"必然需要在行政体制、文化模式、司法体系等方面做重大改革，从而赢得统治中国或"天下"的合法性、正统性及有效性。故征服王朝的统治集团都主动加强吸收中华文明，努力将自己塑造成中华文明的继承者。"野蛮的征服者总是被那些他们所征服的民族的较高文明所征服，这是一条永恒的历史规律。"[3] 近代之前，北方边疆游牧民族"入主中原"，其在中华文化区域带来的是：中原民族、边疆民族共享相同的"内""外"观与边疆民族由"外"转"内"的基本发展态势。

二 二元体制的成熟：基于"大一统"的二元治理体制

将农耕文明与游牧文明结合得最好的是东北由女真人演变而来的满族建立的清朝。采用二元制治理模式的女真等东北民族，其在统治中原时，同样面对纯粹游牧民族的侵扰，但与汉人不同，东北民族拥有强大的游牧军队，也比汉族更了解游牧民族。满人生活习性介乎农耕、游牧、渔猎之间，其政权组织迥异于纯粹的游牧民族，更容易接受小农经济为本、儒家思想为主体精神的汉文明，也顽强延续满人文化特质。满族入主中原后，

---

[1] 马戎：《中国文化与政治交往史中的"蛮夷""入主中原"》，《学术月刊》2019年第2期。

[2] 许纪霖：《华夏与边疆——另一种视野看"中国"》，http://book.dangdang.com/20150320_eauk，2021年2月3日。

[3] 《马克思恩格斯选集》（第2卷），人民出版社1972年版，第70页。

首先需要从法理（道统与治统）上证明自己王朝的正统性。汉族建立的中原王朝的正统性在于遵循儒家义理与坚持"夷夏之别"。清朝在工具性与价值性上接受儒家义理并不困难（就如接纳农耕生活一样），清朝皇帝都真心膜拜中原文明而熟悉儒家经典。[①]

清朝是作为少数民族的满族建立的"征服性王朝"，其合法性离不开其对中原儒家文明、文化的承续，但确立汉族王朝正统性的"夷夏之别"因素，对作为"异族"政权的清朝非常不利。清朝更多的是将法家意义上的"大一统"（中央集权、开拓疆土）与儒家意义上的"大一统"（基于忠孝思想的家国同构）作为其王朝合法性的最重要理由。清朝是中国历代王朝中唯一真正做到统一中国的"大一统"朝代，是清朝完成了藏、汉、满、蒙、回等民族在土地与制度上的整合。清初摄政王多尔衮与南明兵部尚书史可法曾有文书往来，两者都引《春秋》的"大一统"之义"尊王攘夷"。史可法强调汉满之别以及基于天下价值绝对性的"攘夷"；多尔衮则强调法家式的"尊王"、开疆拓土及提升国力。[②] 清朝成功入主中原，其原因不仅是因为清朝特殊性及皈依儒家为主体的汉文化，还在于清朝的合法性乃是建立在对"大一统"王朝的认同及缔造基础之上的，清朝真正成功缔造出中央政府能实际控制的空前"大一统"国家。清朝是一个有明确疆域且多民族共存共荣的王朝国家，并为现代中国多民族国家的形成及疆域的确定打下了最坚实的基础。

公元前134年，西汉大儒董仲舒正式提出"大一统"学说："《春秋》大一统者，天地之常经，古今之通谊也。"[③] 继秦始皇之后，汉武帝也全面在思想和实践上施行"大一统"。公元619年，唐高祖李渊通过诏书，宣示"怀柔远人，义在羁縻"的思想。[④] 唐太宗则明确驳斥"非我族类，其心必异"的观点，提出"夷狄亦人耳，其情与中夏不殊。人主患德泽不加，不必猜忌异类。盖德泽洽，则四夷可使如一家，猜忌多，则骨肉不

[①] 许纪霖：《华夏与边疆——另一种视野看"中国"》，http://www.aisixiang.com/data/80216.html，2021年2月3日。

[②] 许纪霖：《华夏与边疆——另一种视野看"中国"》，http://www.aisixiang.com/data/80216.html，2021年2月3日。

[③] （东汉）班固撰：《汉书》，中州古籍出版社1996年版，第784页。

[④] 《册府元龟》（第4册），中华书局股份有限公司、总青年图书出版有限公司1996年版，第2050页。

免为仇乱"①。他明确表示，"自古皆贵中华，贱夷狄，朕独爱之如一"②。汉唐"大一统"理念，于认识和实践层面在清朝获得深入发展。

努尔哈赤时期，为进攻明朝，努尔哈赤对内蒙古采取武力和怀柔相结合的政策，皇太极时期，则更倾向于怀柔，促使内蒙古最终归服。公元1644年，清朝入主中原，相较以往朝代，清朝在民族政策方面（对待汉族及其他少数民族的政策，以及对待汉族与其他少数民族之间关系的政策），在认知和实践上都有所发展。顺治皇帝曾说："历代帝王，大率专治汉人。朕兼治满汉，必使各得其所，家给人足。"③对内蒙古的治理，清廷恩威并用，治理西藏方面，顺治皇帝"敦请"五世达赖喇嘛进京并赐以封号。康熙、雍正及乾隆三朝，清朝持续完善"大一统"观与"大一统"制度建构。在各民族关系的认知上，康熙强调"天下一家"。1691年（康熙三十年）的多伦会盟后，外蒙古正式归附清朝，正式被纳入清王朝版图，也较为彻底解决蒙古游牧政权对中原的安全威胁。就长城的作用，康熙皇帝说："帝王治天下，自有本原，不专恃险阻。秦筑长城以来，汉、唐、宋亦常修理，其时岂无边患？明末，我太祖统大兵长驱直入，诸路瓦解，皆莫敢当。可见守国之道，惟在修德安民。民心悦，则邦本得而边境自固，所谓众志成城者是也"④。康熙完全否定了长城的作用。

雍正继承大统后，则强调"中外一家"，驳斥"严华夷之辨"。在《大义觉迷录》中，雍正明确表示："不知本朝之为满洲，犹中国之有籍贯。舜为东夷之人，文王为西夷之人，曾何损于圣德乎？""自我朝入主中土，君临天下，并蒙古极边诸部落俱为版图，是中国之疆土开拓广远，乃中国臣民之大事，何等尚有华夷中外之论哉！"⑤乾隆也持与雍正类似见解，他说："东夷西戎，南蛮北狄，因地而名，与江南河北，山左关右

---

① 《资治通鉴》卷197，转引自张乃和《贸易、文化与世界区域化：近代早期中国与世界的互动与比较》，吉林人民出版社2007年版，第58页。

② 《资治通鉴》卷198，转引自姜以读、李容生编著《中国古代政府管理思想精粹》，国家行政学院出版社2000年版，第262页。

③ 《清世祖实录》卷90，转引自于家富《乾隆朝国语保护制度论》，中国政法大学出版社2013年版，第66页。

④ 《康熙政要》卷一（君道），转引自余胜椿主编《治国之道：中国历代治国思想精华》，求实出版社1988年版，第92页。

⑤ 雍正：《大义觉迷录》，转引自《西藏七百年》编委会编《西藏七百年》（上编），五洲传播出版社2000年版，第427页。

何异？孟子云，舜为东夷之人，文王为西夷之人。此无可讳，亦不必讳。"① 康熙、雍正及乾隆关于"大一统"的言论表明，清朝的"大一统"民族观的境界得到提升，"大一统"理念已较为成熟。

伴随"大一统"民族观于认识上的清晰、明确，康熙、雍正及乾隆维护国家统一的立场与行动更加坚定，对一切分裂国家的行径坚决予以平定。康熙皇帝亲临朔漠，三征噶尔丹，粉碎准噶尔贵族危害国家统一的图谋，并采取在西藏驻军等措施，保护西藏社会的安宁及正常宗教生活秩序。雍正皇帝剿灭罗卜藏丹津叛乱力量，设立西宁办事大臣，稳定青海蒙古局势。乾隆皇帝先后在新疆剿灭、平定达瓦齐分裂势力、阿睦尔撒纳叛乱、青衮杂布撤驿之变、大小和卓叛乱，实现新疆统一。相较于汉、唐两朝，清廷对"大一统"的认识与实践，都有新发展。正如雍正所言："中国之一统始于秦，塞外之一统始于元，而极盛于我朝。自古中外一家，幅员极广，未有如我朝者也。"②

清朝治理模式不同于强盛的汉唐中原王朝。汉唐"大一统"是一种"差序格局"，在文化上，处于中心位置的中原文化从中心到边陲逐步辐射，在制度上是"郡县—羁縻—朝贡"同心圆治理体制，文化与政治保持同构性。清朝则是多民族统一帝国，其将很难和平共处的农耕民族与草原民族成功整合进中国的"大一统"国家秩序，中央权力在中国历史上首次有效深入及控制边疆极地，形成真正"大一统"天下。乾隆中期后，"中国"不再仅是传统中原汉族地区，而成为民族"大一统"王朝国家。③

历史上，在农耕民族和草原民族夹缝中生存的满族，具有一流政治智慧，深谙两种不同文明的差异，一旦入主中原，其积累的生存、发展经验便转化为其统治、治理国家的政治智慧。清朝建构的新的中国"大一统"，与秦始皇确立的"车同轨、书同文、行同伦"的"大一统"差异很大。清朝大一统国家是一个多民族帝国，其存续是以帝国内部的双元政教

---

① 乾隆《大清会典》卷80《理藩院典属清吏司》，清刻本，转引自黄秀蓉《改土归流"夷夏变迁"与明清"改土归流"》，《广西民族研究》2007年第3期。

② 《清世宗实录》卷83，转引自高翔《中国古代政治的三大传统》，《光明日报》2012年4月5日第11版。

③ 许纪霖：《华夏与边疆——另一种视野看"中国"》，http://www.aisixiang.com/data/80216.html，2021年2月3日。

制度为基础的。汉人农耕地区，清朝承续汉族王朝儒家礼乐制度，以儒学、郡县制及官僚体制施行治理，在满、蒙、藏边疆地区，则奉喇嘛教为精神纽带。清朝的国家治理方式是多元、灵活而弹性的，并保持着历史延续性。在人口数量及文化发展水平上，缔造清朝的满族与汉族相比处于劣势，为有效统治汉族及其他各民族，清朝统治者比任何其他少数民族王朝统治者都更重视笼络、联合汉族及其他少数民族的上层，并把边疆、民族政策的制定、完善及推行置于国策重要位置，从而客观上夯实着边疆与内地的统一及中国"大一统"局面。清政府强调内地与边疆一体，以积极态度治理边疆及安抚笼络边疆诸民族，使边疆在安全上发挥"屏藩""拱卫"京师及中原的作用。清廷注重"恩威并施"与"因俗而治"，强调"修其教，不易其俗。齐其政，不易其宜"①，承认文化多元，推行"一国多制"治理模式，其积极效果明显。

在中央政府机构的建构中，清朝设置与六部并列的理藩院，专管边疆民族地区的军政、司法及宗教等事务。孔庙与喇嘛庙同时是国家祭祀的宗庙，而处于农耕和草原交界之处的承德避暑山庄是清朝皇帝接见蒙古、西藏地方领袖和各国朝贡使节的宫殿，以有别于面向中原汉族的紫禁城。在地方治理上，在确保政令统一前提下，清廷在边疆民族地区推行因地制宜的行政体制。龙兴之地东北，推行将军制下的州县、八旗并存制；在蒙古实行"分而治之"和"盟旗制度"；新疆施行以军府为核心，涵盖州县制、伯克制及札萨克制的军事行政管理体制；在西藏施行达赖喇嘛和驻藏大臣共同领导的噶厦政府制；在西南地区进行改土归流，并酌情留存土司制；台湾地区设立府州县。清廷还以封爵、给俸、年班朝觐及联姻等措施，广布"恩泽"，笼络各少数民族上层。曾经作为中原农耕区心腹大患的北方游牧民族政权最终被清廷建构成中原王朝的坚固屏藩。对待宗教，清廷持包容性立场，只要其不威胁政权稳定与干预皇权，概不干涉。沿着"众建之以分其势"的基本思路，清廷"大一统"治理积极效果显著。②

清廷的多元治理模式，为清帝国提供了一种经济、政治、军事及安全

---

① 陈戍国点校：《四书五经》，岳麓书社1991年版，第480页。
② 参见张付新《清代治疆方略与我国西北边疆安全》，《西部发展研究》2018年第1期；余文兵《清代民族政策法制化的特点及其历史作用》，《云南民族大学学报》（哲学社会科学版）2011年第2期；方铁《论元明清三朝的边疆治理制度》，《云南民族大学学报》（哲学社会科学版）2016年第1期。

上的相互协调机制。中原及江南的财富支撑着大清财政秩序，充裕的中央财政使清廷能赎买军事贵族并能直接管理八旗兵，从而解决皇位继承问题的周期性危机。清朝最高统治者在面对中原地区时是以皇帝身份出现的。拥有强大战斗力草原骑兵的满蒙联盟主导国家安全秩序，清朝最高统治者在此以大可汗身份出现。清朝借用西藏喇嘛教精神力量驯化、驯服蒙古，统治者在藏地则以文殊菩萨转世身份出现。信奉伊斯兰教的西北回部则为国家提供安全战略空间，左宗棠在"塞防海防之争"中指出，"重新疆者，所以保蒙古，保蒙古者，所以卫京师，西北臂指相联，形势完整，自无隙可乘"①。"大一统"清王朝中，汉、满、蒙、回、藏都各自发挥不可替代的价值和功能。汉、满、蒙、回、藏，通过大清皇帝的多元身份而获得统一整合，并在相互协调与制衡中，实现多元国家的内部均衡。清朝的统一性是基于对普世王朝的认同而建构的。蒙古大公、西藏活佛、西南土司及汉族官僚、读书人，在宗教信仰、文化及典章制度上区别甚大，但都认同同一清朝君主，清帝是不同民族、宗教及文化的共主。②

古代中国曾出现过各民族、各区域的四次"大一统"局面，两次（汉朝、唐朝）由汉族主导完成，另两次（元朝、清朝）则由北方边疆民族问鼎中原实现。汉唐的江山一统，在疆域规模上与元代相比，略逊一筹。元朝享国祚虽然只有98年，但疆域空前广大，各民族交流空前加强。满族建立的清朝对中国统一国家的缔造的贡献更为显著，清朝有效控制的疆域超过以往任何朝代。清朝立国时间，亦不逊于汉唐。"修其教，不易其俗；齐其政，不易其宜"，是清朝国家治理的基本国策，其最早见于《礼记·王制》。清廷对该理念推行、实践的直接成果，便是中国空前"大一统"国家格局与秩序的生成。《礼记》是儒家经典，其被历代汉族统治者遵奉为治国圭臬，但真正将《礼记》推广实践于边疆治理、多民族及多元文化和谐共处及宗教领域的朝代，却是由"夷狄"建立的清朝。

在清朝，中国不再有汉族王朝国家的中心与边陲之分，而是中原与边疆并列，且形成多民族、多中心、多宗教、多文化及多重国家治理体制相叠加、相协调的国家形态。清朝高度异质化、多元性的国家形态，既不同

---

① 左宗棠：《统筹新疆全局疏》，转引自王聪延《略论近代"海防"与"塞防海防"并重思想：以左宗棠、李鸿章为个案》，《边疆经济与文化》2015年第4期。

② 许纪霖：《华夏与边疆——另一种视野看"中国"》，http：//www.aisixiang.com/data/80216.html，2021年2月3日。

于基于华夏中心主义及夷夏之别的中原王朝国家，也迥异于高度同质化的单一民族国家。清朝是一个打破中心与边陲之分的二元治理的"大一统"王朝，不仅确保着不同民族的共生，也保持着国家的完整和统一。[①]

汉族建立的中原王朝国家在征服少数民族之初，会容许后者进行自治，但最终还是强求改土归流，期望缔造出政治和文化"大一统"之儒化或汉化中国。清王朝，既无汉化中国的企图，也无满化中国的意图，而是在不同统治区域，塑造忠于"大一统"王朝的上层统治阶层，并在基层治理层面允许各民族历史文化的延续。[②]

古代中国，中原汉族王朝、北方游牧政权及东北的兼具游牧与农耕特性的渔猎民族政权三者存在周期性互动。中原王朝强大时，往往伴随着强大北方游牧政权的存在，二者呈均势状态，这时东北的混合性民族则往往被游牧政权控制。当中原陷入纷乱之际与草原政权部落联盟趋于瓦解之时，东北民族将乘势崛起，占领中国并通过二元制模式进行统治。中国历史上，横跨长城南北的二元王朝国家的缔造者主要来自中原农耕区与草原游牧区之间的过渡区域。第一个二元王朝国家北魏的缔造者鲜卑族来自长城沿线。辽代以后，二元政权的创建者基本来自兼具游牧与农耕特征的东北地区。中国历代皇权专制王朝国家，有农耕汉族创建的秦、汉、隋、唐、宋、明等王朝，也有游牧民族建立的北魏、辽（契丹）、元，还有兼具游牧与农耕双重特性的民族建立的金、清等。三大类王朝对"大一统"的继承和发展一以贯之，中国"大一统"多民族国家的产生、发展，源自农耕文明的王朝国家起到奠基作用，而兼具游牧与农耕双重特性的民族（满族）建立的王朝则起到稳固、确定的作用。

治理范围覆盖游牧与农耕区的"大一统"王朝，其统治稳固的重要前提是：必须有效掌握中原税赋，而理解儒家的治理方式是稳定掌握中原税赋的前提；必须能利用草原骑兵与懂得草原治理模式，这是稳定与控制中原的关键。纯粹中原人无法理解草原，纯粹草原人无法理解中原。清朝龙兴之地中国东北则是中原与草原的过渡区，其北靠呼伦贝尔大草原，南靠辽东农耕地区。崛起于东北的满洲人，深谙南北两种治理模式，所以其

---

① 许纪霖：《华夏与边疆——另一种视野看"中国"》，http://www.aisixiang.com/data/80216.html，2021年2月3如。

② 许纪霖：《华夏与边疆——另一种视野看"中国"》，http://www.aisixiang.com/data/80216.html，2021年2月3日。

入关后，就能建立起一个二元帝国，即在长城以南统治者以皇帝身份、以中原儒家方式完成统治，在长城以北统治者以大可汗身份按草原游牧方式进行统治。大可汗入关后，可用中原庞大财富供养草原骑兵而赎买草原军事贵族，然后再用草原骑兵控制中原。

西晋时，中原地区爆发为争夺皇位的"八王之乱"，匈奴、鲜卑、羯、氐、羌等游牧民族趁西晋内乱纷纷入侵中原，先后创建十几个割据政权，史称"五胡十六国"，这些政权存续时间很短，少则几年，多则数十载，俱是昙花一现，因此汉族士大夫有"胡虏无百年国运"的说法。但是，伴随历史发展，却有少数民族政权打破这一常规，北魏（386—534年）、辽（907—1125年）、金（1115—1234年）及清（1636—1912年），这四个王朝的统治都超过了100年，其中，大清最长，一共统治267年。史学家孟森曾说："自有史以来，以元代为最无制度，马上得之，马上治之……于长治久安之法度，了无措意之处。"① 所谓"无制度"，并非意味着没有制度，而是指蒙古族建立的元朝的制度建构与汉族王朝的典章制度差距甚大。这是元朝不能长久统治中原的重要原因。通过对比各少数民族政权在中原的统治，可发现，凡接受汉族典章制度的政权均能维系很长时间，甚至超过百年，但凡拒绝汉族文化而依然保留民族传统统治模式的政权都不能长久统治中原。

第三节　清朝"大一统"体制：真正实现"大一统"的皇权秩序

就地理划分而言，中国疆域一直被划分为中原和边疆两部分。从历史发展角度看，游牧与农耕的联系万难隔断，其交互作用很大程度上决定着中国历史演进。中国历代王朝，若在边地缺乏屏藩与拱卫，则中原区域在战略上的经略必定惨淡被动，即使经济繁荣，亦难以避免被强悍之游牧民族蹂躏，如经济繁荣的宋朝就是案例。对北方游牧政权羁縻政策的成功，是中原王朝走向昌盛的重要条件。此外，边地游牧政权若离开中原经济上的供给，则往往会陷入危机而进退失据，从而将以武力方式南下解决生存危机。在中华大地的游牧民族与农耕民族的竞逐中，通常是游牧民族在军

---

① 孟森：《明清史讲义》（上册），中华书局1981年版，第29页。

事上占优，而农耕民族则在经济文化上获胜。

　　草原游牧社会与中原农耕社会，双方互为对方发展的前提，任何一方的历史及发展都无法脱离对方而获得有效、合理解释。双方都激起对方社会历史演进的动力，并引起对方进一步的社会历史演化。农业政体与草原政权在其盛极之时，都激发对方为了生存的变革及对自己的学习、效仿。草原政体与农耕政体的互动、互构，最终使双方在更高发展层次形成共生体。草原的开拓精神、武功与中原的内敛、文治精神及财富创造合二为一，催生出中国文明、疆域的新高峰。历史上，建立在胡汉文化融合基础上的唐朝，将肇始中原的天下价值体系与普世文明理想外化呈现为庄严、包容且气度恢宏的普遍性帝国。故陈寅恪先生赞之曰："李唐一族之所以崛兴，盖取塞外野蛮精悍之血，注入中原文化颓废之躯，旧染既除，新机重启，扩大恢张，遂能别创空前之世局。"[①] 没有法律强制作用的文化是国家、民族的"软实力"，它能潜移默化影响国家与民族的发展路径，并决定其发展高度。缺乏能被其他国家效仿的核心价值观的国家，永远不能称为强国。人类文明发展历程是各民族、各文明间既合作又竞争的过程，缺乏先进生产力的民族不会占据主动、优势地位，没有开拓精神、崇高价值引领的民族也绝无可能立于世界民族之林。对于民族的发展，物质因素和精神因素的作用同等重要。历史上的中国是以农耕文明为主体的混合型文明，外族统治始终不能从根本上改变它的文化性状。中国已形成自身独特文化，有屹立不倒的精神脊梁，并具有强大同化能力的文明传统。正如韩愈所言："孔子之作《春秋》也，诸侯用夷礼则夷之，进于中国则中国之。"[②] 中国文化对异质文化有惊人消化能力，佛教的中国化就是例证。自秦汉建立"大一统"国家以来，代表中原文化的汉民族即使在军事上被北方游牧民族打败，但最终还是文化、文明传承上的主动者、胜利者。中国领土扩大，与北方强邻俄罗斯不同。俄国领土的膨胀是依靠军事扩张，中国领土扩大主要是靠民族融合、文化认同，是用先进文化、生产方式吸引周边或边疆地区。如辽朝统治者自认为，其典章制度与华夏一脉，自己是华夏大家庭中的一员。北魏鲜卑拓跋部落游牧民族运用武力征服中原，但拓跋部落文化、生产力落后于中原，其残酷压迫迫使

[①] 陈寅恪：《李唐氏族之推测后记》，载陈寅恪《金明馆丛稿二编》，上海古籍出版社1980年版，第303页。

[②] 王振复主编：《中国美学重要文本提要》（上），四川人民出版社2003年版，第340页。

各民族人民不断反抗,从而威胁北魏王朝统治。拓跋部落首领拓跋珪意识到,文化落后的鲜卑族要巩固自己的统治,必须吸收汉族优秀文化,因此,北魏王朝全面采用汉族典章制度,治国也依靠汉族知识分子,并推动实现生产方式由游牧向农业的转变。拓跋宏(孝文帝)主政时,积极推行汉化,拓跋宏在公元493年将首都从接近牧场的平城(大同)迁移到中原中心的洛阳,并实行均田制,调整赋税制度。清朝入主中原后,从第二代君主康熙帝开始,就系统学习汉文,接受汉文化。在保证满族优势地位前提下,任用汉人,采用汉制,全面实施明朝管理体制,使用汉语汉字。清朝入关前,统治者已接受汉文化,要求官员、知识分子必须学习汉文化。

  作为中国最后一个王朝的清朝,正是因为其胡汉混合的精神气质、开拓精神及治理模式,才给现在中国奠定再度崛起的地缘政治资本。自清朝建立后,长城不再是分隔游牧与农耕的分界线,两种文明合二为一,千年胡患(夷戎蛮狄)就此绝除。自此,中国中原地带不再是四战之地,中国将能充分利用大纵深的大陆地缘来应对日后来自海洋方面(英、美、日等列强)与陆地方向(俄罗斯)的外患与威胁,同时也具有了崛起成为世界强国的地缘资本。清朝中前期的开疆拓土,以及对中国的地缘政治整合,使中国地缘政治从外部性的对峙性均衡转变为内部性的融合均衡,从外部撕裂状态转变为内聚性融合状态。晚清时期,中国列强环伺而国运日下,但清朝整合而统一的庞大疆域最终成为中国能在短时间内扭转发展逆境的资本。中国地缘形势西高东低,从世界屋脊顺势而下,俯冲太平洋,能攻能守,其力弱时亦能阻挡外寇。中国西北地处欧亚大陆中枢,使中国成为欧亚大陆地缘博弈中举足轻重的角色。中国版图同时俯冲太平洋、印度洋与深入欧亚大陆中枢的地缘特征,使中国成为联结欧亚大陆与太平洋、印度洋的中间地带。从世界地缘政治格局上看,中国的地缘特征使得中国成为与世界海洋强权美国、世界大陆强权俄罗斯并列的第三极力量——海陆复合型强权。纵观中国历史,中国今天的地缘政治资本主要是奠定于清王朝,清王朝较成功地建立起二元治理制度与较好地实现良性边疆治理,这使中国疆域范围得以较为稳固地被确立起来。

  清朝是中国历代王朝中真正在实际意义上实现"大一统"秩序的王朝。"大一统"观念出现较早,历朝统治者多以此为统治的理想目标,但绝大多数王朝无法于实际层面实现统一天下的宏阔气象，更多时候是停留于纸面。汉与唐两大"大一统"汉族王朝时期，汉朝始终与匈奴呈双雄对峙格局，真正难成一统之局，唐晚期天下四分五裂，藩乱成为宿疾。宋代，中国大地是辽、金、西夏及蒙元先后与北宋、南宋分治并存，一统图景只是幻梦。蒙元疆域拓展最广，其兵锋直搠东欧中亚，但对广阔被征服地区的控制主要是实施比较松散的羁縻管理制度，没有形成长期实际管理的效能。明代，御驾亲征蒙古瓦剌部的明英宗居然被对方掳走，重蹈北宋靖康之辱覆辙，明朝所谓的"江山一统"功绩只是纸上闲谈。因此，在研究历代王朝国家的"大一统"时，不能以帝王之自许及文臣之阿谀辞藻为根据，而应以国家实际有效控制的疆域规模为依据。就此而论，清朝是真正实现中国"大一统"的王朝。清朝为获得君临天下的合法性，一直致力于将"一统"空间观念引入王朝的"正统观"中。在清朝统治者对"大一统"的认知中，疆域整合而无内外之别是"大一统"理念的核心。清帝将"正"与"统"合二为一，并致力于传达这样一种理念，即尽可能占据广大疆域才是实现"大一统"的必要前提。清帝与清代文人竭尽所能地抒发对清代疆域广大的自豪之情。乾隆曾对清朝广阔疆域有得意表达："声教风驰，藩服星拱，禀朔内附，六合一家，远至开辟之所未宾，梯航重译，历岁而始达者，慕义献琛图于王会，幅员衾广，古未有过焉。"① 乾隆还从"大一统"角度诠释定都北京的意义。乾隆帝说："燕地负山带海，形势雄伟，临中夏而控北荒，诚所谓扼天下之吭而拊其背者，故金元皆以此龙兴虎视，其比建康偏安之地相去迥若天渊。"② 乾隆认为，明太祖定都建康（南京）是偏安一隅，并贬抑明太祖而尊崇永乐帝，其指出：永乐"自就封北平，屡经出塞，凡天险地利所在筹之已熟"③。尽管如此，永乐帝终究还是没有解决自宋朝以来中国南北族群对

---

① 《大清一统志序》《国朝宫史》卷三十，书籍九，北京古籍出版社1994年版，第594页，转引自杨念群《"天命"如何转移：清朝"大一统"观再诠释》，《清华大学学报》2020年第6期。

② 弘历：《帝迁都北京言事者皆云不便萧仪与李时勉言尤峻切因杀仪下时勉狱目》《评鉴阐要》卷十，清文渊阁四库全书本，转引自杨念群《"天命"如何转移：清朝"大一统"观再诠释》，《清华大学学报》2020年第6期。

③ 转引自杨念群《"天命"如何转移：清朝"大一统"观再诠释》，《清华大学学报》2020年第6期。

立冲突的痼疾。乾隆要想表达真实思想是：定都北京的清朝帝王实现江山一统，这是前朝帝王无法完成的伟业。自元朝将北京作为都城，北京便成为中国中原农耕文化、西北草原游牧文化、东北森林文化、西部高原文化及沿海地区海洋文化等多种文化交融碰撞之所，也自然是中国政治中心、文化中心。北京位置很是优越，向西可控蒙古，北望长城，向南能控制江南，是掌控中国全局的锁钥。

清朝"大一统"实现了中原农耕文化与边疆诸文化特性的集齐。中央集权制、官僚体制、儒家文化、天下观及小农经济发展模式是中原农耕文化的特性，而中原周边的边疆则与中原汉族在文化及生活方式上有诸多不同。清朝疆域，包括中原直省与民族边疆地区。在满族为主体或主导的统治框架下，清朝对中原直省的治理，主要依靠汉官辅助，对民族边疆的统治，是派驻满洲为主的旗人官员，以及依靠边疆民族地区的民族官员辅助统治。此外，八旗军、汉人绿营及蒙古军队，都是抵御外敌入侵及捍卫国家安全的武装力量。清朝能把中原文化和边疆性相统合，实现多民族"大一统"。清朝政府借鉴了辽、金、元等少数民族在中原或汉族地区建立政权的经验，但这些政权的汉化程度都远不及清朝。当然，清朝也保留了相应的满族特性。正如韩愈有云："夷狄入中国，则中国之，中国入夷狄，则夷狄之。"① 这正是对少数民族君临天下正统性的诠释。

入主中原后的满族，仍保留其崛起初期进取精神，对于威胁其统治整个中国的不安定因素或其他民族力量，不像汉族王朝那样主要是被动反击或修长城防御，而是主动出击消灭之，并最终催生出庞大版图。康熙年间，清朝还击蒙古准噶尔部噶尔丹南侵应该还属于被动反击。雍正、乾隆时期，为消除边疆不安定因素及潜在威胁清朝统治的不安定因素，清朝主动出击并消灭中国西北游牧民族政权，并在西北地区派官统辖治理，消除危及清朝安全及国家统一的隐患。清朝建立者满族属少数民族，对其他少数民族没有汉族的华夷之别观念，也不鄙视，相互间情感易通，并主动接近其他少数民族且对他们实施怀柔政策。满族统治者往往对少数民族上层封高爵、颁爵禄及赐宴赏，或者与其结姻亲。清朝的上述边疆政策及与其他少数民族交往的措施，是清代版图不断扩大、边疆统治稳固的关键。对边疆的控制，清朝一改以往汉族王朝的羁縻政策为直辖，与清朝之前的

---

① 转引自宋玲《从"华夷之辨"到"天下一家"》，《学习时报》2021年11月19日。

"大一统"王朝对蒙古、东北、青藏等边疆实行羁縻统治不同,清朝则对这些地区实行直辖,这是中国边疆政策的重大突破,也彻底扭转以往因王朝实力升降而导致版图伸缩的境况。较清朝之前王朝版图的弹性特征,清朝通过放弃羁縻而施行对边疆的直辖,实现了国家对整个疆域的稳定统治。

在中国古代思想谱系中,"大一统"观虽彰显出罩合宇内的恢宏气度,但在具体政治实践与国家治理中却屡屡受挫。其关键症结在于,农耕族群和游牧族群之间的长期冲突与对峙,迫使许多王朝国家的边界均无法被稳定准确地规划设置。汉朝、唐朝的北部边界始终不断移动,宋朝先后面临辽、金、元的压迫,终为蒙元所灭,明朝则先后受北元、蒙古瓦剌及后金的威胁,疆域的实际控制范围相当有限。满人入主中原而承续大统的成功,其原因在于满族统治者并未遵循"华夷之辨"的古训,而是精心打造出一个实际控制疆域囊括中原及边疆的"多民族共同体",这是以往所有朝代都难以望其项背的。清朝是一个在国家治理模式上迥异于此前所有王朝的新型王朝,其国家治理设计超越一般意义上的"汉化"逻辑,而是在很多方面与前朝有着某种切割而自成一体及推陈出新。清朝"大一统"王朝并非仅是中国封闭式王朝自我嬗变脉络中的一个环节,其存在的意义还具有文明发展模式的突破。

清朝"大一统"的最大价值,不仅是疆域"大一统",还在于实现中国范围之内的地缘文明整合,将农耕文明与游牧文明融为一体,结束中国范围之内两种文明持续数千年的冲突。清朝的"大一统"是融合两种大陆文明的"大一统"。大清王朝的统治,超越族群间隔阂,跨越文化间差异,其比起先前包括元朝在内的胡汉混合政权,文明融合程度更深。在清朝治下,游牧民族与农耕民族生存的自然环境并没有改变,但治理方式与效果上,清朝实现中国的"大统一、小差异",巩固了中央政府对藩部的直接统治权,蒙古、回疆、西藏以及自己的龙兴之地(东北地区),都与中原紧密整合,形成统一国家。清朝还于军事领域达成对各个藩部的有效指挥、管理及控制,草原游牧世界不再游离于中央政府控制之外。同时,通过粮食等物资生产、调运及调配能力的提升,清朝实现全国粮食、物资的相对均衡配置,解决政治中心与经济中心分离的难题。继武力征服不同文明区域后,清朝能以充足白银作为财政根基,实现"全国经济一盘棋",通过税收,特别是来自富庶江南地区的税收,再通过财政的转移支付手段，给广袤的藩部地区（蒙古草原、青藏高原、回疆）输送白银，从而实现从经济上控制这些地区的目的。清朝依靠从中原地区获得的财富，来维系中原以外地区的军事开销，对边疆的稳固统治是以巨大的经济付出为前提的。对于满族统治者而言，内地各省不仅是其征服的一块地盘，而且是清朝的主要财源和立国之本，清廷正是以中原为支撑，才建立并维持其对边陲的统治和藩属国的最高权威。清朝的疆域扩展与形成过程，有其内在动力。内地或中原各省的财富创造能力，决定并制约着清朝边疆的生成和稳定程度。清朝广大疆域的缔造迥异于世界史上其他通常的帝国形成过程，这些帝国扩张的驱动力主要是对外部世界的土地、人口和财富的觊觎，同时又主要依靠汲取或掠夺帝国腹地之外的财政资源来支撑军事机器及对外拓展。[1] 清朝统治合法性的建立固然离不开险恶、残酷的政治斗争、军事斗争，也必然牵涉复杂族群关系调整与治理技术更新，但是，清朝"大一统"的稳固实现，从根本上是相对低端的文明对中原相对高端文明的承认并竭力将自己塑造成汉文化的传承者、代表者而所做努力的结果。"政治治理技术"与"政治合法性"确立之间存在关联性，但两者有本质的不同，前者是"术"，后者是"道"。"大一统"从根本上不是一种治理之术，而是一种生存发展之道。

清朝"大一统"为中国在面临西方现代海洋文明挑战并被其蹂躏之际，使中国拥有了翻身及融入现代文明的物质基础（主要是广阔的疆域，中国的海陆枢纽地理条件是清朝留下的政治遗产）、社会力量（"大一统"民族国家的形成）及精神动源（"大一统"精神在整合游牧、农耕文明上的成功使其成为中国再一次走向更高层面文明整合的精神动力）。中国新的文明征程，从地缘文明上讲，必将是基于现代性的海权文明与陆权文明的整合。

尽管清朝为中国走向海陆复合型发展奠定了地缘政治基础，并为文明整合提供了示范，但清朝从本质上是一个传统陆权国家。清朝存续的近三百年历史，见证了海权帝国彻底压制传统陆权帝国的历史进程。清朝具有草原文化、猎耕文化及农耕文化的混合体气质，但绝无可能脱离"内陆"气质，这是它的"原本精神"。自近代始，海洋日益在人类文明发展中扮

---

[1] 李怀印：《全球视野下清朝国家的形成及性质问题——以地缘战略和财政构造为中心》，《历史研究》2019年第2期。

演重要角色，成为国际贸易、全球市场与世界资本的平台。迈向海洋是任何国家崛起为强国的必经之道。所谓"海洋道路"，即"现代道路"，就是发展现代市场经济、现代工商业及融入经济全球化的现代道路，也是发展海权保卫海上利益的现代道路，其精神内核是开放、自由。

第五章 从顾此失彼的"海防"与"塞防"到"海权"与"陆权"并举

农耕的"居国"与游牧的"行国"之间的竞争统合是中国近代之前两千多年历史的主要内容。传统中国农耕政权的地缘安全威胁主要来自游牧民族活动的北部陆疆，而东南海疆则为"天然屏障"，近代之前几乎不存在威胁。"东渐于海，西被于流沙"① 的地缘特性，以及国家发展高度依赖农耕区与国家的小农经济社会形态，在传统中国催生出根深蒂固"重北轻南""重陆轻海"的地缘政治观。历史上，中国皇权社会的王朝国家的兴衰治乱与边疆治理休戚相关。"在两千多年的时间里，有一个重要的历史现象：天下未乱边先乱，天下已定边未定。"② 进入近代，中国边疆之患增加了新的地缘政治因素与文明内涵，并从根本上改变了中国地缘政治与文明发展方向。1840年，中英鸦片战争爆发，封闭的中国大门被西方资本主义国家的坚船利炮从海洋方向轰开。同时，北部陆上边疆却面临经资本主义工业文明武装的陆权强国俄罗斯的蚕食。西方资本主义海权和陆权同时侵入中国，遂使中国文明发展与安全形态面临"千古未有之巨变"。19世纪中叶开始，来自西方的海陆两个方向的地缘安全压力及现代性的渗透，逐渐解构中国传统"陆权国家"的固有属性，晚清政府不得不在重视塞防的同时，开始重视海防。

现代主权或民族国家出现以前，中国已有数千年"大一统"王朝国家政治传统，绵延了近两千年的皇权"大一统"秩序，在清朝达到鼎盛，并平息中国农耕文明与游牧文明之间延续数千年的冲突，并将二者真正统合。在清朝的前期、中期，中国再无威胁"大一统"秩序的地缘文明冲

---

① 陈戌国点校：《四书五经》，岳麓书社1991年版，第226页。
② 费孝通：《致"兴边富民行动"领导小组的一封信》，《民族团结》2000年第3期。

突。在中国传统社会,"亡国不亡天下",一个王朝若失去"天道""天命"将会被新王朝替代,但"大一统"秩序始终存续,并保持惊人稳定性,直到现代西方国家崛起,其从未遭受根本性挑战。

19世纪中期,在中国之前迈入近现代社会的西方世界开始蚕食中国领土与主权,伴随着西方的侵越及文明渗透,中国皇权"大一统"秩序存续的内外条件与互动空间结构逐步发生改变,并受到西方现代文明的空前挑战。从地缘文明视角看,西方对中国"大一统"秩序的挑战,其实是现代海洋文明、大陆文明对中国传统大陆文明的挑战,并直接表现为中国的边疆治理危机,即"塞防"与"海防"危机,并由此激发中国开启现代海权与现代陆权建设。从地缘政治空间上看,传统"大一统"秩序存续于大陆政治空间之中,而西方文明的冲击,却使中国"大一统"秩序必须要适应大陆政治空间与海洋政治空间的二元互动,并需要完成现代转向,否则其将丧失存在的合法性。

第一节 清朝的海防、塞防危机及地缘安全困境

一 "塞防""海防"危机及"塞防"与"海防"之争

1874年,一场影响中国后世文明走向的"塞防、海防"之争,于清朝最高统治阶层内部展开。争论诱因是当时中国同时面临西北陆疆与东南海疆被列强侵略的危机。1866年3月起,英国支持的中亚阿古柏政权趁清朝忙于镇压太平天国、捻军起义,用近十年时间侵占中国新疆大部。为抑制阿古柏势力坐大,以及为据有对华军事行动先机,1871年,俄国出兵抢占伊犁,并进攻乌鲁木齐。

俄军攻占伊犁的1871年,于1868年明治维新后迈向资本主义、军国主义道路的日本放弃幕府时代将清朝的藩属国琉球作为外国对待的政策,将琉球定位为日本领土。1868年,日本将琉球置于日本鹿儿岛县的管辖之下。1871年日本册封琉球国王为琉球藩"藩王",并废除清朝册封给琉球国王尚泰的王号。1872年,日本正式设立琉球藩。1871年12月,琉球国一搜渔船由于遭遇海上飓风而漂至台湾,渔民与台湾高山族发生冲突,54名琉球渔民被杀。日本以此为借口,于1874年5月发动侵台战争,日

军登陆台湾，从而暴露清朝海防虚弱现状，也使中国财赋重地东南地区身陷险境。1874年10月清政府在西方国家压力下被迫与日本签订丧权辱国的《中日北京条约》。对此，法国法学家巴桑纳表示："1874年日清两国缔结的条约，最幸运的成果之一，就是使清帝国承认了日本对琉球岛的权力。"①

中日《北京条约》签订后，一场有关中国的"海防""塞防"孰重孰轻之争在清廷展开。以李鸿章为代表的"海防派"认为，海防建设刻不容缓，并视经海路侵扰中国东南的日本为中国最大的外部威胁。李鸿章在《筹议海防折》中指出："新疆不复，于肢体之元气无伤；海防不防，则心腹之大患愈棘。"②东南地区系国家财赋重地与命脉，"海防"与"塞防""力难兼顾"；鉴于"海疆备虚"，朝廷应暂罢西征，放弃塞防，实施西守东攻之策，"停撤之饷，即匀作海防之饷"③。"海防派"认为，应接受英国关于承认阿古柏政权的建议，接受阿古柏称臣入贡，将节省的塞防之费投入到抗衡日本的海军建设。以左宗棠为代表的"塞防派"则认为，新疆是拱卫蒙古及京师的西北屏障，抗击俄国比抗衡日本更紧迫，断然不可放弃新疆。左宗棠认为："是故重新疆者，所以保蒙古，保蒙古者，所以卫京师。西北臂指相联，形势完整，自无隙可乘。若新疆不固，则蒙部不保。非特陕、甘、山西各边，时虞侵轶，防不胜防，即直北关山亦将无晏眠之日，而况今之与昔，事势攸殊。俄人拓境日广，由西而东万余里，与我北境相连，仅中段有蒙部为之遮阂。徙薪宜远，曲突宜先，尤不可不豫为绸缪也。"④左宗棠指出，西北"自撤藩篱，则我退寸而寇进尺"⑤，这必将招致英国、俄国渗透，失去西部国防战略缓冲之地将会使中国以后付出更高的"塞防"成本。不战而弃新疆，将会挫伤民心士气，也会损及朝廷威严，也有损海防事宜。

---

① 转引自戚其章《国际法视角下的甲午战争》，北京大学出版社2001年版，第129页。
② （清）李鸿章：《李文忠公全书》，奏稿，卷24，转引自李建平《〈里瓦几亚条约〉对清政府外交的考量》，《黑龙江史志》2014年第23期。
③ （清）李鸿章：《李文忠公全书》，奏稿，卷24，转引自管守新《刘锦棠与清军收复新疆之战》，《西北民族研究》1996年第1期。
④ （清）罗正钧，朱悦、朱子南校点：《左宗棠年谱》，岳麓书社1983年版，第329页。
⑤ （清）左宗棠：《左文襄公全集》，第46卷，第36页，转引自秦英君主编《中国文明进程与世界》，首都师范大学出版社2000年版，第123页。

海防与塞防之争基本内容是：国家安全重心是海防还是塞防？是海防紧急还是塞防紧急？有限财力应优先投入海防还是塞防？1875年4月，左宗棠"东则海防，西则塞防，二者并重"[①]的提议被朝廷采纳，清廷命左宗棠督办新疆军务收复西北失地，派李鸿章、沈葆桢分别督办北洋、南洋海防事宜。由于清廷视俄国为中国最大外患，故"塞防派"赢得更多支持。清廷几经权衡决定在兴建南北洋水师的同时，将西北塞防及新疆危机解决作为防务重点。

二 "塞防"与"海防"的实质及顾此失彼

清朝末年，中国的"海防"与"塞防"之争的核心、实质问题，并非关于现代"海权"与"陆权"的建构问题，而是防御的重点战略方向、重点对象之争。"海防派"强调东方的防御，提防对象为英、法、日本等国，"塞防派"强调西方的防御，防御对象是俄国。鉴于当时中国发展的内向性与大陆性特征，中国的"海权力量"缺乏海洋权益及海洋经济的支撑，也并非服务于中国当时尚且处于萌发状态的海洋权益，而是作为陆上力量的延伸，捍卫中国东南沿海经济发达地带的陆上利益。无论清廷如何平衡"塞防"与"海防"间的关系，当时中国都是典型的传统陆权国家。

"塞防""海防"危机爆发后，清廷采取"塞防"占优的防御策略，并将海军的功能定位为近岸防御，以应对西方国家海权对中国的安全挑战，这种消极防御措施最终完全置中国地缘战略环境于塌缩窘境。[②]晚清中国陆上实力羸弱，外交缺乏稳定海上及陆上安全局势的同盟体系，也缺乏现代化发展所需现代财政体系和官僚体制。作为传统农业国家，清朝资源汲取能力极为低下，缺乏落实海防、陆防并举的防御政策的能力，也断无能力施行持续有效的发展及战略转型。[③]

1875年，左宗棠率军入疆平叛。1876年4月，左宗棠向占据新疆的阿古柏势力发起攻击，并实施"攘外必先安内"战略，将收复乌鲁木齐

[①] 《左文襄公全集》奏稿，卷46，转引自何瑜《寸寸河山寸寸金——面对着神圣的国土》，浙江人民出版社1994年版，第159页。

[②] [美]乔治·H.奎斯特：《国际体系中的进攻与防御》，孙建中译，上海人民出版社2008年版，第10页。

[③] 鞠海龙：《晚清海防与近代日本海权之战略比较》，《中州学刊》2008年第1期。

作为首要战略目标，暂不触及对俄的伊犁问题。1878 年年初，阿古柏势力基本被清除出新疆。左宗棠收复乌鲁木齐后，俄国并没有归还伊犁。之后，清朝又花了整整三年时间，通过外交努力、军事施压等手段，1881 年才将沙俄"请"出伊犁，收复伊犁河谷地区，光复新疆大功告成。在左宗棠入疆平叛的 1875 年，日本军队进驻琉球，1876 年日本在琉球设置警察和司法机构，对琉球直接进行殖民统治。1880 年，日本趁中国在伊犁与沙皇俄国武力对峙而无暇他顾，非法强占琉球。

自"塞防"与"海防"同时爆发以来，国力虚弱而无两线作战能力的清朝，只能在"塞防"（"固疆"与抗俄）与"海防"（"保藩"与抗日）之间，艰难地做两难抉择。清政府刚解决新疆危机，尚未来得及应对琉球问题，法国又侵越越南。越南问题解决之后，实力迅速增强的日本对朝鲜的觊觎成为中国外交的最大难题。1894 年，中日甲午战争爆发，失败的中国被迫于 1895 年与日本签订丧权辱国的《马关条约》，根据条约，中国藩属朝鲜沦为日本殖民地，日本割占中国台湾。伴随上述危机，中国朝贡体系及其框架下的宗藩体系走向瓦解，中国周边战略缓冲地带丧失殆尽。同时，中国开启于 19 世纪 60 年代的现代化尝试洋务运动也被迫终止。

第二节　晚清地缘政治困境、财政困境及文明转型困境

清末，面对"海防"危机与"塞防"危机的同时到来，中国诉诸"海防塞防，二者并举"的地缘战略进行应对，这符合中国地缘文明变迁逻辑，也是当时面临地缘困境的中国的无奈选择。该战略选择于实践中并不成功，究其原因有三：中国作为陆海复合型国家不得不面对的战略选择方向的两难和双重易受攻击性；当时中国缺乏现代财政汲取体制；"海防""塞防"面临的文明困境。

一　"海防""塞防"之争与晚清所面临的现代地缘政治困境

"海陆并举"是清政府对清廷内部关于"海防"与"塞防"孰轻孰重之争的官方定论，但 1875—1881 年，投入塞防的经费数额始终多于海

防。1875—1894 年，海防支出数额为白银 3000 万两左右，而 1875—1884 年的塞防支出数额则高达 8000 万两。[①] 左宗棠所言"图新疆为保蒙古，保蒙古以卫京师"，彰显了清政府对当时中国核心地缘利益的真实理解。作为兴起于东北而入主中原的少数民族王朝，清朝对辽东"龙兴之地"极为看重，这是当其丧失中原统治权后的退守之地；而蒙古则是拱卫京师及战略后院辽东的屏障。17 世纪末至 18 世纪中叶，在黑龙江左岸、大戈壁以西、西藏及青海，清廷先后与俄国、蒙古准噶尔汗国展开角逐与交战，其主要目的就是捍卫清朝的战略后方。[②]

"海防论"与"塞防论"之争，不仅是政见之争，更是反映了当时被西方裹挟进入现代世界后的中国的地缘安全困境，即作为陆海复合型国家的中国在地缘安全领域面临的海陆双重易受伤害性，以及地缘安全战略海陆选择的两难。晚清中国边疆危机是世界范围内西方列强间地缘政治争斗及海权与陆权较量在中国的体现。

英国地缘政治学家麦金德（Halford Mackinder）1904 年、1919 年先后发表名为《历史的地理枢纽》《民主的理想与现实》的论文、论著，推出探究全球政治地理格局及演变的"心脏地带"理论。根据该理论，陆上力量与海上力量之间的较量、对抗贯穿世界历史进程，是世界历史发展的一条主线。麦金德将世界划分为三个地带，即"心脏地带"（"枢纽地区"）、"内新月形地带"和"外新月形地带"。"心脏地带"（"枢纽地区"）是欧亚大陆中心区域；"内新月形地带"涵盖德国、奥地利、土耳其、印度、中国及欧亚大陆边缘的其他国家、地区；"外新月形地带"涵盖英国、非洲、澳大利亚、日本及美洲。"心脏地区"地理环境赋予该地区陆权国家军事、经济力量很大的机动性，现代铁路技术发展则夯实着这种机动性。由于心脏地带海洋力量无法触及，也远离海洋，其河流主要流入北冰洋及内陆湖，也缺少出海口和海军基地，心脏地带国家因此很难获取欧亚大陆以外的岛屿、基地，以及很难获得制海权。故心脏地带国家总是持续利用陆地机动力量向内新月地区扩张。一旦心脏地带国家在内新月地区的扩张获得成功，其就能利用欧亚大陆心脏及边缘地带的巨大资源建设海军夺取海权并战胜海权国家，从而建成世界帝国。麦金德还指出，世

---

① 刘怡：《海防 VS 塞防：甲午前清廷国防的战略两难》，《时代周报》2014 年 10 月 27 日。
② 刘怡：《海防 VS 塞防：甲午前清廷国防的战略两难》，《时代周报》2014 年 10 月 27 日。

界人口的 2/3 集中分布于欧亚大陆边缘地带，太平洋沿岸之中国、印度洋沿岸之印度及大西洋沿岸之欧洲是边缘地带的主要构成。边缘地带历史上先后面临来自西伯利亚大草原游牧民族及现代陆权强大机动力量的冲击与扩张压力。同时，欧亚大陆边缘区的沿海和入海口面对现代海权是门户大开，听任海权在此肆虐。在陆权和海权双重冲击及打压下，边缘地带面临着空前的推动其走向变革的地缘安全压力。

中国幅员辽阔、资源丰富，地处亚欧大陆边缘地带，也属麦金德所言及的枢纽地区，是世界政治的关键部位。美国地缘政治学者尼古拉斯·斯皮克曼（Nicholas John Spykman）认为，边缘地带是围堵心脏地带的关键区域，也自然是海权国家和陆权国家竞相争夺的区域，其重要性超过心脏地区，也是决定海权国家和陆权国家相互竞争中谁能取得竞争优势的关键区域。[1] 纵观近代以来的世界大国竞争，世界地缘政治斗争绝非单纯的陆权国和海权国家之间的对抗与竞争，而通常是在边缘地带展开，并且是边缘地带国家在其中发挥重大作用或使边缘地带国家深度卷入的复杂博弈。

19 世纪末，全球最强海权英国，已全面征服印度，正欲北上。陆地疆域辽阔的沙皇俄国，作为世界上最强陆权，已占领西伯利亚与北亚，正欲南下。两大帝国，在中亚、中东迎头相撞。为独占亚洲，19 世纪和 20 世纪初期，英俄为争夺地缘关键点，在中亚展开激烈竞争与角逐（史称"大博弈"）。[2] "大博弈"之战略实质为："俄国占据着几乎整个'心脏地带'，在印度的陆上门户叩关。另一方面，英国敲击着中国的海上门户，并从印度的海上门户深入内陆，面对来自西北方向的威胁。"[3]

20 世纪初期，日本与俄国对中国东北的争夺，再次证明中国已完全被卷入全球海权与陆权间的地缘政治竞争中。19 世纪末，通过大规模铁路建设，在曾经游牧民族纵横驰骋之地的欧亚大陆腹地，缔造出一个具有一定程度现代性的陆上帝国——俄罗斯帝国。19 世纪 80 年代始，俄罗斯为把其远东的太平洋海港符拉迪沃斯托克（海参崴）与其境内西伯利亚

---

[1] ［美］尼古拉斯·斯皮克曼：《和平地理学：边缘地带的战略》，俞海杰译，上海人民出版社 2016 年版。

[2] 参见杜哲元《反思英俄中亚"大博弈"——进程、实质、特点及历史镜鉴意义》，《俄罗斯研究》2018 年第 4 期。

[3] ［英］哈尔福德·麦金德：《民主的理想与现实：重建的政治学之研究》，王鼎杰译，上海人民出版社 2016 年版，第 115 页。

铁路东段相连接，筹备修筑一条穿越中国东北的铁路。1896年，清政府与俄国签订《中俄御敌互相援助条约》，允许俄国在中国修筑"中国东方铁路"（简称"中东铁路"或"东清铁路"及"东省铁路"）。1898年8月中国东北的东清铁路正式动工，形成俄罗斯独霸中国东北之势，从而在东亚同日益强盛的日本发生了冲突。战争最终在都企图完全控制中国东北的日俄两国间爆发。日俄战争是一场关于海权和陆权争夺的战争。陆权争夺表现为对西伯利亚铁路、中国境内的中东铁路及南满铁路控制权的争夺，而海权争夺主要表现为对中国旅顺港控制权的争夺。19世纪末至20世纪中期，海权国家英国、美国与陆权国家俄国之间的地缘竞争，其核心与焦点，在欧洲方向是土耳其，在东亚则是中国。中国兼具欧亚大陆边缘地带与心脏地带的双重地缘属性决定了西方海权强国与陆权强国都视中国为夺取世界霸权的关键区域，中国自然成为它们争抢的目标，这也是晚清中国地缘政治安全形势险象环生的重要根源。

中国甲午战争惨败后，中国面临空前严重的民族生存危机。面对亡国灭种的危险，国力孱弱而无助的晚清只能在大国夹缝中求生存，推行"以夷制夷"政策。从当时世界地缘政治环境看，海权国家英国为首的西方世界与陆权国家沙俄的对抗是国际政治格局的主轴。沙皇俄国与中国之间也存在不可调和的地缘政治冲突。而经历了甲午战争惨败的晚清政府却实施"联俄拒日"策略，这将意味着中国会被置于与整个西方世界对立的局面。英、美两国因此放弃与中国结盟，转而与日本结盟以抗衡沙俄，中国从而陷入"前门拒狼，后门进虎"的战略困局，[①] 为后来军国主义日本以"抗俄"为旗号武装备战以及全面推行旨在侵略朝鲜、中国的"大陆政策"提供了借口，近代中国的厄运由此日益加深。"结盟"对象的错误选择最终致使中国在战略上无路可退。晚清时代的中国在同时面临海、陆双重安全威胁时，不得已被迫向陆权国家沙俄做出让步，选择与其妥协，以便能集中力量对付崛起的日本。孱弱的中国，缺乏与俄国结盟的资本，更缺乏遏制都对中国具有鲸吞野心的日本与俄国的能力，结果是中国大片疆土被俄国、日本鲸吞暴取。

---

① 雷大川：《"联俄政策"与近代中国的困厄——晚清对外政治战略论析》，《社会科学战线》2013年第10期。

二　晚清国家行动能力的低下与财政困境

在国家能力中，财政汲取能力是国家最基本能力，也是国家进行战争的物质保证。1874 年清廷总理衙门发起关于建设海防的大讨论，其中，海防财政支持问题是核心议题。清廷的封疆大吏无不认识到，海防建设"需费浩繁，若非有大宗巨款，实难开办，非有不竭之饷源，亦无以支持久远"。清廷要求，"惟有中外一心一计，凡尔一切开源节流之计，悉力设法"①。鉴于清政府财力、人力实有不逮，李鸿章主张，应集中力量发展海防而暂缓塞防建设。左宗棠则提出开源节流、分头筹款解决清廷难以同时兼顾海防与塞防的难题。其还指出，因海防而搁置懈怠塞防，"于海防未必有益，于边塞则大有所妨"②。左宗棠认为，塞防关乎社稷安定，因此坚持出兵新疆，但他却无法回避"力量损失梯度"③的限制，经费支出迅速增长。为支持左宗棠平定新疆叛乱，清政府拿出全部家底，花费白银 5230 万两。④ 收复新疆的战事给清政府虚弱的财政带来空前压力。即所谓"国家岁入岁出自有常经，军兴以来供亿浩繁，以至京师及各省库储开支支绌，事平之后，帑藏仍未裕如"⑤。发展海军耗费巨大，对财政已捉襟见肘，又正值准备西征平叛而亟须"筹饷"的清廷而言，这笔开支使其不堪重负，正如李鸿章所言："近日财政极绌，人所共知。"⑥ 当时清朝国防费用每年预算是白银 400 万两，分投于海防和塞防，有些预算经费实际上并未兑现，兑现部分还有被挪用的情况。1875—1877 年，实际投入海防的经费只为预算的一半，200 万两，年均数十万两。北洋水师建

---

① 转引自陈先松《晚清海防专款筹议述论》，《社会科学》2018 年第 3 期。
② 《左文襄公全集》奏稿，卷 46，转引自朱允兴、刘次涵《评清人对中俄关系几个问题的论述》，载中国社会科学院近代史研究所中俄关系史研究室、兰州大学历史系编《中俄关系史论文集》，甘肃人民出版社 1979 年版，第 520 页。
③ 肯尼斯·博尔丁（Kenneth Boulding）提出了"力量损失梯度"（loss strength gradient）的概念，指出一国的力量向外扩张时随着辐射范围的扩大，力量损耗也越大，投射成本不断增加。参阅刘财君、张有源《俄罗斯加强北极军力的战略背景及影响》，《国际资料信息》2012 年第 3 期；任琳、龚伟岸《网络安全的战略选择》，《国际安全研究》2015 年第 5 期。
④ ［美］费正清主编：《剑桥中国晚清史》（下卷），中国社会科学院历史研究所编译室译，中国社会科学出版社 1985 年版。
⑤ 刘锦藻撰：《清朝续文献通考·国用八》，中华书局 1979 年版，第 8265—8267 页。
⑥ 李鸿章：《李鸿章全集》，时代文艺出版社 1998 年版，第 1072 页。

第五章 从顾此失彼的"海防"与"塞防"到"海权"与"陆权"并举

立后,囿于经费不足而未能持续发展,各级官员也借海防的名义筹款,所筹款往往被挪用,或用于存储生息,甚至还从海防经费的正款中每年拿出白银30万两用于修建颐和园。[①] 鉴于财政的左支右绌,北洋海军只能维持现状,无法更新武器装备,战力因此受损。在西北的塞防事宜中,也因经费不足而不得不采取与沙俄妥协的政策,1881—1884年,清廷被迫与沙俄先后签订数个协议,大片国土被沙俄侵夺。

清政府内部关于海防与塞防二者孰重孰轻的论争,其实质上是防御资源投放的重点之争。面对财政困境,如何在海陆之间合理分配资源及筹措国防开支,是19世纪70年代同时深陷海陆安全困境的清廷所面临的现实考验,清廷最终推出"海陆并举"的政策。近代中国边疆危机的解决,最终决定于基于经济效率与社会动员能力的军事实力。清朝解决边疆危机的窘境表明中国军事力量的薄弱以及财政汲取、政府行政动员能力及效率的低下,以及国民力量的涣散。作为缺乏国家行动或动员能力的传统王朝国家,清朝在面对西方现代民族强国的挑战时,毫无招架之功。

中国的明朝与清朝,君主集权日益强化,并达到顶点,但其本质上与现代国家集权完全是两回事。"君主专制权力"强而"社会基础权力"弱,是中国君主集权典型特征。[②] "中国是那种军队的作用既在于击退入侵者或扩充国家的领土、又在于维持内部治安的少数大型传统国家之一。然而,中国一如其他地方,垄断国家机器这种暴力工具的愿望,永远只能部分地得以实现。"[③] 乾隆统治末期,清朝迈向衰败,政府治理能力及效率低下,军备废弛,军事力量孱弱,财政左支右绌。清朝军事主力八旗兵、绿营兵腐化而战斗力低下。1713年康熙推行"永不加赋"税收政策,这与其说是为藏富于民,不如说是因为清朝税收征集能力的低下,它"使得征收到的赋税不到全国生产总额的5%,以致财政基础薄弱不能满

---

① 张炜主编:《中国海防思想史》,海潮出版社1995年版,第245页。
② 所谓基础权力,是指国家渗透公众社会、在整个领域以提供后勤补给的方式贯彻政治决策的能力。参见[美]迈克尔·曼《国家自治权:其始源、机制与结果》,康莉等译,载汪民安等主编《现代性基本读本》(下),河南大学出版社2005年版,第590页。
③ [英]安东尼·吉登斯:《民族—国家与暴力》,胡宗泽等译,生活·读书·新知三联书店1998年版,第67页。

足一个庞大的近代政府或是工业化改革所需"①。自19世纪中叶始,对西方列强的巨额赔款使清廷本已支绌的财政状况愈加捉襟见肘,"当北京政府在1900年后慢慢地开始打破思想上的抵制而在各个方面进行'全国的开发'时,它不但缺乏必要的政治控制(虽然它打算取得这种控制),而且还负有外债,这些外债又优先拿走了它借以开始进行发展的财政资源"②。在这种背景下,晚清政府的政治控制、改革能力愈加受到财政匮乏的制约。"财政为行政之母,财政不健全,行政则无从发挥其功能。近代政治革新,社会福利措施,经济发展,无不以财政之健全与否为成败之关键:一在办事非钱莫行,一在筹款必有良方。近代中国政治、经济之失败,原因固多,而财政尤为其重要原因,清末如此,民初亦然。"③清朝自康熙朝开始就宣扬并坚持"永不加赋"的治国之策,清廷因此只能维持能力与作为有限之"小政府",在19世纪各民族国家间奉行丛林法则外交的国际关系中,这并不符合强大国家能力建设的时代潮流。推行新政、练新军、兴办实业与现代教育、警政、地方自治等,无不需要充沛而高效的财政支持,否则将一事无成。

作为王朝国家的传统中国,其财税体系以"轻徭薄赋"为目标,似乎彰显着儒家民本政治哲学与道家治道之无为而治,但实质上则是"皇权专制"政体特性的反映。在中国皇权专制体制中,相对理性的专制政府不敢征收过高的税赋,因为"横征暴敛"必然会激起民变,从而危及政权稳固及合法性。已故经济学家杨小凯曾对18世纪英、法两国税赋状况的比较分析,或许是对晚清财政困局根源的一种解答。18世纪,立宪政体的英国的平均税率要比专制的法国高很多,相较法国,英国更有能力从事大规模公共事业建设,也拥有更强的筹集军费及应对战争的能力。④ 具有比法国更强的财政汲取能力,是英国在英法国际争霸中取胜的重要原因。晚清驻英公使郭嵩焘曾指出,英国民众并不因税率很高而有不满。郭嵩焘曾作评论:"所征收即居民日用百货之杂税也,较之中国厘税

---

① [美]韩书瑞等:《十八世纪中国社会》,陈仲丹译,江苏人民出版社2008年版,第218页。

② [美]费正清等编:《剑桥中国晚清史》(下),中国社会科学院历史研究所编译室译,中国社会科学出版社1985年版,第75页。

③ 转引自金满楼《清末财政的急剧扩张诱发了辛亥革命》,《中国报道》2011年第3期。

④ 杨小凯:《资本主义≠经济成功》,《南方周末》2002年8月8日。

约加五倍，而无有言其苛扰者，亦一奇也。"① 皇权专制中国的"轻徭薄赋"国策昭示着政府治理、财政汲取效能的低下。强大财政汲取效能是建构现代国家不可或缺的前提，现代国家建构史就是一部国家财力提高的历史。② "富"是"强"之前提，贫穷之国断然不能成为强大之国，现代先进军备必须以雄厚财力为基础，"军事的优势总是和财政经济联袂而行"③。在民族国家竞争的近现代，西欧民族国家拥有强大的财政动员、汲取能力是其强大军力的重要基础。清朝近代屡屡败给西方，财政动员能力差是一个重要原因。

财政制度不健全、纷乱及财政汲取能力低下的政府，断无可能在军事建设能力、国家动员能力方面有较好表现。面对情势危急的财政重压，晚清政府"正面临一场非常严重的危机。在每一项可以设想出来的计划上，把钱像流水一样挥霍，但是，税收却没有相应增加，不知道节约开支，各种弊端并未真正得到纠正"④。晚清中国缺乏现代会计制度、审计监督制度，故不可能产生节约且高效之政府。伴随着闭关锁国时代的终结，以及高效的西方现代国家对中国的大举渗透与入侵，中国政府的低效能与动员能力不足显露无遗。

近现代战争中，国家是主角，国家信用是短期内聚集财产支撑对外战争的最好途径与基本手段。昂贵的现代战争开支是私人信用与传统国家税收难以承担的，由此以国家名义发行战争公债成为融资关键手段，国家信用因此问世。英国在这方面着手最早，也最成功。除了税收，通过债券市场融资的能力是英国财政能力强大的另一重要原因。英国是君主立宪制国家，这是一种政府权力受制衡的现代政体，从而使英国政府享有很高公信力，为融资而发行债券的成本也因此比较低。发行国债是英国政府筹集资金的主要路径。国债以商品经济、信用制度的发展为基础，是国家财政收入的重要来源。伴随着社会、经济发展的现代化，国家职能也逐步扩大。

---

① 郭嵩焘：《伦敦与巴黎日记》（节选），载王立诚编校《郭嵩焘等使西记六种》，生活·读书·新知三联书店1998年版，第224页。
② 王绍光：《分权的底限》，中国计划出版社1997年版，第3页。
③ ［德］诺贝特·埃利亚斯：《文明的进程Ⅱ：文明的社会起源和心理起源的研究》，袁志英译，生活·读书·新知三联书店1999年版，第11页。
④ 骆惠敏编：《清末民初政情内幕——〈泰晤士报〉驻北京记者袁世凯政治顾问乔·厄·莫理循书信集》，刘桂梁等译，知识出版社1986年版，第675页。

在现代社会，战争规模日益扩大，国家的经济干预也愈益增强，国家财政支出随之增加，税收已很难满足国家各项开支的需要，为弥补财政资金不足，政府通常会在信用制度基础上，以国家信用形式聚集社会闲散资金，即发行政府债券。政府债券，"也称公债或国库券，指政府为了弥补国家财政赤字和为大型工程项目筹集资金而发行的债券"。① 发行公债有两个必要前提，即建构起近现代化金融机构及全国性金融市场。有了金融机构，才能凭借公债汲取社会流动或闲置资金。建构起金融市场，投资者才愿意投资公债，公债才能作为"有价证券"流通。19世纪末期，内忧外患的中国既无健全近代金融体系，也缺乏发行公债的制度与技术。同时代的日本，其经济增长、军事扩张得到纳税收入的保证，也有公债制度的鼎力支持。公债制度使日本能利用未来一段时间的财富来办今天的事。日本政府能利用国家信用及通过未来承诺把民间资金、未来收入转换成当下的消费能力，并通过集聚的资金及消费带来的经济收入武装军队战胜中国，此后再与民众分享战争胜利带来的果实。日本当时这种金融竞争能力，是同时代的中国所不具有的。大国兴衰多次证明，国家强弱易位的关键，不在于现有财富的多寡，而在于创造财富能力的大小。现代金融制度是国家高效创造财富与配置资源的关键前提。

三 "海防""塞防"之争背后的文明困境

历史上，所有地缘政治思考与冲突，其背后都有文明之身影。美国政治学家亨廷顿曾从包括思想观念、文化角度在内的文明视域审视国家间、民族间冲突，并将上述冲突归结为"文明的冲突"。② 鉴于每种文明的存续都必须依赖于特定历史地理空间，亨廷顿"文明"冲突论视域中的不同文明在相互之间的边缘地带发生的冲突，恰好是地缘政治冲突。

自19世纪中期至20世纪中期，殖民主义、资本主义及帝国主义侵略的阴影始终笼罩着中国。中国与西方国家在近现代的冲突，就其根本而言，其实是发展模式上迥异的两种文明间的冲突。作为古老的小农社会，中国在政治、经济、军事、外交和意识形态等方面，都天然地存在一种对西方文明的抵制。中国近代史，是"扩张的、进行国际贸易和战争的西

---

① 刘艺敏主编：《会计词语新编》，辽宁大学出版社2008年版，第131页。
② 参见［美］塞缪尔·亨廷顿《文明的冲突》，周琪译，新华出版社2013年版。

方同坚持农业经济和官僚政治的中国文明之间的文明对抗""从根本上讲，是一场广义的文明的冲突"。①

明末清初之后，中国海权经略始终以"海防"面貌出现，抵御外部力量从海上入侵本土是其不变的核心内容。传统中国社会是小农社会，生存发展依赖耕地，自产自足，海外商业贸易并非中国必需。此外，市场利润最大化倾向在思想、现实生活层面都可能对封闭、稳定的小农社会及专制等级秩序产生颠覆性冲击，故中国专制王朝一向对包括海外贸易在内的商业进行管制，控制其规模。兼有稽查海外走私职能的中国古代水师，表面看是国家海上军事力量，实则是维持等级社会稳定及抑制商人阶层崛起的工具。

近代荷兰、英国等西方海洋国家在生存条件、发展模式上迥异于小农社会的中国。西方海洋国家的生存、发展高度依赖海外贸易，其经济形态是高度依赖海外市场的"外向型经济"。对海洋国家而言，海权的职能就是捍卫基于本土市场与海外市场紧密相连的外向型经济的发展，以及捍卫本土连接海外的海上交通线。进攻型远洋海军是海洋国家军事力量的最关键组成，是海洋国家生存、发展的成本投入。对于海洋国家而言，其生产或生存方式与军事战斗方式具有高度一致性。经济发展对海外市场的依赖，意味着海洋国家军事力量必然投送到本土之外的关乎本土生存发展的海外重大利益区域，以及必须能保障关乎国家生存的"海上生命线"的通畅与安全。海洋国家超越本土而在海外展开的远距离"积极防御"，往往就是对非海洋国家的武力侵略与暴力掠夺。杨度 1907 年曾指出，"有文明国而无文明世界"是当时国际关系基本特质。他当时说："今世各国对于内则皆文明，对于外则皆野蛮。"② 清朝末期，中国面对的来自西方国家对中国入侵所引起的"塞防""海防"问题，其本质是西方海洋国家的现代资本主义文明对中国传统发展模式及小农文明的挑战。

现代资本主义文明所引致的"陆权"与"海权"问题，从根本上是文明竞争的问题。孕育与支撑现代海权发展的是基于开放与自由原则的现代资本主义文明，其与中国重农抑商的儒家文化及封闭性小农文明天然对

---

① [美] 费正清：《剑桥中国晚清史》（上卷），中国社会科学院历史研究所编译室译，中国社会科学出版社 1985 年版，第 53 页。

② 杨度：《金铁主义说》，载刘晴波主编《杨度集》，湖南人民出版社 1986 年版，第 218 页。

立。从国家制度创新角度看，现代海权推动国家从封闭走向开放、从专制走向民主法治。作为一种伦理主义文明，儒家文明"重义轻利""重农抑商"，与追求商业利润最大化的资本主义文明格格不入。基于现代资本扩张本性的现代海权发展及其带来的地缘政治空间革命，彻底解构了传统历史地理观念，也重构了整个世界秩序，并引致一系列重大变革：海洋时代与现代科技力量、工业力量及民族国家力量结伴而至；现代海权的全球扩张解构并重构传统城乡关系，并导致传统国家形态变迁、民族认同重构及传统地缘关系转变；现代海权最终导致人与自然的关系、人与人的关系的巨大变革。

作为小农经济社会的中国，其财富积累效率低下，数量有限，勉强维持既有政府管理体制，甚至有时还难以维持，更遑论支撑耗资巨大的现代海军及陆军，当然也无必要建立能进行远征的强大海军及陆军。作为"商业—军事复合体"的西方社会，其从古希腊时代的雅典、科林斯的"商业—军事复合体"胚胎一直发育壮大至今。但是，中国专制社会的统治者却视商业与军事的结合为威胁小农社会稳定的洪水猛兽，正是基于此种考虑，明末清初中国官府决定对东南沿海武装海洋商贸集团采取禁海措施。在古代，中原农耕政权的经济与社会组织形态决定了其不能长久维持战略性骑兵部队，在近代，其更不能维持耗资巨大的现代陆军与海军。是选择"海防"建设为重点，还是突出"塞防"建设，清廷最终将"塞防"建设作为重点（在"海防"与"塞防"建设的筹款事宜中，清廷始则坚持二者并重，继而偏重于"塞防"），[1] 其主要原因除了"塞防"更为紧迫之外，还在于，在工业时代，创建现代海军所需的巨额投入，是当时还处于小农经济社会的中国无法支撑的。海洋贸易经济与现代工业是推动与支撑现代强大海军建设的基础和原动力。中国近代长期遭受西方和日本的海上侵略，并在甲午战争中惨败，直到20世纪末期中国都没有建立真正的现代海权，一个根本原因就是中国的农耕经济、内向型发展模式同现代海军之间的互斥及两者的严重不兼容。

在近代，对中国更致命的是，不仅是物质层面陷入防御状态，文化、制度等精神层面也滑入防御甚至自闭的深渊。15世纪地理大发现后，西

---

[1] 参见陈先松《从财政史视角再析海防塞防之争》，《清华大学学报》（哲学社会科学版）2018年第6期。

方已放眼全球、胸怀世界，而中国的目光仍聚焦于九州。在西方立足陆地与海洋的联动思考国家发展之际，中国却无视海洋的存在而坚守陆地，18—19世纪，中国与西方在面对充满无限生机的海洋时，分别走向不同的历史方向：海防与海权。作为一个古老的建立在小农经济基础上的农耕文明的国度，适合农耕的陆地是中国生存发展的基础，小农经济决定了中国的内向型发展模式，故传统中国与其说是陆权国家，不如说是封闭型国家。

海权论的杰出代表阿尔弗雷德·赛耶·马汉（Alfred Thayer Mahan）的海权理论，曾提出关于一国通过发展海权而主导世界的路径：控制海洋→控制世界贸易→控制世界财富→控制世界。西方国家认识到，海洋能带来巨大商贸利益，并视海权为海洋问题的本质，也将积极主动进攻看作获取海权的必要手段。中国基于小农社会的大陆文化是典型防御性文化，修筑长城就是这种防御性文化的实现体现，长城式的陆地防御思维在小农经济的社会形态中很容易被凝固而潜移默化应用于海上防御。

西方海洋国家发展的源头可追溯至古代地中海出现的商业城邦国家。基于海洋贸易的国民经济发展，国家经济发展对本土之外地区的原料及商品市场的依赖，以及连接本土与海外重大利益区的海上关键运输通道，是海洋国家赖以存续的关键要素，也是海军、海权产生及存续最根本、最持久之动力。[①] 为护持国家的生存发展，海洋国家国防范围必然超出本土，为维护海上关键运输通道和本土之外重大利益区的安全，海军、海权建设自然成为海洋国家生存的必要选择。在近现代历史中，海洋国家中的现代资本的流动性、扩张性催生着海洋国家的侵越性及军事的进攻性，资本扩张与军事扩张是一种共生关系。

中国传统社会，其主体社会特质是典型农耕社会，存在于中国中原地区的王朝国家的存续依赖适宜农耕的土地，由此产生与这种生存状态相适应的传统陆军与持久传统的陆权主义。古代中国农耕社会特性的中原王朝国家，其国防线与边界线重叠，国防线不会超出本土。只有在遭受匈奴、突厥及蒙古等游牧族群持续侵扰之时，中原地区的王朝国家才会为消除边患而被迫进行积极防御，越境出击。中国传统"海军"或"水师"只是

---

① 倪乐雄：《文明转型与中国近代海权的困境——难以抗拒的历史性落后》，《国际观察》2013年第2期。

陆军在近海的延伸,是陆军的协助力量,其职能与陆军一样,即维护农耕社会生活秩序,并不是为海外商贸、海外经济提供支撑与保护。

清朝北洋、南洋海军是中国现代海军的起步,但清朝海军建设缺乏来自生存状态的动力源,与中国当时的生产方式缺乏共生关系。由于当时的中国没有实现从封闭型小农社会向现代开放型工商业社会的转型,小农社会、小农经济仍是清朝海军发展的社会、经济背景,清朝海军与当时的中国社会经济不存在良性互动,也不能给社会带来收益,且给小农社会带来沉重负担。中国基于小农经济的传统社会与现代海军是相互排斥的,依赖于农业税的落后财政体系根本无力承担现代海军的巨大投入,现代海军建设却消耗农业社会财政。在西方,海军与海外商业、殖民运动之间是良性互补的,是社会经济发展必要而有效的成本投入,海军为海外经济保驾护航,海外经济反哺海权建设。中国小农社会不存在那种现代商业社会内生的海外军事、经济扩张的需要和冲动,也没有"海上生命线"与海外攸关国家生存发展的重大利益地区需要保护。中国古代水师及近代海军,缺乏远海扩张的社会、经济动力,即使在某一时期拥有远海扩张能力的海军,也被视为靡费公帑,如郑和七下西洋就遭受朝廷内外异议,而最终被废止。传统的中国小农社会,其生存资源、财富创造根植于土地,与海洋关联甚小。中国古代也有过称雄一时的海军(水师),但只是昙花一现。中国传统小农社会的自足性、封闭性使中国古代水师、近代海军天然地缺乏远洋进取精神,并赋予其天然的保守性、防御性。当近代中国被迫疲于应付西方列强对中国的海上入侵时,中国小农社会生产方式却从动力源上根本限制着中国近代海军的发展。

传统陆军是封闭、内敛型小农社会发展的必要前提,现代海军是开放性的海洋工商国生存的必要投入。内陆农耕国也有海军之一时兴盛(如中国明朝海军),但都是昙花一现。建设及维持强大海军与小农社会生存模式并不契合,甚至是矛盾与冲突的。蒋百里说过:"我于世界民族兴衰,发现一条根本的原则,就是'生活条件与战斗条件一致者强,相离者弱,相反者亡'。"①

农耕社会的中国,其缺乏支撑现代海军发展所需的近代自然科学知识体系、工业体系、近代海军技术与国防人才。这些因素决定了近代中国海

---

① 蒋百里:《国防论》,上海世纪出版集团 2011 年版,第 2 页。

防的被动性，即无法利用舰队主动出击，展开攻势防御，只能被动地于岸上防守而受制于人。近代中国军队建设的落后，同中国小农社会保守的防御性武备传统关联甚大。日本军事学者浅野祐吾认为："关于农耕民族，他们从事农作物生产，以粮食为主食进行生活，离开土地便一事无成。因此，他们对土地有着强烈的眷恋之情。为了确保领土而采取防御式的战争手段，即使发动进攻，也只是进行以扩大耕地为目的的小规模的有限战争。"① 小农社会国家，其国防首要目标是捍卫耕地，战略、战术的保守性、被动防御性是小农社会国度的天然国防特性。万里长城就是小农社会国度的中国消极防御国防观的物化体现，近代中国的沿海军事防御体系其实就是把长城移至海岸。中国近代海军建设思路一直被中国农耕民族深层意识中的消极防御观念所主导。在消极防御观主导下，清朝在"洋务运动"中建立的近代化海军，其功能被局限于把守口岸，其实只是将陆军防线推至近海，并不具备近现代海军的远洋进攻性。

纵观海权发展史，海权发展与民主制度相契合，海权发展的政治基础通常是民主政治。海权的源头是商业社会，商业社会发展是基于自由贸易与对"平等"价值的信奉而展开的，海外贸易、平等理念又孕育出强大海权与政治民主。古代社会，雅典、迦太基及古罗马的古典海权，都与民主制度相辅相成。中世纪以后，相继崛起的威尼斯、荷兰、英国及美国等海权强国，其海权无不以民主政体为政治基础。历史上的专制国家，都曾建立起强大海军，但均是昙花一现，这些国家的海军也往往在与民主国家的竞争中走向衰败。与海军建设紧密相关的海权不仅是军事范畴，也是一个经济与社会范畴。根据欧洲各国经验，国家、社会的现代转型及海军等军事力量现代化的成功，其深层且关键的原因并非巨大的市场规模，而是市场原则、社会平等原则能否解构、突破权力对经济、社会的指令性管制，这也是缔造民主政治的经济基础、社会前提。

西方大国在近现代的崛起历程表明，只有进行全方位社会变革，军事现代化才能成功。中国近代社会，清王朝统治者出于维护自身统治的考量，以及对古典华夏文明的眷恋，提出"中体西用"理念作为军事现代化行动（洋务运动）的指导思想，期望不触动皇权专制前提下，仅凭借

---

① [日]浅野祐吾：《军事思想史入门》，赵志民、李苑译，解放军出版社1998年版，第18页。

"技术或器物层面的单边突破"在皇权专制国家的框架下建构起现代化国防,以应对西方列强对中国生存发展的挑战。晚清中国的军事现代化进程是在皇权专制框架下及小农社会形态中展开的,畸形而缓慢,其根本不可能得到经济、政治等其他社会子系统的加持。清廷试图凭借技术层面的现代军事挽救传统社会体制,但由于传统社会体制与现代军事体制的冲突,最终的结果是,传统帝制的崩溃与现代军事体制建设的失败。北洋海军覆亡及中日甲午战争中国的惨败就是"中学为体、西学为用"理念在中国近代国防领域实践的失败。晚清军事现代化的最大阻力来自腐朽的皇权专制政治制度。军事革命离不开资源动员与配置,就调动、动员各种社会、经济资源而言,政治力量发挥着重大或决定性作用,政治制度是否现代化是决定军事现代化能否实现的关键因素。政治的现代转型是社会全面现代转型及现代海权、陆权成功建设的关键前提。

近代中国始终缺乏对西方海权及国家战略的本源性思考,始终立足大陆及大陆思维看待海洋,一味防守、被动经营。清朝只有水师而没有海军,水师是陆军辅助者,而不是走向远洋的主导者。中法战争、甲午战争的中国败北,证明不能制海必为海制,无海权之陆权或陆主海从,意味着无真正之陆权,也必为人所制,消极防守的海军必将走向毁灭。虽然晚清所处时代的世界已进入海权时代,但晚清海权观念仍局限于传统海防意识,视军舰为"流动炮台",以"防御"为主,如李鸿章所言:"我之造船本无驰骋域外之意,不过以守疆土、保和局而已。"[①] 清廷最终立"无事扬威海上,有警时仍可收进海口,以守为战"[②] 的海口防御指导方针。这种主动放弃制海权的消极海防与制海权相去甚远,这是中国甲午海战惨败的重要原因。甲午战争初期,清廷固守"防御"战略,不愿主动出击,后期海战中,一直采取消极防御、"保船制敌"的战术,最终在黄海海战中完全丧失制海权,惨败后被迫采取海口防御方针,最后全军覆没。[③]

甲午海战惨败的原因,言人人殊,但基本有一个共识,即李鸿章"避战求和""保船制敌"的消极防御战略是导致中国失败的关键原因。审视李鸿章在甲午之战中的军事部署思想,保守主义、陆守主义处于核心

---

① 《李鸿章全集》奏稿卷19,海南出版社1997年版,第47—48页。
② 《李鸿章全集》奏稿卷19,海南出版社1997年版,第47—48页。
③ 郭万敏:《晚清地缘战略转型失败的原因和意义》,《时代人物》2020年第14期。

位置，李鸿章指出："若外洋本为敌国，专以兵力强弱角胜，彼之军械强于我，技艺精于我，即暂胜必终败。""敌从海道内犯，自须亟练水师。惟各国皆系岛夷，以水为家，跑船精练已久，非中国水师所能聚及。中土陆多于水，仍以陆军立国根基。若陆军训练得力，敌兵登岸后，尚可鏖战；炮台布置得法，敌船进口时，尚可拒守"①；"惟须相机进退，能保全坚船为妥"②；"海上交锋，恐非胜算"③。李鸿章的海防思想以德国人希哈里所著的《海防新论》为模版。李曾言："查布国《海防新论》有云：凡与滨海各国战争者，若将本所有兵径往，守住敌国各海口，不容其船出入，则为防守本国海岸之上策。其次莫如自守，如沿海数千里，敌船处处可到，若处处设防，以全力散布于甚大之地面，兵分力单，一处受创，全局失势。故必聚集精锐，只保护紧要数次处，即可固守。"李鸿章对《海防新论》的观点深以为然，他指出，中国海军力量较弱，《海防新论》中提出的海防上策实难办到，唯有"自守"，"分别缓急，择最为紧要之处"，进行防守。④ 李鸿章保守的消极防御军事部署有其渊源、滋生的土壤，在海军建设、战争进程中也并非固守成规，但始终以单纯被动防御为旨归。中国晚清时代的海军发展，始终将目标局限于海权建设的最低层面，即防御本国海口。清朝缺乏对西方海权战略及国家大战略的本源性洞察，海防建设在思想上囿于从陆看海，经营上囿于被动防守，最终失去迈向海洋的机会。清朝海军只是扩展版传统水师，是整个军队的一个兵种，而非独立军种，是陆军的辅助者，并非驰骋大洋的主导者。中法战争、甲午战争的失败证明，无法制海必为海制，陆主海从、消极防御的海军必将成为敌方标靶。

中日甲午海战，对日本而言，其实是日本效仿西方海权国家的进攻性海权战略而积极主动夺取东北亚海域制海权。赢得甲午海战的日本，迈出

---

① 《李文忠公全集》奏稿（卷24），转引自戚俊杰、刘玉明主编《北洋海军研究》，天津古籍出版社1999年版，第298页。

② 李鸿章：《寄丁提督》，《李鸿章全集》电稿，第2册，转引自戚俊杰、刘玉明主编《北洋海军研究》，天津古籍出版社1999年版，第260页。

③ 《清末海军史料》，转引自戚俊杰、刘玉明主编《北洋海军研究》，天津古籍出版社1999年版，第302页。

④ 《李文忠公全书》奏稿（卷24），转引自戚俊杰、刘玉明主编《北洋海军研究》，天津古籍出版社1999年版，第308页。

了现代"海洋国家"向外拓展利益的关键一步。清朝在甲午海战中的惨败，其根本原因是清朝缺乏争夺制海权的战略考量，更无建设现代海权的执行力。第一次鸦片战争至甲午战争前夕，对"海防紧要"问题的关注逐渐从朝野关注者甚少转变为朝政日程事宜。不过，清廷对海军的筹建还是出于为安全形势所逼的被动防御举措，并非积极主动争夺制海权的现代海洋战略。主导中国海军筹建，且在甲午战争直接指挥中国军队作战的李鸿章，其海防思想的核心是固守京畿，重威慑而轻忽或回避实战，与积极主动出击以夺取敌方海岸的近现代制海权战略背道而驰。北洋海军筹建并非以夺取东亚海域制海权为目标，因此其缺乏持续财政与国家战略决心的支持。北洋海军初成规模之后三年就停止购置装备与发展，同时期的日本却于军备上超越中国。日本在夺取东亚海域的制海权上，军事部署严密，攻击目标明确且主动有效，最终将消极防御的北洋海军击溃于中方海岸。[①] 中国甲午海战失败的原因是多方面的，军事战略上主要是因为未能夺取制海权。战争一结束，日本就总结经验说："海军政略之要，在于能否取攻势运动。清军舰队在作战伊始，就未能采取攻势运动，而采取绝对的守势运动，此乃清国之失算。"[②] 英国人格伦也说："中国于开战之初，已不以海军争夺制海权，徒造屈服失败之因，自身承诺将战地置于中国沿岸。岂不怪哉！"[③]

李鸿章是晚清主要政治领导人、北洋海军统帅，其无疑要为甲午海战惨败负责。1901 年，清末改良派代表梁启超撰写《李鸿章传》。在书中，梁启超将李鸿章与德国的俾斯麦及日本的伊藤博文相比。梁说："或有称李鸿章为东方俾斯麦者，虽然，非谀词，则妄言耳。李鸿章何足以望俾斯麦？以兵事论，俾斯麦所胜者敌国也；李鸿章所夷者同胞也。以内政论，俾斯麦能合向来散漫之列国而为一大联邦，李鸿章乃使庞然硕大之支那降为二等国。以外交论，俾斯麦联奥意而使为我用；李鸿章联俄而堕其谋。三者相较，其霄壤何如也？"梁还说："伊有优于李者一事焉，则曾游学欧洲，知政治之本原是也。此伊所以能制定宪法为日本长治久安之计。李

[①] 刘璐璐：《从制海权的角度反思中日甲午海战》，http：//www.aisixiang.com/data/136245.html，2022 年 1 月 3 日。

[②] ［日］川崎三郎：《日清战史》，转引自林庆元《甲午黄海战役的结局及其在近代海战史上的意义》，《福建论坛》（文史哲版）1994 年第 4 期。

[③] 史哲解译：《李鸿章乘机图谋权势韬略》，中国致公出版社 2003 年版，第 250 页。

鸿章则惟弥缝补苴，画虎效颦而终无成就也。"梁启超认为，李鸿章"知有兵事而不知有民政，知有外交而不知有内治，知有朝廷而不知有国民"。他常指责别人"昧于大局"，而他自己"于大局先自不明"；他常批评别人"畛域难化，故习难除"，而他自己就"故习难除"。① 对李鸿章主导的洋务运动，梁启超进行了批判。梁启超认为：洋务运动仅限于军事、商务，而忽略了对西方政治及学术的学习；清政府不肯放手让民间社会参与洋务，而是施行官办或"官督商办"。梁启超说："中国人最长于商，但使国家为之制定商法，广通道路，保护利权，自能使地无弃财，人无弃力，国之富可立而待也。"但洋务一旦由"官督"，必定是"奸吏舞文，视为利薮，凭挟狐威，把持局务，其已入股者安得不寒心，其未来者安得不裹足耶？"李鸿章督办洋务运动的方法，其实就是通过行政手段干预经济，并以专制官僚体制扼杀资本主义于萌芽。② 总而言之，李鸿章毫无现代政治、经济理念。

甲午海战中国失败后，中国一些知识分子开始认知到洋务派的"船坚炮利"不足以救亡图存，中国需要新的方法应对自己面临的亡国灭种危机。严复对晚清中国面临的存亡危机的根源及救世之道有深刻认识。甲午战争后他发表了四篇思想深刻的文章——《论世变之亟》《原强》《辟韩》与《救亡决论》，以比较中西文化，探讨中国积弱与落后的原因，批判中国的皇权专制、八股取士、吸食鸦片及缠足等陈腐制度与社会陋习，提倡三项要政："一曰鼓民力，二曰开民智，三曰新民德。"③ 即强健民众体魄、学习科学，以及用现代自由、民主、平等等现代观念及基于现代观念的制度代替中国专制社会的伦理道德及宗法制度。

作为传统陆权国家，中国皇权专制政权向来注重陆军发展。清朝末期，中国传统的以陆军为军事建设核心的思想受到挑战，中国冷兵器面对西方坚船利炮毫无还手之力，陷入被动挨打局面。在殖民主义和资本全

---

① 参见谌震《呼唤新世纪的英雄——读梁启超的〈李鸿章传〉》，1872.cmhk.com/ziliaoku/4550.html，2022年1月4日。

② 参见谌震《呼唤新世纪的英雄——读梁启超的〈李鸿章传〉》，1872.cmhk.com/ziliaoku/4550.html，2022年1月4日。

③ 金炳华：《哲学大辞典》，上海辞书出版社2007年版，转引自百度百科《新民德》，https：//baike.baidu.com/item/新民德/22474257？fr=aladdin，2022年9月5日。

球扩张冲击下,中国以被动而外源性方式卷入社会现代化进程,其社会现代转型缺乏主动调整的动力,作为国家机器关键构成的武装力量也只能在外敌武装入侵刺激下被动且迟缓地迈向近代化。晚清组建现代陆军,但晚清落后财政体制及薄弱财政汲取能力无法担当计划中的耗费巨大的现代陆军建设计划。晚清中国,是一个自然经济占主导的社会,缺乏近现代工业,科学技术落后。洋务派兴办的近代军事工业,规模小,设备简陋,原材料匮乏,技术力量薄弱,军火生产数量有限且质量与西方国家差距巨大,根本无法满足现代战争。因此,中国不得不从西方国家进口武器装备,不仅白银外流,且受制于西方国家。落后工业体系、薄弱的科技实力严重制约了晚清陆军近代化进程。

近代,面对西方列强对中国王朝国家安全、生存及国家制度的挑战,洋务派提出"整军御侮,将才为先"的建军思想,重视近代军事教育,开办军事学堂,并派送留学生赴欧洲、日本学习军事,但囿于专制社会的强大阻力,军校、军事留学生数量都很有限。军校毕业生和留学士官生在新军中占有相应比例,但大量毫无近代军事素养的旧军官仍担当要职,军队新式人才数量与影响力都很有限。晚清中国虽然不断遭受西方工业文明冲击,但仍在包括军队改革在内的一切领域坚持儒家传统的道统思想,奉行"天不变、道亦不变"等专制理论。清政府在练军中坚持专制思想,其目的是控制军队,却迟滞了军队近代化进程。洋务派的军事改革以"中学为体,西学为用"为指导思想。"中体西用"思想有助于中国军队列装现代西式军事武器与推行西式操练,但洋务派断然拒绝改变包括军队编制体制在内的"中体"(皇权专制体制)。诚如李鸿章所言:"中国文武制度事事远出西人之上,独火器万不能及。"① 因此,当清朝的部分绿营军改编为新军时,又回过头来施行源自明代戚家军的湘军营制。晚清时期的淮军和部分湘军已有步兵、骑兵、炮兵和近似工程兵的建制,但却未能发展出合成军体制,长期推行守旧的单一营制。经历了甲午战争的惨败后,清廷才认识到改变军队旧编制体制的必要,但相较与中国同时开始推行近代化的日本陆军,中国军队已落后很多。

在中国,皇权思想根深蒂固,觊觎皇权者甚众,晚清时的北洋军阀领袖袁世凯未能免俗。对于自己编练的北洋现代化陆军,袁世凯以封建宗法

---

① 转引自张革非、王汝丰编著《中国近代史》,红旗出版社1984年版,第147页。

观念为建军治军思想，并培植私党，以及培育军队对他的个人忠诚，北洋陆军因此具有浓烈的封建私属性，最终成为袁世凯抵制民主共和与复辟帝制的工具。晚清陆军近代化，深受半殖民地半封建社会影响，极具曲折性、艰巨性与复杂性。面对海防危机，有识之士已意识到中国军队的孱弱，亟须变革，但军队建设的改革者在改革中却坚持用传统忠君爱国思想对军队施以精神控制，使军队近代化带有浓厚的个人色彩，并使其成为维护专制统治的工具。在不彻底的军队改革中，人人都将军队视为看家护院的家丁而非国家的护卫者，最终导致军阀割据与混战。

曾同样遭遇过西方侵扰的日本，其疆域、人口及财富皆不能比肩大清，但在国家统一改革下，军队是国家公器而非私人专属。清廷建立新军符合历史发展趋势，但却缺乏节制新军的能力，新军也成为依自身逻辑发展而不受朝廷制约的力量，最终成为清朝掘墓人。

军事近现代化是社会全方位近现代化转型的一个组成部分。只有得到政治、经济、法律及教育等其他社会支系统的支持，军事近现代化才能顺利展开，也才能发挥其应有功能。中国海军近现代化关涉中国几千年农耕生产方式向依赖海洋的外向型工商业生存模式的转变。然而，在近代的中国，包括政治精英在内的大部分社会精英对社会变革有一种错误认知，即认为能在不触动既有皇权专制体制的前提下完成国家、社会的近现代转型，他们试图在传统皇权专制社会系统中完成近现代军事子系统的建构。由于缺乏军事系统之外的其他社会系统的近现代化的加持，军事系统的近现代化步履艰难，障碍重重，也导致经洋务运动建立的北洋海军运转效率低下，并在与外敌的冲突中走向覆灭。

在中国社会近现代化转型的初期，中国社会精英的见识、思想境界、气魄与同时期的日本精英相比，在层次上都要逊色很多。在面对西方文明的挑战时，日本社会精英没有中国精英那种历史文化优越感，也未提出类似"中体西用"观念的臆想、自负口号，而是立足整体视域洞察西方文明体系，将西方文明看作整体性、系统性存在，视西方社会科学、人文科学及自然科学为相互联系、相互建构的整体性知识结构。尤其在政治领域，在日本精英提出的"脱亚入欧"的口号指引下，日本推动传统政治制度的近现代化进程，迈出现代化中最关键的一步。日本的转轨要比中国转轨，面临着更少历史负担，日本从来就不是一个类似中国的"大一统"专制国家，政权对社会的束缚远小于中国。"前近代的日本的社会实态，与中世纪欧洲相似，与欧洲的封建制度的特征相似，日本的幕藩制是东洋版的封建制度。"① 封建制度中地方权力大于中央权力，必然会导致大领主架空皇帝。然而，大领主底下的卿士也掌握相当权力，最终大贵族也会被架空，最终结果是王与士共天下。日本史学家依田熹家曾指出，日本社会和文化要素具有兼收并蓄的特点，这是日本近代化推进较为顺利的原因。就对外来文化的摄取而言，中国文化表现为单一性摄取，日本文化则是全面摄取型。鸦片战争之后，指导中国洋务运动的"中体西用"原则，就是文化单一摄取型特质的典型体现。日本在明治维新时期，日本政府为了"富国强兵"的需要，在推行学习欧美国家科学技术政策的同时，仍重视对西方法律和社会制度的摄取。日本民间社会也大量汲取学习欧美近代思想、文学及艺术，并尝试在日本全面普及推广。② 古代日本是后发国家，对待外来文化，往往秉持谦虚心态，从而能快速吸收外国文化养分，日本在文化上的宽容态度，能使多种文化并存。中国有悠久灿烂文明、文化，缺乏吸纳外来文化的足够文化空间。中国也有古老文明特有的文化自尊、自负，使它无法放下架子主动接受外来文化。

第三节 从"海防""塞防"到海权、陆权

一 中国文明转型与中国海权、陆权并重的必要性

近代以降，中国以被动方式卷入现代世界与现代化进程，并在与西方的交往中逐渐接受新的国家治理观念和新的国际关系。晚清时代，中国门户大开，各种西方侵略性、掠夺性势力纷至沓来，西方列强掀起瓜分中国狂潮，大量国土沦丧，国家主权被践踏。中国传统的边疆观念也因此发生深刻转换，由传统"内诸夏而外四夷"的天下观念逐渐转变为近代民族国家的边界观念，少数民族聚集的边疆由拱卫华夏的"边缘"，转化为国家至关重要的有机构成。伴随源于西方的"主权国家""民族国家"等现代观念传布至中国，加之国际社会现代意义的领土国界划定，以及更因为西方列强的侵略置中国于亡国灭种的危机，这一切使中国王朝国家的以治

---

① 冯天瑜：《欧日封建制"酷似"的发现》，《浙江社会科学》2006年第5期。

② [日]依田熹家：《日中两国近代化比较研究》，卞立强等译，上海远东出版社2004年版。

内为导向的边疆观念被解构，中国人不得不放弃原有疆域观念。在中国主导的古代东亚国际体系中，中国皇权国家一统江山而闭关独治，国家发展形势决定于内部因素，而在中外联通的近代世界，国家发展形势却决定于外部的世界大势。中国边疆治理也由传统的维持内部稳定的较单一内容，向熄内争、御外侮的双重内涵转变。中国也亟须在"大一统"观念指导下建构集政治、经济、文化、伦理于一体的现代治理体制及制度。在地缘政治上，这种对现代治理方式的诉求，就表现为从传统"塞防""海防"向现代"陆权"与现代"海权"的转变。

中国的现代化是在现代陆权与现代海权对中国的地缘政治安全造成严重威胁以及使中国的地缘政治深陷困局时开始的。19世纪中叶可视为中国现代化进程的起点。这一时段，西方的现代海权与现代陆权对中国的地缘安全及传统发展模式构成严重挑战。英国、法国、美国自海上而来，轰开中国大门，使中国卷入现代海权缔造的世界秩序，并处于依附地位。同时，经西方开启的工业化武装的俄罗斯取代过去的游牧民族开始蚕食中国北部疆土，成为中国最大的来自陆上的外部威胁。在两次鸦片战争期间（1840—1860年），英法军队侵入中国东部沿海，同时，沙俄则侵扰中国东北和西北边疆地区。

19世纪末，对中国安全威胁最大的国家是陆上邻国俄国与海上邻国日本，"倭逼于东南，俄环于西北"是当时中国同时面临陆防与海防双重安全压力的写照，并触发当时清廷著名的"塞防和海防之争"。清廷最终选择实施"塞防"与"海防"并重的防务策略。在当时历史情境下，清廷两防并重战略虽然没有取得最终成功，但其所取得的成效也不能忽视，俄国鲸吞新疆的企图被左宗棠的军事行动粉碎，李鸿章筹建的"北洋水师"也抑制了日本侵华野心。在同时面临陆防危机与海防危机之际，清政府选择塞防和海防并重，是深陷内忧外困危局的中国的唯一理性选择，是中国对传统陆权观束缚的首次突破，也是中国开始重视海权重要性的开端，其影响深远而有积极历史意义。民国时期，中国人的海权意识进一步觉醒。孙中山在1919年的《战后太平洋问题》序中写道："海权之竞争，由地中海而移至大西洋，今后则由大西洋而移于太平洋矣……盖太平洋之重心，即中国也。争太平洋之海权，即争中国之门户权耳。谁握此门户，则有此堂奥，有此宝藏也。人方以我为争，我岂能付之不知不问乎？"[①] 正因如此，中国

[①] 《孙中山全集》第五卷，中华书局1985年版，第119页。

才应海权与陆权并举，以恢宏之精神发展陆权，以豪迈之意识开拓海权，海权与陆权相得益彰。

中华人民共和国成立后，中国作为一个民族国家完全赢得独立自主，从此开辟了中国历史新纪元。就地缘战略角度看，海洋转型中华人民共和国成立后中国地缘文明发展的显著特征，其大致包含两个内容：前所未有的重视海防和海军建设，以满足国防需求；推进经济形态转型，即由传统、封闭的小农经济向现代、开放的工商经济转变。

第二次世界大战结束后，以欧洲为中心的国际格局终结，海权国美国和陆权国苏联成为国际秩序的关键建构者。以美国为首的资本主义阵营与苏联领导的社会主义阵营相互间以冷战为主要形式的对抗、竞争，成为第二次世界大战后40多年国际格局的主基调。冷战时期，中国是两大阵营争取、拉拢的中间力量，也是美国与苏联为制衡对方而借重的重要力量与筹码。此外，领土辽阔、人口众多及发展潜力巨大的中国也是美苏两国潜在竞争对手。冷战时期，中国战略地位举足轻重，地缘环境也险象环生。20世界60年代中苏关系恶化，直到苏联解体前，苏联同时于陆上、海洋两个方向对中国构成战争威胁。20世纪70年代，美国与中国同时面临苏联扩张的压力，从而两国关系走向缓和，中国也期望联合作为海洋国家的美国抗衡苏联。同时，发展现代海军也成为事关中国国家存亡、发展的必然需求。

中国兼具海陆地缘特性，但国家的生存发展、安全保障，首先还得主要依靠经营好本土才能解决。中国首先是大陆国家，其次才是海洋国度。对于传统中国而言，国家生存、发展之本在于土地、农桑，维系于陆地。① 历史上的中国，首先是一个陆权大国。治理好、建设好及利用好陆地960万平方公里国土是中国发展的首要任务与中国生存发展的基础。中国发展面临的制度变革、资源、环保及就业等基本问题，只有首先立足于国内本土才能解决。

地缘政治学家麦金德曾强调陆权对海权发展的关键支撑作用。麦金德认为，海上强国始终以陆地为基地，进行海权拓展的群体，只有依靠陆地的财富与资源，才能生存发展，才能"控制海洋"。② 人毕竟是陆地生物。

---

① 张露：《全球化时代的地缘政治与中美关系》，军事科学出版社2013年版，第122页。

② [英]麦金德：《民主的理想与现实：重建的政治学研究》，武原译，商务印书馆1965年版，第41、43页。

"海上强国"并不仅仅是指控制海洋,而主要是指身处沿海位置的民族或国家,通过控制海洋通道而获取别处土地的所有权及财富。英国成为海上强国,离不开一个必要前提,即英国拥有物产丰饶且有安全保障(能避免陆上入侵)的英格兰平原这一本土基地。麦金德1918年远望英格兰平原丰硕的庄稼时感叹道,作为航海民族,英国不应仅只感谢上帝赋予了它英吉利海峡,对物产丰富的英格兰平原的感恩亦不能丝毫逊色于对海峡之感恩。[1] 按照麦金德地缘政治理论,沿海民族只有摆脱自然地理限制,在别处获取土地所有权并建构起自己的战略纵深,才能赢得政治优势。从大航海开始直到16世纪,西欧沿海民族正是通过占有经大航海发现的新大陆,才让自己摆脱此前一直受大陆腹地民族挤压、威胁的困境。就生存发展的意义而言,"Sea Power"并非仅仅局限于"制海权",也指一个民族为在发展上使自身摆脱自然地理限制而向外获得新的生存空间或土地的系列举措。

麦金德曾强调,西欧大远航开启的哥伦布纪元于19世纪已终结,欧亚大陆腹地的陆权力量对新月形地带(欧亚大陆边缘地带)的威胁并没有消失,俄国取代游牧民族向外出击。尽管通过利用蒸汽机舰船,以及由于苏伊士运河在1869年通航,海上强国的机动性进一步增强,但同时,陆权强国通过利用蒸汽机车和铁路,也同样获得了现代化机动性。[2] 在麦金德看来,欧亚大陆腹地的陆权力量与边缘地带国家的冲突并不会因为海上强国出现而终结。美国学者米尔斯海默(John J. Mearsheimer)曾指出,"地面力量才是决定性的军事手段。战争靠庞大的陆军而不是海上的舰队和空中的飞机赢得胜利。最强大的权力是拥有最强大陆军的国家。"[3] 米尔斯海默的观点有很大争议,但其关于陆权之重要性的强调,仍值得重视。一个国家,只有陆上邻国友好或没有强敌环伺,才拥有向海洋拓展的足够动机与能力。友好的陆地邻国将是本国的战略缓冲区,也能降低捍卫本土安全的成本投入。敌对陆上邻国的存在,则必将会耗费国家巨量资源

---

[1] [英]麦金德:《民主的理想与现实:重建的政治学研究》,武原译,商务印书馆1965年版,第58页。

[2] [英]麦金德:《历史的地理枢纽》,林尔蔚、陈江译,商务印书馆2007年版,第66—67页。

[3] [美]约翰·米尔斯海默:《大国政治的悲剧》,王义桅、唐小松译,上海人民出版社2008年版,第94页。

用于陆上防御，从而使得海上发展力不从心。海陆复合型的中国，处于亚欧大陆的东部边缘与太平洋西岸，兼具同时发展陆权与海权的地缘条件。陆地安全、陆权发展是中国经济发展、国家安全及稳定的保证，故中国不能丝毫轻慢陆权发展。

对于夯实陆权，海权的意义重大，陆权和海权相辅相成，也相互制约。海权的发展无法离开依托陆地的海军基地，也必须以对关键海上咽喉要道的控制为前提。尽管海军具有战术上的机动性，也能进行远洋征讨，但其力量根基还是在陆上，物产丰富、安全可靠的陆上基地是海洋力量得以发挥的必要前提。在战争中，制陆权也是缔造战争综合制权的基础。现代战争，呈现力量多元化、样式复杂化及智能化趋势，各种作战行动相互融合，但各形态作战所需的基础设施、武器平台、指挥中枢、物质资源及人力资源等依然在陆地，充分的陆地安全是其他领域作战成行的必要前提。

二 关于中国现代海权与陆权发展的思考

20世纪30年代，美国历史学家房龙曾写《房龙地理》一书，该书第37章标题是"中国：东亚大半岛"。既然是半岛型国家，中国就理当陆海并重。不同历史时期可各有侧重，但两者必须兼顾。

海陆复合型地缘条件给予中国同时发展海权与陆权的条件。海陆复合型地缘给予中国发展的便利，我们可从尼古拉斯·斯皮克曼（Nicholas John Spykman）的"边缘地带理论"中得到启示。在斯皮克曼看法，麦金德地缘政治学说提到的欧亚大陆东西两端"边缘新月形地带"，应该是欧亚大陆最重要的地缘力量。边缘地带能将陆权与海权完美结合，而且是欧亚大陆最具权力潜力之地。边缘地带在"海权和陆权发生冲突时，起到一个缓冲作用，并可以从海陆两面保护自己"[1]。斯皮克曼认为，欧亚大陆边缘地区是世界地缘政治格局中最具权力潜质之场所的关键原因有两个。其一，边缘地带是世界人口和资源主要集中地。其二，心脏地带和边缘地带的关系、边缘地带内的权力分布、海洋势力对欧亚大陆沿岸的挤压

---

[1] ［美］尼古拉斯·斯皮克曼：《和平地理学》，刘愈之译，商务印书馆1965年版，第96页。

及西半球参与这种挤压,深刻影响着东半球各国的权力冲突。① 在所有上述联动中,边缘地带并非完全被动的,而是处于核心地位,也是各国权势争斗的发源地。② 根据斯皮克曼所著的《和平地理学》一书,地处欧亚大陆东部边缘地带的中国将会成为东亚地区的主导型强国。

中国的海陆复合型地缘特征及同时身处欧亚大陆枢纽地带与边缘地带的地缘实现,决定着中国地缘战略目标及选择方向:在维持强大陆权之际,发展强大海权,基于中国身处"枢纽地带"及"边缘地带"的地缘态势综合运用海权与陆权;兼顾陆权发展与海权发展,兼顾向东发展与向西发展,海陆统筹并发挥海陆兼备的积极作用。海权与陆权是关系中国未来国防安全与国家发展的两个重要战略方向,二者必须保持平衡。把海权发展与陆权发展分开来解决,只是短期的战术算计而非长期的战略考量。

传统海权、陆权发展及二者之间的关系深受西方思想界地理决定论及二元对立思维的影响,从而一些国家、政治家及学者过度强调地缘条件在国际关系中的作用,以及视海权与陆权间关系为二元对抗关系。在全球化时代,由于各国经济、发展利益的相互交叉及国家之间相互依赖关系的加强,协调、合作原则在国际关系中日益凸显,经济全球化在约束中国的同时,也制约美国等其他海上强权。中美、中日及中欧彼此间的利益相互渗透、相互交织,经济发展上的相互依存程度已达到相当的高度。在全球化时代,经济发展、文化交流正在重塑国家间的政治关系,在地缘政治方面,就是超越海陆间、国家间的对抗关系,使各国在经济、发展的相互依存中走向妥协。海权建设是军事、政治、外交、经济、国家制度建构及发展模式等因素的多维组合,并非单纯海军建设。"海权"彰显的是一种综合实力,是国家在一定海洋空间发挥军事、政治、外交、经济及文化等影响力的能力,并体现为对国际制度建构的影响力、主导力,以及自身文明及发展模式对其他国家的吸引力,也表现为获得国际社会认同的能力或"权势"。"海权"是国家整体文明及发展水平的综合体现,硬实力是基础,软实力是关键。③

---

① [美]尼古拉斯·斯皮克曼:《和平地理学》,刘愈之译,商务印书馆1965年版,第96页。

② Donald W. Meinig, "Heartland and Rimland in Eurasian History", *Western Political Quarterly*, Vol. 9, No. 3, 1956, p. 556.

③ 胡波:《后马汉时代的中国海权》,《边界与海洋研究》2017年第5期。

地缘政治、地缘经济固然是围绕着地理空间控制权而展开的，但其本质则是处于一定文明形态中的人与人之间的关系。地理条件影响地缘政治、地缘经济，但并不能从根本上决定地缘政治、地缘经济。地理条件与国家间的地缘政治、地缘经济关系的联系是或然的，并非必然。国家之间的地缘政治、地缘经济关系的性质，最终取决于人类社会的文明形态及文明层次。冷战结束后，尽管作为强权政治重要理论支撑的地缘政治理论仍深刻影响着国家战略选择，但在全球化深入发展的现实国际环境中，其对现实国际政治解释的局限性越来越显现。在各国相互依存的全球化世界，国家间的关系已很难单纯用权力斗争来解释。

只有超越地理环境而对人类文明变迁、人类文明发展的普遍法则进行思考，地缘政治之"术"才能上升到地缘政治的战略之"道"，地缘战略思考才能成为地推动人类文明发展的战略之思。中国是一个地理疆域规模巨大且兼具海陆复合性地缘特征的大国，且曾经是世界轴心文明之一的重要载体，其崛起具有世界性意义。中国的崛起不是简单的权势崛起，而是一种具有普遍主义特性的轴心文明形态的复兴。在中国思想与民族复兴的重要组成部分中，世界普遍主义的哲学思考与人类命运的全球空间视野，二者的价值是等量齐观的，并且必须携手共进。

清代，中国所处世界的国际秩序总体上是由海权国家塑造的，中国比列强更为落后的似乎是海军，中国国门也是从海上被海洋国家打开。由此观之，在晚清政府发生的"海防"与"塞防"孰重孰轻的争论中，似乎"海防派"主张更超前或更合乎世界潮流，而塞防更传统。但是，仔细考量两派观点，意识超前者未必就正确，看似传统的未必就不符合国家利益。道理很简单，尽管海权是中国迈向现代国家的关键，但陆权却是国家生存的根本与基础。

从地缘政治看，清朝面临的塞防与海防的根本问题，其实是分别确保陆权与发展海权。当塞防危机与海防危机同时发生时，国家资源的有限性将使国家难以二者兼顾，因此，必须在确保陆权与发展海权二者之间做好平衡关系。对地缘政治总体形势及其各局部形势轻重缓急的判断，最终将决定国家的战略布局。当今之世，民族国家仍旧是国际关系最基本之主体，领土乃国家生存之本，地理环境仍是决定国家发展的关键要素，地缘政治、地缘经济自然是国家发展大战略的关键与核心。目前的国际关系中，领土争夺仍是目前大多数国家间政治、军事冲突的焦点问题，基于领土控制为目标的国家间竞争仍在国际事务中占主导地位。在这种竞争中，国家外交政策中优先目标的确定将由国家地理位置决定。目前，国家疆域面积的大小仍是衡量一国国力及其在世界中地位的关键标准。

伴随中国社会从传统农耕社会向现代商业与工业社会转型，以及海外商贸的发展，发展现代海权将必然成为中国发展的核心任务。作为陆海复合型国家，中国三面临陆，并与强大的陆权国家相邻，这意味着中国无法像海洋国家英国、美国那样基于战略集中原则而心无旁骛地发展海权。中日甲午战争爆发前的30年，中国面临一个发展的战略机遇期。当时，海权国英国与陆权国俄罗斯相互对峙，都暂时放松了对中国的侵略，日本与中国处于同一起跑线。但是，清朝政府却回避制度变革，强调"祖宗之法不可变"，终使崛起机会化为泡影。21世纪初期，中国又面临新的发展战略机遇期。伴随改革开放及中国经济全面融入世界，东部、东南部沿海区域成为中国战略安全与发展的重心，其原因不仅是因为中国经济重心与对外通道位于及聚集于此，也是因为中国当下面临的外部战略挤压也主要位于这一区域，这种战略挤压主要来自以美国为首的西方国家。内部的发展需求与外部的地缘政治压力，都亟须中国发展与加强现代海权。

自鸦片战争至今的170余年，中国社会一直经历着一种"混合性"社会转型，即从"农业社会"同时向"商业社会""工业社会"及"后工业社会"转型。与西方国家发展的各阶段依次升级的单线性社会转型相比，中国三种现代社会转型相互纠缠并进的混合式社会转型难度极高。同时，中国始终在探索、建构与此种史无前例的混合社会经济转型相适应的符合中国国情的社会体制。近代之前，中国传统社会秩序一直相对稳定，并遵循王朝国家、天下秩序分合、治乱循环的周期性发展模式，但自鸦片战争之后，近现代化的西方社会对中国的渗透与侵越解构了中国的传统经济和政治，并给中国注入了势不可当的现代性力量。面对这一冲击，中国不得不在逐渐汲取"现代性"要素之际，也背弃传统换汤不换药的"周期性"变化模式（王朝国家治乱分合循环，只有改朝换代，没有社会进步），步入现代化道路。

中国于19世纪中期开始遭受的边疆危机，证明基于传统大陆农耕文明的"大一统"秩序在运作及发展水平上与同时期的西方现代社会秩序相比存在巨大落差。中国遭受的"海防""塞防"危机，其实是中国传统"大一统"秩序在遭受更先进的文明挑战之时而走向体制性全面坍塌的必然结果。传统"大一统"秩序运作框架及组织体系的解体,并非意味着其精神内核、抽象层面的价值理念的终结。面对现代文明形态的冲击,"大一统"体制必需经历现代文明的洗礼而吸纳现代性,并需迈向海陆并举的发展方向。同时,基于现代文明的海权与陆权统筹发展也是确立富有创新力的新的"大一统"秩序的前提。

第六章　地缘文明视域下的现代海权、现代陆权

15世纪，当中国基于传统大陆文明的皇权"大一统"秩序走向成熟之际，同时代的西方世界在现代性促动之下开辟新航路，掀起大航海革命，迈向发展现代海洋文明的征程。中国传统"大一统"秩序及治理模式，主要是伴随皇权专制国家的诞生而逐步生成，也演化出一张将整个社会生活网罗于其中的密不透风的权力控制之网，最终使中国社会丧失创新能力。

中国清王朝兴起之际，正是世界大航海时代来临与西方殖民主义开始扩张之时。伴随1648年欧洲"三十年战争"收场与终结这场战争的《威斯特伐利亚和约》的签订，国家主权观念正式登场。此时，西方殖民势力开始觊觎中国边疆，沙皇俄国势力侵入中国北方，西班牙、荷兰殖民者先后侵夺中国台湾。从郑成功收复台湾，到清朝反击沙皇侵越，中国各族人民开启抵抗西方势力侵略的历史新篇章。伴随西方国家对中国的渗透与侵扰，中国在东亚建构并主导的国际秩序东亚朝贡体系也被西方外来势力解构，也由此开始撼动中国皇权"大一统秩序"。最终，后者在内忧外困中走向终结。

新航路开辟掀起了现代空间政治革命，原本相对封闭的多中心世界经济、政治体系开始被伴随新航路开辟崛起的西方国家重构，并形成一个延续至今的海权与陆权二元并立对峙结构的全球政治空间，也使处于东亚区域"中心"的"大一统"中国被卷入全球空间的政治场，并一度沦为"边缘"。面对现代西方海洋、大陆文明凭借技术优势、组织优势的"降维"打击，中国人传统"大一统"国家的自我想象及组织构架被彻底颠覆，并不得不走向重构国家社会治理模式的道路，以期在新的全球政治空间结构中获得主体性地位。

伴随新航路开辟而走向崛起的西方世界开启了一个崭新的地缘文明时

代，其不仅推动海洋文明崛起，还逐渐终结传统大陆文明在世界发展中所占据的中心及主导地位，并主要通过海洋扩张逐渐建构起一个西方主导的国际秩序。西方主导的国际秩序中，大陆文明与海洋文明都被注入现代性，从而开启一个新的地缘文明时代，并推动传统地缘文明迈向现代化进程。

西方开启的现代地缘文明发展时代，直接表现为西方各国之间对海权与陆权的争夺，也开启一个海权与陆权二元竞逐、博弈及对抗的时代，国际格局也因此呈现为海权国家与陆权国家或海洋文明与大陆文明相互对抗、割裂的状态，现代国际秩序也正是基于海陆二元并立与对抗而建构。

第一节 大航海时代与东亚朝贡体系、中国传统陆权的终结

一 大航海时代与现代海权的崛起

15世纪末，伴随商品经济、货币经济发展，西欧社会海外拓展的海洋意识日益强烈，货币需求量剧增，急切希望获得大量作为商品交换媒介的黄金，但欧洲黄金储藏有限，不得不到欧洲之外寻找。欧洲人展开大航海而发现美洲，并开辟通往东印度的航线，由此促进世界商业贸易繁荣与实现各大陆间的联系，经济全球化自此开启。大航海之后，人类文明开始了革命性变革，人类交往主要渠道由陆路转向海路，东西方世界互相隔绝的人类历史告终。新航道、新大陆的发现标志着人类历史向资本主义过渡的巨大转折。[①] 英国地缘政治学家哈尔福德·麦金德（Mackinder, Sir Halford John）将哥伦布开启的大航海运动及其地理发现视为人类历史上一场伟大的空间革命。麦金德认为，大航海推动的空间革命使欧洲人在地理空间的拓展与视域上发生了划时代变革——从前哥伦布时代二元地理空间（欧亚大陆心脏地带与欧亚大陆边缘地带的二元并立）转变为哥伦布时代的三元地理空间［欧亚大陆"心脏或枢纽地带"、围绕欧亚大陆的"内部（或边缘）新月形地区"及由南北美洲、大洋洲、南部非洲及其周

---

① 张椿年：《海洋文明与中世纪西欧社会转型》，《人民论坛·学术前沿》2012年第7期。

边广大海域所构成的"外部（或岛状）新月形地区"三大地理空间之并立]。① 哥伦布开启大航海后，世界历史迈入大航海时代或哥伦布时代。② 这个时代的到来，对于东亚社会而言，其将从根本上颠覆中国为主导的陆陆平衡的东亚地缘政治、地缘经济结构与文明发展方向。

大航海时代，资本主义开始勃兴，并走向全球扩张，"海权"变得愈发重要。同时，资本全球扩张、海洋经济意味着开放与包容，以及意味着更先进的生产力和贸易制度。现代资本主义是世界历史性（打破世界各文明的分割性而将世界整合成一个整体）之存在，经济全球化与资本主义生产方式全球扩张是同步的。随着资本扩张推动的经济全球化进程，一个以西方为中心的"世界体系"逐渐生成。根据世界体系论者伊曼纽尔·沃勒斯坦（Immanuel Wallerstein），现代世界体系形成的起始时间是1500年。③ 世界体系从本质与过程上是资本主义生产逻辑充分彰显的结果。通过西欧各国的大航海运动，新的世界格局由此诞生。大航海时代之前，世界历史的呈现是孤立割裂的，世界各地相对闭塞而相互隔绝。大航海开启之后，世界各地的人民之间的互动大大加强，原本区域性的海上商贸演变为世界性全球贸易，分散割裂、封闭的世界各地在大航海之后走向"统一"或不可分割的联系。

伴随地理空间革命，政治空间革命亦展开：其一，开启大航海运动的欧洲借助军事、商贸力量将"内新月形地区"与"外新月形地区"整合，④ 并主导欧亚大陆心脏（枢纽地带）之外的包括海洋和美洲新大陆在内的整个世界。"他们的舰队控制海洋，在各大陆的外缘定居，并在不同

---

① ［英］哈尔福德·麦金德：《历史的地理枢纽》，林尔蔚、陈江译，商务印书馆2010年版，第68—69页。

② 强世功：《陆地与海洋——"空间革命"与世界历史的"麦金德时代"》，《开放时代》2018年第6期。

③ ［美］伊曼纽尔·沃勒斯坦：《现代世界体系（第一卷）：16世纪的资本主义农业与欧洲世界经济体的起源》，郭方等译，高等教育出版社1998年版，第13页。

④ 根据英国地缘政治学家麦金德在1904年的《历史的地理枢纽》和1919年的《民主的理想与现实》两部著作，从东欧到中西伯利亚的这一欧亚大陆中心是个"心脏地区"，在该地区以外有内、外两个新月形地带。内新月形地带是指除心脏地区以外的欧亚大陆边缘地带，外两个新月形地带是指欧亚大陆的陆地部分以外的海岛与其他大陆。参见刘小枫《麦金德政治地理学中的两种世界文明史观》，《思想战线》2016年第5期。

程度上把亚洲的海洋边缘地区变成属地。"① 其二，当欧洲整合两个新月形地带之后，在地理意义上消除了欧亚大陆"中心（枢纽）地带"曾据有的相对于欧洲的地缘战略优势，并使欧洲（西方）与亚洲（东方）的政治关系发生逆转，即欧洲据有了相对于亚洲的政治优势。马克思曾说："资产阶级，由于开拓了世界市场，使一切国家的生产和消费都成为世界性的了。"② 马克思、恩格斯看来，他们所处时代的世界秩序是现代工业文明的产物。大工业"创造了交通工具和现代化的世界市场……它首次开创了世界历史，因为它使每个文明国家以及这些国家中的每一个人的需要的满足都依赖于整个世界，因为它消灭了以往自然形成的各国的孤立状态"③。

在资本主义、工业社会初期，西欧开启全球性海权扩张，并借助海洋霸权实现全球霸权。15世纪末开始，葡萄牙、西班牙、荷兰、法国及英国等西欧国家，借助航海技术的进步，开启"大海航时代"，通过海上交通到美洲、非洲及亚洲等地开展贸易，并进一步发展出近代化海军和资本主义制度，以及在世界各地掠夺资源、开拓殖民地。伴随资本主义发展，海权帝国崛起，并逐步取得对于陆权帝国的优势。近代社会开启直至第二次世界大战结束，与海权强国较量的陆权强国悉数失败。1756—1763年的英法战争中，纯粹海权强国英国击败陆权强国法国；1840—1842年的鸦片战争中，英国击败古代陆权强国中国；1904—1905年的日俄战争，日本将海权性比自己弱的沙皇俄国击败；第一次世界大战，以英国、法国为主力的协约国击败以德国为核心的同盟国，协约国的海权属性远远高于同盟国；第二次世界大战，德国再度挑战以英国、美国为代表国的海洋霸权，再次失败。

从16世纪初期葡萄牙、西班牙以"教皇子午线"来划分两国在世界的势力范围，到17世纪被誉为"海上马车夫"的荷兰驰骋世界各大洋，再到19世纪大英帝国控制整个海洋，乃至冷战后美国通过掌控世界主要海洋通道支撑其全球霸权，西方列强无不是通过海洋扩张及主控海洋，支撑起西方主宰的国际体系、国际秩序。在西方国家主导的"海洋时代"，

---

① [英]哈尔福德·麦金德：《历史的地理枢纽》，林尔蔚、陈江译，商务印书馆2010年版，第65页。

② 马克思、恩格斯：《共产党宣言》，人民出版社1997年版，第28页。

③ 《马克思恩格斯全集》第3卷，人民出版社1965年版，第68页。

"以海制陆"是西方国家行动的重要逻辑,即通过掌控"海权"遏制"陆权",进而主控世界。在近现代世界,资本全球扩张及其带来的全球贸易,造就出西方海权国家主导的世界地缘政治体系:以印度洋为中心,太平洋与大西洋为左右侧翼的海洋地缘政治格局;以中亚、南亚与西亚为中心,以欧洲大陆西部边缘地带与亚洲大陆东北边缘地带为东西两翼的陆上地缘政治格局。① 西方海权国家对世界地缘政治主导权的控制主要是围绕这"一个中心,两个基本点"而展开,英美等海洋国家争夺海洋霸权的基本路径是:"遏制两翼,围堵中亚,死保印度洋。"② 这种全球地缘政治态势深刻影响了中国发展的外部环境与中国对外战略的选择。

根据历史学家阿诺德·约瑟夫·汤因比（Arnold Joseph Toynbee）对文明发展的洞见,各文明间的历史交往过程遵循"刺激—反应"或"挑战—应战"模式,即一个文明渗透进另一个文明,给被渗透文明带来军事、政治、经济及文化等刺激,并促动其做出反应。③ 中国文明的发展深刻受游牧、农耕及海洋文明之间的互动、碰撞及相互刺激的影响。近代之前,游牧文明与农耕文明的冲突与融合是中国历史进程的主线。近代开启之后,中国大陆文明（主要表现为传统文明）与海洋文明（主要表现为现代文明）的冲突与融合却决定着中华文明未来命运。"某种程度上,中国与其大陆边疆以及中国与世界其他各地关系的新表现,可以由世界史上交替出现的大陆及海洋时代来解释。"④

二 中国主导的东亚朝贡体系与中国传统陆权的终结

1648年10月,经历"三十年战争"的欧洲各国签订《威斯特伐利亚和约》,和约确立起民族国家间平等交往之原则,该原则保护了尚处年幼阶段的资本主义。和约签订也标志着民族国家及近代民族国家体系开始确立,自此开始,民族国家成为国际关系中最重要行为主体,基于资本运作

---

① 张文木:《世界地缘政治体系中心区域的大国政治》,《太平洋学报》2010年第3期。
② 张文木:《世界霸权与印度洋——关于大国世界地缘战略的历史分析》,《战略与管理》2001年第4期;张文木:《中国需要经营和治理世界的经验》,《世界经济与政治》2010年第7期。
③ 参见刘宝《汤因比文明理论撮要》,《文史杂志》2020年第1期。
④ [美]欧文·拉铁摩尔:《中国的亚洲内陆边疆》,唐晓峰译,江苏人民出版社2008年版,第4页。

的世界体系也拥有了维护其正常运行的政治上层建筑。《威斯特伐利亚和约》也开启以"国际条约"形式约定国家间关系之滥觞。《威斯特伐利亚和约》是人类历史上国家间签订的第一个现代性的国际关系条约体系,其标志着现代国际关系体系的正式诞生。根据和约规定精神,独立之欧洲各国在国内拥有至高无上之统治权,对外则拥有完全独立之自主权。和约在人类历史上首次提出主权国家概念,并首次以条约形式确定维护国家领土完整、国家独立和主权平等的国际法原则,以及确定一系列基于国家主权平等的国际关系准则。通过对《威斯特伐利亚和约》精神的践行,在尊重欧洲民族国家主权的前提下,欧洲各国率先在欧洲各国之间建立新国际秩序,自此,基于尊重国家主权的国际秩序产生。伴随欧洲诸国的全球扩张,主权国家概念逐渐传布至全球。时至今日,尊重国家主权依然是各国对国家间交往的共识以及国际秩序的基本原则。

资本主义全球扩张的历史进程中,民族国家诞生并发展成熟。"名为'民族国家'的政治实体的形成是由全球化工业和商业革命构架的。"[1]《威斯特伐利亚和约》确立了主权国家间的合法边界,并树立主权国家间彼此不干预国家内部事务之原则。在欧洲民族国家竞争及资本扩张中,英国鹤立鸡群,并逐渐主导欧洲国家间的力量均衡体系,且相对并有效地维持西方国际秩序的稳定。1713 年西班牙王位继承战争结束,欧洲各大国签订《乌得勒支和约》,和约保证了欧洲大国间的实力均势,英国同时赢得海洋霸权,并主导海洋国际贸易。拿破仑战争接近尾声的 1815 年,英国主导构建四国同盟(由英国、俄罗斯、奥地利、普鲁士四国组成)致力于追求欧洲大国之间的力量均衡,牵制制衡同年组建的致力于维护君主政体的神圣同盟(俄国、奥地利、普鲁士缔结的同盟)。1815 年至第一次世界大战爆发前,欧洲总体上维持了 100 年的和平,也被史学家称为"英国治下的和平"(Pax Britannica)。

相对于西方国际秩序,自公元前 3 世纪开始的、以中国王朝国家为核心的等级制网状国际政治秩序体系"朝贡体制"在东亚占据支配地位,该体制直到中日甲午战争才真正终结。朝贡体制基于古代中国王朝国家与周边的地缘关系以及中国"天下观"理念而建构,是一套传统中国对外

---

[1] Tom Nairn, Paul James, Global Matrix: Nationalism, Globalism and State-Terrorsim, Pluto Press, 2005, p. 5, 转引自林红《族群民族主义的复归与民族国家的选择》,《教学与研究》2020 年第 9 期。

关系的制度安排。中国"天下观"的核心是以中国为中心的华夏中心论，认为唯有华夏文明才是文明，周边都是非文明的边缘。中国周边是地理、文化上的边缘。中国古人将中国周边的非华夏文明覆盖地区及族群，分别称为"东夷""南蛮""西戎""北狄"，视他们为不懂礼教的野蛮人，并秉持"用夏变夷"而非"用夷变夏"的观念。对非华夏文明，中国古人有时也将其称为没有接触过华夏文明的"番"。中国在与其他国家、民族交往时，在思想层面秉持俯视其他地区与民族的华夏中心论，并基于华夏中心论文化建构出一种国际秩序或制度，即以中国为宗主国而周边国家或他国是藩属国的宗藩体系（朝贡体系或华夷秩序）。华夷秩序中，中国是宗主国，周边国家或他国是中国藩邦、藩属及属国，中国皇帝是秉承天命治理天下的天子，天子是最神圣之"天"在人间的化身、代表，天子代表天统治万民。是否四夷宾服、万国来朝，是天子是否英明、中央天朝是否处于盛世的重要表征。万国来朝也是王朝权力合法性之象征。中国历史上，每当新王朝建立，其往往会诏谕藩属国称臣纳贡。朝贡体系诞生后历代相沿，明清两朝臻于完善，其主要内容是：藩属国按规定时间携带贡物，经贡道到达中国京城，遵循规定礼仪向中国天子呈送贡品；天子对朝贡国还赐，还贡价值通常比藩属国进贡价值高；属国有新君继位，需由中国天子册封才拥有合法性。清代朝贡体系承续明朝旧制而有所改革。[①] 朝贡体系形式灵活，但中心思想明确集中，位居"天下之中"的中国拥有最高之文明、礼仪，觐见礼仪是朝贡体系的核心，极具象征意义。朝贡或朝觐将彰显天朝"统而不治"及"万邦来朝"的盛世太平。朝贡体系中，朝贡贸易是重要内容，"所谓朝贡贸易，就是通过两国官方使节的往返，以礼物赠答进行交换的贸易方式。"[②] 伴随朝贡体系建构及朝贡的展开，自唐宋直至中英鸦片战争，东亚地区存在一个以中国为中心且以朝贡贸易维系的亚洲经济圈，在其中，中国对东亚世界有全方位影响。据美国汉学家费正清（John King Fairbank）的"中国中心主义"或"中国世界秩序"论，东亚历史上曾存在一个以中国为中心的国际秩序，其等级严明，是一个以中国为中心的同心圆状的中国对外关系的网状秩序结构，与近代欧洲形成的国际秩序大致相当。

---

① 李云泉：《再论清代朝贡体制》，《山东师范大学学报》2011年第5期。
② 齐涛：《朝贡外交与朝贡贸易》，《国学》2013年第7期。

费正清的博士学位论文《中国沿海的贸易与外交（1842—1854）》将朝贡制度阐释为与西方"条约体系"相对应的"国际体系"。很长时间里，朝贡贸易维系着"中国世界秩序"的稳定，也是连接东亚各国政治经济关系的关键纽带。"中国世界秩序"存续期间，中国很少利用宗主国身份压迫、掠夺及控制朝贡国；大多时候，朝贡成为中国的经济负担，中国从中无利可图；朝贡国若遇内乱外患，中国还需承担安抚保护的责任。对中国而言，朝贡贸易的本质其实是中国"怀柔遐方、加惠四夷"的政治行为。① 通过朝贡体系，中国维持了周边地区的相对稳定，这是维持周边稳定与安全成本最低的选择。费正清认为，中国历史上推行朝贡贸易，其旨在维护中国皇帝奉天命而治天下的权威。他说，"如果四周远人不承认他的统治，他又怎能令中国百姓臣服呢？在中国，权威是一项十分重要的统治工具，而朝贡能够产生权威"②。外国向中国中央天朝朝贡能提升中国天子的统治权威，同时，向中国纳贡及臣服的外国统治者将从中国皇帝那里获得其统治的合法性。外国统治者之所以热衷参与朝贡，也是因为他们期望获得中国皇帝的巨额赏赐，也期望有机会购买茶叶、丝绸等中国商品。费正清认为，朝贡体系也是一种巧妙绝伦的贸易工具，这是其能长期存续的关键。③ 朝贡体制是基于儒家礼制及差序思想建构的儒家秩序，"儒家秩序带来了高度的稳定"，即便"朝贡"制度的实质需求也仅是"承认中国皇帝的文化优越性，而不是承认中国皇帝对自己的国家的政治权威"。的确，"东亚有很多暴力冲突，但是主要发生在中国化国家和其他通常是非国家的行为体之间，比如北方的半游牧民族"④。

伴随大航海时代来临及西方世界体系扩张，朝贡体系成为中西交往中无法回避且难以逾越之屏障。在资源动员能力更强、资源配置效率更高的西方工商资本冲击下，朝贡贸易体系逐渐退出东亚社会，东亚各国逐渐被卷入西方主导的世界体系。1842 年，在中英鸦片战争中战败的中国被迫

---

① 吴建雍：《18 世纪的中国与世界》（对外关系卷），辽海出版社 1999 年版，第 8 页。

② [美]费正清：《朝贡贸易与中西关系》，转引自何伟亚《朝贡体系、礼仪与中国中心史观的转变》，http://www.aisixiang.com/data/122268.html，2021 年 7 月 28 日。

③ [美]费正清：《论清代的朝贡制度》，转引自石光日《从朝贡到条约：甲午战争前后中日对朝贸易比较》，《东北财经大学学报》2021 年第 4 期。

④ 康灿雄：《中国影响下的文明与国家的形成》，载 [美] 卡赞斯坦主编《世界政治中的文明》，秦亚青等译，上海人民出版社 2018 年版，第 137 页。

签订丧权辱国的中英《南京条约》，此后中国主导的朝贡体系开始走向解体，中国也被迫卷入西方国家主导的世界体系，其社会形态也步入近现代转型进程。以1840年鸦片战争为起点，西方列强通过战争及不平等条约逐渐将中国纳入西方支配的资本主义—帝国主义世界体系并将其边缘化，1894—1895年的中日甲午战争，中国战败，朝贡体系全面告终。伴随西方列强强迫中国签订一系列不平等条约，中国被迫按照西方的"自由贸易"原则开放贸易、开放通商口岸及建立海关体系与租界，朝贡贸易体系被解构而逐渐演变为西方主导的不平等的条约通商体制。条约通商贸易体制侵犯中国主权，并将中国经济市场纳入英国主导下的世界经济体系。

东亚朝贡体系与西方主导的世界体系，在发展层次与性质上是非对称与不兼容的。中国皇权体系支配下的朝贡贸易体系是依凭"德治"维系的内聚型等级秩序，以守成稳定、四夷归化为目标，其重心是强化皇权国家的政治经济地位。中国小农经济的自足性、狭隘的华夷文化观使中国发展不依赖海外市场，也抑制中国海权理念的形成。北方塞防问题的持续存在，也掣肘着明清两朝的海防建设。在皇权国家中，封闭型社会有利于皇权专制，而开放性会危机皇权专制，因此，出于稳定皇权统治的需要，中国皇权国家通常推行闭关锁国政策。与此同时，在欧洲，在政治上维持主权独立与国家平等的各民族国家却建构起一个由英国主导的西方世界体系，英国依托其竞争力极强的经济和海权实力推行自由贸易政策，并致力于将其商业和生产体系扩张至全球。16—18世纪，欧洲资本主义国家的全球扩张催生出一系列海外帝国，这些帝国为争夺资本、市场而展开竞争，而东亚社会仍旧是自给自足的小农经济社会，并未产生出争夺资本与市场的国际体系。中国与西方在社会形态、经济发展模式上的差异是导致19世纪东亚与欧洲发生政治、经济冲突的重要原因。[1] 相较而言，资本主义世界体系彰显着中国皇权国家主导的等级朝贡体系缺乏的经济理性、法律理性。经济主体基于对成本与收益的比较而追求自身成本最小化与收益、利润最大化，是经济理性的最大特性。法律理性则有两个作用：保护国家范围之内的经济活动；规范各国家、各社会、各文化间的交往、互动。近代之前，中国从未遭受过比中国文明发展层次更高的文明的挑战，

---

[1] ［美］乔万尼·阿里吉、［日］滨下武志、［美］马克·塞尔登：《东亚的复兴——以500年、150年和50年为视角》，马援译，社会科学文献出版社2006年版，第14—15页。

中国的对外交往是居高临下的,其法律规范、经济行为与文化、道德缺乏清晰界限,并被文化、道德主导。朝贡体系把"外交"和"贸易"捆绑,中国文化观念中没有真正的基于国家主权平等的外交,商业也远不如农业重要。①

中国历代王朝国家的主要安全威胁来自北部边疆的(游牧)政权,对外战略重心一直在北方,如何处理与北方政权(匈奴、突厥、辽、金、蒙古、鞑靼以及沙皇俄国)间的关系,是王朝国家对外关系的重点。近代之前,来自北疆游牧政权的安全威胁也是引发中国王朝更替的重要因素。近代之前的中国中原王朝与北方游牧政权的关系,本质上是农业文明与游牧文明间的冲突、融合问题。北方游牧政权对中原王朝的影响,远大于朝贡体系中的朝鲜半岛、东南亚国家对中原王朝的影响。19世纪前,没有海上力量能真正威胁中国。中国历次王朝战争基本系陆战,鲜有水战。中原王朝的外部安全威胁主要来自匈奴、蒙古、女真、满族等北方游牧族群。游牧民族居无定所,经济力低下,无法缔造如中原农业社会那样的精致文明。游牧民族逐水草而居,生产方式与战斗方式高度统一,拥有比农耕民族更强的军事机动性与突袭能力,其时常南下侵扰,使农耕民族防不胜防。中原王朝在面对游牧民族时,不是供养强大陆军并修筑防御工事与之对抗,就是被其征服。入主中原的游牧族群,往往会放弃游牧生活,融入农耕社会而推行农耕社会组织模式。农耕社会和游牧民族的角逐始终是在陆地,海权观念从未进入中国战略家头脑。北方游牧民族兴起前,华夏文明还存在着社会多元自治与社会自由。中国北方强大游牧陆权的崛起,并对中原王朝施加强大军事、政治压力,是中原王朝自秦汉始推行编户齐民一统政治而很难选择自由政治经济秩序的外部原因。中国东南方与海洋文明相通,但在北方强势高压下,将资源投放于海上探险将被视为奢靡之举,海洋文化的政治、经济空间被极大压缩。北方的防御战争,拖累了皇朝南下的决心,明朝宣宗时,中国放弃安南,也间接放弃了整个南洋。

古代中国发展以内陆农耕文明为主,与游牧文明时有交流,生产生活与海洋相对疏离,国人海洋意识淡漠,缺乏发展海权的根本动力。秦皇汉

---

① 何伟亚:《朝贡体系、礼仪与中国中心史观的转变》,http://m.aisixiang.com/data/122268.html,2021年7月28日。

武对海洋的兴趣只局限于"求仙访药",郑和远航也因"远航的御用政治性注定了其不可延续"①。在西欧国家开启经济全球化后,原先散离的世界逐渐走向一体,历史从此迈入"世界历史"阶段,地缘政治陆权主导的传统时代终结,海权全面兴起且一度决定历史进程。自海权兴起,直至现当代,经济上始终是海权国家占据优势,控制海洋能力越强的国家,组织对外贸易和回收利润的能力就越强。自世界迈入全球化时代以来,国家财富生产效率及制度创新能力总体上与海权拓展能力同步提升。

17—18世纪,伴随清朝建立及其政权的巩固,以及伴随其对游牧政权的统一,最终结束长存于中国的农耕政权与游牧政权的陆权内部大博弈。同时,伴随西欧的大航海、资本扩张及工业革命,现代陆权与现代海权却正在涌现,并最终在19世纪给中国带来新的、更大的且难以应对的生存挑战,使中国深陷陆权、海权危机之中。近现代的中国海权、陆权危机,其实是文明危机,是现代文明对中国传统文明的挑战。伴随朝贡体系解体,在地缘文明上,中国面临现代大陆文明与中国传统大陆文明、中国传统大陆文明与近现代海洋文明的关系。前者以中俄关系为主,清朝中前期的中俄关系是相对平等的,与近代国际关系更接近。近代,从欧洲向东扩张到中国北方的俄罗斯取代原有游牧政权成为中国最大陆上外部威胁。以英国为代表的西方海权势力则于19世纪中期用武力打开中国国门,使西方现代力量持续渗透至中国。与中俄关系不同,中日、中英、中美、中法等关系则更具有现代海权与传统陆权冲突的特点。西方现代陆权、海权对中国的挑战,是内嵌着现代性的西方工商文明对中国传统小农文明的挑战。西方国家的海权与陆权在具有强权政治特性的同时,也被赋予现代性特征,即表现为民主、自由、平等、法治等系列价值理念的传布及基于这些理念的现代政治、社会及经济制度的建构。从1840年的鸦片战争到1900年八国联军侵华等的一系列西方对华侵略,都是伴随暴力与强权政治的现代性力量对中国古老帝国秩序力量的解构。现代海权是现代国际秩序的最重要缔造力量,也是推动中国走向现代的关键力量与近代中国最重大的安全威胁之一。1840年鸦片战争爆发,自此之后的百余年间,西方列强海上入侵中国84次。②

---

① 冯天瑜:《中国文化生成史》(上册),武汉大学出版社2013年版,第285页。
② 许华:《海权与近代中国的历史命运》,《福建论坛》(文史哲版)1998年第5期。

三 中国不得不面对的西方主导的现代海洋时代

中国文明与西方文明之间的冲突，其结果是中国农耕文明败给西方现代工商文明，中国社会被迫转型。基于小农经济的中国"大一统"皇权专制国家以社会各阶层"安分敬制"为基础，讲究"克己复礼"而抑制个体的自由性、主动性与创造性，缺乏竞争性及对外交流的动力。与以个人主义为核心精神的多元化西方社会相比，僵化的中国农耕社会在应对外部环境挑战时乏善可陈，也缺乏个体试错的创新能力，从而未能发展出现代资本主义工商文明。在面对西方现代工商文明的挑战之时，农耕社会的中国毫无招架之力。

在传统中国小农经济社会中，生产率低下，资源有限，个体生存方式、消费方式及欲求相同或相近。"欲恶同物，欲多而物寡，寡则必争矣"①，从而社会将陷入"人之生，不能无群，群而无分则争，争则乱，乱则穷"的困境。② 对此，中国统治者是借助"分"（等级序位）来实现皇权秩序的稳定。荀子云："无分者，人之大害也；有分者，天下之本利也，而人君则，所以管分之枢要也。"③ 中国皇权社会中，"分"是政治文化核心价值，是最根本之社会组织原则，是维持社会秩序之关键。中国皇权社会由缺乏个性、自由之个体构成，皇权体制需要个体安守本分，并根据个体在皇权社会中所扮演之角色、承担之职能，将其安置于社会中的不同等级，并分配相应地位及生存资源。在皇权体制中，个人的个性、创造力被扼杀殆尽。中国从隋唐开始实行选拔人才的科举考试制度，但考试目的并非激发考生创新思维，而是旨在通过让考生背诵经典条文达到一种求同思维，其最终固化了人的思想。皇权专制下的中国就像由无数个根据固定标准烧制成的城砖整齐堆砌成之巨大城墙，缺乏反馈、应对及适应环境变化的能力，其无法与由无数个具自主性的个人所聚合而成的具有活力、创造性的近现代欧洲文明展开竞争。④

历史上，中国东南沿海一直存续海洋文明因素，海洋文明基因始终存在。宋元时期，中国人到"南中国海"经商及从事其他营生，定居当地，

---

① 张觉校注：《荀子校注》，岳麓书社2006年版，第105页。
② 张觉校注：《荀子校注》，岳麓书社2006年版，第108页。
③ 张觉校注：《荀子校注》，岳麓书社2006年版，第108页。
④ 萧功秦：《从千年文明史看中国大转型》，《南方都市报评论周刊》2009年11月29日。

并缔造出海上商业网络与东西洋诸国均流通使用中国钱币之局面,宋元铜币及交钞被广泛使用而成为海上共通货币。正当海洋经济在中国社会经济结构中占比逐渐加重、海洋文明有望萌生发展之际,明清绝对皇权专制体制却在中国登场,并推行"片板不许入海"的海禁政策,中国海洋性民间社会力量受到大陆性皇权专制权力的严重禁锢,也使中国海洋事业陷于绝境,中国因此成为"大航海"开启的近现代化进程的落伍者。专制皇权向来拒斥及忌惮海外贸易与开放,因为"海外贸易之利,关税之征榷,往往很容易成为割据地方政权的重要财源"①。绝对皇权禁止人民自由迁徙。"有明一代,海禁甚严,其视贩海者,均属不良之人,素为律令所禁绝。"② 清政府则"视华侨为盗贼、叛逆、汉奸、边蠹,认定华侨在政治上危害清朝的统治"③。明清两朝,政府垄断海上贸易利益,不允许民众涉足海外贸易或分享其成果,为维护绝对皇权,绝不允许人民离开土地与脱离统治者控制。

西欧国家开辟新航路与发现美洲大陆后,其海外殖民征服呈现政府与私商、海盗合作的特点,并且是政治征服、军事征服与航海贸易、殖民扩张同步展开。与此同时,皇权体制下的中国,为维护绝对皇权,则紧闭国门,将人民束缚在土地上迫使其驯服。明清两朝政府无心经营海洋事业,还竭力禁止人民向海上发展。明朝中叶至清朝中期,中国东南沿海"无论从整体规模还是经济形式上看,都尚未形成真正意义上的海洋社会经济的实质内涵"。明清海上朝贡贸易并不具有开放性、平等性,它是对自高自大皇权国家及皇权专制的政治支持。即便朝贡国通过朝贡贸易可获利,也是皇权国家彰显自己统治合法性、宣示自己无上权威的政治需要与海外朝贡国利益投机、经济需要相互交换的结果。④ 海禁是中国皇权专制社会的必然产物,是陆上绝对皇权将其肆无忌惮之权力凌驾于海上,旨在压制民间社会及具有自由特征的海洋秩序的成长。

15世纪初,中国的郑和率领船队出洋七次,但郑和远航丝毫没有撼

---

① 转引自潘新春、张继承《我国海洋开发和管理理念的变迁与思考》,《太平洋学报》2012年第2期。
② 转引自于逢春《中国海洋文明的隆盛与衰落》,《学术月刊》2016年第1期。
③ 庄国土:《中国封建政府的华侨政策》,厦门大学出版社1989年版,第105页。
④ 杨国桢:《瀛海方程:中国海洋发展理论和历史文化》,海洋出版社2008年版,第130页。

动封闭的中国皇权,而 15 世纪末的克里斯托弗·哥伦布(Christopher Columbus)、瓦斯科·达·伽马(Vasco da Gama)的远航却开辟出西方主导的海权时代。世界历史上,关键时代的创新要推动社会发展实现革命性突破,以及要产生巨大且持久之社会效应与实际效用,并以此促发生产力之巨大增长,无法离开一个必要前提,即能与这种创新相适应的政治、社会变革,其中,社会制度、政治制度变革最为重要。① 商业资本能在多大程度上解构落后生产方式,"这首先取决于这些生产方式的坚固性和内部结构。并且,这个解体过程会导向何处,换句话说,什么样的新的生产方式会代替旧的生产方式,这不取决于商业,而是取决于旧的生产方式本身的性质"②。"资本主义以前的、民族的生产方式具有的内部的坚固性和结构"③,顽固阻碍商业、市场对陈腐生产方式的解构。西方国家新航路开辟之时,同时代的中国是皇权专制国家,国家重大决定由皇帝乾纲独断,短期维持统治秩序的稳定及政治均衡是统治集团首要关心的事情。表面看,15 世纪的中国似乎拥有迈向资本主义的社会条件,如中国有"成熟"的官僚制度安排,在货币制度方面也有较先进的技术(如明朝施行的纸币制度),但这些"早熟"的制度却被皇权专制制度牵绊与拖累。中国皇权国家并没有成为中国资本主义发展的助力与杠杆,而在西欧,君主们却利用强大的民族国家力量推动资本主义的勃兴。

在基于小农经济的封建专制主义社会向近现代资本主义社会转型进程中,国家作为有组织的最强大政治力量对转型能否完成起着关键作用。西方从传统封建社会向近现代资本主义社会转型中,西欧近代崛起的新兴君主专制国家发挥了积极的推动作用。而在同期处于明清两朝的中国,却是相反的境况。明清两朝是中国皇权专制国家发展最高阶段(也是最后阶段),绝对皇权与军事、官僚机器高度结合,服务于皇权的政治权力渗透至社会一切领域。中国皇权社会由"安守本分"的农民和忠于皇权的官吏组成,以自给自足的小农社会为基础,是追求绝对安定、稳定的封闭型等级社会,这种社会形态有助于巩固而非削弱中国皇权专制社会。同时期的西欧,小国林立,各国呈现的是多层次、等级性封建社会结构,王权弱

---

① 罗荣渠:《论现代的世界进程》,《中国社会科学》1990 年第 5 期。
② 《马克思恩格斯全集》第 25 卷,第 371 页,转引自陈其人《东西方经济发展比较研究》,东方出版中心 2010 年版,第 119 页。
③ 《马克思恩格斯全集》第 25 卷,人民出版社 1975 年版,第 772 页。

小，也主导军事、官僚机器。中世纪晚期的欧洲国家，教权、王权、贵族、新兴市民阶级交错并立，呈现一种多元化权力结构。中世纪后期的西欧国家，王权提高，民族国家开始形成。为加强自身政治力量、财政力量，君主会倾向于联合新兴市民阶级以反对封建贵族，这客观上有助于解构传统社会制度和结构。鉴于中国皇权远比西欧王权大得多，以及中国与西方在社会结构上存在巨大差异，从而也决定了中西两种社会对远洋航海持迥异的立场与态度。郑和航海的目的是强化与宣示"大一统"皇权权威，以及维护重农抑商的小农经济体制；哥伦布、达·伽马的航海则弱化封建贵族统治，并推动商业资本主义发展。中国明朝、清朝前期，正是西方资本主义开始勃兴崛起之际，中国的政治权力并没有利用历史机遇助推资本主义经济发展，而是起到相反作用。哥伦布、达·伽马远航在欧洲发展中扮演的角色，是郑和远航在中国所无法扮演的。①

关于欧洲强盛之途，在学术界存在着立足不同视域的深刻洞见：规模巨大且统一的市场将导致经济分工，并进而推动欧洲经济长期增长；解体之后的罗马帝国，形成十数个政治主体，它们相互间的竞争使欧洲最终主导世界。前者来自亚当·斯密的经济学视域分析，后者来自爱德华·吉本的政治逻辑。②

亚当·斯密在《国富论》中指出："劳动生产力上的最大增进，以及运用劳动时所表现的更多熟练、技巧和判断力，似乎都是分工的结果。"③分工可以带来巨大经济收益，但分工的深度与广度却受市场规模大小限制。"货品销量，在长时间内，必定和邻近地方的财富与人口成比例。"④亚当·斯密的《国富论》对增长之内在逻辑的解释是：持续经济增长发端并决定于劳动生产率的提高；劳动生产率的提高却决定于经济分工的深化与广化或经济专业化程度的提升；分工和专业化程度的提升是由市场规模的扩大决定的。如此，可总结出一个促成经济长期增长的路径：市场规模扩大→专业化分工→专业化水平提高→劳动生产率提高→经济增

---

① 罗荣渠：《15世纪中西航海发展取向的对比与思索》，《历史研究》1992年第1期。
② 参见张宇燕《国家兴衰的基本逻辑》，《文摘报》2021年6月1日第7版。
③ [英]亚当·斯密：《国民财富的性质和原因的研究》，郭大力、王亚南译，商务印书馆1979年版，第1页。
④ [英]亚当·斯密：《国民财富的性质和原因的研究》，转引自张宇燕《国家兴衰的基本逻辑》，《文摘报》2021年6月1日第7版。

长。这种经济增长路径被经济学家命名为"斯密定理",其内涵可简化为经济增长取决于市场规模扩大。"斯密定理"内嵌着一个假说,即市场规模限制劳动分工。分工无法离开契约的规范,而对契约的履行又深刻受到信守承诺的社会传统的影响,也与法律环境紧密关联。另外,市场范围大小与政治统治的范围、国家大小以及国际关系紧密勾连。

在斯密眼中,市场是被"看不见的手"或"市场自发秩序"牵引的。斯密在《国富论》对"自发秩序"曾有阐释:"请给我所要的东西吧,同时你也可以获得你所要的东西。这句话是交易的通义,我们所需要的相互帮忙,大部分是依照这个方法取得的。我们每天所需的食料和饮料,不是出自屠户、酿酒家或烙面师的恩惠,而是出自他们自利的打算。我们不说唤起他们利他心的话,而说唤起他们利己心的话。我们不说自己有需要,而说对他们有利。"[1] 其实,对于经济发展,斯密心目中有"两只手"在发挥作用。斯密在《国富论》曾给出了"斯密定理"发挥功效所需的充分条件:"在任何国家,如果没有具备正规的司法行政制度,以致人民关于自己的财产所有权不能有安全感,人民对于人们遵守契约的信任心没有法律予以支持,以致人民设想政府未必经常地行使其权力,强制一切有支付能力者偿还债务,那么,那里的商业与制造业,很少能够长久发达。简言之,人民对政府的公正没有信心,这种国家的制造业就很少能长久发达。"[2] 在这段话中,将会发现助推经济发展的"看得见的手",即政府(引导)之"手"。一个健全之社会如一个人,都需要两只手。

爱德华·吉本(Edward Gibbon)在《罗马帝国衰亡史》一书中也给出了欧洲强盛的答案。吉本指出:"欧洲现在被分成 12 个强大的但实力不等的王国,三个相当规模的联邦和若干较小却独立的国家;王室和大臣们施展才能的机会至少是随着其统治者数目的增长而增加。……由于害怕和羞愧的互相影响,专制的滥用权力受到了限制,共和制已经建立了秩序和稳定;君主制已经吸收了自由的原则,或至少是近代化的原则,随着时间的流逝,即使是最糟糕的宪法,也引进了一些荣誉和正义感。就和平而

---

[1] [英] 亚当·斯密:《国富论》(上卷),郭大力、王亚南译,商务印书馆 1983 年版,第 13—14 页。

[2] [英] 亚当·斯密:《国富论》(下卷),郭大力、王亚南译,商务印书馆 1972 年版,第 473 页。

言，如此众多、积极的竞争者之间的竞赛加速了知识和工业的发展。"① 吉本认为，规模庞大的罗马帝国没有发挥出统一大市场应有的功能，其基本原因在于"帝国令人窒息的死气沉沉的一致性"。在吉本眼中，在罗马帝国解体的基础上产生的一系列较小的独立国家构成的欧洲政治格局催生出了现代自由，各种力量间的持续竞争和相互制衡给欧洲带来活力，欧洲的多元性远远优越于罗马帝国窒息而缺乏活力的一致性。欧洲未能恢复罗马帝国式的统一并非失败，正是因为欧洲没有恢复罗马帝国的"大一统"秩序，欧洲才能缔造出充满活力与创新的多元化社会，正是罗马帝国瓦解激励具有建设性作用的国家间竞争，也由此助推欧洲迈向"工业革命"驱动的经济长期增长之路。②

古代中国的"大一统"在规模经济（经济规模扩大，单位领土统治成本下降）、集中力量办大事（治水、抵御风险及抵御游牧民族）的意义上有助于中国在世界发展中保持领先水平一千多年。一旦欧洲国家间、多元化竞争的效率得以彰显、"斯密定理"潜力尽释，中国原本的"大一统"市场的功效便黯然失色，在接下来与西方国家的实力对决中也就败下阵来，且双方差距伴随西方的殖民扩张、资本扩张而加速。③ 中国在国家治理的制度建构方面是早熟的，秦始皇在两千多年前就肇创政治权力的大一统与中央集权制，而稍后的汉武帝则开启导致中国两千余年财政盛衰循环的经济"大一统"。汉武帝是官营企业的发明者，也是通过控制货币发行而向民间隐性征税的"窃国者"。汉武帝的财政创新，被此后历代王朝视为解决财政困局与聚敛财富的法宝，即使深知这"杀鸡取卵""饮鸩止渴"的法门难以长久维系，但为应付眼前困局及维护帝国运转的"第一要务"终究战胜了国家理性。

与中国皇权社会缺乏创新且僵化停滞不同，多元性的欧洲国家与城市在中世纪末发展出资本主义。欧洲国家统治者为提升国家竞争力，推行吸引资本、人才的政策，以提高本国财富生产效能，并缔造出一套有效保护

---

① ［英］爱德华·吉本则：《罗马帝国衰亡史》（第二卷），转引自张宇燕《国家兴衰的基本逻辑》，《文摘报》2021年6月1日第7版。

② 张宇燕：《"斯密定理"与"吉本命题"——200年后看国家兴衰基本逻辑的"异见"》，www.aisixiang.com/data/126722.html，2022年5月10日。

③ 张宇燕：《"斯密定理"与"吉本命题"——200年后看国家兴衰基本逻辑的"异见"》，www.aisixiang.com/data/126722.html，2022年5月10日。

私有产权、工商业发展及个人创新的制度。欧洲国家的国王为将战争支撑下去与增加财政收入，也不得不向议会妥协。欧洲这种竞争模式使利好于资本主义发展的社会、政治制度不断扩散，最后实现了欧洲社会向资本主义社会的演变。资本主义并非少数精英理性建构的产物，而是基于个人自由与人性的人类一次次试错与对环境适应的产物，是一个逐渐演化来的自发秩序。中西方文明之间持续一百余年的碰撞与冲突，两种文明各具特色。西方文明是基于个人自由、个人主义的多元竞争性文明，而中国文明则是取消个人自由的"大一统"的"安分敬制"性文明。中国近代的挫败，与古代中国文明缺乏创新与演进能力有关，中国文明的内核是一种等级差序制度安排。

世界的现代化进程，在地缘经济与地缘政治上，主要体现为西方在全球范围的海权与海洋经济开拓，现代海权是现代性在全球铺陈开来的关键依凭。现代化进程是现代海权国家战胜传统陆权国家，并通过海权将区域性国际秩序扩张成全球性国际秩序的过程，开启于新航路开辟时代的全球化是海权国家主导的，近现代国际秩序总体上也是海权主导的国际秩序。陆权国家只有区域性整合。只有现代海权帝国，才完成全球整合。15世纪末新航路开辟后，此前彼此孤立的世界各个大陆被连接起来，世界也伴随资本全球扩张而逐渐成为一个资本力量主导下的整体。工业文明时代，拥有制海权者，将能控制全球，就能将工商文明及自己的意识、意志推向全球。海权，是一种人类在海洋空间生存、发展的自由权。历史上的小农经济、游牧经济，其生存所需之范围，皆具有区域性。现代资本主义工商文明，其生产资料之获取、生产链条之布局及产品之销售，都必须于全球范围内展开。全球海权是整个世界得以联系起来的必要前提，工商文明的扩展性是全球海权形成的内在推手。相较于传统小农文明、游牧文明，工商文明的最大特性是其蕴含着现代性。现代性彰显于以下系列的社会、思想的建构与发展：资本主义主导的世界经济体系的形成，基于资本、商品和劳动力全球流动的世界市场的生成；世俗化社会的形成、建构；民族国家被建立起来，并于其中建构起现代行政组织、法律体系；确立基于启蒙主义理性原则的认知体系，人们将借助这种认知体系反思社会历史和人自身；建构现代教育体系，与之相伴，是大规模的知识创造、传播，各类学科、思想持续产生。这些现代性内容持续推动社会向既定理想目标发展。"现代"是在与古代、传统的区分与分隔中呈现自身意义的。"现代"是一种趋向未来的信念，也是向未来及创新敞开大门的时代。"现代"是一个进化、进步的概念，其意味着一种不可逆转的历史进程，其不仅改变人们的社会发展观、历史观，并将人们的生存及奋发努力纳入进化及趋向未来的时间轨道中。[①]

近代之前的欧亚大陆，中心地带的大陆帝国对大陆西端的临海西欧具有压倒性优势，但自新航路开辟后，以及伴随着蒸汽动力的运用，海洋从过往的天堑变为通途，西欧资本主义工商文明随之在全球展开，并借助高效的金融、生产、贸易机制及科技优势，最终建构起一个海权国家主导下的全球秩序。西欧海洋国家荷兰、英国，是立足陆地及固定性，更是立足海洋及流动性视角思考与布局全球秩序的。对于近代崛起的西欧国家，海洋不再是需要被克服的障碍，而是可任意驰骋及便利调动军事力量、展开全球贸易的自由天地。新航路开辟后，最先崛起的欧洲海洋国家是西班牙、葡萄牙，但它们是从陆地角度理解现代秩序，对它们而言，土地才是力量及财富的基础。所以，到海外最重要的目标是搞更多土地与掠夺金银，从而意味着海洋仍是一个需要解决的麻烦，而非发展的助力器。西班牙经海洋扩张获得巨额财富后，又重回陆权争霸而深陷欧洲大陆战争泥潭：在意大利战争中与法国决斗，在反宗教改革运动中与新教徒们搏斗，在地中海区域与奥斯曼帝国殊死较量，同时还要镇压尼德兰的独立运动等。西班牙主动卷入欧洲大陆的无穷无尽战争，疲于奔命，国力耗散。开辟新航路的西班牙并非纯粹的海洋国度，其以海洋扩张之路崛起，最终又陷入陆权争霸泥潭，只有消耗，缺乏工商生产，衰落是必然的。

自15世纪末人类进入大航海时代，人类文明也渐次步入海洋时代，西欧资本主义国家为追逐经济利益而开展的海外扩展将世界日益连接为一体，各种文明逐渐摆脱孤立、封闭而日益紧密联系，人类历史迈入世界历史时代，欧洲之外的世界逐渐被纳入以欧洲为中心的殖民主义体系。同时，基于跨洋贸易而建构的国际贸易秩序、国际社会秩序初步呈现。就全球性影响而言，海洋秩序就是国际秩序。海洋时代也是海洋丧失其先前的无限性与被揭去神秘面纱的时代。通过全球化，海洋统统被

---

① 汪晖：《关于现代性问题答问——答柯凯军先生问》，《天涯》1999年第1期。

"内海"化，基于现代性、现代化及理性的"全球律则"时代降临。欧洲资本主义确立的现代政治、经济规则，以及其内嵌的"普世性"是在海洋被欧洲内海化过程中产生出来的，也在这一个过程中被推广至全球。①

从大历史角度看，人类文明史乃是从区域性文明迈向世界文明的历史。欧洲的崛起及其对全球的征服为欧洲人书写普遍历史奠定了政治、经济基础。人类普遍历史形成的最重要动力，是欧洲国家远航及地理大发现以来的全球贸易网络的形成和市场经济的发展，这种力量推进人类文明迈向普遍历史，其也必然带来传统的区域性文明帝国对深嵌现代性的普遍历史进程的反向运动，两者的相互交织，形成了历史发展的波浪交替进程，最终推动人类文明从传统区域性文明迈向普世性的世界文明。②

自第一次鸦片战争后，海洋对中国发展与安全变得日益重要，内陆的重要性也发生了质的改变，即不能只在防御游牧族群对农耕族群的侵扰，以及防止沙俄入侵或稳定清俄边境的意义上看待内陆了，而是必须应从中国这个内陆型"大一统"王朝被裹挟进入海洋时代的背景下思考中国传统大陆文明的未来走向，即思考在文明上形态上远离海洋文明、现代文明的中国传统大陆文明应如何调适自身与海洋、现代文明的关系。近现代，中国面对的主要威胁，来自内陆，也来自海洋。对于来自海洋的威胁不能只停留在陆地的思维中，必须从海洋视角出发重新理解海洋与大陆两者之间的关系。这是两千多年来历史动力的逆转。在海洋时代的竞争里面，中国已经处在弱势地位。海洋时代，是以民族国家体系的扩张为标志的时代，也是以现代军事、工商业、城市化及政治制度的扩张为实质内容之时代。

19世纪前，中国历史发展的主要动力来自中国北方的游牧民族（文明）与南方农耕民族（文明）之间的各种交往关系。19世纪，西方主导的海洋时代、世界秩序降临中国。海洋时代引致的是机器工业、现代交通运输、现代城市及贸易的大规模扩展。自此之后，中国发展的主要动力都

---

① 汪晖：《两洋之间的新大同想象》，http://www.aisixiang.com/data/106828.html，2022年1月14日。

② 强世功：《文明终结与世界帝国——如何理解中国崛起面对的全球秩序》，《开放时代》2022年第2期。

来自海上，迁徙和文化变迁的动力突然逆转，海洋而非内陆的驱动力大大上升。① 当然，来自北方的安全威胁并没有减弱，俄罗斯替代以前的游牧民族，成为中国来自陆地上的主要安全威胁。海洋时代的降临也标志着资本主义主导世界的时代的到来。

地理大发现让西欧基督教国家获得广大自由领土，迅速增加了这些国家的财富积累，从而使其有能力渗透进东亚和南亚贸易圈的经济体系，从而推动全球商业贸易网络的形成。同时，西欧国家也向区域性文明或帝国倾销商品，并进行观念、文化、教育、知识的渗透与传播。全球贸易网络解构了曾被区域性文明帝国控制和分割的贸易圈，逐渐将区域性文明帝国的经济从其政治控制中"解放"、分离出来。随着贸易量的增大与贸易速度的加快，全球商业、贸易网络不断解构着古老区域性文明帝国的经济、社会基础及政治结构，最终让世界成为商业贸易的海洋。在全球贸易网络体系中，区域性文明帝国被迫必须适应海洋文明主导的世界体系的要求，即逐渐从传统的农耕、游牧业主导的熟人社会变成工商业主导的陌生人社会，从乡村为主的小农社会逐渐迈向城市主导的市民社会，以及最终变成个人主义的自由社会与人人平等的民主社会。

全球商业贸易网络是西欧海洋国家借助海洋航行运输而形成的，即自由贸易、全球商业网络与海洋联系在一起。传统的区域性大陆文明帝国发展一直局限于大陆，以至于围绕全球商业贸易而展开的新文明与区域性文明帝国之间的"文明冲突"、资本主义与社会主义的意识形态斗争，都往往表现为海洋特性与大陆特性的竞争。② 全球商业网络的形成推动着全球财富的加速流转，引发控制、争夺财富的斗争，从而导致帝国争霸战争的理性化、常态化，也推动了治理的理性化。面对全球财富以及由此而来的市场社会，全新的治理理念、技术和制度兴起，金融、法治乃至意识形态等抽象化技术成为控制全球财富流转的现代治理术。战争与治理的理性化也推动着古老区域性文明帝国转向现代民族国家体系。

西方世界对区域性陆权帝国的冲击，表现为战争威胁，且表现为贸易扩张。自给自足的小农经济、小农社会是传统区域性陆权文明或帝国

---

① 汪晖：《两洋之间的新大同想象》，http：//www.aisixiang.com/data/106828.html，2022年1月14日。

② 强世功：《文明终结与世界帝国——如何理解中国崛起面对的全球秩序》，《开放时代》2022年第2期。

的物质、社会根基。进入19世纪，西方世界的贸易扩张导致亚欧大陆陆权帝国的经济结构发生深刻变化，伴随着货币关系的扩大、地租形态的转换、农作物结构的调整、农产品出口的增长、农业生产市场化程度的提高、传统手工业的衰落、现代工业的兴起及蒸汽船和铁路的引入，传统大陆文明的封闭、等级及发展停滞的社会形态开始松动。在传统的区域性大陆帝国，西方贸易及商业的扩展，以及现代交通运输体系的初步建立，明显加速了人流和物流运动，也进而成为推动区域性大陆帝国经济生活市场化进程和瓦解传统社会之封闭状态的重要杠杆。进入19世纪，西方国家近代形成的政治思想逐渐传入传统大陆帝国，开始挑战这些帝国的传统政治理论，与公民权紧密相连的自由、民主等现代政治理念开始在大陆帝国内部传播，并开始挑战大陆帝国的传统人身依附与等级政治理念，传统帝国智力觉醒的序幕由此徐徐拉开。同时，源自西方的民族主义意识也开始在这些大陆帝国传布，促进着这些帝国的人民的自我认同与现代民族观念的形成，民族主义也终究成为传统大陆性帝国的人民抵抗西方入侵及殖民统治的强大思想武器。

中国"天朝"在近代的崩溃首先是世界观的坍塌，无论"天朝"的"天下"视野如何恢宏阔大，无论其对不同文化和种族的包容力如何强大，但其以儒家思想为核心的价值体系无法提供关于世界整体的普世性知识。如何阐释传布全球的各大宗教的价值？如何解释古希腊、古罗马的灿烂文明及近代西欧、美国的工业文明、进步？如何解释近代中国在遭遇西方挑战时的不堪一击？如何解释中国的军事、技术落后？近代西方世界的快速发展、现代国际体系对朝贡体系的挑战、西方现代文明对华夏文明的明确挑战、西方科学技术的日新月异，以及关于中国之外的世界愈益精确的知识，所有上述一切均是儒学无法解释的。中国之外的"外部世界"的清晰存在将根本动摇自我标榜为"万世法"的儒家思想的普遍性。当被迫卷入现代世界后，中国不再是天下本身，而只"列国"中之一国，正如康有为所言，"自尔之后，吾中国为列国竞争之世，而非一统闭关之时矣。列国竞争者，政治工艺文学知识，一切皆相通相比，始能并立，稍有不若，即在淘汰败亡之列"[①]。晚清，伴随中国被西方裹挟进入西方资

[①] 康有为：《请广译日本书派游学折》，载康有为《康有为政论集》（上册），中华书局1981年版，第301页。

本主义世界体系并被边缘化，作为"万世法"的儒学也降格为一种不通世务的"地方性知识"。一旦"中国"无法抽象为普遍性礼仪及原则，一旦风俗、文化、民族、地域等超出"中国"范围而无法纳入"中国""内部"，一旦"中国"的存在性不再能自我界定而必须由"外部世界"来加以认定，儒学"万世法"的普遍适用性也就终了了。① 自进入近代，"中国"不再是普遍礼仪、普遍原则及广阔无垠天下的代称，而只是世界万国之中的一个陈腐王朝，一艘停滞于现代科技、现代制度争胜的惊涛骇浪、险象环生的大洋之中的腐朽木船。被中国标榜为万世法的儒学，在广阔的现代世界，其有效性早已大打折扣。中国与西方列强的冲突既是通常意义上的国家间冲突，也是文化规则、价值体系及文明形态的冲突。中国与西方的冲突及结果，其实是现代且凸显为海洋属性的普世文明与传统的且凸显为大陆属性的区域文明的冲突，其结果是现代文明的理性秩序摧毁古典或传统文明的道德秩序。文明冲突是政治的，更是哲学的。人类社会从传统向现代的大转型从根本上瓦解了区域性文明帝国进行社会整合所依赖的宗教和道德知识。现代工商社会的兴起，从知识根基上摧毁了区域性的传统文明帝国，传统王朝或帝国整合所需的宗教知识、道德知识已不适用于商业社会。

近代以来，纵横世界的全球大国，均以海洋拓展为开端。从葡萄牙帝国、西班牙帝国到荷兰帝国，再到大英帝国，直至目前的美国，海权建构都在上述世界性帝国的兴盛中扮演关键角色。世界强国崛起无不伴随"海权"的建构与拓展。近代之前，辽阔深险的海洋不仅是国家的安全屏障，也阻隔了隔海相望国家之间的交往与冲突。新航路开辟后，海上交通将世界各地相联通，海洋不再是阻挡人类交往的障碍，且成为国家间相互竞逐的便道，自此，海洋作为屏障之盾的功效大大削减，而作为进攻之矛的能力则大大增强。新航路开辟后，作为海权关键构成的海军建设被西方各国所重视。一国之海军能增强自身海洋防御能力，也是一国攫取海外利益与助推自己成为世界强国的利器。"海权"对大国兴衰的重要性不容置疑，虽然对"海权"概念有不同界定，但海军建设及对海洋的控制一直是"海权"建构的基础。

---

① 汪晖：《帝国的自我转化与儒学普遍主义》，http://www.aisixiang.com/data/38091.html，2022年6月20日。

海权建设，不仅是指海军建设及对海洋通道的控制能力，其还具有丰富的经济属性（经济属性是海权建设更具根本性的因素）。海军建设能实现海洋控制与保护本国经济权益。自新航路开辟伊始，开拓海外市场及掠夺金银一直是西方国家海外探索的原动力。马汉认为，"对海洋进行控制意味着在世界占重要影响力……也是构成国家安全和繁荣的诸物质因素中的主要因素"[①]。根据马汉的海权论，海军体系、商船运输体系和基于海外殖民地、海军基地的驻泊体系构成"海权"的三个关键要素。海上贸易创造出巨量财富，海洋资源异常丰富，随着陆地资源萎缩，借助对海洋资源的利用助推财富创造将成为人类经济发展的重要选择。包括海军建设在内的海权构建，也将成为维护国家利益的必然手段选择。

海权建设的多维性，在英国与法国的海洋或海权争霸中得到较好体现。英国和法国在18—19世纪长达一个多世纪的海权争霸中，英国取得最后胜利。在对海权重要性认识上，英国以海洋立国，而法国只是将海上贸易和殖民地看作增强帝国实力和宣扬法兰西荣耀的辅助手段；在战略目标上，英国在欧洲大陆采取守势，在海外采取攻势，而法国主要精力放在欧洲大陆战争上，海军仅是陆军的配角；在支撑海军建设上，英国能获得商人和国际资金的持续支持，而法国只能依靠本国财政。大英帝国是一个通过贸易、海军将本土与殖民地紧密联结的有机统一体。从早期殖民拓荒到贸易兴起，再到大国争霸，贸易与地缘是支撑大英帝国的两大基石。大英帝国是一个由贸易、战争、信仰和进取精神连接成的有机实体，此外，"大陆均势""光荣孤立"等地缘政策也是建构英帝国的关键支柱。

海权不仅铸造硬实力，还具文化、价值属性，并推动西方文化、宗教的传布。伴随新航路开辟与现代海权构建，深嵌着"普世""普世主义"概念的基督教也从欧洲传布至全世界，成为提升、扩大西方文明影响力的重要思想利器。新航路开辟之后的西方国家的全球扩张进程，也是西方文明、文化及价值在全世界的传布过程。如1853年日本被美国用炮舰打开国门的"黑船事件"，该事件刺激日本推行"明治维新"改革，进而将日

[①] 美国亚特兰大卡特研究中心《会议报告》第5卷第1期，第35页，转引自刘永涛《马汉及其"海权"理论》，《复旦学报》（社会科学版）1996年第4期。

本推向现代化,并使日本接受裹挟西方文化的现代价值与观念。目前,整个世界在衣食住行等生活方面无不渗透着西方文化因素。海权构建助推了内嵌着现代性的西方文化的传播,使西方文化无声地渗透于世界各地。新航路开辟后,伴随西方的全球扩张,世界被主导着世界话语权的西方划分为两个对立阵营,一方是代表"正义"且占据道德制高点的西方国家,另一方是"邪恶"的非西方世界,后者时刻遭受来自西方的"道德审判"与武力入侵。西方国家往往借助民主、人权等说辞来论证自身在国土之外的武力行动的正当性。欧洲人开始全球殖民拓展之际,正是欧洲启蒙运动如火如荼展开之时。面对欧洲之外的世界其他地区的不同文明、信仰、制度及生活方式时,欧洲人需重新审视自己的文明及身份认同。欧洲启蒙运动彰显出的理性精神及以理性为基础的进步观念一定程度上替代基督教信仰而成为欧洲人自我认同的精神基础,也是欧洲人界定自己或将"自己"与"他人"区隔开来的重要标准,并进而成为"欧洲中心论"的重要理论根据。中世纪时期,基督教信仰原则被欧洲人界定为"普世"性存在,而在"理性时代",理性及建基于理性的各种规则、制度被西方人视为"普世"的。

学者安东尼·吉登斯(Anthony Giddens)曾有论:"以往主要的'世界文明'都不是主要靠海上力量才建立起来的,它们不像西方这样,依赖于全球规模的海上贸易的发展以及殖民主义的发展。……如果没有西方'普遍主义'的创发,那么,商业资本主义以及随后工业资本主义在全球的扩张,就不可能会发生;不过,这主要还基于其他一些原因。与之相关的主要现象应该说是欧洲海上力量方面的优势,它促使商业资本主义能大规模地扩展至全球的许多地区。"[①] "西方'普遍主义'的创发"与欧洲海外贸易、殖民拓展联系密切。西方"普遍性知识"把西方之外世界的知识贬低为地方性知识,从而也将自身特殊性嵌入现代性的普遍主义之中。西方之外世界对英、法、日、俄等西方国家的入侵、渗透的抵抗必然包含对这一"普遍知识"的抗拒。[②] 凭借"民族—国家"的强大组织动员能力与和高效的工业化经济形态,欧洲进行全球性的殖民扩张,并构筑

[①] [英]安东尼·吉登斯:《民族—国家与暴力》,转引自汪晖《帝国的自我转化与儒学普遍主义》,www.aisixiang.com/data/38091-2.html,2021年12月1日。

[②] 汪晖:《帝国的自我转化与儒学普遍主义》,http://www.aisixiang.com/data/38091.html,2022年6月20日。

出以个人主义、理性主义及民族主义为精神内核与基础的普遍主义知识体系，以及各社会群体、各国的互动、交往规则。

近代西方国家推进的迥异于传统帝国力量的资本主义、工业革命和殖民过程，改变了世界关系的基础。在宗主国与外围殖民地之间，西方现代殖民帝国始终在种族、制度和文化上进行泾渭分明的截然划分，并长期将殖民地置于工业产业链分工体系的末端，使其始终是宗主国原材料供应地和商品倾销地。殖民体系解体后的现代世界确立起尊重国家主权、独立及领土完整的国际准则，但作为前殖民体系宗主国的现代西方国家却通过控制全球资本、知识产权、高端产业链和贸易实现全球统治，并由此形成稳定的西方国家处于中心而其他国家处于边缘的"中心—边缘"结构的现代世界体系。① 伴随西方国家崛起并超越区域性文明帝国而建构世界帝国时，西方国家控制世界的范围越广大、越复杂，就越需要用一种抽象控制来取代具体控制。传统的区域性文明帝国的控制方式是通过宗教教义、道德礼仪及军事手段，而现代帝国乃是通过金融、法律这种抽象化的经济支配、政治支配的技艺控制世界。1815年英国领导的反法同盟击败拿破仑帝国，英国成为世界霸主。随后，英国在经济上建立起金本位制的全球金融体系和全球自由贸易体制，在政治上则通过"离岸平衡"的外交艺术，确立英国在国际政治中的主导地位。第二次世界大战以来，美国基于"自由主义"逻辑来建构新的世界帝国。后冷战以来，美国逐步建构起一个复杂的世界帝国体系，这是一个经济上由科技、贸易、金融等领域相互支撑形成的具有"中心—边缘"格局的世界体系，政治上是一个由军事、国家联盟及法律等相互支撑形成的基于规则的霸权体系，文化上是一个由新教、英语、人权理念相互支撑形成的关于历史终结的意识形态体系。②

近代，中国面对的西方海洋贸易、军事扩张的背后，是资源调动能力、民族凝聚力强大的民族国家及现代政治体制政治架构。工业革命、市场经济与现代政治体制之间形成的联动机制，是现代国家得以建立并走向成熟的动力机制。其中，"市场经济"和"现代政治体制"是近代欧洲社

---

① 强世功：《文明终结与世界帝国——如何理解中国崛起面对的全球秩序》，《开放时代》2022年第2期。

② 强世功：《文明终结与世界帝国——如何理解中国崛起面对的全球秩序》，《开放时代》2022年第2期。

会最显著特质。英国的蒸汽机革命之所以称为"革命",是因为它彰显的是从投资、采矿、加工、运输等整个产业到贸易、金融业的整体经济联动。从这个角度切入,才能理解传统农牧社会或国家为何必须转向现代工商社会或国家。

晚清,李鸿章把西方国家对中国生存的挑战及西方列强看作"中国数千年未有之大变局"与"数千年未有之强敌"。清朝为抵抗西方入侵而展开洋务运动,其旨在通过在器物层面效仿洋人增强自己的国防能力以应对强敌,这是世俗、工具理性层面的觉醒,而并非人权、自由等价值理性的觉悟,其本质上是由民族、国家生存危机而激起的以挣脱危机为倾向的趋利避害意识或临时抱佛脚。所谓世俗理性,是从生活经验之"俗"出发,并由"士"对生活经验的"俗"加以总结、提炼及诠释而固化成的儒家之"礼",是基于对现实社会利益思量、考量的实用理性。小农文明的中国向来是世俗文化的温床,其社会"精英"士大夫阶层,从来都是实用理性的贯彻者。明清理学家提出的"百姓日用即道",是中国实用理性最坦率、最精辟的表述,这种实用主义心态是几千年华夏文明历史中中国人最普遍的心理。

19世纪60年代开启的洋务运动典型体现了中国人在思维上的实用理性特征。洋务运动指导思想是"师夷制夷""中体西用"。"师夷制夷",即学习西方器物来抵抗西方侵略。"中体西用",即以儒家伦理纲常经史之学为原本、为主体,西学为辅。"师夷制夷""中体西用",是洋务派处理中西关系及中西文明交流的基本原则。洋务派将洋务运动吹嘘成"自强新政",但本质上却是企图通过洋务运动"捍卫"皇权专制体制,骨子里拒斥资本主义政治、经济制度,只学习西方技术,极力反对变革或终结皇权制度。当然,中国在通过洋务运动学习西方技术的同时,也局部容忍对西方政治的探究,洋务运动在某种程度上也是被迫卷入近现代社会的中国对相互对立的中西、古今价值观的整合。就表面而言,"中体西用"之说是借用中国传统价值理性消解西方科学与工具理性的消极后果,其实质则是用陈腐、僵化来抵制现代科学或科学理性所推动的传统社会向现代社会的转型,其根本目标是捍卫皇权社会士大夫及官僚阶层的特权及利益。当然,尽管洋务运动没有抓住中国变革的根本,却启动了中国的体制与思想革命。

第二节　现代海权、陆权的实质及海权与陆权的平衡

一　作为历史、文化哲学而非战争哲学的海权论、陆权论

海权与陆权，其核心与根本都是对资源的掌控与整合。前资本主义时代，陆权是获取、整合资源的最好途径，但伴随资本主义及资本主义推动下的大航海时代的降临，海权超越陆权成为资源获取与整合的最高效手段，海权国家也逐渐在发展水平及规模上超越陆权国家，并成为现代世界经济体系的开创者、主导者。当新大陆美洲被发现后，本土资源和人口不再是国家发展唯一依靠，获取新大陆的资源成为国家崛起的关键，而获取外部资源的主要途径是海权和商贸。此后，海外扩张助推葡萄牙、西班牙、荷兰、法国、英国等国土面积较小的国家成为世界强国。近代以来的海权国家，都是资本主义国家。是资本主义及工业社会推动海权时代的开辟，而海权时代反过来又推动着资本主义和工业社会的新飞跃。资本扩张本性及资本在全球范围内整合资源的需求，是现代海权兴起及最终确立的根本动力。现代海权的深厚基础是自由资本主义及其现代产业，而并非单纯的政府行为与军事扩张。资本扩张、更新是近现代海权产生、发展的根本动力，并是决定近现代海权长久存续、发展的关键因素。马汉曾言"国民商业之性质，为海上权力发达之原素"[1]。获取海外原料、商品市场是资本扩张的内在要求，伴随蒸汽动力舰船发展，海军控制海洋的能力极大提升，西方各国有了控制海洋与争夺海洋控制权的技术条件。海外贸易经济是国家经济发展的关键、国家发展依赖海上交通以及稳定的海外贸易区域远离本土，是现代海权孕生的重要前提。当国家安全范围超越本土主权范围而延伸至关乎自己生存的海外世界或他国主权范围内的贸易区、经济区之时，就需要建立远洋军事力量，必要之时向海外投送，以维护国家利益。历史上先后出现的海权国家，古代的科林斯、雅典、迦太基，中世纪的威尼斯，近代的荷兰、英国，都经

---

[1] 沈鸿烈:《海军发刊意见书》，转引自周益锋《"海权论"东渐及其影响》，《史学月刊》2006年第4期。

历了上述类似情况。①

近代海洋或海权国家起源于西欧，并非偶然。西欧国家的大航海、地理大发现，拓展了人类对陆地的新视野，更是开启了人类包括政治文明在内的文明新征程，也开启了覆盖全球的国际秩序的建构。一国属于海权国家，还是陆权国家，不是简单地由地理位置决定的。作为海岛国家的日本在明治维新一直是封闭的陆权农耕社会，并没有成为像古希腊城邦那样的海洋国家。一国属于海权国家，还是属于陆权国家，地理条件很重要，但并非决定性因素。西方海洋文明发展历程表明：依赖海洋交通的外向型经济是沿海国家或岛国成为海权国家的根本动力。国家对海权与陆权的选择、侧重及运用方式，最终取决于其文明形态的性质。海权与陆权绝不仅仅是单纯军事议题，而是服务于、从属于国家安全、发展大战略的手段。不论是海权优先，还是陆权为要，都是实现全球范围内资源优化整合的手段而已。海洋或海权国家与其说是源于地缘政治，不如说是由文明或文化形态所缔造。

16—17世纪的荷兰法学家格劳秀斯在其所著的《论海洋自由或荷兰参与东印度贸易的权利》一书中，根据中世纪罗马法、基督教自然法清晰阐释了海洋的本质及其对世界发展可能带来的道德、政治意蕴。该著作的思想是17世纪之后国际海洋法秩序建立、发展的重要依据。格劳秀斯洞察到自由对于贸易的重要性及贸易对于文明发展的意义。交换是文明孕生的条件，属于交换性质活动的贸易是文明发展的核心内容。在格劳秀斯看来，作为"不识主权者"的海洋，是迥异于陆地的"共有物"，海洋的"自然状态"必须被尊重、保护，任何主权国家都应认同"海洋自由"。海洋是自由之所，是对所有现代民族国家开放的自由之地。海洋毫无主权，也没有被主权国家管辖且彰显为独占性的所有权、航海权及贸易权，这些权益都是与主权相关的。在海洋，个人、国家的行为自由而开放。格劳秀斯确立了一个关于贸易自由、航海自由的一般性权利原则，其关于海洋自由的理论是一部现代民族国家的自由权利宣言，也奠定了现代世界的新秩序。海洋作为法权进入现代世界是现代国际秩序的显著特征。

美国近代军事理论家阿尔弗雷德·塞耶·马汉，通过总结英国世界霸

---

① 倪乐雄：《航母与中国的海权战略》，《南方都市报》2007年3月21日。

权建构历程及英国海运、海军历史，发展出一套制海权理论，① 马汉的海权思想主要体现在其1890年出版的《海权对历史的影响》一书。马汉海权论的核心观点是：相较于陆权，海权对世界事务的影响更深刻；濒海国家的发展及政策制定，商业、殖民地和海运发挥着关键作用。在该书中，马汉把源于希腊语"thalassokratia"的"seapower"一词拆分而成为短语"sea power"，以增强其海权论的影响力。马汉创造的新词"sea power"，常被称为"海权"或"制海权"，其意思是，拥有充沛人力、财力和港口建设的海军国家立足战略需要而对海洋的利用。英文"sea power"这个词汇有"海上权力"和"海上力量"两层含义。其中，海上权力是一种强制力量。马汉说："光有法律而没有力量就得不到公正；法律的合理与否不取决于力量，但其有效性要由后者赋予。"② 马汉认为："海权其义甚广，它不仅包括通过海上军事力量对海洋全部或一部的控制，而且也包括对和平的商业和海上航运业的控制。"③ 在一些语境中，马汉所表达的"海权"与"制海权"具有同等含义。古希腊的希罗多德在《希腊波斯战争史》一书中就使用"制海权"一词，说明"控制海洋对陆战结局所起的重要作用"。④ 在用词上，马汉常使用"海上强国"或"海洋国家"。他曾说"作为一个海洋国家，其牢固的基础是建立在海上贸易之上"，此话从属于"发展海权所必需的最重要的民族特点是喜欢贸易"这一主题。⑤ 马汉在1911年出版的《海军战略》对海权概念有所修正，认为海权并非必定要具有贸易基础。马汉的很多表达中，"海洋国家"就是掌握

---

① 马汉关于海权论的代表著作有：《海权对历史的影响（1660—1783年）》《海上力量对法国大革命和帝国的影响》《海上力量的影响与1812年战争的关系》。在马汉的"海权"论中，"海权"不仅仅是指海军、海上力量、海上国家及制海权。"海权"最本质的内容是对海洋的利用与控制。马汉的"海权"概念的内涵主要包括："海权"是一个重要的历史过程和历史要素；"海权"形成的经济基础是对海洋的利用；"海权"的政治基础是拥有对海洋进行控制的权力；"海权"的完善是各个要素相互影响的结果。参见朱听昌《西方地缘战略理论》，陕西师范大学出版社2005年版，第23—24页。

② ［美］艾尔弗雷德·塞耶·马汉：《海权论》，萧伟中、梅然译，中国言实出版社1997年版，第419页。

③ ［美］阿尔弗雷德·塞耶·马汉：《海权论》，欧阳瑾译，台海出版社2017年版，第26页。

④ 转引自朱听昌《西方地缘战略理论》，陕西师范大学出版社2005年版，第15页。

⑤ ［美］A. T. 马汉：《海权对历史的影响：1660—1783》，安常容、成忠勤译，张志云、卜允德校，解放军出版社2006年版，第1、68页。

第六章 地缘文明视域下的现代海权、现代陆权 215

强大海军的"海上强国"。但按照亨廷顿的评价,马汉的表述带有"政治、意识形态甚至种族的弦外之音",属于"历史哲学而非战争哲学"。① 马汉的海权论是特定历史的产物,有存在的合理性。它揭示的其实是商品经济扩张和全球化的一种基本路径与方式,也适应当时全球化的历史趋势。

正如海权论有深刻历史与文明内涵一样,陆权论代表麦金德的地缘政治谋划,② 也同样与他对历史、文明的理解密不可分。通过将地缘政治的海权、陆权二分与将国家制度的民主、专制二分的对应组合,麦金德勾勒出民主性的"海洋国家"与专制性的"大陆国家"二元对峙、二元竞争的历史图景。第二次世界大战后,伴随美国与苏联之间意识形态、文明形态对抗的升级,麦金德的对抗性话语被美国为首的西方阵营发挥,"海洋国家"成为西方资本主义阵营的代称,而"大陆国家"则是苏联领导的社会主义阵营的代名词。在《民主的理想与现实》一书中,麦金德对不同国家的组织形式及特点进行了区分与阐释。他认为,英国和德国分别代表着两种组织形式,英国国家建构是自由的组织方式,德国国家建构是纪律的组织方式。英国社会体现出一盘散沙、各行其是的"商业自由";而战略、规划和有组织性是德国的最大特点,通过国家的组织性力量,德国把人的力量发挥到极致,包括观念、策略、政策和手段。麦金德认为,德国有组织的力量将有能力对抗整个西方,也是对自由世界的威胁。他一直强调地缘、自然对人类社会的支配性影响,但也强调人类活动的反作用。

---

① [美] 亨廷顿:《军人与国家:军政关系的理论与政治》,李晟译,中国政法大学出版社2017年版,第245—246页。

② 麦金德是陆权论的最重要代表。麦金德的陆权论思想主要体现在其所撰写的《历史的地理枢纽》《民主的理想和现实》和《球形世界与赢得和平》三篇论文中。麦金德从全球一体的角度,提出"心脏地带"概念。"心脏地带"大致范围是:从俄罗斯的西伯利亚的叶尼塞河起,向南延伸至中国东北平原、蒙古高原、克什米尔高原、西藏高原和伊朗高原,向西延伸至中东高原,以及黑海、波罗的海之间西欧山地所回环围绕下的东欧平原和西部西伯利亚平原。依照距离远近,心脏地带的外围可分为两个新月形地带:"内新月形地区"和"外新月形地区"。前者是指兼具部分海洋性和部分大陆性的地区,有"德国、奥地利、土耳其、印度和中国",后者指欧亚大陆以外的大陆和海岛,有"英国、南非、澳大利亚、美国、加拿大和日本"。麦金德认为:伴随陆地交通工具的发展,欧亚大陆的"心脏地带"将被铁路与公路网络统一为一个整体战略单位,成为世界最重要的战略地区,并将转变世界权力均衡。在麦金德看来,任何控制了心脏地区的国家将进可攻,退可守。能将内新月地区与心脏地区相结合的国家,其必将征服整个世界。参见朱听昌《西方地缘战略理论》,陕西师范大学出版社2005年版,第77—79页。

他认为，第一次世界大战以来德国与英国、美国之间的冲突，其基本根源是经济力量的冲突。英美经济是自由经济，英美是全球自由贸易的推动者，而德国则是通过国家力量有组织地拓展经济，是"掠夺型经济"。这两种经济力量在全球扩展必然会发生冲突。

德国法学家卡尔·施密特也是从文明视角看待海权与陆权及它们之间关系的重要代表。其通过《陆地与海洋》一书阐述了决定欧洲近代政治格局嬗变的两种力量：海洋与陆地分别象征英美海洋国家与欧洲大陆国家及它们各自的法理传统、政治传统，也象征着它们的诞生、演变、发展、衰落及冲突。15—16 世纪的欧洲，以一系列生成的各个独立的民族国家为主体，逐渐呈现两大政治体系并存的政治格局，一个是以西班牙、葡萄牙为代表的天主教权势集团，另一个是以荷兰、英国为代表的新教权势集团，两者分别被卡尔·施米特界定为陆地政体与海洋政体。陆地象征保守、封建及野蛮，海洋代表开放、民主及文明。从古代的古希腊与波斯、雅典与斯巴达之间的对抗，到 16 世纪的英国与西班牙之间的争霸，直到现代的美国和苏联之间的冷战，国家之间的冲突史从宏观的地缘政治角度看可被视为陆地政体与海洋政体的斗争史。陆地上的相互为邻的国家之间彼此为敌，从而限制了大陆国家的发展。通过《陆地与海洋》，卡尔·施密特勾勒了大陆权力与海洋权力区分的基本轮廓。在英国海权崛起之前，西班牙、法国、荷兰等海权强国曾叱咤风云，但施米特并不认为它们盛极一时的海权足以称为海洋性存在。施米特指出，英国四周环海并不必然决定英国成为一个世界性的海洋国家，参与地理大发现、大航海并非西方国家成为海洋性国家的充分条件。英国对旧的以大陆为基础的法秩序进行挑战，从而使英国与陆地性秩序彻底决裂。海洋性存在是依托于新的海洋元素与旧有空间秩序的决裂，即"英国人决定挑战欧洲天主教主导的国际法秩序及其普适价值观"[①]，使仅立足于大陆视角的文明秩序分裂，进而出现海洋秩序与陆地秩序或大陆法秩序和海洋法秩序两种秩序。

耶鲁大学出版社 2018 年出版英国历史学家安德鲁·兰伯特的专著《海洋与权力：一部新文明史》，该专著系统阐释海权问题。根据安德鲁·兰伯特的理解，海权是一种文明、文化属性，而非地理属性。兰伯特

---

① 强世功：《陆地、海洋与文明秩序》，https：//www.sohu.com/a/313003534_115479，2020 年 2 月 24 日。

以雅典、迦太基、威尼斯、荷兰、英国五个海权国家的兴衰历史为研究海权的着眼点，立足国家的文化基因、发展路径诠释海权，突破以往将海权单纯定义为发展海军力量与追求海洋控制的狭隘角度。在兰伯特看来，海权国家是通过控制海洋而给自身带来独特经济战略优势的国家，海上贸易与航海科技进步是海权国家诞生的条件。兰伯特认为，伴随海洋贸易以及起因于海洋贸易的战争、冲突的发展，迥异于传统农耕国家陆权意识的"海洋意识"将诞生。雅典、迦太基是最早的海权国家。海权国家彰显出以下特点：海洋贸易是国家收入主要来源，海权国家利用商品高附加值或价格波动赚取利润；海权国家通常是濒临大海且人口不多的小国，对攫取领土兴趣不高，只对能护持或繁荣自身海洋贸易的海外领土感兴趣；海权国家往往不吝资本保持海军技术领先和舰队规模，海军是威慑敌对国与保护自己海上贸易的核心力量；海权国家外交是商业利益导向，为维护自身利益，海权国家热衷实施政治外交联盟，分化瓦解对手，削弱致力于攫取领土且觊觎自身财富的大陆霸权国家。[1]

海外贸易让海权国家拥有维持需要高昂投入的海军的资本，而海军则有效保护海权国家本土安全和海外贸易。发达贸易需要各种工具和制度支持。诸多现代商业、金融制度等要素，诞生于诸如像威尼斯这样的意大利沿海商业城市。商业城市威尼斯崛起于11世纪。伴随海洋贸易，银行、存款、鉴定、汇兑及借贷等机构及业务，应运而生。同时，海上贸易的高风险又促使商人们合伙经营、平摊风险，由此催生股份制、保险业的雏形。现代企业会计核算的基础及酝酿资本主义精神的复式簿记、公债也源自威尼斯。威尼斯的海洋贸易、金融业带来丰厚利润，并被用于威尼斯军事建设，使威尼斯海军力量碾压英、法欧洲大国。[2]

在兰伯特看来，海权（sea power）仅是"中等规模的强国有意识地创造的一种身份，试图利用海洋强国在战略和经济上不对称的优势，使它们有机会跻身于大国之列。这一愿望的关键指标包括实行寡头/共和制政治模式，赋予商业精英以权力，重点关注海军而非陆军，发展一种充满海洋气息的文化，以及采取与大陆国家全然不同的模式。它是一种构建出来

---

[1] [英]安德鲁·兰伯特：《海洋与权力：一部新文明史》，龚昊译，湖南文艺出版社2021年版。

[2] [英]安德鲁·兰伯特：《海洋与权力：一部新文明史》，龚昊译，湖南文艺出版社2021年版。

的身份，需要无休止地重复和重申"①。而在 1890 年，阿尔弗雷德·塞耶·马汉则提出"制海权"（sea power）概念，该概念强调国家运用军事力量对海洋的控制。兰伯特的"海权"概念不同于马汉的"制海权"概念，兰伯特的海权概念包含自由贸易、包容性政治制度、思想自由、文化包容等价值观。兰伯特所指的海权国家是古代的雅典、迦太基、中世纪的威尼斯、近代的荷兰和英国，第二次世界大战后，传统海权国家已不复存在，但作为文化的"海权思想"影响深远，西方整体接受海权国家的价值观，进而基于此建构现代世界。② 兰伯特认为，马汉将海权理解成了制海权，兰伯特并不认同马汉将海权等同海军力量的看法，而视海权国家首先为文化建构，表现为国家有意识地选择海洋方向的发展、重视商业及尊重商人，并因此改造自身政治制度以适应之。普通面向海洋的国家并非就等于海权国家，海权必须由政治制度、经济发展及发展战略来建构。同样，兰伯特也是从文明、文化属性来审视"陆权"。陆权国家（兰伯特将其称为普世君主国）疆域广阔，人力、物力充沛，推行自给自足的指令性经济，为维持对广袤领土的统治，更倾向于集权专制政体与封闭的稳定性文化。海权与陆权持有迥异的战略目标，陆权期望诉诸决战和占领敌方核心领土以赢得胜利，而海权只追求有限战果，主要是通过让敌对国家经济崩溃来赢得胜利，为安全和经济利益而控制海洋是海权国家的战略重点。兰伯特认为，海上运输、自由贸易关乎海权国家的兴亡，因此面积广阔的国家因为能够自给自足，所以不可能成为海权国家，海洋并非其发展的生命线。兰伯特认为，今天的疆域辽阔的美国并非海权国家。冷战以后，美国的海军维持着海上秩序，确保海上商路畅通，美国内陆腹地极为广阔，经济能自给自足，任何时候都可退回孤立主义，放弃护持国际秩序的责任。历史上，曾有强大海军并建立庞大海外殖民帝国的葡萄牙、西班牙，并非海权国家，因为它们是中央集权的专制国家，并奉行由政府垄断的指令性经济，海外贸易收益被用于夯实王室专制统治和提升作为专制国家得力助手的普世教会的权力，也无意让

---

① ［英］安德鲁·兰伯特：《海洋与权力：一部新文明史》，转引自陈芝《新的"旧世界"：海权国家能否继续主宰全球》，《经济观察报》2022 年 8 月 9 日。
② ［英］安德鲁·兰伯特：《海洋与权力：一部新文明史》，龚昊译，湖南文艺出版社 2021 年版。

商人分享政治权力。西班牙、葡萄牙的海外帝国持续几个世纪,但兰伯特认为两国的文化核心不受海洋影响,君主专制、罗马教会的巨大影响、对土地的野心、贵族特权、垄断经济模式,以及对航海、海洋和新思想的蔑视,使西班牙人和葡萄牙一直扎根大陆。

历史上,西、葡两国受强烈宗教信念鼓动,西、葡两国人民带着自己的圣战精神远渡重洋。当然,粮食、现金短缺也鼓励着西、葡两国对外扩张。在对外征服中,两国选取垄断性财政体制,以提升专制君主的财力,并未想过要与私营企业分享海外贸易收益,如葡萄牙在控制亚洲香料贸易后,香料价格因王室垄断居高不下,交易量也没增加,私营企业被禁止从事香料贸易。垄断经济政策抑制西、葡两国民间经济发展,两国的专制政体使商人在政府中缺乏话语权。西班牙人从世界各地掠夺的财富被穷兵黩武的宗教扩张挥霍一空,流入其他欧洲国家,战争使17世纪的西、葡两国债台高筑,屡次破产。15—16世纪大航海的先驱西、葡两国,到17世纪,其远洋帆船的设计与生产能力已落后于竞争对手,甚至其垄断的殖民地市场,其中的大部分航运业务也被外国人承包,因为民营经济缺乏活力,以及水手与船只匮乏。在西、葡两国文化中,航海贸易缺乏体面,不像在陆地上从事战争与征服受人尊重。

取代西、葡海洋霸权的英、荷两国,其霸权事业由商业驱动。英国、荷兰面积较小,地处欧洲外围,先后面临西班牙、法兰西等体量庞大的专制君主国的军事威胁。生存压力巨大与面积狭小,迫使英、荷两国不得不选择通过海上贸易获得现金流以弥补人力、物力之不足。由于重视商业与海洋,荷、英两国的现代政治制度由此被建构与改造,在政治权力上,商人阶级与传统土地贵族能平起平坐,甚至尤有胜之。由于政府受商人控制,故政府对财政支出尤为谨慎,对债务也更加守信。相较而言,债务违约在西班牙、法国习以为常,两国的金融业发展也因此始终逊色于英国、荷兰,贷款利率也极高。英国拥有稳健的财政政策与良好的政府信誉,使得全欧洲的资金在英法争霸的英法七年战争中,都涌入英国,使英国拥有数倍于法国的现金流,最终使英国在海外战胜国土和人口都比英国多很多的法国。相较于西、葡两国,英、荷两国在政治、经济及社会上更加自由、开放,从而也能更好促进技术进步。政治、经济及社会的开放、包容是工业革命率先降临英国的关键。此外,专制君主国家对有可能威胁自身政体稳定的海权国家政治文化深感恐惧,就如海权国家恐惧被陆权专制君主国家征服一样。兰伯特认为：第二次世界大战后，荷兰、英国等传统意义海权国已成为过去式；在今天的多极化世界，海洋自由度与全球经济繁荣、活力相关，依靠单一霸权国维护海洋自由是不可取的。海洋开放应由国际政治中的多国商议来保障。

从地缘政治理论的学术发展脉络来看，地缘政治理论在本质上属于"历史哲学而非战争哲学"。在研究经济、社会发展的学界，在探索的范围穷尽先天自然禀赋、人力资本、制度变革、技术进步等重要推动因素之后，学界将研究触角伸向对历史发展的影响一直保有神秘面纱的文化价值观。历经众多学者的解构，仍意犹未尽。19世纪有写就《美国的民主》的托克维尔、写就《新教伦理与资本主义精神》及《经济与社会》的马克斯·韦伯，20世纪有写下《西方社会的兴起》的诺斯与写出《文明的冲突》的亨廷顿，其中亨廷顿将文化形态、价值观在地缘政治中的地位推向前所未有的高度。文化价值观能从形而上和形而下两个维度助推缔造一个有利于社会经济有机体保持创造性与活力的良性发展氛围，社会经济有机体保持创造性与活力正是地缘政治、地缘经济影响力得以形成的关键。

二 海权与陆权的本质及历史考察

在国家治理层面，传统陆权是秩序本位，而海权自开始就是"自由本位"。传统陆权建立在小农经济基础上，小农经济的维系需要有排他的土地所有权，传统陆权经济体系的扩张依赖于土地扩张与兼并，并在生产领域确立垄断体系，以及确立符合小农社会特点与需要的秩序框架。"这些田园风味的农村公社不管初看起来怎样无害于人，却始终是东方专制制度的牢固基础；它们使人的头脑局限在极小的范围内，成为迷信的驯服工具，成为传统规则的奴隶，表现不出任何伟大和任何历史首创精神。"[①] 小农经济、小农社会与专制皇权制度是相互影响、相互建构的。

海权基于自由的航海经济系统而建构，对于航海经济系统而言，其高度自由意味着不同的经济参与者处于相互竞争的状态，扩张与发展则依赖于尽可能广阔的贸易网络与自由交易体系。陆权经济体系的垄断结构会促生出中心化等级性秩序体系，而中心的权威话语则固定化而形成大陆法

---

① 《马克思恩格斯选集》第2卷，人民出版社1972年版，第66—67页。

系；中心化的秩序体系掌握重复性农业生产中最重要的公共物品供给（水利设施、天文历法、宗族礼法体系、官僚税收体系等，这都是全体农耕劳动者需要共同维护的秩序），从而以集约方式提高生产效率。海权经济体系的自由贸易结构则催生出去中心化体系（航海经济系统的自由竞争体系意味着航海图、海流经验等，都不会成为公共品而在不同竞争者间分享，而是作为自身赚取超额利益的工具）。海权经济体系中，各个个体间的关系必须借助契约、密约的方式来协调，交往方式往往通过累积方式形成惯例，最终演化为海洋法体系。

传统陆权主要是一个生产体系，而传统海权主要是一个贸易体系。当然，海权经济体系也有生产系统，陆权经济体系也有贸易系统，只是海权由贸易思维主导，而陆权由生产思维主导。贸易思维主导下的海权，其主要发展方式是外拓式扩展，并力图维系贸易网络扩张、交易信用的持续存在及交易重复发生。生产思维主导下的陆权，倾向于内向性且由国家集中资源的发展模式，并力图维持社会、经济稳定，力图维持生产间的协作，优化生产体系效率，保持稳定且能抵御风险的产出。

自近代以来，海权国家经济利益的实现依赖于各国间的国际贸易，而陆权国家则倾向于在自己国家建立完整产业链体系。故而海权国家会从贸易的角度推崇比较优势理论（英国经济学家大卫·李嘉图是这种理论的代表），在专业化的国家之间赚取贸易利润；而陆权国家则会抵抗海权国家所推崇的分工专业化趋势，同时还试图通过建立完备的产业体系以应对可能出现的领土战争，所以陆权国家容易出现幼稚工业保护论与仿制现象等，陆权国家德国的经济学家弗里德里希·李斯特的理论是幼稚工业保护论的典型代表。苏联建立后，为在苏联这个世界最大的陆权国家建成社会主义，实现现代化，苏联最高领导人认为必须在苏联实现国民经济现代化改造与建构独立完整的经济体系，即把苏联建成既能生产一般消费品，也能生产各种生产资料的现代国家。

自世界进入近代以来，世界秩序总体上由海权国家主导建立，陆权国家与海权国家间的对抗中，陆权国家总体处于下风。如传统陆权国家，都悉数败于拥有现代海权的西方国家；同时，在近代崛起的陆权国家德意志第二、第三帝国、日本帝国（日本尽管拥有强大海军，但大陆政策主导着其外交政策），以及苏联，在与西方现代海权国家争霸过程中也悉数失败。海权战胜陆权的实质，其实质是内嵌于海权的自由、进取及开放精神战胜裹挟着陆权的保守、集权及专制思想。近代初期，拥有强大海权的西班牙最终败于英国，其原因在于西班牙帝国并非真正现代国家，而是一个具有浓厚封建专制色彩的帝国，故西班牙在与具有更多现代性（开放、自由及民主）的英国、荷兰的霸权竞逐中最终走向失败。近代以来，信奉新教的英国、美国是最成功的海权帝国。新教教义反对权威，强调解放个体、个人权利及个人责任。新教国家都是"小政府""大社会"的国家与社会结构，新教国家拥有及发展基于自下而上原则的"自由市场"。新教改革使有息放贷具有了合法性，从而也解放了金融。海权国家凭借固定的金融中心，有源源不断的资金保证，而陆权国家普遍缺乏成熟的金融体系，在国家间的竞争中很容易落入下风。自由、开放是海权帝国最重要价值。英国海权鼎盛的时期是英国推行自由贸易的时代，也是英国工业和经济自由拓展的时代。19世纪，在英国主导的国际秩序框架下，自由的海洋与自由的国际市场相互叠加。自由的英帝国海洋文明、海洋民族屡次战胜不自由的陆地文明，先后战胜欧洲大陆的西班牙人、法国人及德国人。第二次世界大战后，世界格局呈现自由主义海权帝国美国与陆权帝国苏联的冷战对峙，在这场美苏间的较量中，苏联的解体似乎代表自由、进取的海洋精神又一次战胜代表保守、集权的陆地精神。

在海权论者马汉看来，任何国家只要控制海洋，就能主导世界的贸易、财富及全世界，控制海洋贸易正是美国崛起的关键。马克思曾说："对于一种地区性蚕食体制来说，陆地是足够的；对于一种世界性侵略体制来说，水域就成为不可缺少的了。"[①] 马汉将军事控制、海运开拓及海外贸易视为海权的关键有机组成，认为"海权其义甚广，它不仅包括通过海上军事力量对海洋全部或一部的控制，而且包括对和平的商业和海上航运业的控制"，影响国家制海权建构的主要因素是地理位置、自然条件、领土范围、人口数量、民族性格及政府特征。[②]

马汉的海权论主要是阐释（海军）军事战略及国家如何通过人力、财力投入及港口建设对海洋进行战略利用，并没有触及海权根本。成为海权国家远比建立海军复杂。海权不仅意味着国家出于安全和经济利益对海洋实施控制，更是指海洋在一国经济、战略、文化及政治生活中处于无出

[①] 《马克思恩格斯全集》第44卷，人民出版社2001年版，第322页。
[②] ［美］阿尔弗雷德·塞耶·马汉：《海权论》，欧阳瑾译，台海出版社2017年版，第26—27页。

其右之地位。临海或海岛国家并非必定会成为海权国家，拥有强大海军也并非海权的根本。近现代海权的崛起，其理念基础是自由主义，其制度基础是开放性制度，其经济基础是商品与市场经济，其社会基础是民间力量的崛起与个人创造性的自由发挥，从而使得资源或资本得以高效配置与资本扩张的天性得以自由释放，使资本从一国之内扩张至全球。资本的全球扩张势必需要强大海军护持，同时，高效的资本全球配置带来的丰厚利润又助推海军建设。现代海权国家所具有的一个典型特征是，其生产、生活方式与军事建设、战斗方式具有极高一致性、互补性。

近现代海洋霸权国家英国、美国遍布全球的基地网络，其供养并非全靠本土。对于英国霸权而言，与英国海军优势相配的，是英国庞大的商船队，正是这些商船队，从全球贸易中给英国带来巨额财富。英国另一重要战略布局是致力于在欧洲大陆大国之间缔造均势，充当欧洲大陆大国之间的"离岸平衡手"，而不谋求控制欧洲大陆。英国不卷入欧洲大陆大国之间对欧洲大陆主导权的争夺，从而没有成为其他大国的主要对手，自然就能操纵欧洲大陆大国之间的力量均势，让它们相互制衡，同时自己把宝贵资源投放在海军力量上，确保英国海军相对于其他大国的优势和英国海上贸易通道安全。英国战略经验的另一点，就是妥善处理自己与殖民地的关系，使殖民地尽可能成为英国的助力而不是负担。英国的殖民战略巩固了英国霸权。与沙俄不一样，英国并不热衷于领土兼并，而是通过扩大自己的势力范围，使自己能在全球推销自己的产品。此外，英国对其殖民地施行分类控制、管理。对于欧洲移民为主的殖民地，英国逐步培育出类似于英国本土的社会体制、社会形态，最终使它们成为自己的盟友。在加拿大、澳大利亚、新西兰和印度，英国致力于培养它们的自治能力，使其变成英国最忠诚的盟友。由于重心不在于对领土的统治、资源的搜刮，英国的殖民地战略更多倾向于与当地人合作。英国比较注重与殖民地土著居民的协调，而不是赤裸裸地推行自上而下的统治。英国重视殖民地的经济社会发展，以为本国培育出具有需求、购买力的市场。英帝国的财富更多来自英国与欧洲各国和殖民地的贸易，而并不只是通过征税和掠夺。繁荣的海外贸易，刺激着英国经济增长、航海技术进步及造船业发展。英国很快从一个落后的岛国变成主要的强国之一，并且成为世界贸易中心。工业革命是英国经济持续增长的前提与基础，也使英国跃升至当时唯一世界强国位置。工业化促进了英国的商业、金融和海运霸权，英国也凭借工业革命带来的经济实力巩固其海上霸权。英国的竞争对手在工业力量上比英国薄弱是英国取得海上霸权的一个重要原因。西方在近代的崛起，并非主要由殖民主义、海外征服所成就。是西方国家在科学技术、工业方面的崛起以及其他国家、地区发展的停滞与衰落，才使西方的全球扩张成为可能。工业革命使英国具有巨大的领先技术优势，而庞大的殖民地又给它提供了销售市场。因此，英国更倾向于自由贸易，通过物美价廉的商品来占领世界市场，而不像西班牙那样主要是通过垄断殖民地贸易来获利。为使本国商品进入他国市场，英国需要其他国家实行自由贸易，由此，"贸易优先于统治"的原则成为英国殖民统治的基本原则。英国殖民统治模式的选择与英国政治制度的性质有紧密联系。自由主义的资产阶级政治革命使英国成为资本主义生产方式和工业革命的先行者，自由主义政治革命释放出的强大生产力是英国打败荷兰、法国及建立海军霸权的物质基础。正是因为英国的自由主义政治体制，"贸易优先于统治"、将殖民地管理体系纳入议会制度等才会发生，从而使殖民地独立以后还与英国保持盟友关系。[①]

对于当代美国，美元霸权和军事霸权相辅相成，是美国霸权的两大支柱。20世纪六七十年代，随着美国黄金储备的大量流失，美国在20世纪70年代开始推行新的美元霸权，但这需要军事实力支撑。美国先后发动的海湾战争、科索沃战争，就起到维护美元霸权的作用。美国要维持军事霸权，亦离不开美元霸权收割全球财富，从而才能保证美国军事体系运转。美国依靠自身强大国力成为国际金融、贸易规则的制定者，建立国际货币基金组织、世界银行等国际金融机构，最终确立美元霸权。美国资本市场吸纳全球资金，同时"石油美元"又回流至美国而变成美国的银行存款、股票及国债，弥补美国贸易、财政赤字，支撑美国经济。

美国霸权建构中，军事建设与经济发展是良性互动的。美国与苏联相互对峙的冷战中，美国军事开支促进着美国经济繁荣，美国军工企业基本上是民营企业，美国国防科研和生产主要由私营企业承担，民营经济能从美国军事扩张中获得自身扩张的经济动力。冷战开启后，为遏制苏联扩张，美国实施助推西欧经济复苏的马歇尔计划。美国政府认为："一个受华盛顿监视的、统一的援助计划将能削弱共产党，有助于多边贸易以及美

[①] 宋伟：《英国的全球霸权地位到底靠什么能维持上百年？》，www.360doc.com/content/20/0629/10/332078_921232121.shtml，2022年3月8日。

国的经济繁荣和安全。"① 美国跨国公司、金融势力进入西欧，不仅助推西欧经济复苏，也促进美国经济发展、繁荣。继马歇尔计划之后，美国又施行旨在向发展中国家（第三世界）进行经济渗透的"第四点计划"。美国认为，"发展这些（落后）国家将使我国工厂的生意永远兴隆……亚洲和非洲的生活水平只要提高2%，就可以使美国、英国和法国的工厂开足马力运转一个世纪"②。美国的对外援助、海外投资，为美国赢得广阔的原材料、商品、资金及技术市场。冷战期间，伴随美国遏制苏联的战略的实施，是美国经济发展中的巨额财政与贸易赤字，以及美国经济运行不再限于自由竞争模式，而是演变为政府拥有巨大预算并能广泛深入干预经济的混合模式，军事战略对经济发展的带动已深度嵌入美国经济。导致苏联在冷战中失败的原因，不仅是因为苏联军事战略的失败，更是因为苏联的军事战略对经济的摧毁。苏联中央集权的计划经济体制，忽略价格因素和边际效用，资源配置效率低下，发展军事工业不讲成本与效益，也不顾及民众需要，甚至以牺牲民生及民用经济为代价。包括军事工业在内的经济发展，创新是基础，"没有创新就没有经济增长"。科技创新的研发投入离不开经济发展与经济效益支撑。忽略市场需求与价格机制的计划经济，很难在创新上与市场经济竞争。苏联长期将本应用来进行经济建设的资源投入无止境的军备竞赛中，这是苏联解体的重要原因。苏联海军实力仅次于美国，但苏联并不因此是海权国家。强大海军并不等于海权。海权的构成要素是多元的，除海军外，资本扩张能力、资本更新能力、资本市场推进企业创新的能力、技术创新、制度创新、战略运筹、对全球海上通道的掌控、海外同盟体系、海洋观念等，都是建构海权不可或缺的要素。马汉在《海权对历史的影响》一书中指出，广义上，海权"涉及了有益于使一个民族依靠海洋或利用海洋强大起来的所有事情"③。其意味着海权在包含军事因素之际，也涵盖政治、经济等一系列内容。其中，资本的持续

---

① ［美］托马斯·帕特森：《美苏对抗》，美国霍普金斯大学出版社1973年版，第207页，转引自杜文君、陈传喜《论美国经济成长与军事战略的互动》，《军事经济研究》2010年第2期。

② ［美］哈里·杜鲁门：《回忆录》第2卷，李石译，生活·读书·新知三联书店1974年版，第282—283页，转引自杜文君、陈传喜《论美国经济成长与军事战略的互动》，《军事经济研究》2010年第2期。

③ ［美］A. T. 马汉：《海权对历史的影响》，转引自吴忠国《西方近现代兵法导读》，武汉大学出版社2007年版，第77页。

扩张、更新能力是孕生及决定海权持续发展的最关键因素。葡萄牙、西班牙衰落之根源是海外掠夺的财富被政府独占以及没有起到助推国内生产与创新的作用，从而很难抗衡荷兰新兴商业资本。而荷兰商业资本由于无法抗衡英国工业资本，从而其海上霸权被英国取代。后起之秀美国则凭借其资本扩张带来的经济创新取代英国海洋霸权。世界海洋霸权兴衰史表明，技术、制度创新能力及产业主导能力是支撑海洋霸权的关键因素。历史上，所有海上霸权都分别主导其所处时代的技术革新、产业创新。海洋霸权不仅拥有世界最强海军，也是世界新兴产业的引领国与主导国。此外，主导国际制度建构、提供国际公共产品的能力，也是支撑近现代海洋霸权的重要力量。近现代，英国长期主导海洋自由航行，美国维护全球自由贸易、金融稳定、海洋通道安全及主导国际制度的建构，这是分别助推两国成为海洋霸权的重要支撑因素。只有强大海军，而缺乏其他配套要素，是断然不能成为海权强国的。仅依靠海军而缺乏经济、技术、制度及文化支撑，强大海军只能成为摆设。真正的海权国家，其海权发展与经济发展是相互支撑、相互扶持的，即生产方式与海洋战斗方式具有高度一致性。缺乏经济、制度及社会支撑的"海权"，将会拖累社会与经济发展，历史上的西班牙、葡萄牙及苏联，都曾拥有强大海军，但这几个国家的海军建设与经济、社会发展及民生需求，却是相互冲突的，即海洋战斗方式与生产方式存在冲突性。

1840年，凭借武力打开中国大门的英国，是当时世界唯一海权帝国，其崛起于18世纪中期，在英法七年战争中击败称霸欧洲大陆的法国波旁王朝而获得支配海洋的权力。从根本上缔造英国海权的其实是英国的一系列政治、制度革命。通过1688年的"光荣革命"，英国最终确立起现代海权国家所必需的政治前提、财政工具：包容性政府；中央集中控制的财政；税款征收通过政治谈判决定；根据海军建设的战略优先地位持续投资海军资产和基础设施；给予海洋贸易优待。与古代的雅典、迦太基、中世纪的威尼斯和近代荷兰相同的是，英国也积极构建以海洋为中心的文化身份，并基于此而成为海权国家。①

近代，西方国家崛起首先表现为海权崛起，但并非仅取决于海权，而

---

① ［英］安德鲁·兰伯特：《海洋与权力：一部新文明史》，龚昊译，湖南文艺出版社2021年版。

是取决于海权与现代经济、政治及社会变革的结合。成功实现变革的英国、法国，最终成为海权时代的翘楚。拒绝革新的传统陆权强国，其社会制度和意识形态日益僵化。19世纪中期，确立工业资本主义社会的英国、法国最终用武力轰开中国大门。近代以降，海权对陆权保持总体上的效率与力量优势。海权国家的技术进步使海上交通、运输成本迅速下降，海权国家可在世界范围内调动资源组织生产、发动战争。相较陆权国家，海权国家有制度优势，海权国家相对公平的政治、社会制度、相对自由与高效的经济、金融制度及相对完善的法律制度，使海权国家有高效的财富配置、生产及汲取能力。

通过海洋，西方列强进行着商品输出，并展开对生产原材料、资源的掠夺。相较陆地存在的地理分割与阻隔，海洋交通是自由而通畅的。通过无分割、无阻隔的海洋，西方资本强国能将国家力量高效投放世界各地，也能将世界财富快捷送至资本母国。单纯扩充海军并不能获取海权。回顾世界海洋霸权先后被葡萄牙、西班牙、荷兰、英国及美国逐一承接之历程，资本扩张能力、资本更新能力及资本推动创新的能力才是决定海权产生、发展及维持的根本动力。单一海军建设并不能确保国家强盛，国家兴盛归根结底取决于先进的生产方式、制度创新能力、思想自由及文化开放性等因素。

采取制海权战略的国家并非意味它就是海权国家，任何拥有海岸、金钱和人力的大陆军事强国都可行使制海权战略。一些施行制海权战略的大陆军事大国并非海权国家，如明代中国、近代以来的俄罗斯，甚至伴随新航路开辟崛起的海洋帝国西班牙、葡萄牙都并非真正的海权国家，海洋在它们的身份缔造中只是边缘因素。真正的海权国家在促进贸易、知识进步及政治包容方面做得远比陆权国家多，并将界定现代西方社会乃至现代世界的自由价值观塑造成普世价值，以及建构起现代且全球性的经济框架与机制。历史上，一些大陆强国拥有强大的海军或海外帝国，但这并未改变其基本文化，这些国家的文化几乎所有情况下都是陆地和军事性的，民间社会、商人及金融家被排除于政治权力之外。[①]

马克思说："按照历史传统，海上势力的强大永远是同自由结合在一

---

① ［英］安德鲁·兰伯特：《海洋与权力：一部新文明史》，龚昊译，湖南文艺出版社2021年版。

起的。"① 近代以来，马汉定义的制海权被掌握于遵循自由、民主价值的西方工商国家集团，西方国家在全球范围进行贸易，并诉诸集体行动确保海洋贸易免受海盗、冲突和动荡的影响。以自由主义为原则的海外商贸与社会经济结构，是国家建设强大海军的物质基础与社会前提。海洋贸易、海洋经济是支撑强大海军的持续动力源。海上力量具有全球到达的能力，强国发展海权伊始就意味着将要发挥全球性影响。当海洋不再是沟通、发展的障碍，而是人类沟通的平坦大道之际，人类文明便有了新飞跃。海权国家是其发展高度依赖海洋且能主导海洋之国，而不仅仅是拥有庞大海军的国家。海洋是海权国家民族文化、经济生活和安全建设所指向的中心，海权国家举国上下都参与海洋事务。对于海权建设，包容而开放的政治与海权之间的协同至关重要。经由海洋传播的开明政治意识形态是海权国家影响外部世界的重要武器，是构筑海外贸易网络的关键支撑力量，开明政治观念吸引着从事海上贸易之人，也使他们意识到解构僵化专制制度是必要的。此外，开明政治制度是海权国家进行海上贸易的制度保障。选择海权，还是选择陆权，不是由地理而是由政治选择所驱动的，海权是开明政治与资本相结合的必然产物。②"海权国家不断激起专制大陆军事政权的仇恨和恐惧，这不是因为它们的海军力量或船只，而是因为它们的政治结构对其他那些包容性较差的政府形式的合法性构成了重大挑战。当海权广泛宣传其政治体制的优越性时，它们的目的主要是确保内部的凝聚力，对那种嘲笑它们商业价值观、懦弱和不可靠的宣传进行反击。拿破仑那句'店主之国'不过是长期以来对海权侮辱中的最后一个，这种侮辱可以一直回溯到斯巴达人对雅典人的嘲讽。"③《海洋与权力：一部新文明史》中的这段话诠释了"海权"的真正内涵。如果将"海权"只理解为"海洋的军事控制权"，或将海权只看作国家的扩张战略，都失之于表面。"海权"意味着一种文明形态，一种内嵌着包容、开放与自由价值观的文明形态。海权国家从其诞生，就彰显着迥异于大陆文明（寡头政治与专制

---

① 《马克思恩格斯全集》第12卷，人民出版社1998年版，第103页。
② ［英］安德鲁·兰伯特：《海洋与权力：一部新文明史》，龚昊译，湖南文艺出版社2021年版。
③ ［英］安德鲁·兰伯特：《海洋与权力：一部新文明史》，转引自叶克飞《被集权仇视的海权国家们，为何总是自由与包容的象征》，https://www.163.com/dy/article/GD0PAKJF0541H-NW1.html，2022年9月10日。

政治）的文明内涵。古代的迦太基与雅典，作为海权国家，都进行了民主化改革和推行选民政策。中世纪的海权国家威尼斯是依靠选举制衡国家权力的王族统治。近代崛起的海权国家尼德兰联合共和国，则侧重于私营企业建设。将海权首次全面伸展的英国是世界上首个工业化和最早迈进现代社会之国。

中世纪末期的西欧，人口数量开始增长，国家间竞争日益激烈，各国内外贸易的发展，这些因素都驱动西欧人努力寻求新市场、原材料的新供应地，以及试图开辟将本土与海外连接的新航线。葡萄牙、西班牙的海外探险家最早踏上追寻财富的冒险航程，葡萄牙人在非洲海岸、印度和东亚寻找和掠夺黄金及财富，西班牙人则到达新大陆美洲。伴随地理大发现的直接掠夺使葡萄牙人、西班牙人大发横财，但巨额财富并没有催生有利于资本扩张、更新的国家制度和市场机制，掠夺的财富被国王用于巩固专制王权及满足自己的穷奢极欲。葡、西两国经冒险所得的财富最终通过国际贸易转流到荷兰、英国。西班牙有庞大海外殖民体系，但西班牙本土落后的手工业却不能充分提供殖民地所需产品，从而无法达成良性经济互动。对殖民地财富的掠夺没有刺激西班牙的经济，反促使其走向衰落。伊曼纽尔·沃勒斯指出："西班牙衰落的原因似乎是没有建立（也许因为它不能建立）能使西班牙统治阶级从欧洲世界经济体的创立中获利的那种国家机器，尽管16世纪西班牙在这个世界经济体中居于中心的地理经济位置"，"一旦在1588年无敌舰队战败，它的这种国际地位就循着国际政策的内在逻辑结论走下去"。[①]

伴随西班牙衰败，荷兰开始崛起。在荷兰被西班牙统治时，荷兰就已主导波罗的海贸易。经过"八十年战争"（荷兰独立战争，1568—1648年），荷兰获得独立。伴随独立及较优良国家制度的建立，荷兰的海外扩张从赤裸裸的掠夺转向贸易，荷兰仰仗其相较于他国发达的航运业、银行业，发展为当时全球经济中心。荷兰的阿姆斯特丹是连接欧洲与欧洲之外世界的中枢，还一度成为欧洲资本市场、商品生产及转运中心。荷兰从海洋贸易中获得巨额利润，并基于此取代西班牙成为新霸权。荷兰崛起后不久，其霸权就被英国启动的工业革命所消弭。第一次工业革命开启后，国

---

① [美]伊曼纽尔·沃勒斯坦：《现代世界体系》（第1卷），尤来寅等译，高等教育出版社1998年版，第215—232页。

际市场就从贸易资本主导演变成工业资本主控，单纯国际贸易被规模化生产及商品出口至世界各地的经营模式取代。

17世纪是荷兰发展的黄金时代，在其中，荷兰的东、西印度公司的贸易扩张、殖民拓展居功甚伟。驰骋于世界大洋的东印度公司船队是荷兰帝国的象征。东印度公司拓展的核心动力是资本市场提供的巨额资本，荷兰的崛起，资本市场贡献最大。荷兰人是最早的金融业开创者。1602年，历史上第一个联合股份公司荷兰联合东印度公司成立。为了融资，公司创立者发行股票（并非现代意义的股票），公司承诺对股票分红。由于荷兰政府也是东印度公司的股东，公司的权限、信誉因此得到提升。通过面向全社会融资，东印度公司将分散财富聚集起来变成自身对外扩张的资本。1609年，历史上的第一家股票交易所在阿姆斯特丹诞生，东印度公司股东能随时通过股票市场变现手中股票。在荷兰，银行、证券交易所、信用制度及有限责任公司能有机统一，在此基础上又衍生出相互交融的金融、商业体系，由此推动财富快速增长。

英国是伴随工业革命与宪政革命而崛起的。伴随经济上的工业革命进程，英国逐步完成政治上的宪政革命，从而在政治制度层面使资本摆脱王权束缚。英国是借助科学革命、工业革命及被政治革命释放出的资本力量、社会创造力而获得海洋霸权的，同时也带动欧洲各列强的工业化进程。为助推本国工业资本扩张，英国致力推动自由贸易，致力于建构开放性、"非歧视性""平等待遇"及相互依存的世界经济体系。英帝国并非单纯基于控制性与支配性原则而建构起来的。英国主导的世界经济体系的建构尽管伴随武力运用，但英国主导下的全球性经济专业化国际分工也拉开帷幕。第二次世界大战结束前，在国际竞争规则不稳固的国家间竞争中，为争夺海外商业利益，列强间战争接连不断。经过两次世界大战，地理位置优越、经济容量远超英国的美国借战争胜利之势崛起，和平接替英国霸权，并将工业化进程推向新高度。第二次世界大战后的全球贸易中，"贸易保护"的声音时有听闻，但和平、自由、开放的世界市场一直是美国工业资本、金融资本的根本利益所在，也是全球经济的主流。西方国家在资本力量主导下及社会、政治革命推动下渐次实现国家的现代转型后，在维护自由、开放的全球市场这一共同利益与目标下，结成紧密利益同盟。

20世纪末期，伴随信息时代来临，工业资本逐渐转换为金融资本，美国掌控全球贸易走向的能力下降（对于全球市场化程度很高且灵活多变的大宗商品流动，如石油贸易，军事手段就很难对其掌控），但仍主导世界金融体系及金融流。美国"海权"表现形式已很大程度上转变成资本力量，美国制裁伊朗石油贸易就是典型案例。当下的全球海运是高度市场化的，对贸易物流具体流向的判断是很困难的，故美国很难通过海上拦截封锁伊朗对外贸易，即便能实现封锁，封锁带来的成本也是美国很难承受的。通过金融体系封锁伊朗，却是美国制裁伊朗的最佳途径。通过对全球金融结算体系的主导，美国实现了对伊朗石油贸易的制裁。①

从葡萄牙、西班牙劫掠式的海外商贸、殖民拓展，到荷兰基于海洋贸易的商业资本海外开拓，到英国伴随殖民扩张的工业资本全球扩张，再到今日美国基于自由主义的全球性金融资本扩张与美国对全球产业链分工的主导，广义"海权"的内容也在发生变化。② 在"广义海权"中，谁能占据货币金融制高点，谁就能通过主导或操控全球价格体系而为自身利益服务。谁能掌控世界储备货币和金融中心，谁就处于全球经济金融制高点位置，谁也就能处于世界权力中心。17世纪的荷兰阿姆斯特丹、18—19世纪的英国伦敦、20—21世纪的美国纽约，先后问鼎世界金融中心位置，③ 金融霸权先后在荷兰、英国及美国的海洋霸权实现中发挥着关键作用。当然，这并非意味着军事霸权或制海权地位降低，美国的霸权主要是金融霸权与军事霸权相结合。金融霸权是基础，军事霸权是保障。全球经济一体化的基础是海运，掌握制海权就是掌握了全球海运物流的控制权，这是制定国际经济规则及建构国际秩序权力的重要构成。基于开放性及完善金融体系的全球范围经济内外大循环，是现代海权的实质。

制度建设存在重大问题的国家，仅发展海上军事力量，绝无可能成为海权大国。清朝19世纪60年代优先发展海军，19世纪80年代已拥有当时亚洲最强大的海军北洋水师，但这并未给晚清中国带来强大海权。由于晚清国家制度、国家能力的腐朽、低下，在中日甲午海战中，北洋水师全军覆灭。中国海权发展必须以中国制度建设的重大问题解决为前提。传统中国是典型小农社会，发展重点一直在适宜农耕的大陆，战略安全重点始

---

① 王晓夏：《海权、资本与中国经济》，《地理教学》2018年第6期。
② 王晓夏：《海权、资本与中国经济》，《地理教学》2018年第6期。
③ 向松祚：《争夺全球金融制高点》，https：//www.financialnews.com.cn/yh/xw/201203/t20120319_4051.html，2021年12月19日。

终是北方的游牧区与农耕区交汇处,数千年来中原农耕文明的最大生存压力来自北方蒙古高原或草原的游牧社会。明朝明成祖置开国皇帝朱元璋的"禁外藩交通令"于不顾,派郑和下西洋,比欧洲人要略早开始海上探险。与欧洲国家远航的目标是追求经济利益不同,郑和下西洋却是彰显大明皇权威势的政治宣示,《明史·郑和传》言:"成祖疑惠帝亡海外,欲踪迹之;且欲耀兵异域,示中国富强。"[1] 郑和下西洋,经济消耗巨大,成本远大于收益,政治威望缺乏实际收获,缺少必要现代经济体系支撑。郑和船队没有拓展国际贸易与扩张财富,也没有推行殖民主义,只考虑政治威望。郑和下西洋缺乏清晰国家战略指导,也未能为整个社会提供新观念及国家发展的新战略。明朝皇帝缺乏拓展经济与贸易的思考,明朝也缺乏推动海外贸易的制度性刺激。同时,明朝面临北元不时南下侵扰,北方边防压力形势严峻,专制而集权的王朝国家自然将国家财力重点投放于北部军事防御,并重农轻商,征集、囤积物资,很少有剩余产品能进入商品市场。由于重农抑商,明朝独立的商人阶层始终未出现,商人富裕后,通常是购置地产,而不是投资于手工业或商业。郑和七次远航,耗资巨大,没有经济收益,明朝无法长期支撑,明宣宗1433年批准郑和最后一次航海已是很勉强。面向海洋可为民族带来重生,明朝最终停止走向海洋,其原因并非战略规划失误,而是因为缺乏支持海外扩张的经济体系,也是因为中国僵化的官僚体系与封闭的皇权体制禁止任何有益于社会进步的开放举措。在明朝皇权体制框架下,社会精英被吸附进官僚队伍,商业阶层与社会团体发展受到严格控制,从而使城市商人阶层和手工业群体无法真正成长壮大,自然也不能演化出具有自主性和独立性之社会力量。不同于外向性的军事、经济取向的西方社会,中国王朝国家是内向的以德治和文化教化为主的社会。根据中国王朝国家的官方哲学,文化与道德能解决社会实际问题。中国文明体系的封闭性、内敛性及道德文化取向使中国轻忽领土扩张、军事强盛及经济增长。作为德治文化保存与传布者的儒生阶层,是社会心灵秩序、社会教化的关键建构者、承担者,他们宣扬"王道"理想,从而也制约了统治者对外扩张。

晚清时代,中国发展逐渐落后于兴起于海洋的现代西方文明,国门最

---

[1] 《明史》卷304《宦官传》,转引自吴争春《中外文化交流史上的历史名人》,湖南师范大学出版社2013年版,第136页。

终被经现代文明洗礼的西方列强经海洋凭借坚船利炮打开,使中国人对"海权"虚弱有切肤之痛。经济发展中大陆经济占主体的中国在地理上并非纯粹大陆国度,其拥有面积近 300 万平方公里的海域与 32000 公里长的海岸线。① 作为专制的传统小农社会,晚清中国缺乏资本主义国家那种长期支持近代海防或海权的产业与物质基础。恩格斯曾说,"现代的军舰不仅是现代大工业的产物,同时还是现代大工业的缩影,是浮在水上的工厂"②。中国 1888 年建成的北洋海军,并非中国经济和文明发展的结果,其战舰全部购于海外,配备外国顾问,徒具近代化的技术形式,但无法挣脱专制社会的陈规。清朝腐朽落后,战略战术、军制军纪和后勤乏善可陈。甲午海战中北洋海军覆没的结局可谓是宿命。

马克思曾指出:"暴力本身就是一种经济力。"③ 恩格斯也指出:"暴力本身的'本原的东西'是什么呢? 是经济力量。是占有大工业这一强大的手段。"④ 大机器工业主导经济的时代,经济是暴力的基础,并对战争的胜负发挥着基础性作用,这是一个社会生产决定武器生产、武器生产决定战争胜负的过程。"暴力不是单纯的意志行为,它要求促使意志行为实现的非常现实的前提";"暴力的胜利是以武器的生产为基础的,而武器的生产又是以整个生产为基础,因而是以'经济力量',以'经济情况',以暴力所拥有的物质资料为基础的。"⑤ "洋枪洋炮战胜大刀长矛",彰显的是先进生产方式与落后生产方式之间的较量,前者拥有后者所缺乏的现代暴力工具。

近代中国缺乏海权以及其海防的失败,其根源在于文明与发展模式的落后,以及生产、资源配置效率及财富汲取能力的低下。无论是对海权的争夺,还是陆权之间的竞争,核心目标都是资源控制。陆权与海权从根本上是一种对资源的整合能力,其存续也依赖于对资源的持续整合。当今,各国对资源掌控仍旧以对陆地资源和濒海资源的掌控为主。作为一种手段,夺控陆权以控制资源为主要目标,夺取海权以控制海上

---

① 叶克飞:《曾是海上强国的中国,为什么没有成为近代海权国家?》,https://m.thepaper.cn/baijiahao_14825984,2021 年 10 月 19 日。

② 《马克思恩格斯文集》第 9 卷,人民出版社 2009 年版,第 180 页。

③ 《马克思恩格斯文集》第 5 卷,人民出版社 2009 年版,第 861 页。

④ 《马克思恩格斯文集》第 9 卷,人民出版社 2009 年版,第 181 页。

⑤ 《马克思恩格斯文集》第 9 卷,人民出版社 2009 年版,第 173 页。

运输通道为关键。资本主义时代之前,陆权是获取、整合资源的最主要途径,但伴随资本主义及大航海时代降临,海权很快成为资源获取、整合的最高效手段,海权国家逐渐在发展水平及规模上超越陆权国家,并成为世界经济体系的中心国家与国际政治秩序的主导者。近代以来,海权强国都是资本主义国家。海权时代是现代资本主义、现代工商社会到来及推动的结果,海权的拓展也助推资本主义和工商社会的新飞跃。资本的扩张冲动及资本全球范围内整合资源的需求,是现代海权兴起及最终确立的根本动因。现代海权的物质基础是基于自由资本主义的现代产业,其精神动力是现代文明的开放性、自由主义精神,海权并非单纯政府行为、军事扩张及对外征服欲望的产物。大航海时代及随后的资本全球扩张实现了对全球资源的重新整合,非洲大陆、美洲大陆相继进入以欧洲国家为主导的全球资源整合范围。全球资源整合中心也由东方转向西方,主要资源整合通道也开始转入海运,陆路地位下降。在大航海时代开启后,原先作为陆权中心的亚欧大陆强国逐渐衰落,直至大规模油气资源发现及陆上交通工具技术革新(主要是铁路技术的广泛运用),才激发出对陆权的新期待。

对资源和市场的控制是缔造强大而高效国家的必要前提。任何领土征服和权力追逐,其本质都是为扩大贸易规模、获取资源,贸易也是海权和陆权的重要力量之源。就资源的获取与整合手段而言,人类社会向来是海权和陆权并举。一国对海权与陆权的选择、侧重及运用方式,部分取决于其所处地理位置,但最终取决于其文明形态的性质。方式的殊途也将决定着结果的迥异。海权、陆权不是一个单纯军事问题,而是关涉国家整体安全、持续发展的大战略问题。海权、陆权是实现国家发展大战略目标的不可或缺的手段,海权、陆权应服务于战略,而不应是战略依附于海权、陆权。海权与陆权都是为了实现全球范围的资源优化整合,两者都是手段,在短期内,存在着二者谁优先的问题,但长期看,海权与陆权应是均衡发展的。

陆权与海权,作为权力,本质上是一种控制力或掌控力。陆权、海权的确立发生在能量、力量及资源配置的运动中,海权、陆权是否能确立取决于能量、力量及资源配置及流通的情况。大陆与海洋都是人类整合与配置资源的地理条件,但资源整合能力及资源配置效率,根本上取决于文明发展水平及其所决定的制度效率,海权与陆权归根结底是文明发展的产物，其发展水平与有效程度，最终取决于文明发展水平。

在人类社会发展中，人类社会赖以发展所需的资源，总是相对稀缺的，由此引起国家间、民族间对资源的争夺。贯穿并决定人类资源争夺目的、方式及结果的则是不同民族、国家的文明发展模式。地缘政治关系的本质并非地理关系，而是关乎生存、发展的政治、经济关系，是各民族、国家对资源的争夺或竞争关系。"地缘政治与资源政治的统一，是现代地缘政治学说的本质特征。"[1] 掌控资源密集分布地带与资源流动、资源配置的关键通道是地缘政治布局、地缘经济经营的核心目标。"天下熙熙，皆为利来；天下攘攘，皆为利往。"[2] 海权、陆权布局总是趋向资源密集与资源流转的便利地带。经济、社会发展所需资源的聚集地带是世界地缘政治、地缘经济的天然中心。亚洲、太平洋地区是世界分布国家最多、市场潜力最大及人口最多的区域，印度洋区域是全球石油、天然气等工业资源储藏最丰富的区域，近代以来，几乎所有大国都将亚太、印度洋区域作为海权、陆权争夺的关键区域，并为控制两大区域的关键枢纽地带而展开竞争。[3] 人类史，就是资源争夺史。资源争夺无时无刻不在发生，战争是资源争夺的一种形式，和平时期的资源争夺，一般被称"竞争"。即便是在和平时期，国与国之间、人与人之间，处处时时都进行着资源竞争。资源的争夺或竞争，离不开一定的地理空间，海权与陆权或制海权与制陆权，都是竞争或争夺资源的手段。文明竞争的铁律是，在技术对等情况下的国家间竞争中，一国能调动越多的资源，就越有可能获胜。此外，不同的生存方式决定社会组织形态、精神形态及财富集中程度。游牧生存方式所需的地理条件是，要有适合游牧的广阔草原，游牧社会的资源集中度最低，它均匀分布于广大草原，其社会组织形态较为松散，部落是其最重要社会组织。农耕社会需要气候温暖、雨水充沛及平整的土地，它的资源集中度比游牧社会高得多，财富集中在土地肥沃、气候温暖的平原，社会组织较为复杂，中央集权的专制体制是其社会的主要形态。海洋生存方式，存在于海岛或者海岸，而要掌控咽喉要道，必须在世界各地经营一些关键

---

[1] 张文木：《世界地缘政治中的中国国家安全利益分析》，山东人民出版社2004年版，第360页。

[2] （汉）司马迁：《史记》，甘宏伟、江俊伟评注译：《史记》，崇文书局2010年版，第751页。

[3] 张文木：《地缘政治的本质及其中国运用》，《太平洋学报》2017年第8期。

据点，如荷兰、新加坡、中国香港、上海等，都是世界航运的重要港口，并且是世界资源的重要集散地。海洋生存方式所处地带是资源集中度与经济效率最高的地区。资源集中度越高，越容易产生经济上的规模效益、分工效益、集聚效应、创新效应，从而生产效率也越高；资源集中度越低，效率或单位产出也越低。放眼世界，从大陆深处到海岸线边，生产效率是逐渐提高，经济也是逐渐变得发达，财富积累也渐次增大。全球的大部分财富都分布于离海岸线不远的地区。

"海权"和"陆权"绝非单纯的地理、军事概念，学理上更多的是归属于地缘政治学范畴。在经济生产方式、技术条件不变前提下，地缘政治的直接基础是地缘，落脚点是政治——国家权力运用及国策选择，根源性因素是文明形态与生产方式形态。地缘政治学是研究在一定经济技术条件下，国家如何在既定地理格局的限制中理性运用国力及选择更适合自身发展的高效资源配置模式。地缘政治理论并非地理决定论，特定地理条件中的具有主观能动性的人始终具有选择的余地。海权与陆权在本质上是资源整合模式，同时也具有国家政策选择的政治属性，同属岛国的英国与日本在近代崛起过程中的发展模式选择，较好体现了海权与陆权的文明和政治属性。

英国摒弃大陆领土野心，专注发展为海外贸易保驾护航的海军，并成为海权国家，这一切并非天生注定。经过英法百年战争，英国在欧洲大陆的领土悉数丧失。此外，欧洲大陆的持续政治分裂和列国争霸也为英国选择纯粹的海权发展道路提供了利好的国际环境。鉴于大陆列强忙于相互争斗而无暇他顾，英国以小规模精干陆军就能保障本土安全，同时借助全球性海军捍卫商业航道和海外领地安全。另外，作为工业革命的领跑者，英国往往凭借具有市场竞争力的商品就能以较低成本占领世界，并通过海外贸易与投资源源不断汲取世界财富。先进生产力、商贸投资、强大海军是构筑英国海权国家三个不可分割的要素。对英国而言，通过武力攫取领土没有必要，而且将会给英国带来建设庞大陆军的巨大成本。通过武力攫取的领土，往往会带来巨大的治理成本，并成为战略负担。

与英国一样，日本也是岛国，但日本则选择迥异于英国的发展国策。自明治维新始，日本统治者围绕"北进"（大陆）还是"南进"（海洋）曾有过多次激辩。中日甲午战争中，日本战胜中国，朝鲜由中国的藩属国变为日本殖民地。此后，日本的国家力量使用与对外发展战略目标就逐渐集中于"大陆政策"和转向"北进"。日俄战争后，确保日本在中国东北的利益并进而吞并东北,成为日本历届政府推行的国策。为实现这一目标,日本制造"九一八事变",进而占领中国东北,继而以保卫东北的名义出兵中国华北,最终引发全面中日战争。结果,岛国日本最终走向大陆扩张道路。日本明治维新之初,当时向东亚及太平洋扩张的俄罗斯被日本认为是自己的最大威胁。同时,朝鲜被日本视为西方列强可资利用侵扰日本的跳板。朝鲜半岛是东北亚的突出部位,就如一把指向日本的尖刀。确保朝鲜不被他国控制或将朝鲜纳入自己势力范围,是日本近代大陆扩张政策的发端。

对于日本的对外扩张而言,向中国东北扩张相对容易,这一区域的竞争者只有俄国,其他西方列强在东亚的扩张目标及利益集中地主要是中国华中、华南和东南亚等地。此外,中国的虚弱也为日本的大陆野心提供了难以抵御的诱惑。从明治维新直到第二次世界大战,日本的海洋经略始终服务于大陆扩张的"大陆政策"。资源丰富、地域辽阔的东亚大陆能为日本工业发展提供原料、市场,也是日本投资与过剩人口殖民的理想场所。第一次世界大战结束后,伴随军事、战争领域"总体战"时代来领,控制整个中国成为日本军部(尤其是陆军)从事工业化战争准备及对抗巨型国家美国、苏联的绝对需要。此后,日本的扩张目标从中国东北进一步延伸到中国内地以及东南亚,最后演变成"大东亚共荣圈"。日本对大陆资源和市场的经济需要与英国、美国、法国等先发工业国家有质的差别。日本是后发工业国,不具备先发工业国所具有的先进工业技术、成熟完备工业体系及庞大产能,故与先进工业国展开自由竞争时将处于不利境地,日本也因此致力于打造"封闭""排他"的东亚经济圈。日本的这种战略企图必须以武力为后盾,故侵略和武力占领成为日本大陆政策的显著特征,也使日本与在东亚推行"门户开放"政策的英美列强发生了难以调和的矛盾,为日本发动太平洋战争埋下伏笔。

直至太平洋战争爆发前夕,日本"南进"政策才因美国对日本实施经济封锁以及为迫使受日本侵越的中国尽早屈服(切断国际社会对华援助通道)而真正被提上议事日程。日本海军先后锁定的战争对手无不是最有可能与日本争夺大陆领土的国家,最初是中国(日本在中日甲午战争中的首要目标是夺占中国藩属国朝鲜),后来是俄国(因争夺中国东北),最后是美国(为争夺整个中国)。"海洋扩张"并非日本对外战略重点,且中国市场近在眼前,日本也没有需要保护的远洋领地和利益。因此，日本海军发展与需要承担多种职能（包括保障通商贸易、维护国际航道安全）的英国海军不同，日本海军以"舰队决战"即歼灭来犯的敌国舰队为唯一要务，目的是夺取东亚海域制海权，以此阻止别国干扰日本在东亚大陆拓展霸权。这也是第二次世界大战时期日本海军在"舰队决战"以外领域能力（如保交护航、反潜、后勤补给等）薄弱的重要原因。总体上，日本海军发展深受"陆权"政策与目标的塑造。

第三节　海权与陆权的二元竞争与平衡发展

一　海权与陆权的二元竞争与国际秩序

就文明发展所依赖的地理条件而言，人类文明可划分为大陆文明与海洋文明，国家间权力格局及其演变也基于这两种文明形态的关系展开。同时，国际关系进程、国际秩序及国际格局也一定程度上可基于海权与陆权的作用、分布及此长彼消来界定。人类文明发展深受海洋影响，但人类文明却产生于大陆，四大文明古国都是陆地文明，欧亚大陆是古代文明分布的主要地理平台。近代之前的文明间关系，除古希腊、古罗马文明与西亚北非文明曾围绕地中海相互征战外，更多是通过亚欧大陆展开交流，国际关系总体是由大陆文明或基于陆地的地缘权力主导，海洋文明处于协从地位。古代国际关系的"大陆时代"中，亚欧大陆曾出现过横跨欧亚大陆的征服帝国（如由游牧民族建立的匈奴帝国、突厥帝国及蒙古帝国），但持续时间较短，各文明、各国基本上在自身所处区域内自我演进，相互交流的深度与广度较为有限。古代，从中国到欧洲、西亚的丝绸之路，虽然成为东西方文明沟通的主要桥梁，但经丝绸之路展开的东西各文明间的贸易，更多是奢侈品而非必需品贸易，并不能从根本上改变各文明的生产、社会结构。古代社会，东西方各文明间的交流基本上是点对点的单一性直线联系，各文明间的交往并未从深层次改变各文明的形态与特质。整体上，亚欧大陆各文明间并不存在发展水平上的代际差，相互间形成一种相对平衡的权力结构。[①] 古代社会欧亚大陆各文明间的交往史，总体是一部

[①] 苏浩：《走向"新大陆时代"——新型国际关系建构的地缘基础》（上），https://www.sohu.com/a/225279667_486911，2022年7月10日。

游牧文明与农耕文明不断冲突、融合的历史。近代之前，欧洲始终面对来自中亚、蒙古高原游牧族群西进的冲击，直至奥斯曼征灭东罗马拜占庭帝国。古代东亚社会的中国，自公元前2世纪起的秦汉时期直至17世纪清军入主中国，沿着长城一线，游牧民族与农耕民族为争夺生存资源展开了长达两千余年的争斗。同时，古代国际社会也以亚欧大陆沿海区域的东西方文明之间的互动为基础，并存在一个大陆文明为主而海洋文明为辅的跨亚欧大陆的各区域文明间的交流互动体系。近代之前，游牧文明与农耕文明通过内陆持续冲突、相互交融，东西方各文明间也通过沿海相互交流与相互作用。总体上，古代国际关系以大陆性文明间的交流为主。

15世纪末、16世纪初，伴随欧洲文艺复兴、航海技术发展，人类开始步入海洋文明（工商文明）主导全球化的时代，其中，正是海洋文明为欧洲海外扩张和殖民提供了制度、技术及思想平台。西方文明的摇篮——古希腊是典型的依赖海洋的古典工商文明，现代西方文明也依赖海洋而繁荣。鉴于海洋文明或工商文明的突破性发展，需要较高层次的技术、制度及知识水平，需要更长时间的酝酿，以及因为东方陆权帝国影响巨大，近代之前的西方海洋文明并没显现威力。奥斯曼帝国13世纪末期建立，随后掌控东西方之间的贸易通道与枢纽，欧洲所需的亚洲商品因加价而变得昂贵，西欧国家不得不选择从海上开辟通往东方的新路径。15世纪以来，西欧各国商品经济迅速发展，对金银的需求与日俱增，贵族、新兴商人和资产阶级及其他中下层普遍认为，富裕的东方和海外是实现富裕的最理想之地。传播教义也是西方人海外扩张、征服的动力。由此，西方人开启在大西洋探寻通向东方新航路的海外探险，西方海洋文化也随之开始涌动，1488年迪亚士发现好望角，1492年哥伦布发现美洲新大陆，西方航海者还发现到达印度的新航路。1519—1522年，斐迪南·麦哲伦首次完成环球航行。自此，西方古老的海洋文明重新焕发生机，并迅速掌握全球贸易通道，预示着"海权时代"来临。15世纪与16世纪之交全球航路被发现和开辟以后，西方扩张性的民族很快建立起环球航海体系，而同时代的阿拉伯文明、中华文明发展则因故步自封而僵化，并实施闭关锁国的海禁政策，最终落伍于世界现代化潮流，丧失自己建立全球海洋贸易体系及发展海洋文明的机会。文艺复兴以后，欧洲人的对外扩张获得欧洲思想界认可，也有了理论支持。伴随西方文明海洋时代的正式开始，基督教对商人及商业贸易的认可进一步推动西方海洋文明的海外扩张。西方海洋文明的扩张是暴力性的扩张，是有组织、有计划地到全球各地掠夺财富，不仅获得巨额财富，也掌控与主导了白银黄金市场与海洋贸易。

近代，欧洲开辟新航路和发现美洲新大陆后，也展开全球殖民扩张，并改变古代以大陆文明为主体的国际关系结构，而逐渐建构起西方国家主宰的国际体系与开创国际关系的"现代海洋文明时代"。现代海洋文明是一种以工商文明为主体并高度依赖海上交通实现生产要素配置与商品交换的文明形态。从16世纪初期葡萄牙、西班牙以"教皇子午线"为界划分两国在全球的势力范围开始，到荷兰商船驰骋世界大洋，再到英国主控整个海洋，乃至赢得冷战胜利的美国掌控世界主要海洋通道，西方列强始终是借助海洋开拓、海洋控制建构与支撑西方国家为中心的世界体系和国际秩序。西欧国家身处"世界岛"欧亚大陆西部边缘，依托经现代化、工业化缔造的强大军事、经济力量跨过海洋或沿大陆边缘海域征服其他大陆及欧亚大陆的其他地方。第二次世界大战后，长期奉行"孤立主义"外交政策的美国则从美洲跨过大西洋、太平洋将自己力量投放至欧亚大陆，进而控制亚欧大陆边缘地带，遏制控制大陆心脏区域的陆权国家苏联的扩展，并试图基于此建构美国主导的国际秩序。在"海权"占优的时代，西方国家推行以海制陆的战略，即通过对"海权"的主导遏制"陆权"的扩张，进而主控全球秩序。西方殖民国家经通达全球各地的广阔共有地海洋，不受约束地向世界各地延伸自身权力触角，征服各个大陆，实现"海权"主导下的国际关系建构。[①]

在海洋时代，拥有使自己国家的军队、商船能自由驰骋于广阔海洋，并同时能阻止敌对国家展开类似行动的能力，对于国家的真正崛起至关重要。这种能力是海权的关键构成。掌控海权是一国能成为海洋时代主导者的关键前提，而海洋则是一国向世界彰显自己权力的关键平台。葡萄牙、西班牙、荷兰、法国、英国及美国先后借助海洋伸展自身力量及完成全球扩张，最终的胜出者英国、美国，先后建立起全球霸权。

近代以来，国际关系形态、国际秩序的演进与建构是遵循西方文明逻辑而展开的。通过追求及主导"陆权"或"海权"而建立帝国统治，进而主宰世界，始终被西方地缘政治学所推崇。大陆的主权秩序以陆上国家

[①] 苏浩：《走向"新大陆时代"——新型国际关系建构的地缘基础》（上），https：//www.sohu.com/a/225279667_486911，2022年7月10日。

疆界为基础，以期将外部力量拒之门外，海洋秩序则是希望通过开放的海上空间，向大陆内部渗透侵蚀。大陆秩序与海洋秩序是一个二元对立结构，这是自新航路开辟以来的国际政治格局的关键特征。"海权论"与"陆权论"，是地缘政治学中并驾齐驱且相互对峙两大理论，世界格局也恰如这两大理论的对峙，呈现"海权"国家与"陆权"国家的对抗。16世纪以来的欧洲，爆发诸多改变世界近现代史的战争：30 年战争（1618—1648 年）、拿破仑战争（1803—1815 年）、第一次世界大战（1914—1918 年）、第二次世界大战（1939—1945 年）。第二次世界大战结束至苏联解体期间的美苏之间的冷战，作为战争的另一种形态，也深刻改变着世界格局。上述战争总体上表现为海权国与陆权国的争斗。

19 世纪，海洋霸主"海权"国英国与横跨欧亚大陆的"陆权"国俄国为争夺权力和资源，不断碰撞，两国对峙与竞争几乎影响整个世界格局。自 17 世纪国内爆发资产阶级革命，英国就持续致力于海上争霸。英国于 16 世纪、17 世纪先后战胜海洋强权西班牙、荷兰，18 世纪与法国缠斗竞争一个世纪，1815 年战胜拿破仑帝国，英国最终获得海上霸权。英国霸权仅限于海上，正因为"霸占"海洋，英帝国才能于世界各地建立殖民地，也因此被世人称为"日不落帝国"。英国是岛国，良港众多，英国四面环海，东南临近大陆，狭窄的英吉利海峡将其与欧洲大陆隔开。在军事建设上，英国始终能以海军为主，而使陆军处于辅助位置。英国凭借强大海军，就能阻挡外敌入侵，这也有利于英国捍卫其海上交通、海外贸易及支援海外殖民拓展。"如果一个国家处于这样的一个位置上，即既不用被迫在陆地上奋起自卫，也不会被引诱通过陆地进行领土扩张，那么由于其面向大海的目的的单一性，与一个边界多为大陆的民族相比，它就具备了一种优势。这一点作为一个海洋强国，英国就拥有对于法国和荷兰的巨大优势。"①

俄罗斯地缘条件也与众不同，俄罗斯的国家建构最初位于欧亚大陆腹地草原，缺乏高山大川等天然屏障，是四战之地。俄罗斯北面濒临一年四季都冰冻而船舶难以航行的北冰洋，境内河流没有一条通向温暖的海洋。俄罗斯领土极为广阔、资源丰富和战略位置重要，同时又荒凉、偏僻、寒冷、气候恶劣，并容易遭受周边陆地力量进攻，蒙古、波兰、瑞典、法国

---

① ［美］马汉：《海权论》，萧伟中、梅然译，中国言实出版社 1997 年版，第 29 页。

及德国等先后与俄罗斯交战,其中蒙古人统治俄罗斯200多年。自立国伊始,俄罗斯始终缺乏安全感,并视邻国为敌国,并将边界视为疆场。为了安全和寻找出海口,俄罗斯人一直是以攻代守,扩张领土,不断建立缓冲区和寻找出海通道,以空间换取时间,以及建立势力范围,这几乎成为俄国人的发展路径,并内化为固有思维定式。为追求绝对安全,俄国孜孜不倦致力于四处扩张。从16世纪到18世纪初,俄国由面积不大的莫斯科公国扩张到面积达1400多万平方公里横跨亚欧大陆的大国。即便面积广阔,此时的俄国仍是一个内陆国,除芬兰湾尽头外,没有领土与海相连。"对于一种地域性蚕食体制来说,陆地是足够的;对于一种世界性侵略体制来说,水域就成为不可缺少的了。"① "现代俄罗斯的缔造者"彼得一世有一座右铭:"俄罗斯需要的是水域。"② 自此,俄国就迈向建立世界帝国和寻找出海口的扩张之路。1700—1721年,彼得一世领导下的俄国与查理十二世统治下的瑞典,为争夺波罗的海出海口,进行了长达21年的北方战争。为了推进霸权计划的实施,彼得一世将首都迁到距波罗的海更近的圣彼得堡。1721年8月,俄国与瑞典签订《尼斯塔德和约》,根据条约规定,俄国割占瑞典利沃尼亚、爱沙尼亚、因格里亚、卡累利阿等地。条约的签订标志北方大战告终,俄国获得渴望已久的出海口。彼得大帝迁都圣彼得堡"从一开始就是对欧洲人的一种挑衅,就是激发俄国人进行新的征服的一种诱因",圣彼得堡"不是使一个内陆民族的特征得以传播的媒介,而是使这个特征消失的滨海地区;不是民族发展的传统核心,而是一个为进行世界性阴谋而精心选中的巢穴"③。彼得大帝的梦想不仅是海洋帝国,更是一个世界帝国。

彼时,占据欧亚大陆枢纽地区很大部分的俄罗斯的扩张目标包罗欧亚大陆边缘地区及周边海域:在欧洲,是西进控制波罗的海,南下控制黑海、黑海海峡而进入地中海;印度洋区域,是经伊朗进入波斯湾、阿拉伯海,以及占据阿富汗,进而进入印度;在东亚,是东进占据中国东北,进而进入太平洋。"枢纽国家向欧亚大陆边缘地区的扩张,使力量对比转过来对它有利,这将使它能够利用巨大的大陆资源来建立舰队,那时世界帝

---

① 《马克思恩格斯全集》第16卷,人民出版社1964年版,第227页。
② 转引自彭治国《波尔塔瓦战役:两个帝国的决战》,《优品》2015年第1期。
③ [德]马克思:《十八世纪外交史内幕》,中共中央马恩列斯著作编译局编译,人民出版社1979年中文版,第64—65页。

国也就在望了。"[①]

整个19世纪,世界几乎是在英国与俄国的对抗中度过,双方共展开了三场"海陆之争"——争夺黑海海峡、争夺阿拉伯海及争夺中国东北。

黑海海峡是俄罗斯海军进入地中海的唯一通道,地中海是众多国家海上运输的重要海域。英俄两国都将夺控黑海海峡作为战略重点,两国对黑海海峡的夺控在19世纪中期达到高峰。当时,俄国已掌控波罗的海,若再继续控制黑海、地中海,就将能钳制欧洲各国。当黑海是奥斯曼帝国内海时,俄国曾四次武力侵夺,但都以失败告终,当俄国图谋再次夺占黑海海峡时,激起西欧各国联合抵制,最终导致克里米亚战争(1853—1856年)爆发,交战一方为英法两国,另一方为俄国,战争以俄国失败而英法联军获胜告终。最后,经欧洲各国表决,"黑海"为中立海而成为"禁兵区",各国军舰被禁止通过两海峡(博斯普鲁斯和达达尼尔两海峡)。"海陆之争"第一回合,"陆权"败北。

俄国在克里米亚战争败给英法两国后,将扩张目标指向英国正在渗透与关注的中亚。中亚地域广阔,东起帕米尔高原,西至里海沿岸,其紧靠俄国,并与英国殖民地印度相邻。俄国曾侵夺北亚广大领土,中亚则是其另一重要侵夺目标,只有夺占中亚,才能将俄国与阿拉伯海和印度洋出海口连接起来,为达成这一目标,关键是夺占地处西亚与中亚的伊朗和阿富汗。英国在全面掌控印度后,开始急迫地向中亚、西亚扩张。最终,英俄在中亚迎头相撞。伊朗因地处里海和波斯湾之间,并与阿富汗相邻,所以是一个战略要冲,也最终因此被英俄争夺而瓜分,北部被俄国控制,南部则成为英国势力范围。阿富汗是英国通往印度的必经之路,又是进军中亚的跳板,英国通过两次英阿战争变阿富汗为其附属国。1885年,俄国夺占阿富汗的班吉,差点引发英俄战争,但英俄都进行了克制,双方最终达成瓜分帕米尔、划分势力范围的五点协议,暂时满足彼此侵略利益。与英俄两国争夺黑海两海峡的目的是为主导欧洲不同,两国争夺中亚的目的则是着眼于实现自己的全球统治。英国驻印度总督寇松(George Nathaniel Curzon)曾言:"阿富汗,里海以南的地区,波斯……对我来说是一局正

[①] [英]麦金德:《历史的地理枢纽》,载余志森、张海英主编《阅读世界影响历史的百部经典》,文汇出版社2000年版,第514页。

在下的棋盘上的方格,这盘棋的赌注是世界统治。"① 这第二场英俄之间的海权与陆权的争夺战,算是平分秋色。

在东亚,第二次鸦片战争(1856—1860年)中,俄罗斯利用"调停"中国与英法之间的战争,胁迫中国割让黑龙江与乌苏里江以东的中国领土,俄国因此获得太平洋的良港符拉迪沃斯托克。后又利用"八国联军"进攻中国之机占领中国东北。俄国侵占中国东北之际,正值日本在中国东北扩张,从而两国迎头相撞,俄国此时也与准备瓜分中国的英国发生冲突。日本在1894—1895年的甲午战争中打败中国,由此夺占朝鲜,并染指中国东北,从而与俄国发生冲突。英国由于自身在东亚力量薄弱,便与日本结盟而借日本的力量抗击俄国。俄日对中国东北的争夺最终导致两国爆发战争,在1904—1905年的日俄战争中俄国被日本击败,俄国独占东北企图最终落空,中国东北再次由几个大国共同支配。这场"海陆"之争,因日本的加入而导致俄国陆权再次失败。

19世纪,英俄两个帝国,因占据地理优势得以大肆扩张,双方在扩张中又相互对抗,这种对抗持续一整个世纪。整个19世纪世界政治的一个基本特征是,控制欧亚大陆沿海环形地带的英国海权与试图撕裂这一地带而获得出海口的俄罗斯陆权之间的对抗。②

20世纪初期,由于殖民地与世界市场的分配问题,陆权国家向海权国家发起挑战,最终引发两次世界大战。当然,说是陆权对海权的挑战也不尽然。但是,两次世界大战首先是表现为作为陆权国家的德国对英国为代表的西方海权体系的挑战。当然,德国是在海权与陆权国家联合夹击下走向失败的。

第二次世界大战结束后,曾经的海上霸主英国沦为世界二流国家,而美国却崛起为世界性海权强国,苏联崛起为世界最大的陆权强国。第二次世界大战之后,美苏之间以欧亚大陆为竞争中心的全球霸权争夺的冷战,从地缘政治视角看,就是当时世界最大海权国与最大的陆权国之间的一场地缘竞争。美苏冷战期间,占据欧亚大陆"心脏地带"并借第二次世界大战战胜国之势将势力范围扩张至中欧的苏联,凭借其丰富自然资源、人

---

① 王绳祖主编:《国际关系史》(上册),武汉大学出版社1983年版,第167—168页。

② N. J. Spykman: *America's Strategy in World Politics*, Harcourt Brace & Co., NY, 1942, pp. 182-183,转引自刘从德《地缘政治学:历史、方法与世界格局》,华中师范大学出版社1998年版,第143—144页。

力资源，完全有势力经营海权，而欧洲大国英国、法国及德国，经战争的重创，都沦为无力抗衡苏联的二流国家。回顾俄罗斯历史发展，从最初的莫斯科公国到后来的俄罗斯帝国、苏联，俄国始终在永不停歇的扩张领土。"俄国的政治行为就像一条不停流动的溪流，朝着一个既定的目标前进。它主要关心的是灌满世界权力盆地中可以达到的每一个角落和缝隙。如果在前进的道路上遇到不可逾越的障碍，它会达观地接受并适应这一现实。"① 第二战次世界大战结束后，美国则认为，自己过去曾坚持的孤立主义已难能保障自己遍布全球的利益，美国必须接替英国扮演英国曾在全球政治中扮演的角色，即在国际体系的大国关系中及大国力量对比的此消彼长中扮演"离岸平衡者"角色，重构欧亚大陆力量均势，遏制陆权国苏联的扩张。

美苏竞争中，两国争夺的中心、重点是欧亚大陆，两国的竞争与对抗在欧亚大陆边缘地带的三条战线（远西战线、西南战线，远东（东亚）战线）展开。每条战线上的争夺中，美苏对抗的焦点是，双方都试图实现对几个战略位置重要的国家的控制。这些战略位置关键的国家在远西战线是波兰、乌克兰、德国及土耳其，在西南战线是伊朗、阿富汗、巴基斯坦及阿塞拜疆，在远东战线是韩国、菲律宾。这些国家地缘战略位置非常重要。

美国与苏联在远西战线的争夺始于希腊内战和苏土黑海海峡危机。希腊内战和苏土黑海海峡危机发生于第二次世界大战末期，战后在美国干预下危机才得以结束。第二次世界大战中，希腊抵抗德国法西斯的力量有左翼力量与在开罗的流亡政府力量。1944年10月，希腊反法西斯斗争取得胜利，德国占领期间流亡英国的希腊政府被英军护送回国并重新上台，12月3日，希腊共产党领导的武装力量同受英、美支持的政府军爆发冲突，希腊内战爆发，直到1949年战争才结束。希腊内战中，1944—1945年是左派力量占据优势，并得到南斯拉夫支持，掌控希腊大部分领土。希腊内战期间，苏联和南斯拉夫的分裂造成左翼阵营分裂，亲苏派占据优势，但分裂后的左翼阵营因没有获得苏联援助而最终失败。伴随希腊内战问题的是苏土黑海海峡危机。1945年3月19日，苏联以第二次世界大战中保持

---

① [英]乔治·凯南：《乔治·凯南：苏联行为的根源》，张小明译，《政治研究》1988第1期。

中立的土耳其曾私下与德国交往以及没有及时加入同盟国阵营为由，单方废除1925年与土耳其签订的《苏土中立和互不侵犯条约》，并在与土耳其的谈判中提出修约要求，其中有由苏联管理土耳其境内黑海海峡的要求，这就是苏土黑海海峡危机。苏联对希腊或土耳其的图谋如果能成功，其力量将自然进入地中海地区，并打通苏联通往伊拉克的道路，且将会在欧亚大陆边缘地带的一系列国家中引发连锁反应。苏联的行为是对土耳其领土和主权的严重侵犯，土耳其进行了反抗，直至美国出台援助希腊、土耳其的政策，事情才算结束。1947年3月12日，美国总统杜鲁门向国会提出国情咨文，其内容是有关美国援助希腊、土耳其的事宜，并在其中提出美国政治意识形态与对外政策的指导思想——"遏制共产主义"，这即是世界著名的"杜鲁门主义"，其核心内容是美国将要在全球范围"遏制"共产主义扩张。杜鲁门主义出台象征着美国外交政策开始急剧转变，也标志着美苏冷战的正式开始。在苏联看来，杜鲁门主义的实施将会威胁苏联势力范围与苏联对外扩张。1949年，美国成立北大西洋公约组织，该组织横跨大西洋两岸，其功能是遏制苏联扩张，同年，德国的东部与西部分别在苏美策动扶持下成立德意志联邦共和国与德意志民主共和国，德国分裂成两个国家。1955年，苏联主导建立遏制北约的军事组织华约。至此，陆权国家集团与海权国家集团的两极对峙正式形成。

美苏间对抗竞争的另一条战线在东亚。20世纪50年代，中国与苏联结成同盟，加上苏联之外的其他华约成员国，产生一个占全球陆地面积1/3的国家集团。中苏结盟将能使陆权有可能在欧洲和亚洲两个方向展开对来自海权的包围进行强力突围，令美国精心构建的针对陆权国家的包围圈顾此失彼，从而也使中国成为美国遏制战略的重点对象。1950年6月，朝鲜内战爆发，由于美国的介入，中国也被迫卷入。从西方地缘政治学家视角看，朝鲜战争是典型的陆权与海权之间的对抗。[①] 通过干预朝鲜内战，美国守住了在东亚遏制社会主义阵营的行动中有桥头堡作用的南朝鲜，并将东亚的日本、南朝鲜、中国台湾地区及东南亚的菲律宾、南越等国家及地区纳入美国军事同盟体系，连同在欧洲的北约军事集团，最终在欧亚大陆边缘或周边建构起遏制社会主义国家的包围圈。

[①] 刘中民、桑红：《防御下的强大——第一代海洋防卫思想》，《海洋世界》2007年第1期。

杜鲁门主义出台后的约25年时间里，土耳其、伊朗、巴基斯坦与美国之间保持着紧密政治、军事联系。同时，英国海军、空军在波斯湾为西方安全提供直接支持。1979年伊朗亲美的巴列维政府被推翻，反美的伊斯兰政府上台执政，该地区既往的平静被打破。1979年，苏联悍然入侵阿富汗，美国卡特政府随之针对波斯湾地区的紧张局势与安全问题推出"卡特主义"："外部势力攫取控制波斯湾地区的任何企图，都将被看作是对美国根本利益的进攻。对于这种进攻，美国将使用包括军事力量在内的任何必要手段予以击退。"[①] 美苏地缘政治对抗的西南战线就此形成。美国迅速扩大在波斯湾的军事存在，增加对巴基斯坦的军援，重申1959年美国曾提出的保护巴基斯坦免遭苏联入侵的承诺，并支持阿富汗抵抗苏联入侵的反抗组织。美苏对欧亚大陆西南地带的争夺，不仅是为了争夺出海口和维护海洋贸易安全，也是为了夺控这一地带的石油资源，石油是工业发展所需的最重要能源。获取石油资源控制权是美苏（俄罗斯）从第二次世界大战后到今天持续争夺波斯湾的关键原因。

总体上，在美苏间的地缘政治竞争对抗中，以美国为首的北约国家集团控制着欧亚大陆边缘地带，苏联主导下的华约国家集团控制着欧亚大陆世界岛的心脏区域。冷战期间，苏联从欧亚大陆中心向边缘地带渗透、扩张，美国则立足以及从欧亚大陆边缘遏制、包围地处欧亚大陆中心的苏联。这场主导国际格局近半个世纪的苏美之间扩张与反扩张，遏制与反遏制的对峙、对抗，从地缘政治视角看，就是陆权与海权之间的竞争，是大陆强权与海洋强权之间的冲突。1990—1991年，伴随东欧剧变、苏联解体，美苏冷战以陆权大国苏联的失败而告终。就地缘政治而言，冷战就是以美国为首的海权体系同苏联主导的陆权体系的竞争与博弈，东欧是主战场。第二次世界大战后，联邦德国、法国等传统欧洲大陆国家加入北约而被纳入美国主导的海权体系。同时，苏联在欧洲的势力范围也延伸至欧洲心脏地区的柏林。冷战结束后，苏联主导的陆权体系解体，苏联曾控制的中东欧国家加入欧盟和北约，成为海权体系国家，但陆权与海权竞争的逻辑仍在21世纪延续。冷战后，美国为应对新的地缘政治现实问题及谋求全球霸权，推出系列战略举措：控制大西洋、太平洋及欧亚大陆的边缘地带，依托北约、美日同盟分别遏制俄罗斯、中国，保持海权优势的同时，

---

① 董秀丽：《美国政治经济与外交》，知识产权出版社2013年版，第361页。

摄取陆权，包围遏制欧亚大陆心脏地带的力量。

21世纪，西方战略思想家仍未放弃19世纪欧洲列强关于国际秩序形成逻辑的认知，即地缘权力之间的竞争是国际秩序形成的基础。"扩张性""对抗性"及"霸权性"的地缘政治逻辑、行为依然是当代国际关系的主要内容。美国战略家仍将权力与地理视为世界政治的核心，并在外交中奉行强权政治。在国际关系中，追求国家之间的权力竞争与奉行势力均衡外交，仍是美国外交的特质。当前，美国、日本和澳大利亚等国设计的旨在遏制中国的"印太战略"框架，是典型的以海制陆的对抗性地缘政治行为。显然，目前的大国之间的竞争或合作关系仍无法超越近代以来的海洋或大陆地缘政治逻辑，强权政治、地缘政治仍将是国际秩序建构的关键力量。

二 海权与陆权的相辅相成及平衡发展

15世纪中叶开始，葡萄牙、西班牙率先开辟新航路，并完成地理大发现，随后成为全球性海洋帝国，并为追逐海洋利益展开竞争。此后，荷兰、法国、英国、俄罗斯、德国、日本及美国等列强先后参与到海洋争霸的竞逐中。借助海洋通道与远洋舰队，列强展开殖民掠夺，争夺制海权。列强之间也为争夺世界主要资源产地、战略要地而展开多次海战。根据马汉的海权论，海权是海洋国家立国之本，其最大战略作用是控制世界物流路线。海洋成为世界各地的交流平台，是大航海时代推动世界从古典或传统时代快速迈向现代社会的关键原因。伴随大航海运动，海洋不再是分割陆地的天堑，而成为世界交流的便捷通道，海路畅通提高了大陆间的交流效率，人力可到达世界各大陆和各岛屿，海运成为世界主要物流手段。相较于陆运，海运拥有运量、成本优势。这些因素促进着世界经济、技术的快速发展。在西方列强对海外市场和海洋霸权的竞逐中，海洋的政治属性被强化，海洋被各民族国家视为自身走上强大的坦途。地缘政治学家拉采尔（Friedrich Ratze）曾言："只有海洋才能造就真正的世界强国，跨越海洋这一步在任何民族的历史上都是一个重大事件。"[①] 在兰伯特看来，海权国家都是面积比较小、占据良港的国家或岛国。海权国家高度依赖商业

[①] [英]杰弗里·帕克：《二十世纪的西方地理政治思想》，李亦鸣等译，解放军出版社1992年版，第63页。

贸易，并基于此形成财富生产和积累体系，生产要素流动是海权国家生存的必要前提。同时，海权国家却必须建立在陆地上，面临来自陆权大国的压力是海权国家无法回避的挑战。[①]

就将力量对外投送而言，陆权力量的投送往往受限于国家之间的边界，但海权力量却具有全球到达的优势。具有全球到达、火力投送及机动能力，至少可到达大陆濒海地带，是海权的最大优势。在舰载机与陆战队配合下，航母与两栖舰队可将力量向内陆纵深。对防御型国家而言，防御性海军可增加防御纵深，在近海、近岸建立防御体系，进行区域反介入，将战火控制在海洋。能万里之外到达的海权力量能使国家维护自身海外利益与分享人类文明发展成果。制海权随利益延伸是自然而然的。海权的重要性毋庸置疑，但稳固的陆权却是谋求海权的前提，对于海权建构，陆权建设具有先决性。

制海权与制陆权相辅相成，但陆权和海权的扩张都无法逃脱边际效用递减规律，在边际收益为零的地带，都需要对方作为补充；同时，在海权与陆权的边缘，二者都能对对方施加影响。拥有广阔陆地疆域的陆权国家能在较大范围影响或反制周边的制海权或海权国家，占据广阔海域的海权国家同样深刻影响着陆权或陆权国家。近代，正是对面积广阔、物产富饶的印度半岛的占领，英国才能在印度洋确立绝对制海权，并能在印度洋上获得制海权所需的巨量物资支持。同时，英国也因在广阔海域具有制海权而使陆权国家俄罗斯多面受敌、疲于奔命。第一次世界大战期间的德国，海军实力仅次于英国，但因为缺乏广阔的海外殖民地，海军被英国封锁在内海而无法充分发挥作用。海权论者马汉曾指出："海权和陆权都不是单独存在的东西，而是彼此相辅相成。就是说，陆上强国也需要推进至海边以利用海洋为己服务，而海上强国也必须以陆地为依托并控制其上的居民。"[②]"从近三百年的历史来看，任何强国，只要掌握住绝对制海权，又有力量打得起陆战，就可以控制印度帝国，独占其贸易，剥削其无穷资源。"[③]近代以来的大国间关系、大国兴衰历史表明，强大制陆权的缔造

---

① 参见［英］安德鲁·兰伯特《海洋与权力：一部新文明史》，龚昊译，湖南文艺出版社2021年版。

② ［美］马汉：《海权论》，萧伟中、梅然译，中国言实出版社1997年版，第234页。

③ ［印度］潘尼迦：《印度和印度洋——略论海权对印度历史的影响》，德隆、望蜀译，世界知识出版社1965年版，第81页。

离不开强大制海权的建设，强大制海权的存续也必须以强大制陆权为基础。在大国争胜的军事斗争中，陆战将发挥决定性作用，陆军才能实现对自己领土的最终捍卫或对敌方领土的最终占领。1905 年发生的为争夺中国东北的日俄战争，日本获胜的关键原因并非日本赢得了日俄海战，陆战中日本击败俄罗斯是迫使陆权强国俄罗斯认输的更关键原因。中国输掉中日甲午战争的关键原因，并非因为甲午海战失利，而是因为中国输掉了"平壤战役""辽东战役"而使朝鲜、辽东丧于敌手。

  理解西方海权兴衰，必须洞悉陆地、陆权对海权发展的支撑性作用，陆权与海权的相互平衡，从长远看，才是地缘政治的根本性问题。海洋对国家的发展固然重要，但正是立足海洋视域，掌控陆地丰富资源才更为根本。海权国家只有控制陆地资源，才能掌控海洋。麦金德认为："海上的人力必须由某处陆上富源供养，而当本土安全和人民精力等因素对等时，建立在更大资源基础之上的力量将最终控制海洋。"① 欧洲海权与陆权对抗的漫长历史证明了这一点。在古代海权国家古希腊与陆权国家波斯、马其顿的对抗中，希腊据有海上优势，并打败波斯海军。然而，马其顿人却通过诉诸陆地战略赢得了胜利。马其顿首先掌控希腊半岛根部的陆地，然后经叙利亚进入埃及，捣毁希腊人、腓尼基人的陆上基地，从而将东部地中海封闭起来，由此终结陆权与海权第一周期的对抗。② 公元前 338 年夏，占据广阔陆地的马其顿在与希腊各城邦的对抗中赢得决定性胜利，近乎控制所有希腊城邦。对于兰伯特所说的陆地面积狭小的传统海权国家而言，海洋是其第一道，也是最后一道防线。对于那些缺乏战略纵深的领土、人口较少的海权国家而言，一旦海防体系被摧毁，国家将会陷入绝境。

  在全球化浪潮中，连接各大洋及内海的海峡及人工运河是重要战略要点。海峡两侧的优良港口可支撑海上力量向外延伸，但即使占据这些战略要点，海峡本身也不能提供足够的战略纵深来保护自己，也很难聚集足够力量对抗来自外部的威胁。海峡和运河能否成为有力的地缘力

---

① ［英］麦金德：《历史的地理枢纽》，转引自强世功《地缘政治战略与世界帝国的兴衰——从"壮年麦金德"到"老年麦金德"》，载《中国政治学》2018 年第 2 辑（总第 2 辑），中国社会科学出版社 2018 年版，第 95 页。

② 强世功：《地缘政治战略与世界帝国的兴衰——从"壮年麦金德"到"老年麦金德"》，载《中国政治学》2018 年第 2 辑（总第 2 辑），中国社会科学出版社 2018 年版，第 95 页。

量，不仅取决于海洋实力的大小，也取决于是否有足够的陆地力量与陆地纵深作为支撑。发展海洋实力需要充分的陆地支撑性因素：足够长的有深水不冻港的海岸线；足够广阔的疆域以供发展；地理条件能养活足够多的人口。就此而论，中国有发展为海权强国的资质。中国人口众多，疆域辽阔，并拥有足够多的面向太平洋的深水良港。中国之所以能在近代落入历史低谷后又再度崛起，清朝给中国奠定的庞大陆地疆域是关键。中国广阔且延伸至中亚的陆地疆域是中国东部沿海发展及中国向大洋深处发展的重要支撑。

全球化固然离不开遍及全球的海洋运输通道，但若仅靠海运发展贸易，只有沿海和沿江地区才能于贸易中受益，这是一些国家沿海地区、沿江城市在很多时候相较内陆地区要富裕的一个原因。但是，19世纪火车、汽车等现代陆上交通工具的出现加强了一国内部物资与人员的交流。火车、汽车等现代陆上交通工具也是建设国家内部统一大市场的重要硬件条件。国内统一大市场将为包括内陆在内的整个国家参与全球化提供了可能。第一次世界大战以前，全球化进程主要从国家内部展开，即国家内部在经济、社会方面更开放、更加一体化。对于国家内部一体化，铁路、汽车、电报、电话等交通、通信工具发挥着重大作用。各国若没有国家内部一体化，将绝无可能在国际往来中发挥不同国家及本国不同地区的比较优势。当然，铁路、汽车等只是国内市场一体化所需要的硬件基础实施，国内市场一体化的完成从根本上还是要取决于制度基础设施的建构，即维护民权及激发民营企业创新的法治、金融、税制及现代政治制度等制度的建构。如19世纪末期崛起的德国、美国，都是首先完成国内大市场及领土的统一而夯实陆权，然后才走向崛起与海外扩张的。

史学家保罗·肯尼迪在其1976年出版的专著《英国海上主导权的兴衰》中指出：试图通过只掌握海权及海上封锁，就期望敌方屈服，基本是不可能的，尤其是当面对有广大陆地纵深且不依赖海外资源的国家而言，海权或海上封锁尤为无力。缺乏陆军配合的海权将不能发挥作用。英国可以凭借自身的岛国特性而可免遭陆上入侵，也能将资源优先投入海军建设，这是英国能建立海洋霸权的前提。第一次世界大战、第二次世界大战时期，英国必须加大对陆军、空军的投入，从而加快了英国海权的衰落。肯尼迪敏锐指出，铁路运输的发展提升了陆权的地位。

因此,"成功的大国将是那些拥有最强大工业基地的国家。它们处在大陆的中心还是位于一个岛上都不再重要;那些拥有工业实力、创新及科学力量的国家将能够击败所有其他国家"①。肯尼迪肯定了海权在历史发展中的作用,但也特别指出:"海权决定历史"的时段主要局限于16世纪初至19世纪末的"哥伦布时代",伴随技术进步及洲级大陆的工业化,海权在地缘政治中的地位将逐步逊于陆权;在"哥伦布时代",海权的影响也是有限的,英国崛起为世界第一强国是海权和陆权结合的结果,而并非仅依靠海权。

海权的价值主要体现于军事战略、经济贸易领域。在军事领域,伴随着科技革命,海权的一些传统军事价值(如海上封锁及通过炮舰制定国际规则)已有所式微。洲际弹道导弹、航天技术等军事科技进步已将军事威慑、打击力量引向空中、太空。当然,海权争夺仍是国家间地缘政治竞逐的关键内容。贸易上,海权的传统职能是拓展、保卫殖民地,由此获得生产要素、商品市场,并维持低成本海上贸易。第二次世界大战后,殖民体系解体、较公平贸易体系的建构及国家间经济上的相互依赖使海权对贸易的价值逐渐下降。当然,海权仍将是影响国际贸易的重要变量,海权仍将是制造业、矿业、能源运输及粮食安全等的重要保障。美国学者约翰·米尔斯海默在《大国政治的悲剧》一书中指出,"地面力量才是决定性的军事手段……最强大的权力是拥有最强大陆军的国家"②。米尔斯海默或许夸大了陆权的作用,但指出了陆权在国家安全及发展中的基础性作用。

在马汉强调海权的同时,地缘政治学家麦金德的理论则凸显了陆权的重要性。麦金德的理论着重探讨欧亚大陆在世界地缘政治中的地位,重视陆权的地位与作用。1904年,麦金德在论文《历史的地理枢纽》中首次提出"心脏地带"的地缘政治概念,并从地缘政治视域立足全球战略分析国际政治。麦金德又于1919年和1943年发表论文《民主的理想和现实》和《全世界赢得和平》,进一步论证、丰富他的地缘政治理论。麦金德指出,世界史就是陆权国与海权国之间的竞争史,海权国家的确曾拥有

---

① [英]肯尼迪:《英国海上主导权的兴衰》,转引自严行健《海权兴衰与大国兴衰——重读肯尼迪的〈英国海上主导权的兴衰〉》,《中国社科报》2017年2月9日。

② 转引自叶自成《中国海权从属于陆权应缓建航母》,https://www.aisixiang.com/data/13786.html,2022年6月5日。

过优势，但长远看，凭借更丰富的人力、物力资源，以及日益改善的交通条件，陆权国家终将获得对海权国家的优势，世界也将回到陆权主导时代。麦金德指出：世界力量的重心是欧、亚、非三大洲，借助陆上发达交通，它们已经联结成世界岛；世界岛中心是欧亚大陆中部心脏地带，其范围大体是：西起东欧，东至中西伯利亚、蒙古，南起小亚细亚半岛、亚美尼亚、伊朗及中国西藏，北至北冰洋。由于拥有北极冰冻地带和南方山脉、沙漠的天然屏障，中心地带是世界最大的天然堡垒，也是世界地缘政治的枢纽。中心地带只可能面对经东欧门户来自西欧的陆地入侵威胁，其余方向，海权国家均很难进入，而历史上先后占据心脏地带的陆权国家（匈奴、突厥及蒙古等游牧帝国，以及俄罗斯帝国）都持续向欧亚大陆边缘地带扩张。麦金德警告说，鉴于铁路在运输时效方面相对于海运的优势，统治欧亚大陆心脏地区将是统治世界的基础。控制心脏枢纽地区的欧亚大陆陆权国家将取得对海权国家的优势。麦金德的全球战略思想可归纳成三个警句："谁统治了东欧便控制了心脏地带；谁统治了心脏地带便控制了世界岛；谁统治了世界岛便控制了全世界。"[①] 在麦金德看来，凭借中心性而获取的位置优势，加之观念、物品及人员的高效流动，由此给欧亚大陆心脏地带带来的地缘优势是显而易见的。麦金德的理论，得到了局部证实。在现代快节奏经济发展中，速度、时间成本在商业机会中的作用越来越重要，而运费成本的重要性则相对下降许多，速度成为抢占市场的关键。伴随高铁技术发展及国家间陆上交通的通畅，陆上贸易的速度优势将会显现。在这种新时代，海权国家控制海上贸易通道给其带来的运输成本与全球各地到达的优势将会相对降低。当然，海运将享有陆上运输很难获取的一个便利与优势——公海航行自由，而陆地运输则受限于国家主权所带来的边界限制及复杂国家间关系带来的阻隔。

近两百年是海权兴起并对陆权具有优势的年代，但近代之前的人类文明史中，更多时候还是陆权的天下。陆权的浑厚与坚固是海权无法替代的。建立在第一、第二次世界大战基础之上的现代国际秩序框架，并非海权国家与陆权国家对抗的结果，也并非由海权国家单独所缔造，陆权在现代国际秩序缔造中发挥着关键作用。在第一次世界大战、第二次世界大战中，击败德国（德国挑起了两次世界大战）的主要力量是陆权力量，德

[①] ［美］麦金德：《民主的理想与现实》，武原译，商务印书馆1965年版，第134页。

国军事力量主要是在欧洲大陆被陆权国家消耗的。第二次世界大战中，海战固然是击败日本的关键，但盟军最终必须通过陆战才能迫使日军屈服。事实上，如果没有准陆权国家美国及陆权国家苏联承担起领袖责任，已沦为"中等国家"的英国、法国根本不可能在第一次世界大战、第二次世界大战中打败德意志这个陆权大国。第一次世界大战与第二次世界大战的战争过程及结果彰显的一个事实是，海权国家能在局部战争中占据优势，但是一旦国力相拼，陆权大国的战争潜力、战略纵深仍是海权国家难以匹敌的。英国依靠海权、殖民地一度成为全球性霸权，但大国最基本要素——国土、人口，始终是其持续发展存在的短板。英国本土狭小、资源缺乏，发展所需关键要素都靠殖民地输送，两次世界大战中，德国对英国的潜艇封锁曾威胁英国日常生活所需的供给。英国人口规模较小，很难承受大规模消耗人力的地面战争，英国通过海权维系殖民地体系的成本太大，英国国势鼎盛时期居然没有在军事上打赢发生在南非的布尔战争。英国殖民帝国的崛起，很大程度是依靠技术代差碾压落后殖民地，在与竞争对手的较量中，英国往往是通过有限海战及条约协议获胜，其从未打过殃及本土的全面战争。碰到后起之秀，如德国、美国及苏联，英国毫无胜算。像中国、俄罗斯等拥有庞大陆地面积与人口的大陆国家，在国势衰退后，也更容易走向复苏。

近代，依靠海洋贸易、海洋机动性及对关键枢纽地带的控制，海权及海权强国兴起。海上舰队能实现打击火力的海上快速机动，而依赖陆地交通的陆军则无法达成类似效果。对飘忽不定的海上打击力量，陆地力量是处处设防而处处薄弱，从而形成"守则不足（陆权），攻则有余（海权）"的状态。对海权国家而言，是自由跳板与经济补给线的海洋，对陆地国家则是灾难。但是，19世纪的铁路革命，给陆地国家带来了集中力量的有利性。铁路系统极大提升了陆权国家集中资源、快速集中力量及区域整合的能力。在面对经资源整合的庞大的陆地国家，海权国家或岛国的海洋优势不再明显，摆脱物流交通滞后的陆权国家已然能与海权分庭抗礼。而且，经资源整合后的陆权继续向海洋进发，由陆而海，既有陆地巨大体量又能有效经略海洋的海陆复合型超级强权由此诞生。纯粹海权强国与之相比，相形见绌。美国是历史上首个海陆复合型超级强权国家。

美国独立后的约百年历史中，一直将陆地作为国家最基本的生存、发展空间，并致力于陆权扩张。19世纪末，历经持续对外扩张，美国才由陆权大国脱胎为海洋强国。美国曾是英国殖民地，最初位于大西洋沿岸，1776年宣布独立脱离英国，并建立"美利坚合众国"。经1775—1783年的独立战争，美国从英国手中夺占阿巴拉契亚山脉和密西西比河之间的土地；1803年，美国耗资1500万美元从法国购得路易斯安那；1819年美国通过与西班牙签署《亚当斯—奥尼斯条约》而从西班牙购得东佛罗里达；1846年美国通过与英国签署《俄勒冈条约》，从英国夺占俄勒冈地区；通过1846—1848年的美墨战争及强迫墨西哥签署《瓜达卢佩—伊达尔戈条约》，美国侵夺墨西哥约230万平方公里土地；1867年美国仅花费720万美元就从俄罗斯购得阿拉斯加及附属的阿留申群岛。通过在北美大陆持续扩张，美国把国界线推至太平洋，最终成为东西两面邻海的陆地大国、海洋大国。美国的陆权扩张为美国后来崛起为超级大国奠定了坚实的国力基础。

为巩固自身在北美大陆的扩张成果，美国通过内战（美国南北战争）清除美国资本主义发展的障碍，建构起中央权力大于地方的国家体制，进而实现国家的真正一体化。从此，无论是东部沿海城市，还是西部刚开发的土地，美国都能更加集中统一使用，为美国工业发展打造了良好内部环境，也为美国崛起为世界强国奠定了坚实物质基础。此后，美国掀起西部大开发运动，同时也进入铁路时代，并建成世界最大铁路网，打开通往太平洋沿岸的交通，最终成为交通贯通美洲东西两头且能通过陆路交通将太平洋与大西洋联通的陆权大国。铁路建设促进美国经济发展，也助推美国国内统一大市场的形成，并加强美国东西部的联系。与铁路建设得到来自美国政府的支持不同，美国西进运动的主要推动者、投资者是土地投机者、种植园主及贫民。他们的投资基金基本属于民间、商业资本，这些西部开发所需资金的绝大部分的运作是市场化与商业化的。①

19世纪40年代末50年代初，伴随领土扩张及西进运动，美国海权主义逐渐萌生。通过内战后几十年的发展，美国成长为世界工业强国，开拓国际贸易、国际市场成为美国当时海权发展的重要内容。与美国陆权发

---

① 参见孙晰晶、王兰会、杜涣程《从美国西进运动到我国西部大开发——浅析制度与经济经济发展的关系及对我国的启示》，《科学决策》2008年第10期。

展有更多民间的自发性、逐利性不同，美国海权建构则更多是在政府政策主导下展开，并呈现连续性。1853 年，美国海军将马休·卡尔布莱斯·佩里率舰队造访日本，史称"黑船来航"事件，美国影响力正式达到太平洋另一边。随后，1861—1865 年的南北战争打断了美国海权建设进程，战争结束后，美国海军建设被荒废，但美国并没放弃向太平洋发展的理想。美国 1867 年从沙皇俄国购买阿拉斯加和附属的阿留申群岛，美国领土抵达太平洋沿岸。1890 年美国军事思想家马汉关于论述海权的专著《海权论》脱颖而出。马汉认为，国家实力增长和繁荣依赖商业发展、繁荣的国内经济、海外贸易，而这离不开商船及强大海军，海军将保障海上通道畅通，能使人流、物流自由出入世界市场。根据马汉的战略构想，美国在中美洲地峡挖掘了连接太平洋与大西洋的运河（巴拿马运河）。运河的开通将美国东西海岸联结起来，也提高了美国海军动员能力。1898 年，美国发动美西战争，将西班牙殖民地古巴和菲律宾收入囊中。同年，美国吞并北太平洋中部的夏威夷群岛。至此，美国在太平洋北部可通过占有的阿拉斯加居高临下俯视北太平洋，通过占据东南亚的菲律宾而在亚洲立足，通过吞并关岛、中途岛及夏威夷，使美国西海岸与亚洲相连。美国最终在太平洋建构起一个支持海权的网络。1901 年，西奥多·罗斯福任美国总统，美国海军在他支持下，走出南北战争结束以后的发展低迷，跃升为当时实力位居世界前茅的海军力量。1901 年，美国与英国签署《约翰·海—庞斯富特条约》，美国获得开凿巴拿马运河的权利，并使英国认同美国的美洲霸权。

西奥多·罗斯福在国情咨文中提出"罗斯福推论"，要求美国永久维持强大的陆军、海军，在必要时应使用武力支持美国对外政策。罗斯福认为，美国恒久的外交政策目标是打造"和平和公正"的世界，但仲裁无法解决一切问题，武力必须作为政策后盾。在西奥多·罗斯福引领下，美国走出西半球，迈向全世界。"海陆并举"始终是美国大战略核心。19 世纪早期的"门罗宣言"和詹姆斯·波尔克总统与英国划定边界，美国再无西进后顾之忧；1862 年，美国总统亚伯拉罕·林肯签署《太平洋铁路法案》，慷慨支持铁路建设，将整个国家紧密连接，奠定陆权崛起基础；1867 年，国务卿威廉·西华德从俄罗斯买下阿拉斯加，使美国获得在太平洋的关键立足点。最终，美国的海权与陆权被整合起来，美国由此迈向世界强国之路；1942年，地缘战略家尼古拉斯·斯皮克曼为美国地缘战略的实施构思出统合陆权与海权的"边缘地带理论"。① 自第二次世界大战至今，边缘地带理论始终是美国外交战略的重要理论基础。在世界地缘政治格局中，美国是世界上唯一真正同时拥有强大陆权与强大海权的超级强国，这完全不同于英国、德国、俄国等强国，它们总体上都是单一的海权或陆权国家。

全球海权建构，除需有深厚陆权支撑外，还需借助欧亚大陆陆权的不统一及各陆权国家间的相互制衡。历史上英国海洋霸权建构成功的一个原因是，其面对的是各大国相互制衡而列国争霸的欧洲大陆，英国可充当"离岸平衡手"，并能从欧洲大国竞争中获利，英国往往通过联合欧洲第二强国攻击第一强国以确保英国霸权。19世纪末直到第二次世界大战，日军横行东亚，并短暂称霸太平洋，那是因为中国虚弱及俄罗斯在远东力量的薄弱，并非因为日军海权的强大。第二次世界大战之后，伴随中国的逐渐强大及苏联远东力量的增强，且中国的面积与人口都是日本十倍以上，日本只有两个选择，屈服或者与域外大国结盟。近代之前，日本在面对强大的中国，要么选择臣服，要么时常侵扰。今日，美国霸权建构的成功，其一个关键原因是，欧亚大陆处于大国间的相互制衡的斗争中而缺乏整合性、统一性。若欧亚大陆被整合而具有统一性，美国将被孤立且其霸权将不复存在。相对于地理上相连的欧亚非大陆，美国所在的美洲大陆，更像一个大海岛。欧亚非大陆的分裂状态，是美国霸权存在的必要前提，就如欧洲大陆的分裂是英国霸权存在的前提一样。

历史上，海权的确是助推某些大国崛起的关键因素，但海权的作用却是以特定历史时期的技术条件和社会经济发展要素为前提的，伴随技术发展及决定经济发展的因素的转变，海权对国家发展所起作用将会降低，当然，这并非等于不需要海权，因为这种降低是有限度的。从历史发展的长期趋势看，是历史发展决定海权的历史地位，而并非海权决定历史进

---

① 荷兰裔美国人尼古拉斯·斯皮克曼（Nicholas John Spykman）于20世纪40年代基于麦金德的心脏地带概念，提出"边缘地带"学说。他认为边缘地带在经济上、人口上都超越心脏地带。斯皮克曼指出：只要以边缘包围中心，便可以瓦解中心。边缘地带理论主要内容为：世界上最具有权力潜质的场所，是欧亚大陆的边缘地区。谁（以武力或是和平方式）统一或整合了欧亚大陆东西两端的边缘地带，谁就掌握了世界最具潜质的地区；谁掌握了世界最具潜质的地区，谁就能成为欧亚大陆上的世界强国；谁成为欧亚大陆上的世界强国，谁就会成为美国在世界上超强有力的挑战者。陆权论强调由内向外的扩张，而边缘地带理论则强调由外向内扩张。参见［美］尼古拉斯·斯皮克曼《和平地理学：边缘地带的战略》，俞海杰译，上海人民出版社2016年版。

程,不是海权决定社会经济兴衰,而是社会经济发展性质、进程决定海权盛衰。海权论者马汉之所以认为海权比陆权有更大影响力,其原因在于,在马汉所处的时代,大陆国家发展由于受限于当时的技术条件,从而使其潜力难以充分发掘,但工业革命及技术进步,却赋予陆权国家能有效挖掘自身经济潜能的技术,也使它们更有能力赢得大规模的持久性战争,第二次世界大战中苏联击败德国,就是工业革命使陆权国家潜力发挥的例证。第二次世界大战中,美国的强大力量主要是源于美国本身就是大陆强权国家这一事实,美国广大陆地面积是其强大工业实力的基础,美国成为全球海权是第二次世界大战之后的事情。在美苏全球竞争与对峙的冷战期间,欧亚大陆是两国战略布局的重点与核心。兹比格涅夫·卡济米尔兹·布热津斯基认为,"美苏争夺虽然是全球性的,但有一个中心重点,这就是欧亚大陆。这一大陆块在双方争夺中是地缘战略的焦点,是地缘政治的争夺目标。"[1] 这与陆权论代表麦金德关于"控制欧亚大陆将意味着支配全球"的观点是一致的。

马汉的海权理论中有系统的对历史发展的"科学"归纳,但却夸大了海权对历史和国家发展的影响。美国之所以能和平取代英国成为霸权国家,其关键原因是美国辽阔的疆域、庞大的国内市场和邻近拉美市场为美国经济成长提供了条件,使得美国没有必要在自由资本主义阶段走向全球扩张,也使美国避免过早与既有大国发生冲突。美国的这种自然禀赋是德国、英国等疆域较小、国内市场狭小的欧洲列强不具备的。在工业化时代,美国由于拥有庞大国内市场,并取得规模优势,因此可较少依靠海外市场。同时,通过"韬光养晦"外交,美国也避免过早与老牌强国发生冲突,为自身发展赢得了良好的外部环境。但是,当美国国内市场、资源无法满足自身经济进一步发展时,追求在"先发国家"把持下的世界市场中的平等贸易权,甚至追求排他性垄断,也就是自然而然的事情了。

19世纪末,美国因国内生产能力超出国内需求从而开始致力于开拓国际市场之际,其巨大工业生产彰显的战争潜力,已使主要对手难以望其项背。对于国内市场足够大、人口众多及资源丰富的国家而言,在经济发展进程中,其对海外市场或海权的依赖或渴望,远没有本土面积狭小的国

---

[1] [美] 布热津斯基:《运筹帷幄:指导美苏争夺的地缘战略思想》,转引自王福春《布热津斯基的地缘外交思想》,http://www.aisixiang.com/data/72.html,2021年3月2日。

家或岛国那样迫切。面积不大的德国之所以能在缺乏海外殖民地的情况下，仅经较短时间，就在工业上赶超英国，一个关键原因是，德国1871年完成的国家统一给德国经济发展带来高效的经济规模优势。但是，伴随社会生产的进一步扩张，疆域面积远远小于美国的德国也无法避免土地面积也不大的英、法曾遭遇的规模"瓶颈"。寻求新的市场，推动经济迈向更高层次的规模效应，是德国19世纪末渴望"阳光下的地盘"的经济动因。从德国垄断资本扩张的视角看，德国"提前"与英、法展开对世界市场的争夺实属"逼不得已的无奈之举"。

与马汉夸大海权的地位如出一辙，麦金德的陆权论也有夸大陆权作用之嫌。麦金德的陆权理论说明了陆权的重要性，但并不能证明陆权优于海权。麦金德的枢纽理论，与其说是诠释了陆权优于海权，毋宁说是证否了海权的绝对优势。麦金德的枢纽理论并没有被国际政治现实所证明，其"三段警句"的预言是失败的。麦金德警句中所谓的"心脏地带"一般指蒙古国、苏联、哈萨克、伊朗、伊拉克、阿富汗等一带。在古代，心脏地带的优势的确存在，古代匈奴、蒙古人横扫欧亚大陆的案例就是印证。匈奴人、日耳曼人、斯拉夫人及蒙古人的崛起及在欧亚大陆的扩张，也较符合麦金德的理论。但是，自哥伦布发现美洲大陆或16—17世纪以来，若将世界地缘政治势力划为"海权势力"与"陆权势力"的话，海权一直挑战陆权，并数次战胜陆权。1853年的克里米亚战争中，海权国英国与海陆复合型国家法国联合，在黑海、爱琴海方向遏制住了俄罗斯"陆权势力"的进攻，对海权的发展有重大意义。第二次世界大战后，苏联势力所及达到了麦金德所设想的关于陆权国家取得优势地位的条件，即控制了东欧。在美苏的全球竞争的冷战中，"陆权势力"主要体现为苏联领导的社会主义国家阵营，"海权势力"则完全由美国领导的北约掌握。冷战对抗的两大阵营分别是"海权"与"陆权"的代表，两大阵营在欧亚大陆"心脏地带"展开"拉锯战"，最终以苏联的解体及东欧剧变告终。冷战结束后，先后发生的科索沃战争、波黑战争、北约东扩、欧盟东扩、海湾战争、伊拉克战争、阿富汗战争等，都是"海"攻"陆"守，即"海权势力"渗透至陆权的传统势力范围的"心脏地带"区域，尽管麦金德认为"心脏地带"很难被渗透。冷战后，是"海权势力"彻底压倒"陆权势力"。

理论的最大特质是深刻，而不是全面，理论总是从片面中寻求深刻。海权论与陆权论，尽管存在阙失，也不能被完全证实，但并不能否认其深刻性。同时，两种理论也需要被整合与超越。与马汉、麦金德都比较单一的海权论、陆权论不同，尼古拉斯·斯皮克曼在其1942年出版的《边缘地带论》中提出的"边缘地带理论"，则是对海权论与陆权论的结合和超越。边缘地带理论主要观点是：欧亚大陆心脏地带与西方海权势力掌控的沿海地带之间的欧亚大陆边缘地区（正是麦金德理论所界定的欧亚大陆东西两端的"边缘新月形地带"），是世界权力角逐竞争的关键之所；如能统一整合欧亚大陆东西两端的边缘区域，将意味着掌控全球在发展上最具潜质的区域；掌控欧亚大陆东西边缘地带的国家将成为世界强国，也将是美国最强大的挑战者。根据"边缘地带理论"，"边缘地带"能将陆权与海权完美结合，也是欧亚大陆最重要的地缘力量。美国是一个兼具海陆双重特性的国家，边缘地带理论正能满足或符合其称霸全球的雄心。

对于大国的崛起、发展而言，陆权与海权应等量齐观。现今的美国世界霸权是由海权与陆权共同成就的。美国庞大的陆地面积及高效、强大的本土经济是美国海权的坚实基础。美国是在获得美洲大陆的陆权霸权后，才迈向海权扩张的。美国世界霸权始于陆权的建构与稳固，而成于海权的建成。英国的全球海洋霸权的确立，也同样需要陆权作为基础，英国海权是建立在其遍布全球的殖民地基础之上的。英国丧失海洋霸权的一个重要原因是，英国丧失了对自身遍布全球的殖民地的控制。在英国之前崛起的荷兰，其霸权被英国替代的一个关键原因，是因为荷兰是一个领土、人口及资源小国，缺乏支撑海权的厚重稳固陆地基础。历史学家斯塔夫里阿诺斯曾对荷兰的衰败有评论："或许荷兰人衰落的主要原因在于荷兰人缺乏其对手所拥有的资源。法国人拥有众多的人口、繁荣的农业和一个在大西洋和地中海均有出海口的富裕祖国。英国人也拥有较荷兰人丰富得多的自然资源，并享有海岛位置带来的巨大裨益；地处海岛，使他们无须付出时常遭受入侵的代价。此外，英国人还有其海外殖民地迅速增长的财富和力量作后盾，而荷兰人仅由南非南端的一小块孤立的殖民地所支撑。……归根到底，18世纪时荷兰让位于英国和法国，其原因与20世纪时英、法两国让位于美国和苏联的原因正相同。"[①] 对中国而言，若没有对自己陆地疆域的"大一统"整合，中国海权也无从谈起，而若无海权建构，中国

---

① [美]斯塔夫里阿诺斯：《全球通史：从史前史到21世纪》（下），吴象婴、梁赤民、董书慧、王昶译，北京大学出版社2006年版，第430页。

现代化与民族崛起，也将难以完成。中国近代同时面临海权危机与陆权危机，两个方面的挑战同样严重。英国等西方列强从海洋方向运用武力打开中国大门，将一系列不平等条约强加给中国；同时，俄罗斯则替代以前的游牧政权成为中国来自北方的心腹大患，半工业化的俄罗斯是比游牧民族更凶狠的敌人，鲸吞中国150多万平方公里领土。近代，日本数次入侵中国，日军之所以能肆意横行中国，关键原因是中国陆权的虚弱与四分五裂的国家缺乏统一整合资源的能力。

近现代的海权论与陆权论，都强调海权与陆权冲突的不可避免，并将历史发展视为海权与陆权竞争的进程，但这种诠释并没有体现出历史的真实。近现代海权论与陆权论都是近现代思想的产物，都服务于资本工商文明的全球扩张，都服务于现代民族国家的国家利益。相较而言，陆权是一国发展的基础与前提，但国家的崛起和更高层次发展，海权是关键。国家崛起始于陆权的夯实，而完成于海权的建成。

国际政治理论家汉斯·摩根索在其所著《国家间政治》一书中指出：国际政治体现为无休止权力斗争，各国的最直接目标是权力；国家外交政策应服务于本国国家利益，也应致力于保持、增加和显示国家权力；维护国家利益、增大国家权力是国家行为的根本动因。根据《国家间政治》，国家的生存、安全是国家利益的最基本、最重要内容，国家对利益的追求应同国家自身的实力相称。国家决策者不应在本国力量所能及范围之外实施对外干涉，也不应按照本国特征、形象去塑造世界。如若不然，只能损害国家安全与违背国家利益。在摩根索看来，国家外交政策的实施是否合理，应由其对利益的谋求是否被限定于国力所能及之范围来界定。历史上，大国兴衰的关键不在于国家对海权与陆权的二者择一，而在于其对海权与陆权的追求是否与国力相适应，是否符合国家利益。"外交是内政的延续"，陆权与海权的对外拓展都应服从于国家或民族利益，国家对陆权或海权的关注程度，从根本上取决于国家利益。

人类最早的竞争是在陆上，近代新航路开辟之前，陆权之争始终是国家间、民族间关系的主线。古代，占据欧亚大陆心脏地带的匈奴、突厥及蒙古等草原游牧帝国对欧亚大陆边缘地带国家的冲击，其实质是对欧亚大陆的陆权争夺。大航海时代之前，即使西欧洲国家具有一定海洋文明属性，但欧亚大陆主要是以陆权发展为主。1500年以后，大航海时代、资本主导的全球贸易以及借助先进技术的殖民扩张，不断为西方现代资本主义的世界性拓展开辟道路。欧洲列强在对欧洲大陆霸权、世界霸权及海外殖民的地争夺中，欧洲大陆霸权争夺始终是核心与主线，海外殖民地争夺总体上从属欧陆霸权的竞争，世界霸权争夺是以欧洲大陆霸权争夺为基础的。20世纪初，西方之外的世界总体上被西方列强瓜分殆尽，列强间力量失衡及对殖民地的争夺最终引发世界大战。第二次世界大战之后，苏联陆权与美国海权的对抗是对世界霸权的争夺，海陆冲突是形式，霸权争夺才是实质。

世界各国间海陆环境差异甚大，各国海权与陆权结构也不尽相同，但这并不必然导致国家间冲突。麦金德强调，海权国与陆权国间的冲突无法避免，并贯穿人类文明史。但是，海陆冲突历程中，海权国与陆权国之间鲜有泾渭分明的持续对立，而是有冲突，也有合作。19世纪，海权国英国与陆权国俄罗斯的地缘政治大竞争具有鲜明的海陆对抗性质，但在拿破仑战争中，英俄却结盟对抗海陆复合型国家法国。第一次、第二次世界大战，英俄也联手对抗海陆复合型国家德国。美苏冷战是典型的海陆对抗，但在第二次世界大战中，美苏却并肩对德国作战，还合力击败具有海权属性的日本。

古代欧洲的三次布匿战争中，陆上强国罗马是通过萨拉米海战打败海洋强国迦太基，迦太基统帅汉尼拔却翻越阿尔卑斯山，从陆路进攻罗马。公元1500年以来，世界的霸权国家往往是兼具强大海权和强大陆权。海权与陆权互相辅相依，也互为对方延伸。陆权的扩张，离不开海权，故大陆强权国家一直都致力于建立强大海军及强调获取海洋通道。历史上，古代陆权强国马其顿、罗马也曾拥有强大海军，近现代陆权属性明显的德国、法国都拥有强大海军。美苏冷战期间，陆权国家苏联也曾拥有实力仅次于美国海军的强大远洋舰队。

法国、德国、俄国（苏联）等陆权强国，在其陆权强盛之际，也恰是其海军强大之时。只有拥有一定陆权与控制关键陆地区域，海权优势才能发挥，海权国家才能由海登陆，海军无论如何强大，其也无法弃锚登岸。英国、法国的全球殖民征服，日本曾经在东亚与太平洋的扩张，乃至今天美国全球霸权的取得及护持，海权与陆权缺一不可，两者相得益彰。冷战后美国发动的战争，都是海权与陆权的双管齐下。海权国与陆权国之间的冲突，其本质是对霸权的争夺。英国在经历了1688年的光荣革命后，与法国展开了全球争霸，1689—1815年，英法之间军事冲突不断。当法国战胜荷兰、汉诺威、普鲁士后，欧洲大陆国家之间的力量均衡被打破，从而直接威胁英国安全。维持欧洲大陆国家之间的力量均势是保证英国海上优势的关键。英国为维持自身的第一强国地位而采用"大陆均衡政策"，先后组建数次反法同盟。英法冲突，其核心问题是陆上霸权问题，法国致力于主导欧洲大陆，而英国则致力于恢复欧洲大陆的均势格局。欧洲大国之间出现海陆冲突时，通常是欧洲大陆各个陆权力量之间的平衡被打破之际。从海洋霸权国家的视角看，一旦某一个欧洲大陆强国取得欧洲大陆霸权，它将拥有将欧洲大陆经济市场与海洋霸权国家完全隔离的能力。海洋霸权国若丧失与大陆市场的经济往来，其利益必将受重大损失，所以海洋霸权国会尽一切力量维持大陆国家之间的力量平衡。在近现代欧洲史中，各个霸权觊觎国（如路易十四、拿破仑执政时期的法国与威廉二世、希特勒掌权时期的德国，以及苏联），追求欧洲大陆霸权的一个主要动机，就是试图建构自给自足的大陆经济区，这也是它们对抗海洋霸权国的重要手段。一个大陆封锁体系将能对海洋霸权的经济发展造成致命性的摧毁。为阻止某个大陆国家建立大陆霸权及实现对海洋霸权国的经济封锁，海洋霸权国在遏制大陆上实力较强且图谋建立大陆霸权的大陆强国之际，也往往会支持大陆上实力较弱的国家抗衡图谋建立大陆霸权的大陆强国，以维持大陆的均势格局。近代的欧洲大陆，若有大陆强国试图谋求大陆霸权，不仅海洋霸权国会坚定维护欧洲大陆均势，大陆上的其他强国（尤其是侧翼大国）也会加入抵制大陆霸权的国家联盟。近代以来，任何试图在欧洲大陆建立主导性大陆霸权的图谋无不以失败而告终。[1] 对海洋霸权国而言，维持大陆均势不仅有助于维持海洋霸权，且有助于维持大陆市场的开放性，大陆市场的开放是海洋霸权经济发展与繁荣的前提。[2]

大陆霸权问题不仅是欧洲国际关系的核心议题，同样是东亚大陆国际关系的关键问题。第二次世界大战期间，日本发动太平洋战争的主要目的是夺取东亚大陆霸权。日本海军的核心任务是通过"舰队决战"歼灭敌国来犯舰队，从而夺取东亚海域制海权，其最终目标还是阻遏别国干扰日

---

[1] 时殷弘:《国际政治的世纪性规律及其对中国的启示》，《战略与管理》1995年第5期，第2—3页。转引自竭仁贵《对海洋霸权与大陆均势关系的再探讨》，《太平洋学报》2015年第1期。

[2] Michael Sheehan, *The Balance of Power: History and Practice*, Routledge, 1996, p. 115. 转引自竭仁贵《对海洋霸权与大陆均势关系的再探讨》，《太平洋学报》2015年第1期。

本陆军拓展陆上霸权。

　　历史上，导致海权国与陆权国敌对的主要原因，并非陆权强国发展海权，而是陆权强国谋求世界霸权或大陆霸权。英、美等海权国曾遏制过的陆权——法国、德国、俄国（苏联），都是曾打破欧洲大陆或欧亚大陆陆权均势而有望发展成主宰欧洲大陆或欧亚大陆的国家，一旦这样的陆权国家出现，将会危及海权国家的全球海洋霸权及本土安全。英国是离岸平衡的集大成者，其几百年来一直通过维持欧洲大陆大国间的均势与相互制衡而维护自己的海上优势。冷战之后的美国同样是采取离岸平衡战略，以维护自己的海上霸权与防止欧亚大陆出现主宰性的大陆霸权。

　　对于英、美等海洋强国而言，海洋能保护其免遭外敌入侵，但也阻碍其进入欧亚大陆争夺霸权。英国若不能控制直布罗陀海峡等世界重要海峡两岸的陆上基地，美国若失去欧亚大陆上的盟国，两国的海权力量将不能发挥，也将丧失将力量由海向陆延伸与投放的前哨或锚点。在欧亚大陆获得前哨或锚点，是海权国家能对欧亚大陆实施离岸平衡战略及施加战略影响的前提。布热津斯基在《大棋局》一书中，特别强调欧亚大陆地缘战略支点国家对海权国家全球战略布局的重要性。他认为，东亚的地缘战略支点国并非岛国日本，而是东北亚突出部位的半岛国家韩国。阻止欧亚大陆被某陆权国主宰或统一，以及阻止陆上运输通道取代海上运输通道，是海权国家永恒不变的战略。冷战之后，美国实施一系列遏制陆权国家的战略措施。在欧洲，美国与英国结盟，并通过拉拢乌克兰、波兰等国，将德国与俄罗斯这两个传统陆权国家分割开，以及确保俄罗斯与欧盟的敌对；在中东，确保该地的重要国家不会同陆权国家结盟；在中亚和中东，使任何陆上战略性运输不能取代海上贸易；在东亚，美国与日本结盟，并将韩国与中俄两个陆权大国分割开。通过美日同盟、美韩同盟，以及加强自己与东盟的关系，美国阻止中国周边国家与中国靠近，并使它们与中国保持对峙。美国还阻止中国将高铁建设延伸至中南半岛，确保中国周边国家不会进入中国主导的陆权国家经济圈。中国高铁一旦延伸至能源丰富的中亚、中东以及拥有市场的欧洲，将会大幅度减少对海权的依赖。如果"上合组织"能确保陆路运输通畅，并将欧亚大陆东西两端（西欧与东亚）的市场与俄罗斯、中亚的能源进行整合，世界地缘政治、地缘经济必定巨变。一旦陆路运输成本（经济成本与时间成本）低于海洋运输，海权国家的世界竞争力就会下降，陆权国家的地位将会提升，甚至会危及海权对世界资源整合的控制。布热津斯基在《大棋局》一书中，把乌克兰、阿塞拜疆、韩国、土耳其和伊朗视为欧亚大陆支轴国家，海权国正是通过与这些国家结盟而阻隔陆权强国与自然资源丰富的国家之间的联系，进而使陆权国家无法摆脱对海权国或海洋运输通道的依赖。

资源的整合的确无法离开地理空间，但制度变革及基于制度的技术变革却是资源整合更关键的因素，资源整合的效率与模式从长远与根本上将取决于一个社会的文明模式。近代以来，世界秩序的缔造者主要是海权国家，而海权国家对世界秩序的塑造，却离不开其对世界秩序的塑造能力，这种能力的背后，却是现代文明的力量。

西方陆权与海权的理论阐释都倾向于战略、军事层面。海权论与陆权论是分别阐释通过陆地与海洋控制全球的强权或霸权理论，体现出对抗性、零和博弈性。海权与陆权的对抗及其伴随的海洋文明与大陆文明的相互割裂，给世界和平发展造成的巨大伤害，正召唤世界各国寻求一种能使海洋文明与大陆文明合和发展的路径。历史上，中国大地上曾存在过游牧与农耕的二元对立，但在中国"大一统"观念及制度建构之下，中国却完成游牧与农耕两大地缘文明的统合，建立起超大规模的文明及制度复合型国家。"大一统"赋予了中国文明顽强的生命的韧性与强大的统合能力。

近代，率先步入近现代社会的西方世界的全球扩展，使原先能自洽自为的中国文明开始面临具有现代性的海洋权力体系的挑战。自此中国发展所处的空间政治结构，已不再是农耕与游牧的二元并行结构，而是全球性的海陆二元对峙与双向运动的政治格局。对此，"大一统"将再次发挥其统合功能，超越具体历史情境下的阶层割裂、民族对立及文明对抗，助推建构一个抚平阶层等级差别及融合海陆文明的现代"大一统"社会。

"与道及天地合一"的整体及生态伦理意识，"四海一家、声教四海"的社会和谐观，及"海纳江河、和谐万邦"的世界和平理念，是中国"大一统"思维及制度建构的灵魂及价值支撑。就文明的本质及发展进路而言，超越对抗性是其必然归宿。中国"大一统"思维及现代制度框架，是超越海权与陆权二元对抗及统合海洋与大陆文明的最好精神指引与制度框架。

第七章 "大一统"思维、中道理性与中国海陆文明统筹发展

兼具大陆与海洋两种地缘形势及处于欧亚大陆东部临海的"边缘地带",是中国地缘的基本特点,加之海权与陆权之间关系的复杂性,使中国地缘政治发展形势利弊兼有。中国兼具同时发展陆权和海权的地缘条件,实现海陆统筹平衡发展是中国实现国家崛起及摆脱地缘政治困局的关键。伴随"一带一路"倡议的落实,中国同时深度推进海路与陆路对外经济交往,迈入"海权"与"陆权"平衡发展的新时期。中国的海陆统筹发展能从自身绵延不绝的文明、文化发展中汲取精神动力。中国传统的"大一统"思维及制度建构将给中国现今海陆统筹发展提供思路指引及榜样力量,也导引中国文明发展超越现代西方海陆二元对立发展模式。经现代文明改造的"大一统"将使规模巨大的中国基于海陆统筹发展而自成体系,也将助推中国成为联通当今世界海洋秩序与大陆秩序的中介桥梁,并缓解或平息这两大秩序的对抗。

当下,中国是一个统一的多民族的现代主权国家,而在国家历史建构的底层,则是古老"中国"及其所孕育的绵延不绝的文明。历史发展由现实利益决定,也不能脱离价值和情感导引。人的价值追求是历史因果性中的目的性存在。历史上,中国对新问题的解决,离不开对国家治理原则背后的价值原理做新的创造性激发,这种激发将导引历史问题解决的正确方向。正是具有价值导引的意义,中国"大一统"秩序才可存续。历史上,中国总体上以统一政治体面貌出现,"大一统"始终是中国政治、社会秩序合法性的标志,也是解决中国规模及发展问题的关键,并是建构政治、秩序正当性的价值观与社会情感。

理解"大一统"必须基于两个坐标轴:地缘(空间的横轴)与文明(时间的纵轴)。"大一统"秩序演变,不仅表现为其在地域上的横向扩张,也伴随着文明纵向的沉积与进化。在这个状态与进程中,不同地缘文明在横向上相互融合,并在纵向上持续演变,二者互为因果。在中国文明

发展进程中,"大一统"秩序先覆盖中国的农耕文明区,然后完成农耕区与游牧区的整合,再后来中国开始吸纳自西而来的具有现代性的海洋文明,随后经历现代性的洗礼而成为当今统合海陆文明发展的关键力量。这一进程中,"大一统"秩序先后经历传统的"王权大一统""皇权大一统",最后迈入现代性的"民权大一统"时代。

第一节 当代中国地缘政治形势及地缘发展战略选择

一 中国地缘的海陆复合型特性、优势及困境

中国疆域辽阔,其西北部嵌入欧亚大陆腹地的"心脏地带",具备将影响力向"心脏地带"延伸之势;同时,中国东部、东南部疆土濒临太平洋,且处于欧亚大陆东部"边缘地带",处于欧亚大陆向东、向东南延伸的关键区域。中国是欧亚大陆和太平洋之间的枢纽国家。中国兼具大陆和海洋地缘政治特性,横跨"心脏地带"和"边缘地带"。这种地缘特性使中国具有对外交往地缘优势的同时,也面临难以回避的地缘困境。东向面临太平洋,使中国嵌入东亚及太平洋市场,中国西南的青藏高原紧接南亚大陆而俯瞰印度洋、中国西北深嵌中亚,使中国具有西接印度洋资源、中亚能源的地理优势。通过地处边缘地带的东南沿海,中国可与日本、欧美海权国家进行贸易;通过地处心脏地带的中国新疆、内蒙古,中国可同心脏地带的其他国家,如俄罗斯及中东国家,建立联系。中国是个能将海洋与大陆相连接的海陆枢纽国家。尼古拉斯·斯皮克曼在《边缘地带论》中指出,在中国完成统一,且日本军事力量被摧毁之后,中国将不可阻挡地成为东亚地区支配性国家,而能平衡中国陆权力量的国家只有中国北方邻国俄罗斯。倘若西方强国要在东亚保持影响力,就必须在东亚找寻部署自己海上力量的岛屿与陆上基地。[①]"随着日本在这场大战(第二次世界大战)中战败,中国大陆沿海海上通道的控制权将不再掌握在日本手中,

---

① [美]尼古拉斯·斯皮克曼:《边缘地带论》,林爽喆译,北京石油工业出版社2014年版,第74页。

中国将成为这个地区最强大的国家。"① 中国是东亚国家,也身处中亚;中国是大陆国家,也濒临海洋且海洋性日益提升。中国是东亚国际秩序建构的关键角色,这个角色也受中国双重地缘身份(既是东亚国家,也是中亚国家)的制约。

陆权与海权相互建构,依托大陆而能获得持续资源支持是建构有效制海权的关键。临海的中国幅员广大,对印度洋、太平洋有强大反作用力,也拥有在内陆监控海洋的力量。中国国家力量能直达太平洋,并有能将国家力量延伸至印度洋的地理便利。近代之前,中国是东亚地缘政治、地缘经济的中心与重心,近现代中国丧失了这种地位。伴随中国实施改革开放政策,中国快速发展,并重回东亚地缘政治、地缘经济中心。中国临近经济发展所需的优质资源,其东接经济繁荣的太平洋市场,西近印度洋、中亚能源储藏丰富之所。中国的财富、人口重心在东部、东南沿海地区。经四十余年改革开放,珠三角、长三角及环渤海经济圈聚集了中国关键工商力量。中国的东部、东南地区直面太平洋,中国台湾岛是西太平洋之锁钥,也是中国通向太平洋的门户,中国南海是联结印度洋和太平洋的战略枢纽。良好地缘政治、经济条件,赋予中国成长为海洋强国的潜力。

中国尽管享有地利之便,但也面临地缘困境。中国背陆靠海、邻国众多,中国发展与邻近国家的发展密切相关,与近邻发生矛盾、冲突的概率也很高。中国的直接领土领海利益涉及与中国接壤或隔海相望的众多国家,以及涉及在中国周边有重大利益的域外大国。中国与俄罗斯、日本、韩国、印度及东南亚国家等周边国家有历史遗留的领土争端问题。中国处东亚大陆中心位置,是大国力量交汇之地,东北面、北面与扩张成性的俄罗斯相邻,西南相邻欲与中国一较高下的印度,南面是对中国崛起充满疑虑的东盟,东面隔海相望且相隔距离不远的是对中国高度戒备的韩国及与中国有历史宿怨、有领海争端的日本。中国可谓是"强敌环伺"。由于周边邻国对中国崛起深怀戒备,使美国能游刃有余地通过"离岸制衡"战略遏制中国发展。

马汉在《亚洲问题及其对国际政治的影响》一书中指出:"就对中国

---

① [美]尼古拉斯·斯皮克曼:《和平地理学:边缘地带的战略》,俞海杰译,上海人民出版社 2016 年版,第 79 页。

发动侵略的可能性而言，近在咫尺的俄国远比任何海洋国家具有优势。"① 20 世纪，中俄（中苏）结成"牢固同盟"的时间远少于敌对、对峙及军事冲突的时间。中俄（中苏）关系改善，主要是源自双方务实的外交立场。中俄（中苏）关系与中美关系差别很大。中美经济互补性和两国能力及战略目标的差异（中国目前仍旧是一个区域性大国，也无成为全球霸权的意愿和能力）降低了两国冲突的可能性，中美关系问题虽多，韧性却很强。大陆强国俄罗斯有广阔领土地处欧亚大陆"心脏地带"，其在世界地缘政治中兼具双重战略属性：俄罗斯是游牧族群的继承者，其占据了欧亚大陆的广大草原及心脏地带，具有对外扩张的先天便利，从而招致西方强国对它的围堵遏制；俄罗斯历史上倾向于与海洋强国联合，对抗或遏制在"边缘地带"崛起的海陆复合型强国。1815 年，俄罗斯与英国联手终结拿破仑帝国。第一次世界大战与第二次世界大战，俄国两次与海洋强国（英国与美国）结盟，成为对抗海陆复合型国家德国的中坚。当今，海陆复合型强国中国的发展势头已对海洋霸权美国构成压力，而俄罗斯却已无恢复昔日苏联陆上霸权的可能。

当中国力量向太平洋纵深发展，且其影响力同时在欧亚大陆心脏腹地日益上升之时，若优先发展陆权，会引起俄罗斯、印度等陆权强国的戒备，若集中精力优先发展海权，定会遭到美国、日本等海洋国家的遏制。中国发展受四方牵制，崛起中的中国未来国家利益拓展应在不脱离国家发展重心及避免国力透支的原则下展开。卡尔·豪斯浩弗（Karl Haushofer）说："在地理上无知的代价将是巨大的。"② 中国不应将地缘政治视为决定国家命运的根本因素，更不能实施押上国运的地缘战略。"赌国家命运的战略决战应根本避免"；"拼国家命运的决战则根本不干"。③ 战役层面要竭尽全力，但战略层面的拼命要尽可能避免。地缘政治学是一门基于特定地理空间研究国家目标与国家资源相互匹配及二者矛盾相互转化的学问。均衡

---

① [美] 马汉：《亚洲问题及其对国际政治的影响》，转引自刘怡《从大历史看中俄关系变数》，《南风窗》2013 年第 19 期。

② [英] 杰弗里·帕克：《二十世纪的西方地理政治思想》，李亦鸣译，解放军出版社 1992 年版，第 84 页。

③ 毛泽东：《论持久战》，《毛泽东选集》（第 2 卷），人民出版社 1991 年版，第 506、507 页。

理论是地缘政治学的核心,即探寻地缘政治与地缘经济的平衡发展。①

二 中国地缘战略选择:基于中道理性的海陆枢纽地位的塑造

有国际战略学者将海权与陆权间对抗视为国家间关系的压倒性主题,麦金德的"心脏地带理论"是这种认知的典型。对海权与陆权间持续变化的力量平衡问题的理解,是麦金德战略思想的基石和重点。② 麦金德将世界分为三大区域:欧亚大陆中心的内陆区域或"心脏地带";欧亚大陆边缘("内新月形地带")及近海岛屿;由美洲大陆、澳大利亚构成的"外新月形地带"。麦金德认为,广阔、人口稀少且以草原、沙漠为主的欧亚大陆中心区是一个天然堡垒,是海洋民族无法到达之所。近代之前,欧亚大陆心脏地区一直由游牧民族控制,心脏地区的自然条件及马、骆驼提供的机动性使游牧民族能聚集强大的对外冲击力而威胁欧亚大陆边缘地区。③ 历史上,身处欧亚大陆中心区域的民族曾持续对边缘地区造成压力。根据压力程度大小,麦金德将世界史分为三大时期:欧洲持续遭受欧亚大陆中心区域游牧民族威胁的前哥伦布时代;15世纪末,新航路开辟及地理大发现使世界迈入哥伦布时代,借助新航路,欧洲人从海路迂回到游牧民族后方,进而抵消中心地带相较边缘地带的战略优势;20世纪,交通等技术发展使中心区域与边缘地带之间的力量对比发生转变,人类历史由此进入后哥伦布时代。麦金德认为,欧亚大陆中心区域是世界政治的"心脏地带",近代之前,"心脏地带"的游牧民族曾对边缘地区造成严重威胁,20世纪铁路的出现使中心区域再度对边缘地区造成压力,一旦中心区域被组织整合,庞大世界帝国将会很快出现。④

其实,自近现代海权崛起直至现在,大国间对抗并非主要体现为海权与陆权间的对抗。近代以来,决定人类历史进程的几次关键性战争,并没

---

① 张文木:《地缘政治的本质及其中国运用》,《太平洋学报》2017年第8期。

② Barry Buzan and Richard Little, *International Systems in World History*, Cambridge: Cambridge University Press, 2001, p. 58.

③ Halford J. Mackinder, "The Geographical Pivot of History", *The Geographical Journal*, Vol. 23, No. 4, 1904, p. 430.

④ [英]哈尔福德·麦金德:《民主的理想与现实》,武原译,商务印书馆1965年版,第101页。

有体现出海权与陆权的二元对抗。在决定民族国家形成及塑造欧洲首个现代国际秩序的欧洲三十年战争中，欧洲各个大陆强国才是战斗的主力。建构欧洲维也纳国际体系的拿破仑战争中，决定战争进程的并不只是陆权法国与海权英国之间的竞逐，陆上强国俄国与拿破仑法国之间的争斗同样是决定战争进程的关键因素。法国征伐俄罗斯的失败是导致拿破仑帝国崩溃的重大原因。第一次世界大战主战场在欧洲大陆，协约国在地面力量上对德国形成压倒优势才是迫使德国投降的主要因素。第二次世界大战中，陆权国家苏联是打败德国的主力，德国投降是因为地面力量的被摧毁。大国间竞争从来都伴随着海权与陆权之间的对抗，但海权国与陆权国之间并非命中注定要冲突与对抗，海权国与陆权国的关系根本取决于二者的发展模式与发展战略是否兼容或冲突，也取决于国家间错综复杂的外交、利益及竞争关系。如历史上的海权国家英国与陆权国家俄罗斯，有过对抗、竞争，也有合作、结盟。19世纪，陆权国俄罗斯与海权国英国存在着广泛的地缘政治竞争与对抗，但在20世纪初期海陆复合型强国德国成为两国共同的威胁时，两国走向联盟。陆权国俄罗斯与海权国英国，在第一次世界大战与第二次世界大战中两次结盟对抗德国。

  国家发展战略或地缘战略的误入歧途，将会导致国家发展的灾难性后果。在这方面，第一次世界大战、第二次世界大战之前的德国及第二次世界大战之前的日本发展战略选择就是典型案例。19世纪中后期，深谙地缘政治战略的俾斯麦任德国首相期间，用"铁血政策"打败法国后统一德国，并确立德国外交战略主方向：使德国成为欧洲强国，不谋求世界霸权，拒绝挑战其他大国的全球性战略；孤立法国，稳定与周边国家关系；稳固、消化德国1866—1872年在欧洲赢得的地缘政治果实。威廉二世执政时期（1888—1918年），德国放弃俾斯麦曾推行的节制理性外交，[1] 转而施行图谋世界霸权及海权大国的全面扩张外交政策。1897年，威廉二世对其推行的谋求德国世界霸权的"世界政策"有简要阐释："帝国的力

---

  [1] 威廉二世（WilhelmⅡ，1859—1941年）是德意志帝国皇帝和普鲁士国王（1888—1918年）。任内制定以争夺世界霸权为目标的战略。1897年派舰队强行占领中国胶州湾；1898年力图通过建巴格达铁路在近东伸张势力；1900年7月，出兵镇压中国义和团运动，参与瓜分中国领土的竞争；1905年、1911年，制造摩洛哥危机，与法国争夺在摩洛哥的殖民权益；多次插手巴尔干事务，加深德国与英、法、俄等国的矛盾。1914年利用萨拉热窝事件挑起第一次世界大战。

量即意味着海军的力量，它们是互为依赖的，缺一则不能生存。"① 第一次世界大战前夕，德国与英国、法国及俄国等大国关系恶化。1914年德国挑起第一次世界大战，迎来的结局是德意志第二帝国1918年走向崩溃。1939年，德意志第三帝国发动第二次世界大战，结果是1945年德国战败并被肢解成两个国家，直到1990年才重获统一。德国的最终结局还不算糟，"由于他（俾斯麦）了不起的建树，使得他所缔造的德国经历了两次世界大战的失败、两度遭外国占领及国家分裂达两个世代之久，却仍巍峨屹立"②。1894年，日本在甲午战争中击败中国，1905年在争夺中国东北的日俄战争中战胜俄国，日本随后成为东亚国际秩序核心，但直至第二次世界大战，日本始终在海权战略主导与陆权战略主导间摇摆。日本若追求大陆帝国，其必然会与苏联对抗，若追求海洋帝国，必然将与美国冲突。日本最终还是走向海陆并举的扩张战略。第二次世界大战中，日本帝国在大陆强国苏联和海洋强国美国的挤压下奔溃。日本帝国奔溃的原因，并非其海陆并举的发展战略，而在于其扩张性发展政策与他国发展存在零和关系，日本发展模式也无法向世界提供具有吸引力的共同价值。

1949年之后，在陆权强国苏联和海洋霸权美国这两大帝国的夹缝中，中国面临一个外交或发展方向上的重大选择，即选择与大陆国家苏联结盟，还是与海洋国家美国结盟。由于意识形态与苏联相似，中国政府选择与陆权国家苏联结盟，但中国始终怀有发展海权的雄心。当苏联试图变中国为其附庸时，中苏关系决裂，中国开始面向海洋寻求发展空间。1972年尼克松访华后，中美双方建立地缘联盟，削弱了苏联在与美国争霸中曾拥有的陆上地缘政治优势，使苏联面临东西两面的遏制，为其解体埋下伏笔，也为中国改革开放后融入美国主导的世界体系打下基础。中国与美国关系处于关键时期的21世纪初期，美国为维护自己全球霸权而遏制日益崛起的中国，并诉诸贸易摩擦阻止中国高科技产业发展。冷战后，中国与俄罗斯都面临美国的全球霸权以及对自己诉诸的地缘经济与地缘政治打压，最终在大国关系中呈现占据欧亚大陆心脏地带的大陆强国俄罗斯与占据欧亚大陆东部边缘地带的海陆复合型强国中国都在抗衡海洋霸权美国的

---

① 周一良、吴于廑主编：《世界通史资料选辑》（近代部分）（下册），商务印书馆1964年版，第46页。

② [美]亨利·基辛格：《大外交》，顾淑馨、林添贵译，海南出版社1998年版，第116页。

态势。

进入 21 世纪以来，中国经济告别自给自足的"内向型"经济，已发展为一个高度依赖海洋通道、海外市场的"外向型"经济体，社会形态正由传统封闭的内陆农耕社会向依赖海洋的开放而外向的现代社会过渡。伴随国家发展模式、社会形态的转变，中国国家安全不仅将取决于本土治理，还取决于海洋秩序和海外贸易秩序建构，从而必然要求中国拓展现代海权及发展具有外向型的现代陆权。从 20 世纪中期开始，中国地缘政治努力的核心目标就是在海权发展与陆权发展之间、在本土发展与对外关系间寻求平衡。

伴随改革开放的深入展开，中国发展的一个重大改变是经济沿海化。伴随改革开放对市场力量的释放，中国沿海地区经济发展迅速，并深度融入世界市场。中国开启改革开放后，为方便获得海外资源、海外市场，中国实施市场与资源都在海外的国际循环发展策略。经济沿海化的后果是国家经济和政策重心的东重西轻，并导致中国经济高度依赖海外市场及海上航路，故建构能维护超出国界的国家安全和经济利益的海权力量，成为中国发展的必然选择。

对于中国发展，海洋至关重要，但陆权仍是基础。作为陆海复合型国家，中国持续发展离不开海权发展与陆权发展间的平衡。仅强调陆地，或只专注海洋，中国发展都难以持续。中国西北部地处欧亚大陆"枢纽地区"，东部濒太平洋，夯实陆权是中国获得更大海洋资源的前提。中国应使中西部内陆地区发展成新的经济增长极，使其发展水平赶上沿海地区，而不仅是东部资源供应地。中国中西部发展是中国最终建成统一大市场的前提，也是使中国发展辐射欧亚大陆内部的关键。同时，中国应与欧亚大陆国家建立紧密经济、政治及安全合作关系，保证中国的资源、商品市场经陆地就能获得相当大程度的解决。中国应发展、运用与自身国力、海外利益相匹配的有限海权力量。

中国的超大规模性（人口规模巨大、疆域幅员广阔并兼具海陆双重地缘特性）与其曾是世界几大轴心文明载体之一，这两者始终相互作用。理解中国历史的关键运动逻辑、思索当下中国问题及把握中国未来发展方向，都必须从上述两种特性间的关系中寻求切入点。中国超大规模人口蕴含着巨大人才红利，一旦中国深度融入开放世界经济体系，其便会赋予中国强大竞争优势，但是，只有中国先完成内部政治、社会及经济整合，这种优势才能释放。中国的内部整合,既体现为政治层面的主权统一,也彰显为经济层面统一开放大市场的形成及社会双轨制的终结,也最终是多元、开放及自由社会之缔造。目前,中国沿海地区与海外市场的经济联系远高于它们与中国中西部地区的联系,中国相对现代的都市也缺乏与乡村的深入联动。深度嵌入世界经济的沿海地带、相对现代的都市与无法被外部带动的中西部及乡村之间存在割裂的发展模式不能持续,也会导致内部冲突。大国崛起的历史证明,首先完成内部社会、市场整合是国家于世界中崛起的重要前提。在完成政治统一的基础上,建构起国内统一大市场及完成社会统一,是美国、德国在19世纪末期崛起的关键。中国经济经改革开放而逐步融入世界经济体系后,中国超大规模人口数量体现出的巨大创造力,成就了中国史无前例之经济奇迹,并深刻改变全球经贸结构、全球政治秩序及经济秩序。作为一个海陆复合型国家,中国已兼具现代大陆与海洋文明要素,其发展进程已嵌入现代世界的海洋秩序与大陆秩序中。中国人口、经济规模巨大,内部能自成体系,外部上具有成为联结现代世界海洋秩序与陆地秩序的枢纽的潜力。海洋秩序、大陆秩序及海陆枢纽(中介)秩序是当代世界秩序的最基本的三大构成要素。现代化进程中的中国是世界秩序建构的重要自变量,应承担起建构世界合理秩序的责任。一百年前,地缘政治学家费尔格里夫曾指出,地处欧亚大陆边缘地带的中国,"如果能够予以组织化且强盛起来,其地位便会大不相同"。中国"处于主宰大陆心脏地带的位置,受外来干扰的可能性很小"[①]。"中国的政治地位非常有趣,其历史尚未完成,唯有时间才能告诉我们,最终的结果将会如何。"[②]

  合理世界秩序的缔造离不开合理精神的建构。历史上,中国王朝国家及其精神结构是东亚轴心文明的政治与精神载体。中国王朝国家的"大一统"秩序受到中国的整体性思维与统筹观的深刻影响。中国古人认为,人与自然互相依赖,不可分割地构成一有机整体。主张人遵天命而行且天人合一,是中国古代宇宙观的核心理念,也衍生出中国人的整体思维模式。中国古人的阴阳之说是中国整体性思维及统筹观的典型。中国古人认

  [①] [英]詹姆斯·费尔格里夫:《地理与世界霸权》,胡坚译,浙江人民出版社2016年版,第295、297页。
  [②] [英]詹姆斯·费尔格里夫:《地理与世界霸权》,胡坚译,浙江人民出版社2016年版,第222页。

为，阴阳是万物的本源，是万物发展的动力，阴阳之间相生相克，阴阳协调则万物发展顺畅，阴阳失衡则会导致灾难与不幸。阴阳和谐是阴阳关系的最好状态，也是孕生新事物的最理想环境，正如《中庸》言："致中和，天地位焉，万物育焉"。[①]"中"即中道、时中，强调处事不偏不倚、恰到好处；"和"即和谐、和合，强调具有差异性的事物间彼此相应无碍、和谐共存。阴阳学说关注事物整体及整体内部各组成部分间的协调，要求人们在认知、改造世界进程中，应立足整体，统筹兼顾。"大一统"概念衍生于整体性思维及统筹观，承载着中华文化基因，彰显着中国人的智慧。"大一统"的重点是"统"，即统领、统揽，凸显整体性、全局观，强调全局性、整体性地规划、配置人、时、空及资源。"大一统"并非具体对策，而是一种思维方式，也可视为一种整合平台或顶层设计，其着眼于统揽全局与整体统一。"大一统"是解决中国规模问题及使具有差异性的各部分和谐共存的保证，其必须以协调差异的"阴阳平衡"精神作为内涵，"大一统"正是经对差异的协调及"阴阳平衡"来达成共同体的存续繁荣。中国精神的核心是彰显"中道理性"的"中庸"精神。"中庸"之道是中国历史上游牧、农耕及渔猎等各文明或族群融合延续发展的关键精神支柱。"人心惟危，道心惟微；惟精惟一，允执厥中"[②]，这十六字心传乃儒家正道。所谓"允执厥中"，即正心诚意恪守不偏不倚的中庸之道。朱熹云："不偏之谓中；不易之谓庸；中者，天下之正道，庸者，天下之定理。"[③] 即在现实世界的多重目标中达成折中，调适各种愿望与志向于一体，不放纵任何要求走向极端。"中道"是中国思维之最高品性与最大特性。"中道"精神追求适度政治，要求在现实治理中不特立独行、不剑走偏锋。善于审时度势、中庸思想及中道思想是中国传统思想、政治活动中的美德。"中庸之为德也，其至矣乎！"[④]"不得中行而与之，必也狂狷乎！狂者进取，狷者有所不为也。"[⑤] 中庸是中国思想体系的总纲与中心思想。"喜怒哀乐之未发，谓之中；发而皆中节，谓之和。中也者，

---

① 陈戍国点校：《四书五经》（上），岳麓书社1991年版，第7页。
② 陈戍国点校：《四书五经》（上），岳麓书社1991年版，第220页。
③ 杨靖、李昆仑、王明霞编：《大学·中庸》，敦煌文艺出版社2015年版，第81页。
④ 陈戍国点校：《四书五经》（上），岳麓书社1991年版，第28页。
⑤ 陈戍国点校：《四书五经》（上），岳麓书社1991年版，第44页。

天下之大本也；和也者，天下之达道也。致中和，天地位焉，万物育焉。"① 儒家学者强调治学应"无所不用其极"②，但不仅强调在探求真理过程中追求极限，还要求思想者"执两用中"③。"故君子尊德性而道问学，致广大而尽精微，极高明而道中庸，"④ 即"叩其两端而竭"⑤。现代社会中，基于"阴阳平衡"与"刚柔并济"精神的"中道理性"原则将可超越"左"与"右"的激进主义，在地缘政治上，将使中国能避免激进的"海权"与"陆权"发展及超越二者之间在发展上的对立。基于中道理性原则的中国发展，不仅应凸显政府的顶层设计，也应强调社会自生长性、民间力量的多元尝试及社会整合方式的根本性改革。海权发展、陆权发展，是政府之事，更是社会、民间之事。中国具有充当联动陆权与海权的潜在力量，但这种枢纽力量从根本上源于社会与民间的创造性与一个个具有自由性、主体性的个体。

　　国家发展离不开海洋、陆地。所谓海权国家与陆权国家，是一个基于制度安排与价值理念的发展模式概念，并非单纯的地理概念。海权国家是临海之国，但并非临海就是海权国家。海权国家并非仅指军事上有制海权与发展依靠海洋通道，而主要是指其发展模式或制度是基于开放、自由及包容性价值而建构。"海权"是离不开"制海权"的，故"海权"之"权"，有军事、政治层面的"强制力""权力"之意，但作为发展模式意义上的"海权"，其中的"权"可诠释为"权利"之义，即海权国家国民作为经济主体对包括海外经济事务在内的经济发展的积极参与，以及国民在国家发展中享有主体性地位，并且其财产权在内的一系列公民权利得到有效维护。近代海权的崛起是大国崛起模式的一种，即国家崛起从单纯依靠政府及限制性制度走向依靠国民参与及依靠开放性制度。这是海权国家英国、美国崛起模式与第二次世界大战之前的陆权国家日本（海岛国家的日本，并非一个真正意义上的海权国家，对外扩张政策中，大陆政策始终是主导）、俄罗斯及德国崛起模式的最大不同。

　　在传统"大一统"秩序框架下，中国王朝国家完成农耕文明与游牧

---

① 陈戌国点校：《四书五经》（上），岳麓书社1991年版，第7页。
② 陈戌国点校：《四书五经》（上），岳麓书社1991年版，第662页。
③ 陈戌国点校：《四书五经》（上），岳麓书社1991年版，第7页。
④ 陈戌国点校：《四书五经》（上），岳麓书社1991年版，第12页。
⑤ 陈戌国点校：《四书五经》（上），岳麓书社1991年版，第33页。

文明的统合，完成"大一统"国家"复合治理模式"的制度建构。中国"大一统"秩序基于文明演进而展开，在不同文明阶段呈现不同形态。周、秦分别代表中国历史上的两次"大一统"，没有周代"大一统"，就无秦汉"大一统"。中国"大一统"王朝的建立，打破历史上曾出现的文化屏蔽，中华文明的多样性得到普遍认同，"四海为家""天下一家"成为普遍性文化心理，最终缔造出"大一统"多元一体文明格局。中国国家形态或文明演进，总趋势是由小到大，由分至合，统一被视为常态，分裂被视为歧路。中国文明发展是基于"统"开立的政治秩序而展开，政治秩序的合法性也通过文明的"统"而确立及夯实。"统"指向政治、社会秩序建构的凝聚性议题，也导引文明的发展方向及路径。在古代交通、通信都较落后的条件下，中国总体上维持超大规模的"大一统"政权，是人类文明史的奇迹，历史上的罗马帝国、阿拉伯帝国等政权，崩溃后再未能重建，这意味着"大一统"治理体系的顽强生命力。中国历史上，"大一统"观及制度建构的治理体系始终发挥着凝聚全民共同价值的作用。"大一统"中央集权治理体系中的制度、法条、政策、文官政治及编户齐民的资源动员模式等，尽管存在弊端，但在特定历史阶段，也与国情相符。中国在古代东亚相对独立环境中发展出来的"大一统"治理经验，是中国对世界文明的重要贡献。

第二节 "大一统"的现代诠释与基于民权的开放"大一统"秩序

一 中国围绕经典进行"诠释"的学问传统

孔子曾言，"述而不作，信而好古"，此后，诠释经典成为中国传统学术的主流，并开启了中国绵长的经学学术传统。经学包括"今文经学""古文经学"两类学术价值体系。其中，"今文经学"致力于发掘、阐发经文的微言大义，总是在新的层面承续、光大西周的人文传统，始终彰显儒家的忧患意识、人文关怀及情怀。"今文经学"的"六经注我"式的经典阐释之学，彰显出儒家思想者的主体意识，并对中国学术文化发展起着精神引领作用，并潜移默化为中国人独特文化心理结构。"六经注我"注重发掘、阐扬经典思想的隐含性、间接性、朦胧性与启迪性，彰显诠释者与圣人在"体道""悟道"层面上的相通与心领神会。返本开新,并催生与启发出经典新意义是"六经注我"施行的核心。"六经注我"思想倡导积极入世观念,强调经世致用,旨在解决时代性的实际问题。"六经注我"并非单纯的文本诠释,而且担当着促动华夏文明创新发展的重任。荀子曰:"《春秋》言之微也。"① 其之所以"微",在于经典所载的似乎本来明白清晰的东西背后隐含着丰富的意义与创生之道。"《春秋》非记事之史,不书多于书,以所不书知所书,以所书知所不书"②,正因为"不书",故《春秋》给予世人对其进行诠释、阐发的广阔空间。清末思想家龚自珍、魏源面对当时的国危世衰困局,试图借《春秋》公羊学的微言大义激发社会变革与社会活力。晚清,以康有为为代表的今文经学家们在承续龚、魏的公羊学思想与吸纳西方社会的国家、民主及进化论学说的基础上,重新诠释、阐发中国传统思想经典。如康有为在《孟子微》一文中赋予公羊学"三世"概念具有现代性的新内涵,分别将"据乱世""升平世"及"太平世"诠释为君主专制、君主立宪及民主共和。中国经学具有并彰显着探寻异质事物间的相互联系、影响、渗透及整合的思维特质,这一点显然不同于西方以分析性、局部性及形式逻辑见长的思维模式。经学思维具有自我完善机能,具有开放性特点,从而能适应特定社会文化环境,能顺天应人自我调适,其能吸收、容纳异质内容,且能于变化中维持自身同一性。

中国有两千余年围绕经典对其进行"诠释"的学问传统。中国对经典的诠释自伊始就走上实践性而非纯理论性道路,中国经学有浓厚实用理性特征,强调经世致用。经典不仅是存在与传统,而且是活着的当下。清代文学家方苞在《传信录序》中说:"古之所谓学者,将明诸心以尽在物之理而济世用,无济于用者则不学也。"③ "经世"也被称为"经纶",朱熹《中庸章句》云:"经、纶,皆治丝之事。经者,理其绪而分之;纶者,比其类而合之也。……唯圣人之德,极诚无妄,故于人伦各尽其当然

---

① 张觉校注:《荀子校注》,岳麓书社2006年版,第6页。
② (清)王先谦:《皇清经解》,上海书店1988年版,第822页。
③ 冯天瑜:《中华元典精神》,转引自洪汉鼎《诠释学的中国化:一种普遍性的经典诠释学构想》,《中国社会科学》2020年第1期。

之实，而皆可以为天下后世法，所谓经纶之也。"① 在中国传统智慧中，真理是时间的函数。"君子之中庸也，君子而时中；小人之中庸也，小人而无忌惮也。"② 中国唯一被尊为"圣人"的思想家孔子，孟子曾对其有评价："孔子，圣之时者也。"③ 即孔子能精准把握时势，并基于此做出确切判断。孔子总是在具体场合对具体情势做出具体判断，如孔子曾云："克己复礼为仁。"④ 孔子往往通过描述具体场景和具体行为阐释"仁者"应如何行事。故孔子紧接上句又云："为仁由己，而由人乎哉？"⑤

"诠释学哲学总是预先假定宗教、哲学和文学传统中的伟大文本都具有不可替代的活生生的意义，关键在于利用语文学批评的所有手段和方法，使这种意义重新在当代世界中展现出来。"⑥ 狄尔泰（1833—1911年）曾说："我们说明自然，我们理解精神。"⑦ 狄尔泰将自然科学和精神科学（人文社会科学）的认识路径分别概括为"说明"和"理解"。狄尔泰是从诠释学视角去"理解"精神科学或人文社会科学的，人文社会科学的研究路径及方法迥异于自然科学的实证性、因果性方法。狄尔泰认为，自然科学所研究的对象自然界是外在于、独立于人的客观性存在，而精神科学的研究对象则是人本身，其不具有自然科学的确定性、普遍性，故精神科学之认识、理解方式不可采用实证主义。"说明"是自然科学的旨趣，即通过观察、实验等实证方法以及借助分析、归纳及概括等手段，揭示自然界存在的因果联系，寻找自然现象背后的事实及其规律性联系，最终将个别、特殊事例归入一般、普遍规律之下；"理解"是精神科学的使命，即通过我们自身的体验、表达彰显生命背后的精神关系及意义，以及通过我们自身的体验内在地进入他人之生命、人类之精神世界，领悟生

---

① 洪汉鼎：《诠释学的中国化：一种普遍性的经典诠释学构想》，《中国社会科学》2020年第1期。

② 陈戍国点校：《四书五经》（上），岳麓书社1991年版，第7页。

③ 陈戍国点校：《四书五经》（上），岳麓书社1991年版，第111页。

④ 陈戍国点校：《四书五经》（上），岳麓书社1991年版，第39页。

⑤ 陈戍国点校：《四书五经》（上），岳麓书社1991年版，第39页。

⑥ [美] 阿佩尔：《哲学的改造》，孙周兴、陆兴华译，上海译文出版社1994年版，第3页。

⑦ 转引自洪汉鼎《诠释学——它的历史和当代发展》，人民出版社2001年版，第105页。

命之真谛及生命之表现。① 在狄尔泰看来，任何理解、诠释无不内嵌着普遍性的历史智慧和个体的文化创造，故"理解的每一点都开启一个世界"，即每个解释都具有独特创造性，都为人类文明复兴提供思想启示与精神动力。②

精神科学对象是主体间现象，而非主体面对的外在客体。正如海德格尔所言："由于这种有共同性的在世之故，世界向来已经总是我和他人共同分有的世界。此在的世界是共同世界。'在之中'就是与他人共同存在。他人的在世界之内的自在存在就是共同此在。"③ 在哲学家伽达默尔看来，始终具备"超过我们活动和行为的力量"④ 是传统的重要特征。"传统经常是自由和历史本身的一个要素。甚至最真实最坚固的传统也并不因为以前存在的东西的惰性就自然而然地实现自身，而是需要肯定、掌握和培养。传统按其本质就是保存（Bewahrung），尽管在历史的一切变迁中它一直是积极活动的。但是，保存是一种理性活动，当然也是这样一种难以察觉的不显眼的理性活动。正是因为这一理由，新的东西、被计划的东西才表现为理性的唯一的活动和行为。但是这是一种假象。即使在生活受到猛烈改变的地方，如在革命的时代，远比任何人所知道的多得多的古老东西在所谓改革一切的浪潮中仍保存了下来，并且与新的东西一起构成新的价值。无论如何，保存与破坏和更新的行为一样，是一种自由的行动。"⑤ "传统和理性之间并不存在这样一种绝对的对立"。⑥ 伽达默尔认为，与人类理性精神有益于人之自由的实现一样，传统亦是助推人类达成自由的关键因素，也是人类历史活动的本质性因素，传统"经常是自由和历史本身的一个要素"⑦ 伽达默尔指出，传统、旧的东西，"与新的东

---

① 程亮：《教育学的"理论—实践"观》，福建教育出版社2009年版，第125页；周险峰：《教育文本理解论》，广东高等教育出版社2007年版，第121—122页。
② 高宣扬、闫文娟：《论狄尔泰的精神科学诠释学》，《世界哲学》2019年第4期。
③ [德] 海德格尔：《存在与时间》，陈嘉映、王庆节译，生活·读书·新知三联书店2006年版，第138页。
④ 黄颂杰卷主编：《二十世纪哲学经典文本·欧洲大陆哲学卷》，复旦大学出版社1999年版，第582页。
⑤ [德] 伽达默尔：《真理与方法》，洪汉鼎译，上海译文出版社1999年版，第359页。
⑥ [德] 伽达默尔：《真理与方法》，洪汉鼎译，上海译文出版社1999年版，第359页。
⑦ [德] 伽达默尔：《真理与方法》上册，洪汉鼎译，上海译文出版社1999年版，第360页。

西一起构成新的价值"①。其还指出,即使在那些经历着革命且生活方式剧烈变化的地方,传统都顽强存续,并建构起新价值。② 在伽达默尔看来,"意义"是文本与解释者"共谋"之产物,文本与解释者之间的关系是"对话",并非各自之"独白",对意义的理解、捕捉是一个于文本和解释者间持续往复穿梭之过程。"意义不是'在那里'被动地等待发现,而是与解释者的理解如影随形。"③ 对于文本意义的生成,解释者发挥着关键性作用,文本意义的捕获无法离开人的理解。"唯有经由读者的阅读活动,文本才能从僵死的语言物质材料中挣脱出来,从而拥有现实的生命和价值。"④ 在《真理与方法》这一著作中,伽达默尔强调,对文本的理解必然关涉理解与实践之间的关系问题。伽达默尔尤其强调理解的实践性、应用性,"理解"性真理和"实践"性真理具有同一性,都是对人之现实生存问题的观照。"应用不是理解现象的一个随后或偶然的成分,而是从一开始就整个的规定了理解活动。"⑤ 对文本的理解及对生活世界的认知,是面向实践及未来的开放性过程。只有重返实践哲学层面,才能更理性、更清晰地认知、反思解释学中的"意义的理解问题"⑥。伽达默尔曾指出:"精神科学研究的伟大成就几乎永不陈旧。"⑦ 他认为,对于同一传统,其的不同发展阶段,都是传统的真实存在,它们相对独立,甚至相互排斥,代表了传统的不同面向,并在后来人那里被持续结合而对时代需要做出回应。

相较而言,对传统的理解,中国古代哲学比伽达默尔的思想更圆融。

---

① 程恭让:《哲学诠释学视域下的现代人间佛教及佛教传统再发明》,《华东师范大学学报》(哲学社会科学版) 2019 年第 6 期。

② 程恭让:《哲学诠释学视域下的现代人间佛教及佛教传统再发明》,《华东师范大学学报》(哲学社会科学版) 2019 年第 6 期。

③ 转引自路月玲《伽达默尔论"意义的理解问题"》,sscp.cssn.cn/xkpd/yw/202003/t20200330_5107281.html,2022 年 7 月 8 日。

④ 转引自路月玲《伽达默尔论"意义的理解问题"》,sscp.cssn.cn/xkpd/yw/202003/t20200330_5107281.html,2022 年 7 月 8 日。

⑤ [德] 伽达默尔,《诠释学:真理与方法》(Ⅰ),洪汉鼎译,商务印书馆 2009 年版,第 459 页。

⑥ 路月玲:《伽达默尔论"意义的理解问题"》,sscp.cssn.cn/xkpd/yw/202003/t20200330_5107281.html,2022 年 7 月 8 日。

⑦ [德] 伽达默尔:《真理与方法》,洪汉鼎译,上海译文出版社 1992 年版,第 364 页

中国古代思想经典中，《易经》被尊为群经之首，其《易传》部分将"道"诠释为"兼三才而两之"的立体式的整全概念，涵盖天、地、人三个层面，同一层面具有不同的方向，既讲方向不同，又讲层次高低，高层次不能取消、替代低层次，它们相互作用，共同缔造出"生生不息"之结构性整体。"道"作为一个整体，其包含各种差异、不同层次及不同面向。"道"并非杂乱无章之大杂烩，其内含的各差异、各层面及各层次已贯通为一有机整体。① 思维方式上，中国与西方都有"二分法"思维，但二者根本不同。西方二分法，是除外法，即规定一次，就否定一次，并体现逻辑的对偶原则：任何一个项 A 被否定后就成为它的相反项-A，-A 被否定就是 A。西方二分法与形式逻辑基本规律同一律、矛盾律及排中律紧密相关。中国思维的"二分法"是《周易》阴阳鱼、太极图式的两分法，彰显着阴阳互补。《周易》的阴阳两分，并非严格对偶，并非相互排斥，并未发展成形式逻辑学的矛盾律、排中律。《周易》中的阴阳两分，是阴中有阳，阳中有阴，阳阴相交，生生不息。② 中国哲学经典文本中，有一些著名"数字化"命题，如：《老子》曰："道生一，一生二，二生三，三生万物"③；《庄子》曰："一与言为二，二与一为三"④；《易传》曰："易有太极，是生两仪，两仪生四象，四象生八卦"⑤；《淮南子》曰："道曰规，始于一，一而不生，故分而为阴阳，阴阳合和而万物生。"⑥ 中国思想经典中，"阴阳合而生万物"的中国式"万物创生论"俯拾皆是。张尔岐曰："一谓气，二谓阴与阳，三谓阴与阳会和之气，即所谓冲气也。万物负阴而抱阳，冲气以为和，即申说三生万物也。"⑦ 又李嘉谟曰："有阳即有阴，有阴阳则又有阴阳之交，而无不有矣。万物抱阳，一也。

---

① 洪汉鼎、李清良：《如何理解和筹建中国现代诠释学》，《湖南大学学报》（社会科学版）2015 年第 5 期。

② 刘家和：《理性的结构：比较中西思维的根本异同》，《北京师范大学学报》（社会科学版）2020 年第 3 期。

③ 冯达甫撰：《老子译注》，上海古籍出版社 2006 年版，第 101 页。

④ 马恒君：《庄子正宗》，华夏出版社 2005 年版，第 36 页。

⑤ 陈戍国点校：《四书五经》（上），岳麓书社 1991 年版，第 199—200 页。

⑥ （汉）刘安等辑撰，张广保编著：《淮南子》，北京燕山出版社 1995 年版，第 81 页。

⑦ （清）张尔岐：《老子说略》，转引自上海辞书出版社专科辞典编纂出版中心编《老庄名篇鉴赏辞典》，上海辞书出版社 2016 年版，第 78 页。

负阴，二也，阴阳交而冲气为和，三也。万物孰不具此三者乎?"① "万物负阴而抱阳"表明天地万物皆由阴阳两气构成，其中，阴中有阳，阳中有阴，阴阳圆融和合，即"冲气以为和"。阴阳并存是"二"，阴阳互融为"和"，即"二生三"，其中之"三"是指阴、阳、和三者。根据《老子》，万物无不由阴阳构成，阴阳之间却有"和"之关系。万物皆具有阴、阳、和三种属性，正是阴、阳、和三种属性设定或决定了万物之具体存在状态，是谓"三生万物"。② 太极是中国文化、中国哲学思想的代表性概念，太极表征阴阳相互依存、转化及平衡，阳中有阴、阴中有阳。太极论与二元论不同，二元论中的每一元都可独立存在，太极中的阴与阳不能独立作为单独一极，一定是阴阳平衡，且二者合和为一。太极论彰显出中国哲学尚中合和的最大思想特质，根据太极论，任何事物均含阴阳两方面，任一方不能独立于另一方，双方相互依存、相互转化，阴阳之间的关系应是平衡状态。当二者出现不平衡时，才会有斗争，斗争是达到重新平衡的手段。斗争是不平衡的表现，而不是永恒的，所以事物的阴阳两个方面是合和的。中国佛教天台宗哲学中的空、假、中"三谛圆融"思想认为，万法与人的关系中，有"假"的属性，也有"空"之属性，还有"空"与"假"相互圆融而成的"中"之属性。最终，空、假、中三种属性构成万法之具体存在状态。

现代社会发展离不开对传统的"诠释"，但现代社会的"诠释之道"既包含存在论方面的形上层面——有高度、有关怀，也有方法论领域的形下层面——具体实践、操作所需的"术"与"技"。在中国，诠释之道并不是表现为持续的否定与替代，而是呈现持续增益的"生生不息"。只有使得不同发展阶段的成果共存与相互对话、贯通，诠释之道方能"日新""日益"，不断扩容，并成为愈益丰富、盛大及层次不断提升的整体。"生生不息"体现为"日新""日益"，即"道"之整体不断扩大、不断加强。中国传统哲学始终强调"温故知新""新旧共生"，并不强调新与旧的对立。诠释学是自觉、自为的实践哲学，诠释之道兼具深刻而批判的理论性与实现的实践性。"道"从未离开当下，总是指向现实与实践，正所

---

① （宋）李嘉谋:《道德真经义解》，转引自伍恒山《寂寞城市》，中国广播电视出版社2007年版，第19页。

② 陈坚:《论中国哲学中的"一二三"——从费希特的"自我哲学"所想到的》，易学与儒学国际学术研讨会论文，青岛，2005年8月。

谓"道也者,不可须臾离也,可离非道也"①。中国现代诠释学不能只是理论上的存在,也需具有实践价值,从而能在实现的国内、国际生活中促进自我认知和相互理解。②

二 "大一统"的现代诠释

对"大一统"秩序的理解,不能只将其与皇权专制、发展的静态僵化挂钩,也要看到其对文明发展的进化性的统合力量,尤其需体认"大一统"赋予中国文化、文明超越西方文化、文明所存在的对立思维与对抗性的能量。"大一统"蕴含的"合和"思维与实践逻辑迥异于西方的二元对立思维及实践逻辑,是虚实合一且动态彰显的政治文化现象。"大一统"倡言"王者无外",超越夷夏二元对立。根据汉代曾阐释"大一统"思想的春秋公羊学,政治只有奠基于文明教化,才具有合法性,"大一统"除包含政治意义上的"尊王",也必须基于符合天道的王道而呈现,"大一统"制度变革必须基于对历史上的制度进行损益而展开,并必须以开放包容之心态将王道精神渗入政治与社会。春秋公羊学曾立足"三世说"将"诸夏"和"夷狄"置于"据乱""升平""太平"动态演化框架,期望实现"夷狄进至于爵,天下远近小大若一"的理想治世,这种理想政治秩序显然区别于近现代民族主义的政治构想和国家模式。"大一统"有对辽阔疆域的统治要求,但对单纯的依凭武力而展开的开疆拓土缺乏兴致,"大一统"秩序建构进程也伴随华夏文教的广布。在"大一统"秩序中,疆域拓展与价值建构、政治秩序与道德教化同构而统一。"大一统"并非抽象的"理想型",而是被贯彻于具体政治运作,且彰显于具体历史情境和现实行动中。对于国内社会而言,现代"大一统"绝非自上而下的"君临天下"的"王权、皇权大一统",而是社会各阶层基于平等、法治、自由、民主原则的互动、和谐共处,是"民权的大一统",后者正是"大一统"生命力之所在;对于国家地缘文明发展而言,现代"大一统"将超越西方地缘政治的对抗性发展,为海权与陆权的统合提供思维与价值指引,最终导引海洋文明与大陆文明走向基于开放性的

---

① 陈戌国点校:《四书五经》(上),岳麓书社1991年版,第7页。
② 洪汉鼎、李清良:《如何理解和筹建中国现代诠释学》,《湖南大学学报》(社会科学版) 2015年第5期。

合和发展。崇尚"大一统"就是尊崇和谐、协作及共识。"大一统"彰显了政治秩序与文明秩序的统一，文明秩序的统一是政治秩序统一的最终保证。"大一统"的最终指向是万邦协和、天下大同。

近代中国内忧外患，并受现代民族主义影响，沉寂已久的种族观念被激活。同时，革命党人意识到，在民族主义勃兴、列强环伺之局面下，以"驱除鞑虏，恢复中华"为口号，势必会造成国家分裂。故民国建立后开始提倡"五族共和"，强调中华民族的整体性存在、各民族生活区域是中国疆域之不可分割部分。此后，"大一统"秩序与民族国家建构日趋同构，成为现代中国社会动员、提升民族凝聚力及抵御外来侵略的支撑点，并转化成独具中国特色的新型国家观。近现代，面对救亡图存的政治现实，一些学者协调"大一统"观与现代话语，呼吁缔造强有力的现代统一国家，并凭借对《春秋》等古典思想资源的创造性诠释，赋予"大一统"和中国政治文化超越西方政治弊端的普遍意义。"大一统"观的重新诠释是对近代中国"正统性危机"的回应，也是在西方势力冲击中国文明背景下中国人在自身历史经验中重塑华夏文明主体性和政治文化的努力。

中国古代历史中，"大一统"的政治正统观否定任何分裂、割据政权的合法性。"政"即允执厥中之"正"，中国长治久安需要强有力中央政府的统一领导。在中国传统的"大一统"秩序观念及制度框架下，中华文明政治秩序、经济体系、社会形态与观念系统相互渗透与建构，并逐渐确立起一整体性体系，国家统一始终是常态。即使历史上的分裂时期，各政权也都各自追求以自身为主导的天下一统。由此，古代中华大地的"民族关系"，政治上的"大一统"与割据竞争，社会层面的"胡汉一家"与"驱除胡虏"，都属中国内部性问题。当西方殖民力量渗透进东亚及中国时，这种内部性尤其彰显。晚清以降，"大一统"观及其实践并未断裂，而是保持着深刻的连续性。不论遭受多大外来影响，现代中国建设仍将基于自身文化和历史传承而展开。"大一统"观营造着中国的上层政治秩序和地方治理模式，也形塑着中国人深层思维方式和心理状态，并是现代中国政治、社会生活必需的精神动力，其具有超越具体历史情境的力量和适应性，是洞悉或贯通理解古今中国政治和文化运作的关键因素。

为解决现代社会共同面临的发展问题，每种文明都应贡献自身力量。目前，中国身处全球化（中与外的关系）与现代化（传统向现代转换)进程中,而古今中外究竟如何"通",却与诠释学有关。当代诠释学横亘中外、通达古今。诠释学是连通中外、古今的桥梁。中国诠释学需超越西方主客二分及对立之思维,而达成阴阳统合之势,这恰是传统"大一统"思想在现代社会需要体现的价值。自秦始皇、汉武帝将"大一统秩序"纳入王朝国家的治理实践后,其对中国多民族、多元一体国家的形成就开始产生重要影响,中国历代王朝都将"大一统"贯彻于国家治道的因革损益与治术的进退消息中。"大一统"观始终是深刻影响中国文明路径与方向选择的重要理念。"传统"是一个历史性概念,其内涵在历史延续中保持稳定的同时,也伴随历史发展而变迁或丰富。离开延续、稳定,传统将不复存在,但离开发展、变迁,传统将丧失现实价值,故传统的内涵必须是发展变化的。

　　文学家托马斯·曼在《魔山》中曾言:"往昔越是接近当下,其往昔性岂非越深刻和越显传奇?"① 数千年中国文明史,具体政治制度不断更替,但其蕴含的主要制度精神内核——"大一统"思想,却相延不辍、历代递嬗。"大一统"传统已超越政治实体视域,内化到中国人的思维、心理、价值观念、文化信仰及意识形态中,以及彰显于中国人的政治使命、制度建构中。"大一统"传统有助于维护中国国家统一和民族团结,对于当下的制度设计、创新以及文明赶超、进步,其同样具不可或缺之现实意义。中国的"大一统"国家政治系谱并未因皇权专制结束而中断,即便经历从帝制到共和的转变与民主主义革命,以及经历中华人民共和国时期数次经济发展路线变动、市场经济改革、对外开放及社会演变,中国历史、疆域及文化总体仍在"大一统"格局下延续。这是中国在世界各种知识体系、政治体制中的最大特性。②

　　"大一统"是中国漫长文明历史中稳固的政治、观念形态。"大一统"观并非皇权专制政治专属的意识形态,而是华夏文明体系中一个包含政治、社会及文化意蕴的一个普遍性观念。《诗经》中的《小雅·北山》便有"溥天之下,莫非王土;率土之滨,莫非王臣"③ 的诗句,《左传》亦

---

① 转引自毕竞悦《中国改革的不惑之年》,www.chinareform.net/index.php?m=content&c=index&a=show&catid=268&id=25201,2022年7月2日。

② 殷之光:《"大一统"格局与中国两种延续性背后的普遍主义——评〈儒法国家:中国历史的新理论〉》,《开放时代》2016年第5期。

③ 陈戍国点校:《四书五经》(上),岳麓书社1991年版,第373页。

有"封略之地,何非君土?食土之毛,谁非君臣"①的观念。这些先秦经典的陈述并非对皇权"大一统"的表达与认可,而是表达夏、商、周三代的王权"大一统"。中国政治文明向来就具有"大一统"传统与特征。如《史记·五帝本纪》中说黄帝"置左右大监,监于万国,万国和"②,这亦是"大一统"的一种存在形式。"大一统"并非必定意味是皇权专制,"大一统"政治也可彰显为皇权专制之外的政治形式,在当代社会亦可顺应历史潮流而表现为民权时代的政治体制。③

　　中国有案可稽文明史大约四千年,其可划分为封建、帝制与民治三个时代,其间经历两次社会形态、观念形态大转型,史学家唐德刚对此曾提出"历史三峡论"进行精辟概述与解读。中国社会的第一次转型是从封建制到帝制,转型起始于公元前4世纪中叶秦国商鞅变法,完成于汉武帝与昭帝之间(公元前86年前后),转型过程历时二三百年,此后约两千年的中国,"百代都行秦政法"。这次转型的核心内容有三个方面:政治制度上废封建而立郡县;经济上废井田开阡陌;思想上由百家争鸣到独崇儒术。转型完成即是基于小农社会的"大一统"皇权专制国家的基本定型。中国社会的第二次转型是从皇权专制到民权民治,即从皇权专制王朝国家到现代民权国家的转型,该次转型始于1840年第一次鸦片战争爆发(中国近代史的开端),该次转型目前仍在进行中。④ 第二次大转型是以西方为代表的现代社会对中国传统社会进行冲击及解构的产物,该次转型是痛苦的,就如航行于长江三峡的孤舟,其将面对惊涛骇浪。中国要穿过历史三峡,大致需要两百年时间。自1840年始,中国将在2040年前后穿过历史三峡。如历史方向选择出现偏差、政治军事发展误入歧路,通过"历史三峡"之路将遥遥无望。从历史趋势上看,中国终将通过"历史三峡"。中国将顺应世界历史潮流而发展成现代国家,就如扬帆航行而随大江东去的帆船最终驶入广阔的太平洋。到那时,新中华文明将定型,中国将完成文化—社会—政治体制三方面的转型,即政治上从皇权至上转为民权至上;经济上从封闭小农经济转型为开放的工商经济;学术思想上化钳制思想为自由思想。中国社会第一次大转型衍生出"行同伦"的皇权专

---

① 陈戍国点校:《四书五经》(下),岳麓书社1991年版,第1076页。
② (汉)司马迁:《史记》,甘宏伟、江俊伟评注译,崇文书局2010年版,第1页。
③ 黄玉顺:《中国"大一统"的"三时一贯"论》,《学海》2009年第1期。
④ 唐德刚:《晚清七十年》,岳麓书社1999年版,第5—6页。

制社会，第二次转型将缔造行为不再同伦的多元化公民社会。①

伴随中国社会形态的历史转型，中国发展一以贯之的"大一统"政治传统也发生着形态转移与性质转变：夏、商、西周是王权或王权"大一统"时代，而东周或春秋战国时代是中国第一次社会大转型时代，并造就自秦至清的皇权或皇权"大一统"时代；自清末第一次鸦片战争至今，是中国第二次社会大转型时代，将造就未来中国民权主导时代或民权"大一统"时代。"大一统"在中国并非皇权专制时代所特有，其是中国政治文明一以贯之的传统，其起始于王权时代，继而在皇权时代被承续。自近代开始，伴随中国社会向民权时代的转型，"大一统"传统将被赋予新的现代文明内涵，并将助推中国现代文明建构的实现。②

西周，被世人遵奉为"元圣"的儒学鼻祖周公虽没有明确提出"大一统"概念，但他"制礼作乐"而推行礼乐制度，其中之"礼"却显然是一种"大一统"的社会治理建构，这是一种以封建制为基础的王权"大一统"，并非以郡县制为基础的皇权"大一统"。华夏政治"大一统"时有中断，但观念形态的"大一统"却绵延不绝，"大一统"观念的精神内核"周孔之道"彰显的亲和力、向心力、凝聚力对华夏政治发挥着决定性作用。誓愿"从周"的孔子承续周公的"大一统"精神。孔子的"大一统"思想体现于五个方面：主张"礼乐征伐自天子出"；作《春秋》以尊天子；参与"堕三都"（撤除鲁国三家的都邑）维护统一；维护"周礼"的统一思想；提出"正名"的统一思想。③ 西汉汉武帝时代，董仲舒彻底颠覆王权时代周公关于"大一统"体系中的民、君、天之间相互制约的权力循环关系构思设计（这是"王道政治"重要特征）。④ 皇权时代，董仲舒设计出新的民、君、天之间的关系：皇权天授，皇帝代天治民，这是一种简单线性决定关系，其中，"天"是凭空虚设，凸显的是典型皇权专制。⑤ 汉代"大一统"概念源自董仲舒诠释、解读孔子所作《春秋》的"春秋学"，因此，"大一统"理论与孔子思想有紧密关联。孔子

---

① 唐德刚：《晚清七十年》，岳麓书社 1999 年版，第 6—7 页。
② 黄玉顺：《中国"大一统"的"三时一贯"论》，《学海》2009 年第 1 期。
③ 孙开泰：《孔子的大一统思想》，http://blog.sina.com.cn/s/blog_4ee37f260100a2kx.html，2021 年 7 月 3 日。
④ 黄玉顺：《周公"德治"思想简论》，《泉州师范学院学报》2002 年第 5 期。
⑤ 黄玉顺：《中国"大一统"的"三时一贯"论》，《学海》2009 年第 1 期。

政治思想出台正逢中国从王权"大一统"社会到皇权"大一统"社会的过渡阶段,其对中国政治思想发展起到承上启下作用。中国晚清维新变法及改良派重要代表康有为在其撰写的《孔子改制考》中指出,《春秋》是孔子为"改制"而作的书,但其中"托古改制"的"微言大义"却一直被古文经学所掩盖。[①] 康有为著成《新学伪经考》和《孔子改制考》二书,以晚清时代抵制维新改良的保守派所敬奉的"孔圣人"为旗号,用"孔子改制"的事实向保守派宣示,孔子都倡导"改制",今人"维新"实不足为奇。在康有为看来,"托古维新"是孔子"春秋大义"的根本特征。为"维新"而"托古",是一条最具根本性、实质性的路径选择,即从历史进程中"变易"的社会形态中探究"不易"且"一以贯之"的天地永恒之道,由此开拓出新的"变易"形态。"托古"并非恒定地"法先王之法",而是"法先王之所以为法"。[②]

1911年,中国告别帝制时代,但"大一统"国家政治系谱并未因皇权专制结束而在中国中断。尽管中国经历了从帝制到共和的转变,经历了由旧入新的两场民主主义革命(先后分别由国民党与共产党领导的两次民主革命),以及经历中华人民共和国数次经济发展路线变动及改革开放,但中国社会与疆域总体上仍在"大一统"思想及制度格局下延续发展。中国也因其"大一统"特性而成为世界范围的一个独特政治区域与知识体系。中国身处现代化潮流,其未来发展前景取决于其能否成功融入现代世界及实现现代化。在面对当代问题与当代价值情况下,对曾经赋予中国生命力的"大一统"精神,赋予其现代内涵而将其理性化、理论化是必要的。同时,"大一统"中国及其历史不应仅仅只是学术研究对象,也应成为普遍主义话语的平台,为当代世界发展提供思想指引。

1957年1月8日,哲学家冯友兰提出关于全面理解、承续中国古代哲学思想的方法:"在中国哲学史中有些哲学命题,如果作全面了解,应该注意到这些命题底两方面的意义:一是抽象的意义,一是具体的意义……我们应该把它的具体意义放在第一位,因为这是跟作这些命题的哲学家所处的具体社会情况有直接关系的。但是它底抽象意义也应该注意,

---

[①] 参见李泽厚《论康有为的"托古改制"思想》,《文史哲版》1956年第5期。
[②] 黄玉顺:《中国"大一统"的"三时一贯"论》,《学海》2009年第1期。

忽略了这一方面,也是不够全面。"① 冯友兰提出的"抽象继承"方法的含义是:一些中国古代哲学命题的含义可划分为"抽象意义"和"具体意义","抽象意义"可服务于所有阶级,故可以继承。冯友兰1957年发表《再论中国哲学遗产底继承问题》一文,对其前述观点有所修正,即用语词"一般(意义)"和"特殊(意义)"分别代替"抽象(意义)"和"具体(意义)"这两个语词。

"抽象继承法"是"继承"与"创新"的统一,与冯友兰20世纪40年代提出的"接着讲"之精神、方法一脉相承而相融相通。冯友兰在20世纪40年代对哲学发展曾有"照着讲""接着讲"的提法。② 哲学史家是"照着讲",如过往哲学家是如何讲,哲学史家就照着讲,把先哲的思想介绍给世人。哲学家却不能局限于"照着讲",而是要创新,并反映新的时代精神,即"接着讲",承续发展先哲的思想。

"抽象继承法"中的"继承",不仅要于思想上、思维上把哲学命题之一般抽象意义继承下来,还要将一般抽象意义与新的具体、特殊意义相结合,以缔造新的哲学命题与体系。即"继承"务必落实于"创新",如其不然,就不能称为"继承","继承"是"继往"与"开来"相结合。③ "大一统"精神作为中国主流文化儒学思想的关键组成,现代中国思想界对其"接着讲",就是重新诠释"大一统",优化制度设计,消除权力运作与百姓日用之间的隔阂,构建民权"大一统"社会共同体。

道路选择问题关乎国家与民族的命运与前途。国家发展道路问题的选择不能简单诉诸"摆事实"的经验主义方法,也不能局限于一般性历史叙事,而必须立足于对现代文明发展趋势及本质的洞察。如何审视中国政治面临的古今之变、中外之势,以及能否形成符合当代发展实践的大历史观,事关现代中国的政治、经济、社会及文明整合。在中国从传统文明向现代文明转型进程中,撇开专制成分的"大一统"思想将提供精神动源,"大一统"观给中国提供着人文主义与历史理性主义传统。在中国文明现代转型与变局中,在批判皇权专制制度的黑暗时,却不应否定基于"大

---

① 转引自高秀昌《冯友兰"抽象继承法"新论——兼论继承与创新的关系》,《中国哲学史》2007年第3期。
② 冯友兰:《新理学》:生活·读书·新知三联书店2007年版,"绪论"。
③ 高秀昌:《冯友兰"抽象继承法"的再认识》,theory.people.com.cn/n/2013/0708/c40531-22114982.html,2022年5月3日。

一统"精神而确立的家国一体的传统社会、经济结构所彰显的巨大社会凝聚力、平衡力与再造力，也不应否定家国一体社会结构在新的历史起点上对于稳定、重建现代"大一统"国家所起的基础性作用。

超越具体时代是经典的基本精神，经是活的，内嵌于中国经典著作中的"大一统"思想早已超越具体时代而融入中国文化基因。"大一统"制度始终存续于中国两千余年的皇权社会，所谓"百代都行秦政法"。[①]"大一统"是中央政府的存在与领土统一，也包括政教一统、经济一统、政治一统及社会一统等。对于中国的全面现代工业化而言，中国共产党是引领者、推动者。创造性地将现代工业文明与中国传统农耕文明有机结合推进中国现代化，是中国共产党引领下的中国现代化取得巨大成功之秘诀。激发、重构有益于现代文明创生的农耕文明内在力量，使其成为中国现代文明发展的重要推动力量，是中国共产党开辟的中国道路、中国模式的基本特质与前提。[②] 革命战争年代，中国共产党选择农村包围城市的革命路径夺取全国政权。其具体运作方式是：将严密而强有力的共产党组织渗透至农村社会基层而将农民动员、组织起来，使农民成为革命主力军，并将阶级翻身与民族独立两大目标有机结合。中国共产党通过推行"党的建设"及"群众路线"最终使得自身具有强大社会动员能力与组织能力，从而将原先一盘散沙的中国凝聚起来，动员全国人力、物力，建立中华人民共和国。中华人民共和国之所以能在抗美援朝中战胜具有巨大军事、经济优势的美国，其关键原因在于，中国共产党通过革命运动将党组织渗透进中国社会每一个细胞，结束中国行政的四分五裂，利用党组织作为抓手，动员战争所需之一切资源。在建设年代，中国共产党通过土地改革和农业互助化运动，动员广大农民，在新国家制度基础上用新的组织形式重构中国"大一统"政治、经济及社会秩序，实现国家统一，各民族团结，并为中国的全面现代工业化、现代文明建设提供必要物质条件，并快速建立基础工业体系。[③] 中国能在1978年改革开放政策实施后迅速完成大市场的建立，正是因为中国存在"大一统"的政治与社会。激活"大一统"的传统中华治道，是中国共产党取得革命成功及推进中国崛起的重要

[①] 成都毛泽东诗词研究会编：《毛泽东诗词与诗论汇编》，成都毛泽东诗词研究会2003年版，第41页。

[②] 姜义华：《中华文明的经脉》，商务印书馆2019年版，第99页。

[③] 姜义华：《中华文明的经脉》，商务印书馆2019年版，第99页。

秘诀。

晚清以降，中国受西方列强欺凌，跌入"3000年未有"之历史低谷。中国落到这般境地，固然是因为中国仍是农业时代而西方列强已进入工业时代，但也是因为中国国家治理系统崩溃，无法为经济、文化和社会发展提供稳固秩序，无法将人民组织起来。缺乏有效汲取财富的财政货币体制与将社会凝聚起来的基层组织，是清朝和民国在面对西方列强与日本入侵时屡战屡败的原因。同样是中国农民子弟，在清朝军队、北洋军队及民国军队中与在共产党军队中，表现和战斗力迥异，其原因是前面几个时期与共产党领导时期的组织形式不同。中国今天能崛起，几千年前中华地区即已奠定的文明基础及后来渐次形成的"大一统"国家治理模式焕发出新的活力息息相关。

中国现今发展模式由两个轮子推动，一个是以马克思主义为指导的中国共产党，另一个是"大一统"的国家组织形式。共产党作为执政党，其主导建构起新的"大一统"制度，并将党组织嵌入"大一统"制度。迥异于西方始于罗马帝国时代且根深蒂固的自治传统，中国"大一统"政权的政令能直达最基层。强大而高效的动员能力是中国政府能快速推进工业化的关键。将本土大陆文明传统与基于全球化的海洋文明相结合，同时利用国内国外两个市场，是中国改革开放取得巨大成就的关键。目前，中国积极推进的"一带一路"，就是将中国经济发展对外交流的陆上通道与海上通道结合起来，形成相互平衡与风险对冲的对外交流与开放格局。中国共产党通过革命获取政权及在推动经济建设进程中，都自觉不自觉地将"大一统"模式贯彻其中。

中国对传统"大一统"理念的传承与创新，不能仅停留于技术与工具理性层面，而需深入与上升到价值与文明创新层面。中国改革开放的实质是"创新"，即通过制度创新、解放思想解决中国发展中面临的复杂多变的难题。当今中国政府在构思"大一统"秩序与展开现代"民权大一统"制度建构时，必须斩断"大一统"与"王权""皇权"的联系，应将民权的实现与维护作为"大一统"的目标。共产党领导的新民主主义革命与改革开放，其取得成功的一个关键原因，是将人民群众的力量及主体性激发与调动起来。在土地革命时期与经济改革时期，中国共产党分别提出"打土豪，分田地"与"交够国家，留足集体，剩下的是自己的"政策与口号。上述两大政策的核心，就是将人民的利益放在核心，从而激发与调动人民的干劲与创造性。

中国共产党推动现代化事业的阶段性成功，离不开其对整个社会的整合与动员的强大能力，但对这种能力的平衡还不够充分。中国传统"大一统"体制，是一种政府主导的"大共同体社会"，并非以基层自治为基础的小共同体社会，从而导致"大一统"缺乏来自社会力量或小共同体（社会自治）的制衡，"大一统"因而走向异化（在传统社会表现为皇权专制，在现代社会表现为对政府权力的平衡不够充分，而最终呈现"强政府，弱社会"的格局）。"传统中国的小共同体性更弱，但这非因个性发达、而是因大共同体性亢进所致。"[1] 战国时期，秦国开创大共同体一元化统治而抑制小同共体发展的法家统治模式，抵制宗法、抑制族权及消解小共同体是法家政策的重要内容，从而使专制皇权的触角不受社会自治团体的隔绝而直接延伸至臣民个人。传统中国民间社会并非以宗族为本。在中国基层社会，宗族之外还存在着政府主导的行政组织，如秦汉县以下的组织乡亭里、北魏的邻里党组织及民国的保甲制度，无不是（皇权）专制国家对"编户齐民"的行政控制。[2] 现代化并非单纯的经济发展，韦伯把现代化定义为一种理性化趋势，即人类以理性的方式改造自然与社会，使二者协调发展。在现代化的制度建构中，尊重民权，以及民众的广泛政治参与，是现代化的制度建构得以理性推行的关键。

三 基于民权、开放原则的"大一统"秩序与大国崛起

现代"大一统"是建立在民权基础上的"大一统"。将"大一统"建基于民权，首先要确立主权在民原则，同时，民众应是中国社会、经济事务的主体与积极参与者，民营经济也应是中国经济及中国参与经济全球化的最重要主体。现代陆权与海权的建构，是政府之事，也应是全民参与之事。民众是否成为现代海权、陆权建设主体，是决定中国现代海权、陆权能否成功建构的关键。历史上，最先开辟新航路的国家西班牙，其海洋霸权被后起的英国攫取，其原因就在于，英国海权是全民参与建构的结果，而西班牙的海权及海权拓展带来的经济收益却被王权垄断，而终使海权不得持续。

克服欧洲城市国家规模小的弱点，成功确立绝对王权，并能集中优势资

---

[1] 秦晖：《"大共同体本位"与"传统中国社会"》（上），《社会学研究》1998年第5期。
[2] 秦晖：《"大共同体本位"与"传统中国社会"》（上），《社会学研究》1998年第5期。

源解决内政和国际事务首要问题,是西班牙近代崛起的关键。西班牙巧妙运用政治动员工具,以天主教反对犹太人、摩尔人和伊斯兰,寻求意识形态的统一,并完成政治统一,从而为对外扩张奠定坚实基础。联姻(1469年,统治北大西洋海岸的卡斯蒂利亚女王伊莎贝拉一世与统治横跨地中海南部和意大利的阿拉贡王国国王斐迪南二世结婚,从而为单一民族的西班牙统一奠定基础)、扩张和殖民带来的巨大疆域,为帝国带来巨大利益。1492年1月,阿拉伯人在西班牙所建的最后一个王国格拉纳达王国被西班牙彻底击败,西班牙完成"大一统",从而为西班牙崛起奠定坚实政治基础。

西班牙哈布斯堡帝国的成长基本上遵循传统帝国发展路径,其寻求政治经济的统一性,抵制经济分工、政治分权和文明多元。这种模式助推西班牙帝国崛起,也是其衰败的根源。当帝国内部的意识形态的差异性与绝对王权的统一性发生冲突,帝国势必走向分裂。绝对王权与经济分权之间不匹配,诱引上层社会将原始资本积累(垄断收益和美洲金银)固化于土地,西班牙因此丧失了率先建立现代经济体系的机会。后来崛起的英国却迈向迥异于西班牙的崛起之路——政治分权。英国1688年通过《权利法案》,确认了政治分权,从而奠定现代资本主义的政治基础,并能巩固后来的工业革命成果,最终成就英国全球海上霸权。绝对王权使西班牙统治者能动员国家所有力量发动对外战争,但也使西班牙的独裁专制力量更加强大。例如,西班牙历史上最负盛名的国王腓力二世长期独揽大权,虽然他设立14个委员会来执政,但决策都由其本人作出。封建力量弱小导致无法形成权力相互制衡的分权机制,并限制经济与社会分工,而分权和分工正是市场经济形成的必要条件。①

通常,殖民主义是与资本主义发展相结合的,但殖民扩张的西班牙的国内政治却一直是封建专制。西班牙是欧洲封建王权中封建专制色彩最浓之国,国家权力高度集中于国王。为运转庞大国家,西班牙国王不断借助小贵族来维护权力。殖民扩张带来的财富刺激西班牙内部产生出一些资本主义发展的因素,但这些条件在封建专制主义环境下,却转化为国王统治国家的力量。14—15世纪的西欧,伴随商品经济发展,资本主义经济随之萌生,封建主也逐渐丧失其封建特权地位,但在西班牙,封建主封建特

---

① 任洪生:《海权竞争中失败的国家:16世纪的西班牙帝国》,http://www.aisixiang.com/data/119494.html,2021年4月5日。

权地位不仅没有缩小，反而持续扩大，西班牙国王将享有免税权的土地不断赏赐给拥有封建特权地位的小贵族。与市民阶层在积累原始财富后将财富用于再生产以扩大生产规模而不断积累财富不同，拥有非常大权力的小贵族群体耽于享乐，往往将财富变成金银珠宝、房屋及一切能彰显权力的物品，并不热衷购买生产资料用于生产以扩大财富，所有财富都被他们用于维护封建关系。在此种情况下，西班牙帝国获得的财富不断向上流通，最终集中于小贵族与国王手中，而非流通于社会之间。

对外贸易被国王、王室及殖民政府三方垄断，是西班牙殖民经济政策的一个重要特点，其带有强烈封建专制主义色彩。殖民地不能与宗主国之外的国家有商贸往来，西属各殖民地之间也不允许有经贸关系。西班牙王室还赋予商人特权，垄断殖民地经贸活动。

在大航海时代，专制主义氛围浓厚的西班牙通过殖民掠夺获得巨额财富、广袤土地，但这却没撼动西班牙专制社会结构与刺激西班牙由封建主义国家向资本主义转变。16—17世纪的西班牙帝国卷入了欧洲每一场大型战争，这些战争都是与商业无关的纯粹消耗性战争。从1519年起，西班牙持续打了140年的仗。西班牙掠夺到的海外财富没有用于发展经济，而被投入王朝和宗教战争中。16世纪中叶到17世纪中期，西班牙耗尽所有海外掠夺来的财富，并数次宣告破产。西班牙的绝对王权也决定了西班牙全国财富为国王独占。为维护绝对王权，西班牙国王将大量财富用于巩固庞大国家机器，甚至投入无止境的战争，而不热衷于将财富投入生产。财富过多投入战争将挤占发展国民经济的投入，甚至会摧毁国民经济。战事吃紧时，为维持战争耗费，国家就榨取底层人民的财富。战争无论胜败，西班牙都不能获得任何经济收益。在专制主义的西班牙，财政严重失衡，金钱流通是单向而无条件的，拥有绝对权力的国王，能随意征收全国财产，能毫无阻碍地增加国内税收，这对经济发展是灭顶之灾。西班牙国力提升主要是依靠对美洲新大陆的资源掠夺，西班牙忽视发展本国资本主义，排斥本国商人，并驱逐犹太居民和非天主教教徒。这些因素最终导致西班牙走向衰败。[①]

西班牙海外扩张时，其政治制度使其无法如英国那般充分利用海外扩

---

① 王加丰：《西班牙帝国为什么衰落》，《浙江师大学报》（社会科学版）1997年第6期；查灿长：《腓力二世与西班牙帝国的衰败》，《烟台师范学院学报》（哲学社会科学版）1989年第4期；于霞、吴长春：《西班牙帝国的兴衰》，《历史教学》1990年第1期。

张及大西洋贸易带来的发展机会。西班牙海外殖民扩张,由王室组织和资助,并由贵族实行,除王室及王室特许的公司或等级之外,其他群体也被禁止从事国际贸易。西班牙海外扩张、大西洋贸易的收益都落入王室和贵族之手,这不仅夯实着王室权力和专制地位,也固化了西班牙等级社会制度,而不是像英国海外扩张那样催生强大商业阶层。西班牙尽管缔造出基于海外殖民的财富攫取机制,但其落后的政治、社会结构却一成不易。西班牙借助天主教会普世威权走向强大(天主教主导土著居民的社会、文化生活,是西班牙统治殖民地的精神支柱,从而为西班牙的殖民统治奠定稳固的社会基础),依靠掠夺美洲金银而暴富,但却没有建构出创造财富、增进国家力量的长效机制。

大航海时代,英国商业力量迅速崛起、社会出现极大流动性,这推动着有利于资本主义发展的制度变革。英国是现代政治制度的先锋,分权制衡理念比其他欧洲国家贯彻更彻底。英国自中世纪延续下来的分权制衡传统为英国崛起打下了坚实政治基础。分权制衡框架下,英国王权受到较大遏制。英王权力比起欧洲大陆大国的国王要小,这给英国贵族和资产阶级的崛起提供了空间。同时,西班牙却深陷制度陷阱:国王、大贵族等特权集团主导政治生活,民间商业力量很难影响国家发展方向;贵族是最理想的职业,商人不值一提。秉持中世纪等级价值观的国王和贵族并不理解商业价值;西班牙政府推行反商政策,没有确立有效产权制度,并侵占商人财富,对工商业横征暴敛,迫害、驱逐犹太和摩尔商人;大航海时代的西班牙,由于商人利益得不到有效保护,商人对其所获财富不是用于扩大投资,而是将其藏匿;在西班牙,商人对投资工业望而却步,其最大期望是获得地产,以及购买贵族头衔而让自己和后代变身为贵族,从而借此享有贵族特权,由此,大量资本流出生产领域,大量人才进入非生产领域,工商业缺乏发展空间,经济与社会发展由此陷入停滞。

道格拉斯·诺斯等曾指出:"不发展一种有效的经济组织究竟有什么后果和影响,在这方面西班牙倒是提供了一个出色的范例。"[1] 在西班牙,其初始制度安排决定着社会财富、机会的分配,并进而决定国家命运。西班牙在进入近代社会时,并没有发展出相应近代性制度,海外掠夺的财富

---

[1] [美]道格拉斯·诺斯、罗伯特·托马斯:《西方世界的兴起》,厉以平、蔡磊译,华夏出版社2014年版,第167页。

强化着特权集团的统治地位,商业阶层很难分享开放性机会。这必然导致西班牙社会缺乏发展活力,并导致国家走向衰落。在西班牙,缺乏制度变革支撑的海外机会最终异化成导致西班牙衰败的发展陷阱。

学者强森、阿西墨格鲁及罗宾森等人,曾联合撰文《欧洲的兴起:大西洋贸易、制度转变与经济增长》探析大西洋贸易与欧洲国家在近现代崛起之间的关系。新航路开辟后,英国与荷兰、西班牙与葡萄牙都相继进行大西洋贸易,西班牙、葡萄牙比英国更早进行大西洋远程航海探险,也较早掌握相对完善的航海技巧、经验,并较长时间主控、垄断大西洋贸易。西、葡率先占领自然条件优于北美洲的南美洲,拥有比英国更好的进行国际贸易的自然资源。英国与西班牙在殖民地治理模式上差异很大。英国的殖民地治理以自治为主,英国在殖民地成立议会进行自治,英国殖民地拥有宪法与税收自主权。只有遇到战事之时,英国才会通过国会进行决议,要求殖民地缴交特别税捐支持战事,而各殖民地在国会都有代表。西班牙殖民地不设议会,西班牙在殖民地拥有税收权,所征缴税收大部分被送回西班牙本土。强森等人指出,如根据马克思主义或新马克思主义的"中心—边缘"理论,对殖民地进行剥削是帝国主义国家发达、国力强盛的重要原因。据此推论,工业革命应首先发生在西、葡两国,但工业革命却率先发生在英国。对此,强森等人提出良性循环理论,对工业革命首先发生在英国而非西班牙进行解释。所谓良性循环理论的大致内涵是:大西洋贸易影响制度变革,而制度变革又与长期经济发展相互作用。强森等人还提出三个假说:大西洋贸易在欧洲经济发展中发挥着关键作用;大西洋贸易带来的收益促生着制度变革;制度能否完成变革与王室专制权力的强弱有关。基于上述假说,强森等人认为:如果大西洋贸易能与欧洲国家的内在制度变革存在良性循环,则大西洋贸易的收益将会促发经济成长、工业革命;欧洲国家在大西洋贸易初期所拥有的政治制度的特质,与欧洲各国在大西洋贸易深入展开后的制度变革的成败关系密切。[①] 他们发现,大西洋贸易展开之初,在英、荷两国,对王权有较多的限制,这种限制明显多于西、葡两国。在英国,议会对王权有较强制衡能力,而在西、葡,却维持着专制王权。在英国,伴随大西洋贸易深入,对王权的限制、对私有财产的保

---

① 杨小凯:《为什么工业革命在英国而不在西班牙发生?》,http://m.aisixiang.com/data/41205.html,2021年6月9日。

护（特别是对土地私有产权的保护）及人民自由经商的权利，都被日益加强，而在西班牙，上述情况的改善远不及英国。在英国，伴随大西洋贸易，社会涌现出新的富有阶层，为捍卫财产权及为创造更多财富，新富阶层与王室及特权阶级时有冲突发生。英国较早就建立了较自由的代议政治，其对英国制度变革发挥着正面促进作用，助推英国一系列新的政治、经济安排：民众可自由从事大西洋贸易并从中获取利益；王室财政与国家财政分离；政党被禁止从事营利事业；无须政府批准，企业就可成立而自动注册；不经国家特许，企业、民众就可从事国际贸易。英国1640年开始的资产阶级革命打破英国都铎王朝对贸易特许权的垄断是英国制度变革的先导。在资产阶级革命中，克伦威尔领导下的议会军打败王军，英王查理一世1649年被送上断头台，英国建立资产阶级共和国。克伦威尔领导的资产阶级革命并不彻底，他建立起独裁统治，从而使英国共和制带有明显专制特色。此后，詹姆士二世复辟，打破克伦威尔的政治垄断，议会制恢复。英国议会又从荷兰邀请客籍国王威廉三世，并于1688年发动光荣革命，以立宪君主制限制王权，最终避免了王室各种垄断特权的复辟。强森等人指出，伴随英国制度变革，与王室关联的大型贸易公司数量逐渐减少，其规模也逐渐变小，而大量与王室无关且不享有特权的民众则从大西洋贸易中收获财富。新贸易机会还孕生出与王室特权无关的新商人阶级，他们正常交税，在国会拥有代言人，从而能发挥政治影响力。在英国，新富阶层比旧特权阶层人数更多，影响力也更强。同时，英国新富阶层并非固定等级，大西洋贸易砸碎了英国社会等级制度的藩篱，英国各社会阶级之间有很强的流动性，任何人都有成为成功企业家而跃升上层社会的机会，几乎所有人均能分享大西洋贸易收益，贸易收益不再被国家独占。英国社会的高流动性推进着分工的深化与贸易发展，并引发经济良性循环发展，从而带动社会整体富裕。上述一系列变革，正是工业革命首先在英国发生的原因。此外，英国那些伴随大西洋贸易而成长的新富阶层中，有相当多的人是拥有地产的企业家，英国确立起的有效保护包括土地在内的私有财产的产权制度，使地主不再阻碍经济成长，地主在土地所有权得到保护后，能利用土地取得资金，这些资金成为促进投资与经济发展的资本。[①] 英国殖民扩张中，

---

① 杨小凯：《为什么工业革命在英国而不在西班牙发生?》，http：//m. aisixiang. com/data/41205. html，2021年6月9日。

王室和政府的分量相对有限,非官方势力占据重要地位,如英国的东印度公司、北美清教徒,都有浓厚的非官方色彩。财富分配上,王室和政府只能分享一部分,其他被暴发户、资产阶级占有。暴发户、资产阶级不拥有政治特权,故会进行持续的创造财富,将钱投入生产行业,从而带动生产技术进步,并助推工业革命。

英国有着悠久的自由主义与限制王权的传统。英国早在1215年就通过《自由大宪章》,其内嵌着有限王权、王在法下、人权保障与契约政府等基本精神。其深刻影响英国大西洋贸易的走向。英国的大西洋贸易并非主要依靠王室出资以"国营"方式进行,而主要由民间社会自发参与而展开。16世纪中叶,英国冒险家开始极具风险的海外贸易,并主要以"股份有限责任公司"的组织方式展开,即由众多个人共同参股集资建立公司展开贸易,股东承担有限责任,其风险至多是损失所投入股金。作为制度创新的"股份有限责任公司"的出现为随后几百年的股市发展打下基础。凭借细化后的股份交易,海外探险者、创业者在融到大量资金时,也将海外贸易风险分散而由众多投资者承担。"以股份有限责任公司从民间融资,然后由民间经营外贸",这种模式能确保商人独立经营海外贸易,也为英国此后的工业革命启动做好了相应准备,股份公司能将创新与商业有机结合。工业的规模化创新、规模化生产面临着巨大风险,需要更多的资本和风险分散机制,股份公司恰好能提供大规模资金与分散创业风险。股份公司经营模式还带来其他意外后果:大西洋贸易给股份公司带来丰厚利润,公司利润却是由众多股东共享;海洋贸易还引发相关服务业、制造业的发展,也由此缔造出一批非贵族出身的有产阶层。新富商人阶层对自己海外冒险挣得的财富非常看重,不希望自己的财富被王室以任意征税或其他方式剥夺。英国自1215年后就初步建构代议政治制度架构,虽然新富商人阶层多数并无贵族背景,但他们可依赖代议制下的议会影响国家立法与国家治理。新商人阶层在议会的影响力也引发了他们与王室的利益、权力冲突,最终促生英国两次资产阶级革命(1640年英王查理一世召开新议会标志英国资产阶级革命开始,1688年议会反对派发动"光荣革命"标志英国资产阶级革命以胜利告终)。革命之后的英国,王权被极大削弱,议会权力得到极大提升,革命还为关于保证公民平等贸易、经商机会及私有产权得到保护等的立法创造了条件。革命后,王室财政与国家财政开始分离,政党不能从事营利事业(不与民争利),所有人都有权创业及从事跨国贸易，致富机会均等，人人皆可从事海洋贸易而致富，好处不被国家独享。海外贸易改变英国当时政治力量格局，新兴富有商人崛起为英国17世纪展开更深层次制度变革的主力军。①

强森等人研究的核心含义是：只有在限制专制王权的议会国家，工业革命或资本主义才会出现。在议会国家，没有王室特权，也没有固定特权阶级，社会流动性高，国家也保护私人从事商业的权利。商业活动是否开放，是英国与西班牙之间所存在的一个重要制度差异，商业活动是否开放将很大程度决定社会是否存在不可逾越的阶级。②

当中国清王朝还被自认为是天朝上国的梦幻所笼罩时，欧美诸国早已迈向现代化之路。对此，斯塔夫里阿诺斯写道："从1763年到1914年的一个半世纪，作为欧洲获得对世界大部分地区的霸权时期，在世界历史进程中据有显著地位。……三大革命——科学革命、工业革命和政治革命给了欧洲以不可阻挡的推动力和力量。""它们并不是平行或独立地进行的。它们互相依赖，相互之间不断地起作用。……政治还影响了经济，这一点英国制造商约翰·威尔金森讲得很清楚；他直截了当地说：'制造业和商业总是在教会和国王干预最少的地方最繁荣'。"③ 这样，"19世纪欧洲对世界的支配不仅建立在欧洲工业革命和科学革命的基础上，也建立在欧洲政治革命的基础上；政治革命的实质是结束了人类分成统治者和被统治者是由神注定的这种观念。人们不再认为政治高于人民，也不再认为人民在政府之下。……民众已觉醒并行动起来，不仅参与了政治，而且把这样做看做是自己固有的权利"④。

国家"崛起"包含国家崛起与国民崛起。国家崛起是国家（政府）权力之崛起，其表现为国家追求强制性的权力与国家统一，强调国家层面的团结。缺乏国民崛起相伴的国家权力崛起会使社会走向封闭、僵

---

① 陈志武：《再谈西方崛起靠的不是掠夺》，www.aisixiang.com/data/16221-2.html，2021年11月17日。
② 杨小凯：《为什么工业革命在英国而不在西班牙发生？》，http：//m.aisixiang.com/data/41205.html，2021年6月9日。
③ [美] 斯塔夫里阿诺斯：《全球通史》，吴象婴、梁赤民、董书慧、王昶译，梁赤民审校，北京大学出版社2005年版，第399页。
④ [美] 斯塔夫里阿诺斯：《全球通史》，吴象婴、梁赤民、董书慧、王昶译，梁赤民审校，北京大学出版社2005年版，第429页。

化，并会出现民权的衰弱。国民崛起是国民权利之崛起，国民崛起的国家注重个人自由、幸福及个人创造，并推动社会走向开放。国民崛起将丰富国家内涵，使国家发展免于凌空蹈虚，不至于徒具虚名，并能适时矫正国家发展方向与修正国家治理之道而避免国家发展误入歧途。对各个自由人而言，政府仍是手段和工具，国家只是自由人之集合，而不能凌驾于自由人之上。政府不应该成为国民盲目崇拜的对象，也并非国民幸福的恩赐者，更不是国民为之服役的主人或上帝。[①] 弗里德曼断言："除了公民们各自为之服务的意见一致的目标以外，他不承认国家的任何目标；除了公民们各自为之奋斗的意见一致的理想以外，他不承认国家的任何理想。"[②] 使国家崛起为世界强国并非政府之首要职责，政府最重要的天职是服务具体的国民而非抽象的国家。大国崛起之"公"，并不比国民谋求幸福、自由及安全之"私"更加崇高。大国崛起，其实是自由公民们的创造性得以释放，以及自由公民借政府之力谋求或维护自己权益时的意外与额外所得。[③]

德国学者拉采尔在其1897年所著的《政治地理学》一书中，将国家描绘为"属于土地的有机体"。与生物有机体一样，国家有机体也能生长发育，也需从外部环境攫取养分，"当一个国家向别国侵占领土时，这就是它内部生长力的反映。强大的国家为了生存必须要有生长的空间"[④]。拉采尔的国家有机体论明确指出，现代国家间竞争就是国家之间在汲取资源、动员人民的能力方面展开较量，国家对地理空间的扩张就是尽可能控制新疆域和更多的人口。现代国家有机体绝非中世纪的专制或封建王朝国家。现代国家有机体之间的竞争，其最根本的层面是各国的全体国民之间的竞争，而并不仅是君主或军队的较量。这意味着，现代国家必须对它内部各组织、各个个体进行总体性掌控。当今国家间竞争可借用梁启超的名

---

① 熊培云：《从国家解放到社会解放》，http：//www.aisixiang.com/data/39527.html，2022年3月3日。

② [美]弗里德曼：《资本主义与自由绪论》，http：//m.aisixiang.com/data/4940.html，2023年1月4日。

③ 熊培云：《从国家解放到社会解放》，http：//www.aisixiang.com/data/39527.html，2022年3月3日。

④ [美]普雷斯顿·詹姆斯、杰弗雷·马丁：《地理学思想史》（增订本），李旭旦译，商务印书馆1989年版，第213页。

言一言以蔽之。梁启超曾言："今日世界之竞争，不在国家而在国民"[①]，"知他人以帝国主义来侵之可畏，而速养成我所固有之民族主义以抵制之，斯今日我国民所当汲汲者也！"[②]

关于社会秩序演进问题，道格拉斯·C. 诺思、约翰·约瑟夫·瓦利斯及巴里·R. 温格斯特等美国学者2009年曾合作出版专著《暴力与社会秩序》进行阐释。他们指出，人类社会存在过或存在着三种社会秩序——"原始社会秩序""限制进入秩序"及"开放进入秩序"。他们认为，理解人类社会的一些群体或国家为何迈入近现代社会的关键是，要弄清或理解人类社会秩序从"限制进入秩序"向"开放进入秩序"的转型。第二次世界大战后，少数国家实现这一社会转型，这些国家不仅经济发达，且政治开放。"原始社会秩序"是人类生存依靠狩猎、捕鱼及采集野生植物的早期社会形态；在人类历史中，"限制进入秩序"已存续一万余年，目前世界大多数国家的发展还处于这个阶段。在限制进入秩序的社会中，政治与经济紧密绞缠在一起，国家权力对各种行业的进入设置限制而创造经济租，租金被社会统治阶层用来维持既有政治制度和社会秩序。故在限制进入秩序的社会中，政治体制与经济体制之间并没有清晰的疆界，并非外生或外在于对方，政府是经济最重要的参与方，同时，正是"经济租的存在建构了政治关系"。持续创造一些有限特权（凭借特权能享有一些能带来特殊价值的权利或活动），是限制进入秩序社会的重要特征，这些特权被国家的一些政治、军事精英集团把持，从而"产权的发生和法律制度亦为精英的权利所界定"[③]。这种类型的社会秩序安排，将不可避免地导致"国家对贸易的控制"。尽管限制进入秩序"能提供一种长时段的社会稳定，为经济增长提供某种环境条件，但总存在蕴生社会动乱的可能性"，从而"暴动和内战经常是一种可能的结果"。[④] 诺思等人关于"限制进入秩序"的阐释，也适宜于诠释中国两千多年皇权秩序框架下的王朝国家的治乱分合循环。中国古代皇权秩序是典型的限制进入秩序。皇

---

① 梁启超：《李鸿章传》，何卓恩评注，湖北人民出版社2004年版，第97页。
② 梁启超：《饮冰室合集》（第1册）文集之六，中华书局1989年版，第22页。
③ 转引自韦森《论三种社会秩序》，http：//m.aisixiang.com/data/88668.html，2021年6月9日。
④ 转引自韦森《论三种社会秩序》，http：//m.aisixiang.com/data/88668.html，2021年6月9日。

权专制下，毫无个体权利，庶民贱如草芥，其营生方式及范围受严格限制，从而极大抑制生产力发展。皇权秩序下，生存空间与生存资料的极为有限，不仅会在民众内部产生内卷，还会激化官民矛盾，社会动荡将不可避免而周期反复，皇权国家也因此陷入治乱分合循环的怪圈。在皇权专制中，不仅在物质领域进行严格限制，在精神领域同样有严格控制，即扼杀民智与自由思想，臣民越无知、越"单纯"，统治者越安心，皇权专制越坚如磐石。在中国的皇权秩序中，对内控制必然延伸到对外的交往控制中，因为外交始终是内政的延续。在皇权限制性进入秩序中，不仅中国的皇权社会与内嵌现代性因素的西方文明难以稳定、平等地展开贸易、文化等交流，就是游牧文明与农耕文明间的贸易也难以持续稳定展开，武力解决问题从而成为必要选择，文明的间冲突将难以避免。皇权专制秩序是阻碍中国社会与其他文明社会深入交流的"布罗代尔钟罩"皇权专制末期的晚晴时代，中国王朝国家面临双重命运挑战——王朝国家的治乱循环与"三千年未有之变局"（来自西方文明的挑战）。如果只是遇到第一个问题，依靠励精图治的清朝皇帝和忠诚的皇亲贵族、汉族官僚集团，晚清或许能苟延一息。但当清朝面对比自身发展水平更高的西方社会时，"同光中兴"名臣李鸿章也只能自嘲为"一生风雨裱糊匠"："办了一辈子的事，练兵也，海军也，都是纸糊的老虎，何尝能实在放手办理？不过勉强涂饰，虚有其表，不揭破犹可敷衍一时。如一间破屋，由裱糊匠东补西贴。"[1] 晚清的颓势与衰败，非当时之能臣与明主可以挽狂澜于既倒、扶大厦之将倾。[2]

诺思、瓦利斯和温格斯特指出：限制进入秩序的社会可以如开放进入秩序社会一样，有法律，有"法治"，但这只对部分精英才有实际意义。[3] 同样的法律与制度，"在限制进入秩序中与在开放进入秩序中的运作是不同的，"[4] 其效果将取决于社会秩序是"限制进入的，还是开放进

---

[1] 吴永：《庚子西狩丛谈》，转引自《初中历史》（八年级上册），北京师范大学出版社2006年版，第28页。

[2] 盛斯才：《双重晚清：治乱循环与三千年变局》，《领导文萃》2021年7月上。

[3] 转引自韦森《论三种社会秩序》，http：//m.aisixiang.com/data/88668.html，2021年6月9日。

[4] 转引自韦森《论三种社会秩序》，http：//m.aisixiang.com/data/88668.html，2021年6月9日。

入的"。三位学者曾明确表示:"答案在于开放进入和竞争:所有这些机制在开放和竞争存在的条件下在运作上会有差异。自然国(与限制进入秩序相匹配的政治体制是一种'自然国')限制进入和排斥竞争者。这使一些组织的形成变得非常困难,使那些能协调民众反对政府的组织极大地受限。"相反,在开放进入的社会秩序中,"政治竞争实际上要求众多大的、复杂的和良好组织的利益群体存在,以致不论在任何政治制度存在的条件下,他们均能有效地相互竞争"。由此,他们得出一重要结论:"只有在经济竞争存在且有复杂的经济组织出现的前提条件下,可持续的竞争民主才有可能。"① 社会秩序是各个社会群体或集团基于对利益的追求而相互博弈的结果。在封闭性社会的自发性博弈中,每个个体基于自己的个人理性预期对方的可能的理性化策略,最后引致单凭个人力量无法改变的纳什均衡,但这种均衡通常不能达成帕累托有效。要想赋予这种均衡开放性、扩展性,就必须借助外来力量,与外界保持联系、交流是博弈本身的应有题中之义。在博弈中,外来制约、借助外力打破信息不对称、信息差将是推动博弈各方摆脱囚徒困境的重要途径。②

  当下,深化改革的中国正处于经济、政治及社会大转型时期。中国是一个发展中国家,其需要发展经济学的意识,更需具备发展政治学的视野,在历史的关节或转折点,政治是经济增长的前提,政府革新也是经济增长的先导。诺思等人提出的关于"权利开放秩序"的概念,反映了现代国家治理制度最核心的本质,也应是中国国家治理的思想指引。权利开放的社会秩序务必依凭法治与市场经济支撑,社会开放性和流动性使任何社会成员的垄断企图难以成行,从而消解依靠垄断地位获取租金的可能性。只有在权利开放的社会秩序,基于跨时空信任纽带确立起的金融经济才能繁荣,全世界最重要的国际金融中心都存续于权利开放之国。中国政府应主动培育现代公民,基于此而实现不同主体之间的协同,共同建构开放有序、流程顺畅的政治体系。同时,通过优化责任政治推动政府对社会或公民诉求的回应,提升政府治理能力。今天的技术、经济演化,正是流动性开始深层穿透传统封闭、等级的国家固定

---

① 转引自韦森《论三种社会秩序》,http://m.aisixiang.com/data/88668.html,2021 年 6 月 9 日。

② 朱富强:《人类社会秩序如何"自发"扩展?哈耶克自生自发秩序观的检视》,www.aisixiang.com/data/118168-10.html,2023 年 1 月 2 日。

性的过程。中国的改革开放，其中关键要义就是通过经济改革打破既有体制中还存在的封闭性与消除思想中的等级观念，以经济机会的开放（中国开放不仅是对外开放，也要实现对内开放）与经济发展成果的共享为切入点，逐渐将改革进程渗入权力体系并进一步完善权力平衡机制，以确保权利的共享。

目前，中国致力于市场经济改革，就是一种开放性秩序建构。市场经济是一种文明形态。首先，市场经济中，作为平等主体的各个个体的相互认可、相互尊重，是形成基于竞争筛选规则的平等经济竞争的前提，只有基于上述前提，人们才能和平地接受自由、平等竞争所产生的结果。其次，在市场经济社会中，社会中的人们普遍持有的关于权利、契约及法治等的价值观将会被反映到一般经济规则的制定上，用来规范、指引市场中各个个体的实践活动。市场经济是否能良性发展，政府在经济中扮演的角色将起到关键作用。就政府在市场经济发展中的作用而言，政府表现出两种形态：一种是"支持市场的政府"，即创造市场经济发展所需条件而推动市场经济发展；另一种是"摧毁或扼杀市场的政府"，即政府干预市场而摧毁已有市场或扼杀处于萌芽状态的市场。世界各国经济发展显示，支持市场型政府是有限政府，也是有效政府，而摧毁、扼杀市场的政府，不是无限政府，就是无效政府。历史经验表明，法治（符合正义的善法的统治）是造就有限政府和有效政府的关键制度基础。有无法治，将决定产权能否有效界定、执行及保护，以及决定合同能否有效实施。

中国改革开放以来的经济快速发展，离不开经济全球化与全球大分工，海权的特点是强调生产要素的流动性与世界市场的开放性，正是这种流动性与开放性打破了中国传统农耕社会的封闭性、固定性。中国需汲取海权国家的合理经验及理念，学习海权国家的制度创新与对资本有益力量的利用，以繁荣商品市场、思想市场及激活民间社会创造力，最终提升国家综合竞争力。中国的改革开放是一个切合国情而渐进汲取海洋国家制度革新经验的过程。通过改革开放，中国分步骤地融入世界市场，并助推中国缔造出一种开放而包容的制度。根据美国学者达龙·阿西莫格鲁和詹姆斯·A. 罗宾逊在他们合著的《国家为什么会失败：权力、贫困和繁荣的根源》一书中所表达的观点，包容性政治制度、经济制度是实现经济长期增长的关键，而攫取性（榨取性）的政治、经济制度（这种制度中，经济被管制，交易被限制，产权得不到有效保护，创新被抑制，财富被少数权贵占有）虽然能在一定时期内达成经济增长，但却不能维持经济的持续增长。①

在中国融入世界经济之初，倾斜性政策有助于快速推进经济发展，但倾斜性政策的实施将会固化不公平的利益格局。中国经济体系中，土地、资本、劳动力、原材料等市场要素的配置，很多时候由行政力量而非市场力量主导。生产要素价格"双轨制"在中国经济发展中仍然存续。在行政权力主导的市场中，资源往往流向与权力关系紧密的部门、阶层及领域，从而导致收入两极分化与内需不足，并使经济发展过度依赖海外市场，从而刺激中国"海权"概念（强调发展海上军事力量以获得制海权）的兴起。②界定政府权力，规范市场秩序，让资本健康、高效地在市场领域发挥作用，是中国未来发展的必选路径。中国如何借助和顺应市场力量，快速推进国家现代化，深入融入经济全球化，并在全球经济发展中做好自身定位，这也构成中国外争"海权"的关键内容。

大国崛起需要外部环境与国内的结构性调整，更依赖内因和外因的联动机制。中国应将海陆复合型地缘禀赋与传统"大一统"体制内含的优势有机结合，融入全球经济，充分利用全球及自身海陆资源，推动国家现代转型。中国式思维向来强调"天人合一"，拒斥对立而不可调和的关系。钱穆说："中国重和合，西方重分别。"③中国传统思想认为，相互依存是黑白、日夜、善恶、生死等相互对应存在的本质，中国人的思想不拘泥于静态空间，而侧重于动态性时间。中国社会沉淀着关于"大一统"国家治理的深厚理念和民意基础，但"大一统"制度建构必须以人民支持为前提，如若不然，必定坍塌。历史上，基于小农经济、小农社会的中国王朝国家，一旦农民利益受到严重侵害，"大一统"国家局面就难以维系下去。治国方略如不能适应现代文明发展需要，国家就难以长治久安。中国人民勤劳奋进，但只有被充分组织动员而形成强大民族凝聚力，才能

---

① 李增刚：《包容性制度与长期经济增长——阿西莫格鲁和罗宾逊的国家兴衰理论评析》，《经济社会体制比较》2013年第1期；范世涛：《包容性制度，汲取性制度和繁荣的可持续性》，《经济社会体制比较》2013年第1期；赵卫：《包容性制度与国家繁荣——阿西莫格鲁和罗宾逊的制度决定论述评》，《山东行政学院学报》2013年第4期。

② 王晓夏：《海权、资本与中国经济》，《地理教学》2018年第6期。

③ 钱穆：《现代中国学术论衡》，生活·读书·新知三联书店2001年版，第2页。

形成强大力量。国家发展，离不开对优秀传统及文化的继承，离不开制度革新，更离不开人民之强。只有人民成为经济发展主体，并能公平分享发展成果，国家才有发展经济、完善体制的动力。

第三节 海陆复合型的中国必须克服的地缘政治困境——"威廉陷阱""腓力陷阱"

一 海陆复合型国家面临的地缘政治困境："威廉陷阱"与"腓力陷阱"

中国是海陆复合型大国，其崛起必将表现为陆权与海权的双重崛起，也将不可避免地面临海上和陆上的双重战略压力。21世纪的中国是综合国力唯一最有可能接近并赶上美国的国家。2021年3月，美国国务卿安东尼·布林肯在对外政策演讲中指出："中国是唯一有经济、外交、军事和技术权势去严重挑战稳定和开放的国际体系的国家，挑战使世界以我们希望的方式运作的所有规则、价值和关系。"[1] 他认为，"我们（美国）与中国的关系应当将是竞争的，可能时将是合作的，必须时将是敌对的。我们将从实力地位出发与中国打交道。"[2] 美国已视中国为唯一的全面竞争者。目前，处于崛起进程中的中国正试图凭借构建"新型大国关系"避免与美国关系陷入带有战略不信任特征的"修昔底德陷阱"。"修昔底德陷阱"作为一个清晰的概念由美国学者格雷厄姆·艾利森提出，但其内涵却源于古希腊历史学家修昔底德对伯罗奔尼撒战争爆发原因研究而得出的结论，即雅典崛起使斯巴达深感恐惧，进而使两国的战争不可避免。艾利森试图利用"修昔底德陷阱"来表达他对大国间关系的一种看法：新兴大国必然会挑战守成大国的既有霸权，从而守成大国将不可

---

[1] 转引自时殷弘《从头至今：拜登政府对华当今方针宣示与浮现中的政策总纲》，《人大美国研究简报》2021年第1期。

[2] 转引自时殷弘《从头至今：拜登政府对华当今方针宣示与浮现中的政策总纲》，《人大美国研究简报》2021年第1期。

避免地遏制新兴大国的崛起，两者的冲突或战争将难以避免。[①] 从历史经验看，海陆复合型的中国能否避免"修昔底德陷阱"，主要取决于中国在发展海权与陆权进程中能否避免两大地缘政治困境——"威廉陷阱"与"腓力陷阱"，这两大地缘困境正是历史上导致几个海陆复合型国家崛起中断的重要原因。

近代以来，当海陆复合型国家在崛起进程中，其同时追求海权与陆权，从而同海权霸主陷入海权之争，又同周边陆权国家陷入陆权之争，这就是所谓的"威廉陷阱"。这正是第一次世界大战之前的德国面临的难题。19世纪末期，正在快速崛起的海陆复合型的德意志第二帝国迈向了海陆同时扩展的道路，德皇威廉二世支持海军元帅阿尔弗雷德·冯·提尔皮茨关于打造强大远洋海军的提倡，也认可陆军元帅阿尔弗雷德·冯·施里芬规划的关于陆军的"两线作战计划"。为获取海陆两栖战略优势，德国将战略资源分别投放到海权竞争（与英国竞争海洋霸权）与陆权竞争中（与法国、俄罗斯竞争陆上霸权）。德国海陆并举安全战略及"两线作战计划"，诱发出一个本可不必出现的反对德国的协约国同盟，同时也使德国陷入代价高昂的军备竞赛。

海陆复合型强国除有可能面临"威廉陷阱"外，还有可能面临"腓力陷阱"。所谓"腓力陷阱"是1556年登基的腓力二世治下的西班牙帝国所面临的发展战略困境。腓力二世治下的西班牙有问鼎欧洲霸主的实力，也有相应战略意愿，但西班牙却因陷入海陆两线长期作战而导致国力透支。西班牙称霸欧洲的战略目标受到的掣肘主要来自海权国英国、荷兰与陆权国法国及它们所构成的军事联盟。其中，英国对西班牙霸占的西属尼德兰（大致相当于当今的比利时与卢森堡）的叛乱的支持，以及英国海盗对西班牙远洋商船队的长期袭击，是西班牙面临的最严重威胁。本土财力持续流向自己的海外殖民地以支撑其发展是西班牙与英国、法国及荷兰展开地缘战略博弈的重要筹码，但英国对西班牙远洋商船的劫掠与对美

[①] 修昔底德陷阱，由美国哈佛大学教授格雷厄姆·艾利森提出，此说法源自古希腊历史学家修昔底德就伯罗奔尼撒战争得出的结论，雅典的崛起给斯巴达带来恐惧，使战争变得不可避免。格雷厄姆·艾利森用这个概念来说明，一个新兴大国必然会挑战守成大国的地位，而守成大国也必然会采取措施进行遏制和打压，两者的冲突甚至战争在所难免。参见何元国《"修昔底德陷阱：一个站不住脚的概念"》，《安徽史学》2020年第2期；杜廷广《"修昔底德陷阱"与伯罗奔尼撒战争史》，《博览群书》2018年第7期。

洲的掠夺迫使西班牙必须集中军事力量打压英国，直至 1588 年西班牙"无敌舰队"被英国海军歼灭前，西班牙还试图歼灭英国海军并占领英国。西班牙海军主力被歼灭后，腓力二世又不得不面对如下困局：要击垮英国就要重建海军而削减陆军，但只要身边有后来居上的陆权国法国又必须继续增强陆军。由于海权国英国、荷兰持续在欧洲大陆施行"离岸制衡"，腓力二世期望增强自身陆权力量并实现"以陆补海"的地缘战略将意味着西班牙毫无可能挣脱海陆两线作战。腓力二世治下的西班牙，是一个在欧洲大陆已经拥有陆权优势的海陆复合型帝国，其将必然会遭受海权霸主的遏制，从而使西班牙无可避免地面临海陆发展的相互冲突：要想击垮海洋霸主，就必须增强海军而削减陆军；但只要还存在来自陆权强邻的战略压力，就需增强陆军。这种地缘政治困境最终使西班牙必须同时与海洋强国及陆权强国长期对抗，从而不可避免走向消耗国力的战略透支。有学者将这种困局称为"腓力陷阱"。[①] 三十年战争后，西班牙陆权被法国取代，海权被英国、荷兰分取。西班牙沦为二流国家。"腓力陷阱"的另一典型例子是第二次世界大战期间的纳粹德国。德国 1940 年击败号称欧洲第一陆军强国的法国，获得欧洲的陆权优势，但随后希特勒发起试图迫使英国屈服的"海狮计划"。当"海狮计划"失利后，德国开启苏德战争，德国随之陷入了"腓力陷阱"。为战胜英国海军，希特勒需要增强德国海军，同时削减陆军投入，但在希特勒看来，只要存在强大的侧翼陆权大国苏联，德国就必须增强陆军。1937 年德国召开了一次重要的阐述德国侵略扩张计划的秘密会议，根据该会议记录《霍斯巴赫备忘录》，只有征服苏联，并建立囊括乌拉尔地区资源和乌克兰粮仓的自给自足的帝国，德国才能在欧洲大陆获得绝对陆上安全，也方可借助陆上资源建立强大海军而迫使海洋强国英国、美国屈服。[②] 丘吉尔认为："在希特勒贸然发动这场对苏联的战略冒险时，其疯狂行为的背后隐藏着一个老谋深算的动机。他要摧毁苏联是因为他指望着一旦得手，就可以抽回东线的陆、空军主力，将资源全部投入到对英伦三岛的进攻……入侵苏联只不过是他蓄谋

[①] 姜鹏：《海陆复合型大国崛起的"腓力陷阱"与战略透支》，《当代亚太》2018 年第 1 期。

[②] 姜鹏：《海陆复合型大国崛起的"腓力陷阱"与战略透支》，《当代亚太》2018 年第 1 期。

已久的对英伦三岛入侵行动的序幕而已。"①

先后面临"威廉困境"与"腓力陷阱"的德国，在其崛起的19世纪七八十年代，却能借助俾斯麦首相灵活、明智的外交战略在欧洲左右逢源。19世纪50年代前，德意志支离破碎。19世纪中叶，凭借工业革命的普鲁士实力已十分强劲，在西里西亚、柏林等地建立起强大工业，并建立以普鲁士为中心且包括大多数德意志邦国的关税同盟。1862年9月，俾斯麦就任普鲁士首相，德国由此迈向统一进程。1862—1870年，普鲁士取得三次王朝战争的胜利，由此实现德国统一。三次王朝战争分别是：1864年普鲁士联合奥地利对丹麦的战争，1866年普鲁士与奥地利的普奥战争，1870年普鲁士进攻法国的普法战争。1871年德国最终完成统一，并取代法国成为欧洲大陆第一陆上强国。统一后的德国，周边安全环境并非好转，却有恶化趋势，英国、沙俄等强国已将德国视为真正的竞争对手。拿破仑战争后，欧洲处于"不列颠治下的和平"时代，英、法、俄、普、奥等大国在欧洲形成力量均衡，在均势格局中，各大国倾向于通过协调而非冲突方式解决利益分歧，使欧洲在1815年后维持了半世纪和平。1871年的德国统一，颠覆了欧洲多极格局，统一的德国拥有远高出周边国家的工业潜力和陆军力量，从而使德国四邻对德国硬实力可能带来的危害深感忧虑。同时，德国也是强敌环伺，世仇法国盘踞卧榻之侧，隔海相望的英国和东边的俄国有机会从东西两侧包围德国。德国外交路线制定者俾斯麦深感周边国家对崛起的德国的恐惧，担忧这将导致它们与法国结盟。俾斯麦认为：崛起中的德国要克制，不能把攫取欧陆霸主地位作为德国外交目标，要安抚英国、奥地利、俄罗斯及法国，避免获得统一且更加强大的德国成为众矢之的；德国统一给自己带来的外部国际环境恶化，从根上解决是困难的，德国唯有节制力量的使用与根据国际形势调整结盟关系。在德国1877年的一份重要文件《基辛根备忘录》中，② 俾斯麦指出，与缺乏准确定位的"霸权"相比，德国更应警惕其他欧洲列强有可能形成的遏制德国崛起的战略结盟。德国的根本国家利益是，维持和平而对德国发展有利的国际环境，继续实现德国发展，在没把握战胜英国及其他欧

---

① [英]温斯顿·S.丘吉尔：《第二次世界大战回忆录》（上），史雪峰译，中国画报出版社2015年版，第438页。

② 参见徐弃郁《脆弱的崛起：大战略与德意志帝国的命运》，新华出版社2011年版，第41—42页。

洲大陆强国之间的联合之前，断然不能在欧洲谋求扩张领土及到海外争夺殖民地。俾斯麦针对德国外交战略选择，提出"诚实的经纪人"概念（Honest Broker），① 即德国在外交中不追求领土扩张和安全利益，而主要是充当欧洲其他大国间关系的仲裁者和中间人，使它们信任并依赖德国。任何欧洲国家之间大的疆域变更或安全事务都需要德国参与及协调，从而避免以遏制德国为目标的大国联盟的出现。1890 年之前，德国外交或"俾斯麦体系"始终遵循上述理念而展开。"俾斯麦体系"是由一系列精心打造的利益链构成的外交网络：德国与奥匈帝国结盟，并约束其行动，避免德国因奥匈的自行其是而与俄国敌对；俾斯麦首先建立对外"友好"的德奥同盟，然后邀请俄罗斯加入而建立起"三皇同盟"，使俄国放弃与法国结盟的意图；在涉及列强争夺奥斯曼帝国领地的"东方问题"（18 世纪末至 19 世纪，欧洲列强为争夺衰弱的奥斯曼帝国领地、权益或其属国领土所引发的一系列国际问题，主要涉及土耳其、俄国、英国、法国和奥地利等国）上，俾斯麦暗中支持俄国与英国对立，以消弭这两个地处德国左右的侧翼大国协调一致包围德国的机会；俾斯麦怂恿法国向非洲、亚洲扩张，使法国与英国为争夺殖民地而冲突；德国明确向英国表态，德国无意到海外争夺殖民地而与英国竞争，在埃及事务（19 世纪 80 年代，为控制苏伊士运河和埃及，英法两国发生激烈外交摩擦）和黑海海峡问题（英国与俄罗斯为争夺黑海海峡而展开的竞争）上协助英国牵制法俄，以换取英国对德国的友谊。如此一来，德国之外的其他大国间皆有矛盾，它们都需要德国，并且需要的程度将大于它们互相之间需要的程度，德国因此成为大国外交的核心与有分量的中间人。德国因此表现出积极的国际形象，在世人看来，其高速经济增长和工业进步没有对和平构成威胁。俾斯麦在其执政时期不遗余力将德国精力限制于欧洲大陆且防止欧洲出现反德大联盟，同时又支持各列强向亚洲、非洲扩张，将它们的注意力与矛盾引向殖民地事宜。

新生德国绝无可能同时对抗所有欧洲列强，故俾斯麦必须消弭它们对德国的不满并构建有利于德国生存的欧洲权力平衡。为此，俾斯麦围绕英国与俄罗斯最为关心的"巴尔干问题"与"殖民地问题"，打造有利于德国的复杂结盟体系，积极与奥匈帝国、俄罗斯打造三皇同盟，并与英国保

---

① 王曾才：《西洋近代史》，正中书局 2006 年版，第 729 页。

持友好，拉拢俄罗斯、奥匈帝国、意大利和英国并使它们串连在一起，孤立法国。这使任何国家都不确定若自己打破现状将会遭遇多少国家的反对。俾斯麦始终使德国保持低姿态而不以强势大国出现。俾斯麦通过公开条约、秘密外交，夯实德国与英国、沙俄及奥匈帝国的友好关系。俾斯麦主政下的德国通过三皇同盟、《地中海协定》（英国、意大利及奥匈帝国签订的关于维持地中海地区现状的协定）、《再保险条约》（德国为孤立法国、拉拢俄国，1887年6月18日同俄罗斯签订的密约），以及利用欧洲大国间在殖民地争夺中产生的矛盾，使德国扮演欧洲大国间关系的中间人、协调人角色。德国外交最核心目标是阻止反德联盟的生成与打造孤立法国的国家联盟。若德国把海洋霸主英国当成主要竞争对手，就将会面对英国和法国的联盟。故俾斯麦非常谨慎地处理德英关系，对海外殖民扩张保持克制，避免挑战英国核心利益，努力维持英德友好关系。俾斯麦构建起一个以英德友好、俄德奥三皇同盟及英意奥《地中海协定》等为主要外交支柱且能孤立法国的外交网络。其中，不论德国的主要对手是英国，还是法国，德国都不能恶化同俄国的关系，否则德国将陷入被上述国家东西夹击的困境。俾斯麦总是致力于促成俄罗斯与奥匈帝国的合作，担心俄奥矛盾激化将导致法俄结盟，并尽力维持德俄友好关系，并与俄罗斯签订《再保险条约》，但俾斯麦卸任德国首相后的德国威廉二世政府却拒绝再续约。

从1890年俾斯麦卸任到第一次世界大战结束，德国推行把自身从欧洲强国变成世界强国的"世界政策"。外交上，德皇威廉二世放弃俾斯麦确立的以欧洲大陆为德国主要活动舞台且推行均势外交的"欧洲大陆政策",[①] 转而推行谋求世界霸权的"世界帝国计划"，大力进行殖民扩张和加强海军军备，参与列强瓜分世界的竞逐，并挑起第一次世界大战。威廉二世"世界政策"的主要内容是：获取更多海外殖民地；建立德国主导的欧洲经济区；扩建海军。[②] 其主要目标是颠覆英国的世界霸权，建立世界性帝国。威廉二世认为，德国所面对的国际秩序对德国很是不公平，"我们（德国）也要争夺阳光下的地盘"。若此时德国拥有足够击败英国

---

① 俾斯麦出于现实政治的考虑，认为德国的利益重心在欧洲大陆而不在海外殖民。"大陆政策"的策略是拉拢英国、联合奥匈帝国，以孤立和削弱法国并抑制俄国。

② Alison Kitson, *Germany 1858-1990: Hope, Terror and Revival*, New York: Oxford University Press, 2001, p. 58.

及其盟友的国力,威廉二世的冒险外交或许还算合理。但第一次世界大战爆发前夕,英国综合实力仍强于德国,英国仍是世界金融中心。战争初期,德国的工业、军事动员能力、效率较敌国具有一定优势,但战争是综合实力的较量,德国尚不拥有能击败英国及其盟国的力量。

自17世纪始,大国之间的力量均势始终是欧洲国际体系的最主要特征。每当欧洲大陆有霸权国产生,其他强国便会群起攻之。地处欧洲大陆之外却又无法超然于外的英国,一直是欧洲大国之间力量对比的离岸平衡手,总是致力于防止欧洲大陆产生主导性的霸权国家。威廉二世的"世界政策"打破了当时欧洲脆弱的均势状态,让英国、法国、俄国产生严重危机感,并促成三国针对抗衡德国的结盟,为德国"世界政策"失败埋下伏笔。

欧洲联盟体系在脱离俾斯麦个人掌控后,迅速发生异化。完成统一、步入近现代政治制度仅几十年的德国,缺乏英国那种成熟的能制度化制约外交的现代政治制度,其社会还没孕育出成熟的制度化发展模式,民族主义依然是凝聚国家的最重要因素。俾斯麦外交政策复杂而巧妙,且随时局变化而变动,非俾斯麦这样杰出外交家不能驾驭。德意志第二帝国的现代政治底蕴太浅,最终未能形成务实主义文化精神,缺乏俾斯麦务实外交体系长期生存的社会与制度土壤,未能通过制度建构延续俾斯麦的外交遗产。俾斯麦外交政策一旦脱离俾斯麦掌控,被废止是必然的。国家崛起进程固然离不开灵活的外交策略——"术",但比"术"更高、更根本的是符合社会发展规律的正确战略——"道"。"道"是万事万物发展的内在规律,是"术"施展所必须遵循的基本原则。俾斯麦外交的缺憾在于,他试图凭借精巧的外交技巧以确保德意志帝国外交无虞。持续的动态平衡是俾斯麦构筑的外交体系的重要特征,这种外交需要极高理解力与能力才能操作,极大依赖于个人的外交才能,从而具有高度的不稳定性。

大国崛起靠实力,也有赖于战略,实力是崛起的基础,正确的战略选择是有效运用实力以及实现崛起成本最小化、收益最大化的关键,错误的战略选择将增大崛起的代价与成本,甚至导致崛起夭折。就选择正确外交战略助推国家崛起而言,美国是这方面成功的典型。近代以来崛起的大国中,美国是崛起最成功的国家,美国崛起离不开自身实力与既有大国衰退,也离不开美国崛起过程中的正确外交战略选择。历史上,一些大国在自身崛起进程中采取冒进的进攻性外交战略,从而引起大国间冲突,并因此付出沉重代价而遭遇惨败，如19世纪末和20世纪初处于崛起进程中的德国和日本，实施冒险进攻外交，并贸然发动世界大战，最终导致自身毁灭。美国在其崛起进程中，实施孤立主义外交，尽量避免与欧洲列强发生冲突，为崛起营造外在和平环境，并以最小代价与没有引发全面战争的前提下解构欧洲殖民帝国。美国崛起为世界霸权并主导国际秩序建构，孤立主义政策发挥了重大作用。美国孤立主义政策之所以有效，并非仅是由于美国拥有特殊地理位置的客观性（美国地处两大洋之间而使其不与其他大国直接接触），也是美国主观设计与选择的结果。孤立主义政策由美国开国总统华盛顿在《告别演说》中提出，其核心思想是美国不卷入欧洲政治纷争、欧洲不要干预美洲事务。根据孤立主义思想，美国应超然于欧洲大陆之外，避免承担海外政治、军事责任，减少对外经济援助，将精力集中于国内事务。美国独立之后的很长时间，孤立主义成为美国坚持的外交信条。19世纪末，当美国崛起为世界强国时，仍然恪守孤立主义。第一次世界大战结束后，作为战胜国的美国提出关于建立国际新秩序的"十四点和平计划"，试图成为国际舞台的主角，由于该计划被国会否决，欧洲列强对此也置若罔闻，美国又重回孤立主义。第二次世界大战刚结束，美国曾决定从西欧撤军而退回美洲，直至冷战爆发，美国才终止孤立主义政策。孤立主义政策是美国的自我保护政策，使美国避开欧洲纷争及欧洲列强对其发展的警惕，避免力量消耗。美国抓住第二次工业革命的机会，选择把经济、贸易而非军事力量作为发展重点，为后来美国走向国际舞台创造了坚实基础。

美国在崛起进程中，在外交上选择与当时的霸权国英国进行合作而维持欧洲大陆的均势，第二次世界大战后，美国水到渠成替代英国成为国际秩序主导者与海洋霸权。第二次世界大战之前的近代史的大多时间，英国是世界经济、政治秩序核心，以英国为核心的世界体系、国际体系深刻影响着美国的政治、经济利益，英国是当时所有国家中唯一有能力给美国带来最大危害的国家。美国崛起进程中，与欧洲大陆强国结盟以削弱英国，还是站在英国一边维持欧洲大国之间的力量均势，是美国面临的最重大外交战略选择。美国最终选择认同英国主导下的国际秩序，并成为英国主导下的国际体系的长期免费搭车者，美国也因此能在一个世纪内对工业发展实施国内市场保护和享有全球市场。

美国在崛起进程中，在外交上更多地倡导各国共同利益。第一次世界大战刚结束，美国总统威尔逊倡导建立以"十四点和平计划"为指导原则的国际秩序，倡导建立公正而持久的和平。威尔逊主义者提倡民族自决、民主政府及集体安全，反对殖民主义与反对战争。威尔逊主义具有普世性特征，彰显着美国的包容性，世界任何种族、国家都无法排斥威尔逊主义，也使美国成为受欢迎的国家。第二次世界大战结束后，在美国主导下，联合国、世界银行、国际货币基金组织及国际关贸总协定（WTO的前身）得以成立与签订，其中，联合国承担着维护世界和平及协调多方关系的重要责任，而其他几个经济组织则是国际跨国贸易与金融投资的核心制度框架。美国影响力不仅体现在军事、经济及科技等"硬实力"领域，也彰显在其所具有的"软实力"方面（以"民主与自由"理念为核心的价值观以及彰显这种价值观的政治、经济制度），它们共同成为美国所主导建构的国际秩序的重要支撑。

二 崛起进程中的中国所面临的地缘政治难题

冷战后的国际社会，没有出现群体性大国崛起的多极化趋势，而是呈现唯一超级大国美国国力相对上升且中国快速崛起的国际格局态势。中美两国的经济体量同其他强国之间的距离处于扩大趋势，而中美两国间的差距不断缩小。21世纪初期的国际体系中，中国是唯一有可能在综合国力上接近美国的大国。当今崛起中的中国正力图通过构建"新型大国关系"来避免自己同国际体系霸主美国及其全球联盟体系的关系陷入"修昔底德陷阱"。作为海陆复合型大国，中国自近代被西方裹挟进入西方主导的国际体系以来，就一直存在"海防"（海权）与"塞防"（陆权）孰重孰轻之辩。回顾历史，"腓力陷阱""威廉困境"与其说是海陆复合型大国因其地缘结构与国际权力结构变化而导致其面临的海陆双重压力，不如说是海陆复合型大国奉行的安全战略及国家发展模式带来的结果。海陆复合型大国对海权霸主最大的挑战，并不是来源于海陆复合型大国的陆权优势，而在于海陆复合型大国对海洋霸权全球海权的分割与侵蚀。如威廉二世时期的德国追求挑战英国海洋霸权的制海权，最终使英国将德国视为头号敌人。"修昔底德陷阱"是崛起中的大国与既有霸权国之间因权力转移或认知敌意导致的结果。若从崛起的海陆复合型大国角度讲，其冒险外交导致的"威廉困境"却是导致其陷入"修昔底德陷阱"的关键原因。俾斯麦外交模式或其推行的"大陆政策"与威廉二世的"世界政策"，这两种外交模式给德国带来迥异的外部环境,为处于崛起关键期的中国的外交战略选择将提供前车之鉴。

进入21世纪以来,中国地缘安全战略开始从区域陆权战略向区域陆权与区域海权相结合的海陆并举战略转变。在东亚的国际权力格局中,呈现的是中美二元结构,中国成为美国唯一制衡对象。有美国学者指出:"中国对海洋依赖的增长形成了21世纪强大的外交和安全挑战","如果处理不当,可能引发与主要海洋国家的直接冲突;如果妥善处理,可以调整在海洋安全活动方面的相互利益,并加强与主要海洋国家合作"。[1] 冷战结束后,美国取得全球领导权地位,但中国在21世纪初期的快速崛起是推动国际格局改变的核心要素。当中国实施提升区域海权能力的战略之时,美国及其亚太联盟体系却实施遏制中国发展的"亚太再平衡战略"与"印太战略"。

21世纪初期,伴随中国快速崛起,美国开始将目光逐步转向亚太地区,2011年11月,美国奥巴马政府宣布美国将"重返亚太"。此后,美国逐渐向亚太地区投入更多安全、经济及外交资源,并推动将中国排除于外的《跨太平洋伙伴关系协定》(简称TPP)的签署,从而形成"亚太再平衡"战略。在"亚太再平衡"推行中,美国又有了"印太"战略的设想,即通过整合太平洋与印度洋两区域的地缘政治、地缘经济资源遏制崛起的中国,并将美国主导的亚太安全体系延伸至"印太"区域,从而在新的大国权力转移进程中维持美国霸权。2017年11月,美国总统特朗普阐述美国推动建构"自由而开放"的印太地区的愿景。2017年12月《美国国家安全战略》报告将印太地区置于美国外交战略首要位置,并表示,就政治、经济、军事及安全等事宜,美国将要在印太区域采取优先行动。2019年6月、12月,美国政府发布《美国印太战略报告》《自由而开放的印太:推进共同愿景》两份文件,美国"印太战略"布局由此正式实施。据"印太战略"的战略设计,中国是一个挑战美国全球安全与经济地位的"修正主义国家",中美在"印太"地区内的关系被界定为"自由世界秩序"与"压迫世界秩序"之争。故美国必须对中国诉诸强硬外交

---

[1] [美]加布里埃尔·柯林斯:《中国对全球海洋公域的依赖》,载[美]埃里克森、戈尔茨坦、李楠主编《中国、美国与21世纪海权》,徐胜等译,海洋出版社2014年版,第26页,转引自李冠群《中美俄地缘战略互动及全球海洋秩序重建》,《亚太安全与海洋研究》2021年第5期。

政策，抑制中国对美国的国家竞争力和美国在政治、经济、科技、军事等领域的主导优势构成的挑战。① 阻止任何强国控制欧亚大陆东西两端的任何一端，是美国外交大战略的核心目标，资源丰富、面积辽阔的欧亚大陆东西两端拥有无限战争潜能，一旦被某一强国控制，美国将无法抗击这一强国的挑战。冷战期间，美国国家安全委员会第 68 号文件强调：苏联的目标是支配欧亚大陆，如果苏联与西方爆发战争，苏联便可以依靠欧亚大陆这个庞大的陆权基地进攻英国和北美大陆。② 因此，整个冷战时期，美国对苏联扩张实施全面遏制与推回战略。冷战后，面对和平崛起的中国，美国的战略防范与遏制逐渐加深。

历史上，美国的全面崛起首先仰赖于其长期在北美洲经营的区域性陆权，并在全面崛起前在安全领域搭英国海洋霸权的便车及避免过早承担国际安全责任。19 世纪末，美国经济规模已超英国，但直至第二次世界大战结束美国才凭借战胜国身份水到渠成接替英国成为海权霸主。当下，崛起中的中国，奉行审慎、节制的区域陆权与区域海权战略，是防止中国陷入"威廉困境""腓力陷阱"的关键。对于在海洋上与中国存在领海或领土争议的周边国家，中国通过不损及主权的善意让步或妥协达成和平，将有助于降低中国崛起进程中面临的来自国际体系的压力。只有避免因陆权、海权战略引发的"威廉困境""腓力陷阱"，才有可能规避中美之间可能出现的"修昔底德陷阱"。

如对"腓力陷阱"问题进行反思，就会发现，海陆复合型大国崛起遭遇挫折的原因，不仅是因为其发展与海权霸主之间存在结构性矛盾，还在于迈向崛起进程的海陆复合型国家的周边陆权邻国对其崛起的遏制。从"腓力陷阱"得出的一个重要警示是，海权霸主对其他崛起国家往往推行无差别制衡战略，海陆复合型崛起大国并非获得更多陆权就能回避海权霸权国家制衡。其实，由于周边国家的制衡，崛起的海陆复合型国家要获得更多陆权是困难的。历史上遭遇"腓力陷阱""威廉陷阱"的西班牙帝国、德意志第二帝国，其衰败与崩溃的原因，不仅是外交上的战略冒进，也源于内政现代性的不充分。"腓力陷阱"命题能解释后冷战时代的一些

---

① 信强、余璟仪：《拜登政府"印太战略"视域下的中美安全竞争》，《俄罗斯研究》2022 年第 4 期。

② Melvyn P. leffler, *A Preponderance of power*: *National Security*, *the Truman Administration*, *and the Cold War*, California: Stanford University Press, 1993, p. 11.

大国的外交选择。冷战刚结束时，俄罗斯在外交上倾向于向西方"一边倒"，但鉴于俄罗斯是欧洲大陆具有支配性能力的陆权大国，且具备恢复超级强国的潜能，加上西方文明与俄罗斯文明存在巨大差异，美国及其欧洲盟国仍对俄罗斯进行战略遏制。

在2012年以前，美国缺少积极或直接干预亚太事务的动力与热情，直到它视崛起的中国为其霸权的挑战者。2013年奥巴马第二任期开始后，美国对华政策趋向强硬，特朗普任总统时变得更为敌对。美国认为，中国崛起给美国带来的经济、安全及"软实力"方面的"威胁"已超出中美经济合作带来的收益。中美之间的竞争，体现在经济、科技层面，也体现在发展模式与制度层面。

中国改革开放初期，为联合中国遏制苏联扩张以及可从中国增量改革所释放的巨大利益中获益，美国等西方国家与中国展开合作。但伴随中国增量改革空间渐次收缩，中国经济面临增速放缓、资本边际收益下降、结构性产能过剩及要素成本上升等问题，西方国家从对华经济关系中所获收益也相对减少，甚至日益感受到来自中国持续上升的竞争压力。

中国并没有军事扩张主义的意图，只是希望通过融入国际秩序推动国家的现代化，同时也希望建构一个能回应中国合理诉求的公正、公平的国际秩序。中美博弈中，两国的目标有很大差异，美国致力于维护其世界霸权，中国追求的是自身发展权，这使双方关系有很大回旋余地，而绝非不可调和。21世纪初的美国对华政策调整酝酿了十余年，不会轻易改变。中美博弈是长期的，在高科技领域的竞争，已势在必行。面对美国的战略围堵与遏制，中国应奉行有理、有利、有节的应对策略，并尽可能争取中美合作，防止中美经济全面脱钩。中美博弈的结果将取决于两国各自的国内发展和外交的"合纵连横"。

第四节　中国规避地缘政治困境的途径与中国海洋、大陆文明的统筹发展

一　中国规避"威廉困境""腓力陷阱"的途径：周边外交、有限海权与全球化

俾斯麦外交战略规划中，将周边外交置于德国对外关系中最重要的位

置,是俾斯麦最具智慧的判断之一。俾斯麦外交体系是基于相应前提与假设而设计,即德国地处欧洲中部,是四战之地,周边被大国环绕,其根本不可能毫无顾忌地追求霸权,否则将重蹈法国路易十四和拿破仑的覆辙;德国也不可能在没有解决欧洲安全问题的前提下,而致力于到海外建立"世界帝国"。使德国在欧洲拥有相对优势,是德国最可取与风险最低的战略选择。19世纪末期的世界体系,欧洲是中心,只要德国在欧洲拥有独一无二的地位,就可成为一等大国,也就无须到海外去打造一个"世界帝国"。俾斯麦卸任宰相后,德皇威廉二世却将外交目光转向海外,并将英国作为外交核心。

俾斯麦时代的德国推进大陆政策,将德国对外关系重点放在周边,俾斯麦想通过改善德国周边安全环境为德国实现工业化赢得时间和空间。当对俾斯麦外交进行反思时,也能看到其缺憾,如对法国的过度孤立使其满怀不安全感和复仇情绪,最终使法国成为德国外部环境的负面因素。中国当前最紧迫任务是实现国家发展现代化,良好周边环境将为中国发展创造时间和空间。中国需要意识到自身的崛起正在改变东亚权力格局,中国更要通过加强对话使周边国家准确了解中国国家意图,避免出现导致崛起中断的对外战略透支。

俾斯麦外交模式及原则,对包括德国在内的欧洲历史产生了深远影响。德国统一后,俾斯麦首先是争取其他欧洲大国接受统一而强大德国的出现。德国统一进程中,俾斯麦密切关注欧洲各国对德国统一的反应,以各种方式助推德国统一顺利进行。统一后的德国,在外交上小心谨慎、谦虚低调,实施有助于树立和打造德国正面国际形象的"大陆政策",并以中立姿态立足欧洲,尽量消除其他大国对德国的疑惧,稳健而逐步地拓展德国影响力。俾斯麦实施"大结盟""矛盾均势"(利用矛盾制约矛盾)外交,使他国遵循其设定的外交路线,助推德国实现国家安全和提升国际威望,并通过外交上孤立法国而遏制法国,最终稳固德国在欧洲战略空间中的主导性,以及确保德国对欧洲大国关系的掌控。对于德国对自身战略空间的经营而言,俾斯麦外交的作用是积极的。令人遗憾的是,俾斯麦卸任后,德国稳健而节制的"大陆政策"被激进而推动德国过度对外拓展的"世界政策"取代。"世界政策"实施后,德国的冒进外交压缩其原本不大的外交与战略空间,也最终使德国放弃俾斯麦时代确立的"和平崛起"战略,最终迫使周边国家联合遏制德国,以重新恢复欧洲均势。

俾斯麦曾利用欧洲各个大国之间错综复杂的利益关系与矛盾在外交上纵横捭阖，为德国崛起营造良好国际环境。当前，中国崛起速度超出世界所有国家预期，在如此快的崛起中，如何打破来自美国为首的一些国家对中国的遏制，进而营造良好外部发展环境，是中国制定发展战略时需要思考的首要议题。

冷战结束后，中国积聚起陆权优势，打破东亚大陆陆权平衡，并积极谋求海权崛起，自然会遭到美日等海权国家围堵。但由于缺乏足够充分的陆权支撑，旨在遏制中国崛起的美日海权同盟与"亚太再平衡"战略难以从根本层面遏制中国。美国在20世纪中叶两次武力介入东亚事务（朝鲜战争与越南战争），但皆因缺乏盟友提供强大陆权支撑而失败。目前，与中国接壤并具有强大陆权势力的印度，是遏制中国崛起的美国值得借重的力量。中印对抗将有可能使中国陷入面临海陆双重压力的"腓力陷阱"。中国需审慎应对美日印澳四国的战略合作与海陆联盟对中国构成的地缘政治围堵。增强中印之间的战略互信，加强双方的安全和经济合作，避免美国借中印边界问题从中渔利，是中国充分利用崛起战略机遇期的重要基础。中国宜在国际舞台上扮演"温和大国"角色，在中俄间保持战略互信，尽力促成与印度的历史性和解，避免战略冒进，美日海权同盟将无法在中国周边找到制衡中国崛起的陆权支轴国家。

中国是海陆复合型国家，有尽享海陆之利的可能，也有面临海陆双重夹击的风险。中国在崛起过程中规避"威廉陷阱""腓力陷阱"的最佳方式是：避免战略冒进、滥用威慑；避免单边主义及损害国际道义的外交；避免在陆权上过度伸展，以及避免周边陆权强国因戒备中国而加入美国为遏制中国崛起而构建的对华遏制同盟。

中国海权发展已不可逆转，在亚洲大陆东部陆海交接的边缘地带建构起稳固成熟的经济与安全秩序，是中国能成功实现由传统陆权国家向海陆兼备的现代国家转型的关键。

中国海权发展无法回避海权霸主美国，海权问题是决定中美关系走向的核心问题。21世纪初期的当下，中国面临来自陆地和海洋的安全压力，尤其是面临海洋权益危机，这决定了主权需求是中国海权发展的基本需求。

中国海权发展应遵循"战斗方式"与"生活方式"相一致的原则，即中国海权发展必须与中国经济、社会发展模式、方向保持一致性。中国海权发展不仅是为捍卫国家主权和安全，也应致力于促进经济、商贸发展。中国务必使海权建构与经济、社会发展保持正相关关系，即海权建构与经济发展相辅相成。中国海权建构追求的是能对本国经济、海外运输通道及海外利益实施有效捍卫的海洋防卫权。考虑到中国的地缘复合型特性，这决定了中国的海权在范围上应属有限型、区域型而非全球性海权，以及决定了中国海权在海上力量的运用上应属防御型而非进攻型海权。中国是海陆复合型国家，地缘战略必须兼顾海权与陆权。

海陆复合型崛起大国在崛起进程中面临的挑战，不仅源自国际体系的权力结构，也与其战略选择有关。致力于发展海权的陆上强权将更有可能遭到海权霸主的积极制衡，而致力于缔造陆权均势的陆权国家一般会成为海权霸主拉拢与绥靖的对象，如第一次世界大战之前致力于陆权平衡的法国、俄国，成为英国遏制同时发展陆权与海权的德国所借助的力量。当海陆复合型崛起国家逐步发展成陆权的支配性大国时，致力于维持大陆国家间权力均势的海权霸主将会对其展开积极制衡。因为欧亚大陆一旦出现支配性的大陆霸权，将会从根本上终结海洋霸权。但海权霸主要实现对有可能出现的支配性陆权强国的制衡，却需要与支配性陆权强国的周边陆权邻国结成战略同盟。若海陆复合型崛起大国不谋求陆上霸权，而是谋求在"动态多边均势"中的相对优势（就如俾斯麦时期的德国外交选择），则会促使周边国家争相与其合作或相互推卸遏制其崛起的责任，最终使海权霸主在陆上无法寻找到足够的参与制衡崛起中的海陆复合型国家的陆上战略同盟，这正是俾斯麦外交的精髓。对海陆复合型崛起大国而言，通过务实而灵活的外交维持自身在"动态多边均势"中的相对优势，以及通过与周边国家共同构建多元安全共同体提供国际安全公共产品，是避免"威廉陷阱""腓力陷阱"的最好方式。当海陆复合型大国周边的大陆国家都保持中立立场时，海权霸主将无法通过与这些大陆国家结盟构造对海陆复合型大国的海陆两线制衡。

融入既有国际体系，是中国崛起的前提。改革开放四十余年来，通过融入全球经济，中国成为现有国际体系、国际秩序中经济增长最快的国家，并被国际社会公认为崛起大国。改革开放之初，邓小平提出"韬光养晦"战略，从地缘政治角度看，就是让中国在夯实区域陆权之际，尽可能不较早发展区域海权，以免在崛起尚未实现的情况下成为美国的重点制衡对象。邓小平提出，中国在国际社会"绝不当头"，其实质则是在国际安全领域搭霸权国家的便车及避免过早承担国际义务,从而实现以经济建设为中心的发展任务。①

全球化的现代世界中,搞两个相互隔离而对峙的体系绝无前途,中国正是率先跳出冷战中两个体系对抗的格局才实现发展。伴随着改革开放,中国经济深度融入全球市场,中国的发展受益于且离不开过去几百年西方国家与国际社会共同建立的国际秩序,也以西方技术创造的工业化为前提。中国的国际战略与外交政策应以维持和改善这种秩序为基本立足点,不应去主动解构中国崛起赖以依靠的现行国际秩序。中国发展奇迹是中国政府及人民主观努力与国际秩序所提供的客观条件(稳定与机遇)共同作用的结果。

20世纪,人类社会曾爆发过两场争夺生存空间与市场资源的世界大战。世界大战爆发的一个关键原因在于,西方列强之间缺乏一个共享的开放市场,各个西方列强致力于经营各自封闭性、排他性的帝国。西方开启的全球化,从一开始就是一个分裂而充满零和博弈的全球化。伴随地理大发现,欧洲国家对外殖民,并开启全球化进程,但这种全球化也伴随着对世界地理上与市场上的分割。葡萄牙、西班牙是人类大航海运动的先驱,并开启西方列强分割世界的进程。西班牙与葡萄牙为解决殖民地问题上的争夺或争论问题,两国签订了系列划分彼此势力范围的条约。1494年6月7日,由罗马教皇主持,葡萄牙与西班牙签订《托德西利亚斯条约》,该条约规定:两国以佛得角群岛以西2200海里处的教皇子午线为界瓜分新发现的土地,界东归葡萄牙所有,界西属于西班牙。美洲新大陆发现后,西班牙、葡萄牙是最早到达美洲的殖民国家,从而垄断了美洲贸易。后起殖民强国荷兰、法国、英国等,为分享美洲贸易收益,都打击或试图摧毁西班牙确立的封闭贸易体系,尽管它们在自己殖民帝国中也确立起封闭性的航海体系。

自15世纪末伊始,伴随新航路开辟、新大陆发现,欧洲各国竞相攫取海外殖民地。当时的主要贸易政策,是由殖民国家从殖民者的经济利益出发制定。16—18世纪,重商主义是指导欧洲国家进行国际贸易的主要思想。重商主义认为,财富的最佳形式是金银,增加金银就是增加国家财

---

① 姜鹏:《海陆复合型地缘政治大国崛起的"威廉困境"与战略选择》,《当代亚太》2016年第5期。

富，只有发展对外贸易与保证贸易顺差才能获得金银。对国际贸易，重商主义强调以下原则：对成品进口征收高关税，原料进口征收低关税；成品出口征收低关税，原料出口征收高关税。在重商主义指引下，欧洲各国发展能实现长期贸易顺差的殖民地贸易。由于要保持贸易绝对顺差，从而使大规模贸易只能在武力水平差距较大的殖民国家与殖民地之间展开，两地之间的贸易又是以殖民地财富被掠夺为基础。欧洲各国为垄断自己在殖民地的利益，竞相出台相关政策。其中，影响最大的要数英国1651年颁布的《航海法案》。该法案发布的目的是：控制殖民地经济发展，垄断殖民地市场，禁止英国殖民地与他国直接进行贸易。根据重商主义殖民思想，贸易、殖民扩张与国家强盛之间存在紧密关系。重商主义者认为，对外贸易或建立贸易帝国是英国强盛的根本原因，但拓展贸易的主要路径和目标则是攫取殖民地，并缔造以宗主国为中心的具有垄断性、排外性的殖民贸易体系。重商主义是以零和思维看待国际经济的，"财产的增加理当着眼于外国人，一方有所得必致另一方有所失"①。根据重商主义，应该依靠国家干预保证贸易收益流向本国，确保"与我们同业竞争的其他国家无法从我手中夺走贸易，而我方却能排挤他人，让自身贸易持续并增长"②。限制进口，鼓励出口，最大限度谋求贸易顺差，赚取外汇，是重商主义思想核心。这种"零和思维"的主张，很容易诱发战争。

　　欧洲国家殖民拓展进程中，各个殖民帝国划定自己的势力范围，各宗主国与自己殖民地之间构成一种等级性的紧密关系，而各殖民帝国之间却缺乏横向经济联系，相互封锁，并相互蚕食，总体上，各个帝国之间并没有经济上的相互依赖。当新兴国家崛起后，放眼全球，整个世界基本已被老牌殖民帝国瓜分完毕，而要想和平进入其他殖民帝国体系中获取资源与市场，是不可能的，最终只好诉诸武力。这是世界大战爆发的重要原因。世界各大国间的海权、陆权之争，其本质并非海权与陆权之间的竞争，而是各个殖民帝国对势力范围的争夺，这种争夺不可避免地表现为海权与陆权的运用。

　　20世纪初，英、法等老牌殖民帝国已将世界有限的原材料、土地和

---

① Max Beer, *Early British Economics from the 13th to the Middle of the 18th Century*, Routledge, 2003, p. 59, 转引自梅俊杰《重商主义真相探解》，《社会科学》2017年第7期。

② ［美］道格拉斯·欧文:《国富策：自由贸易还是保护主义》，梅俊杰译，华东师范大学出版社2013年版，第39页。

市场瓜分完毕，而工业革命引致的经济增长却增加着新兴工业国对资源和市场的需求，因此，新兴工业国就要拓展殖民地，也期望重新瓜分世界市场。当时，世界经济无组织、无规则，开放性世界大市场尚未形成，日、德等后崛起工业国只有通过军事等硬实力竞争来夺取资源。20世纪初的欧洲，德国是迟到的殖民帝国，也是一个崛起国家，要争夺"阳光下的地盘"，即争夺更多的资源与市场。德国在欧洲扩张，还要争夺海外殖民地。世界已无"无主"土地可供德国殖民，德国海外扩张必然威胁既有殖民帝国。海军是为夺取、护持海外殖民地而建，而殖民地则是资源、市场的源泉。德国建设远洋海军的举措最终导致英、德冲突，并最终引发第一次世界大战。

第一次世界大战后，遭受战火蹂躏的欧洲，经济缺乏动力，出口高度依赖美国市场。1929年美国经济大萧条，美国这台推动世界经济增长的引擎熄火，世界经济由此陷入萧条。正是因为民众对经济危机不满，提出通过战争刺激经济的法西斯势力才赢得民众支持而攫取国家政权，经济危机是法西斯国家发动第二次世界大战的重要内部动因。第二次世界大战爆发前夕，世界经济的无序竞争，以及扩张市场、争夺领土及资源的企图，是导致战争爆发的重要原因。第二次世界大战爆发前的一段时间也是世界贸易保护主义盛行的时代。经济危机期间，各国大打贸易战，组建经济圈，实施市场分割，对还未摆脱第一次世界大战阴影却又急着扩张的德国、日本及意大利而言，世界经济的这种无序状态给它们带来的是摧毁性打击，从而也迫使它们走向武力扩张。20世纪30年代，面对世界经济大萧条，西方各国严厉保护自己国家市场，竞相贬值货币，提高关税税率，关税大战愈演愈烈，国际资本流动严重受阻，各国经济近乎崩溃，各国经济矛盾空前激化，第二次世界大战爆发不可避免。

第二次世界大战后国际秩序的最重要变化是，美国主导建立了开放而具有规则的国际经济秩序，使国际社会成为一个相对有序而理性的世界，为一体化发展提供了制度框架。美国主导联合国、国际货币基金组织、关贸总协定等国际组织、国际条约的建立及签订，为国际社会的制度化创造条件，并主导制定国家间交往规则。由于汲取第二次世界大战前各国经济分裂引致世界大战的惨痛教训，1945年之后，西方国家建构出以"布雷顿森林协议"规定精神为基本运作原则的国际经济秩序，从而为经济全球化提供了制度保障。在世界经济一体化进程中，基于上述经济组织及其制度框架，最终形成由全球贸易、金融及生产体系等组成的全球经济体系。在技术革新推动下，各国经济相互依依赖性日益加深，在全球生产体系中尤为明显。从贸易视角看，各国在国际贸易中存在一个各方利益均衡的问题，打破均衡，贸易双方将"两败俱伤"。故维护正常国际经济秩序符合世界各国共同利益。在经济全球化中，伴随各国之间的经济竞争，世界经济自由化程度也大大提高，各国经济相互依赖程度逐渐加深，合作抵御经济危机的意愿也随之提高。各国之间在市场上的分割状态，第二次世界大战结束后有了重大改变，即整个西方世界或西方大国之间终结了市场分割状态。同时，美国主导下的西方资本主义阵营与苏联主导的社会主义阵营之间在经济、社会及文化上却是分割对峙的。中国1978年实施改革开放前，与西方社会在经济上也基本是隔绝的。直到改革开放伊始，中国才逐渐融入西方主导的世界经济体系。

国家间关系的新变化还与知识经济出现有关。第二次世界大战后，以知识和技术为主要生产投入的知识经济开始兴起，其是一种以人为本的经济模式，主要依靠人力资源尤其是智力资源的推动来发展。与自然资源不同，智力资源无法通过武力攫取。知识经济时代，发展并非以自然资源的高消耗为基础，而是追求以人为本的可持续增长。由于经济发展以人为本，社会保障制度也必须相应不断调整，以知识阶层为主体的中产阶级也开始壮大，社会发展因此逐渐走向平稳。同时，企业从单纯谋利转向担负社会责任，成为战后世界经济发展的新现象。从而，因转移国内矛盾与争夺自然资源发动战争的动因减弱。

第二次世界大战之后的国际秩序，在价值上是自由主义的，其基本思路是通过自由贸易推动人类共同繁荣，由此缔造和平秩序。18世纪的德国哲学家康德（Immanuel Kant）曾预言，伴随着国家民主共和制的建构，人民将会因为生命及经济的损失而反对战争，从而推动世界和平的实现；同时，各国之间展开的彰显"商业精神"的自由贸易将推动国家间的合作与相互依赖，最终缔造出国家间和平。[①] 自由贸易能带来财富增量，并能促进生产要素、财富的流动，故自由贸易能抑制战争的爆发或消释引致战争的因素。权力垄断、国家主义导致的财富集中，以及权力不受制约往

---

① ［德］康德：《永久和平论》，载康德《历史理性批判文集》，何兆武译，商务印书馆1990年版，第97—144页。

往是战争的源泉。中国历史上，当中原农耕政权与北方游牧政权之间展开互市（自由贸易）之时，往往会给双方带来和平，当中原政权终止互市政策时，往往会激发游牧政权南下侵扰。在国王、贵族与地主垄断权力、土地且世代承袭的农耕社会，社会累积着"仇富""仇官"之怒火。在国家间的自由贸易体系中，市场规模会扩张，贸易能促使财富流通，他国的富裕及强大购买力，将能创造出强大需求，从而能促进贸易，进而给参与贸易的各国带来财富效应。相较于战争的零和性，自由贸易带来的是双赢。自由贸易是一种自发秩序，经济全球化从根本上是个人与个人之间的全球化。贸易互利及经济全球化中的个人之间利益的相互深度渗透，将会增加战争成本，从而也抑制战争。

倘若缺乏经济往来与自由贸易，国家间的谈判、和平条约及同盟关系将很难持续。倘若国际关系缺乏个人间贸易及经济上的深度协作的支持，而仅靠国家贸易维系，它将是脆弱的。倘若缺乏经贸基础支撑，国家间的谈判、协议，将容易受到个人意志、国家政权更迭的影响而改变。民主政治、自由贸易是与个人意志相对立的多数人秩序，这种秩序具有抑制战争爆发的功能。当然，民主政治、自由贸易之下，国家间同样会爆发冲突。当交易费用或成本高于交易带来的收益，国家间便可能爆发战争。君王专制国家之间，比民主政体国家之间更易爆发战争。缺乏经贸关系的两个国家比有紧密经贸联系的两个国家更易走向冲突。受国家主义支配的国家比自由主义主导下的国家更倾向于诉诸战争解决国家间矛盾。抑制自由贸易、增加交易成本的任何行径，都有可能是战争的导火索。

美国特朗普政府发起的中美贸易摩擦，显露了美国试图推行"去中国化"的企图，但中国和世界经济体系捆绑太紧，很难完全脱钩。目前，与冷战期间美苏缺乏经济上的相互依赖不同，中美间经济上的相互依赖程度很高，无论是商品、服务，还是人员之间的交流，都存在紧密联系，任何领域的脱钩，都会牵连其他领域。自 2019 年以来，逆全球化现象有所凸显。面对逆全球化风潮，中国更应该加大开放。逆全球化暴露出国际关系的现实主义特征，即经济与政治并未真正脱钩，政治权力对市场自主、贸易自由具有强大影响力。在国际经贸领域，经济仍旧是政治的经济。政治这只"看得见的手"随时都有可能基于政治考虑而将竞争对手驱逐出局。全球化是不可逆转的大势，无论阻力多大，中国都应坚定信心、坚持理性，世界越封闭，中国就应越开放。资本天然趋利，全球化一旦开启，就很难再用政治权力将其终止。

自特朗普政府开始,美国对华外交日趋强硬,将中国定位为美国的"战略竞争对手",展开与中国的全面竞争。拜登政府延续对华战略竞争理念,并完善美国对华竞争战略。中美竞争是全方位的战略竞争,是传统大国竞争的延续,也体现出21世纪国际秩序变革背景下的大国竞争的特殊性。美国将美中战略竞争视为综合国力、社会制度、治理模式及意识形态的全方位竞争。

中美竞争是决定世界历史进程的关键因素。进入21世纪,全球化的深入和国家间在发展上的相互依赖程度的加深正重构大国竞争格局,并对包括大国在内的所有国际社会主体施以新限制。大国竞争仍是当下国际政治常态,但由于竞争国家之间存在着利益的相互交织,彻底击败对手不再是国家竞争的终极选择与预期目标,这是多边主义国际体系能被维系的前提。在多边主义国际体系中,大国竞争导致全面冲突的可能性大大降低。目前,中美竞争呈现与传统大国竞争不同的特点:在全球化深入发展和核威慑作用增大的背景下,经济、科技、网络、基础设施建设等低级政治方面成为中美竞争的主要领域,中美竞争演化为武力冲突的可能性大大降低;相互依赖程度的加深使中美在制定战略目标、选择战略手段时不能无视对方的反应,必须充分考虑对方预期,从而促生出两国间关系竞争与合作并存的状态;伴随国际制度、规则体系对国家权力约束的增大,国家间竞争日益表现为基于规则的有序竞争,中美竞争不会解构现有国际体系;中美竞争是全方位的战略竞争,涉及政治、外交、经贸、科技、安全、规则等领域;中美竞争是地区竞争,也是全球竞争,二者相互交织使竞争突破双边范围而延伸至多边。这使中美竞争兼具长期性、全面性及复杂性特征,并增大舒缓竞争加剧的难度;中美在意识形态领域存在鸿沟,体制差异巨大,中美在这两个领域的竞争仍将持续,两国之间的地缘政治竞争也不会消失。

面对美国对中国的战略围堵,以及美国在全球经济中推动去中国化及与中国经济脱钩的行为,中国应始终保持开放。历史上,曾一度占据世界陆地面积1/4的英帝国,其成功的关键就在于"单边开放"。"单边开放"助推英国战胜其众多竞争对手与长时间维持全球霸主地位。从中国历史看,朝贡体制其实就是一种"单边开放"体制,并维持了东亚世界上千年的稳定。今天的中国,应坚定走开放之路,应将资本、产能和基础设施建设技术等优势带向国际，通过互惠，超越地缘政治竞争的狭隘语境，这才是应对逆全球化的最佳策略。只要中国持续开放，仍有非常大的优势，外国资本还会进来，技术也不会完全脱钩。

很多中国人将中国美经贸合作视为两国关系的"压舱石"，认为只要有经贸合作，中美之间就能维持"斗而不破"的关系。这是一种过于理想化与片面化的看法，无论是从历史来看，还是立足现实，"经济决定论"都无法最终解释中美关系。因为，国家间关系中，高级政治问题（军事、政治及安全问题）的重要性最终要高于低级政治问题（经济问题）。中国政府一直视国家主权独立、领土完整和党的领导地位为比经贸利益更重要的最高政治利益。当今无政府状态的国际社会，仍处于现实主义主导的时代，对现实主义而言，国家首要目标是生存和安全，军事权力才是决定国际关系走向的关键变量。在国际关系的建构主义者眼中，价值观、意识形态、文化及领导人对国际关系的认知，是决定一国对外关系的关键因素。同时，国际关系的自由主义者则坚持"民主和平论"，即拥有自由、民主价值观及政治制度的民主国家间不会爆发战争。因而，不论是从实现主义角度，还是从建构主义、自由主义的视角，在意识形态、政治制度及地缘政治利益等方面存在重大差异的中美之间，的确存在爆发冲突的可能性。

中美间之间的矛盾，其最根本性的问题不在经贸领域，而是存在于地缘政治、军事安全及意识形态层面。伴随中国快速崛起，中美关系中，"经济决定论"的解释力正在式微，政治逻辑正在压倒经济逻辑。为防止中美矛盾失控，两国必须尽力将两国矛盾管控于经贸层面，避免矛盾升级至具有"零和博弈"性的意识形态、地缘政治及军事安全层面。

二 基于"大一统"精神的中国海洋文明与大陆文明的融汇整合

人类社会发展离不开自然地理，并深受自然环境影响、制约。近一百年以来，地缘政治学理论一直试图在地理与文明发展间寻求内在关联。只有穿透与超越纯粹自然地理，将地缘政治理论建立在对人类文明历史变迁、决定人类整体命运之普遍法则的思考基础之上，地缘战略之"术"才有活水源头，才能成为真正地推动人类文明发展的战略之思，否则就会变成无源之水、无本之木。中国是一个地理疆域规模巨大且兼具海陆复合性地缘特征的大国,且曾经是世界轴心文明之一的重要载体,中国的崛起具有世界性意义。以天下为思考对象,绝不自囿于一族、一国,是轴心文明的本质特性。轴心文明绝不会将自身发展局限于特定族群,其内嵌的普遍性本质决定其必将关注文明本身的普遍传播性与普适性。中国思维、中国精神孕育于其轴心文明时代,中国精神及文明天然内含普遍主义冲动。在古代,中国轴心文明始终将自身理解为世界本身。在现代,中国文明只有通过普遍主义才能理解自身与世界的关系。中国新的历史叙述必须要能在空间意义上发现中国与世界在发展上的内在一致性,在时间意义上发现古代历史与近现代历史在精神逻辑上的内在关联性。如此,中华文明内嵌的普遍主义冲动,中国超大规模的人口数量、经济体量所具有的潜在创造性,以及中国所具有的世界历史民族的潜力,才能获得释放和通往建设性方向。中国崛起不是简单的权势崛起,而是一种具有普遍主义特性的轴心文明形态的凤凰涅槃。在中国思想与民族复兴中,世界普遍主义的中国哲学思考与事关人类命运的全球空间视野,必须携手并进。中国文明进程与其自然地理环境的相互关系是具有普遍主义特质的中国文明与其所面临的地缘政治历史大势相互作用的体现。

  与普适性、抽象性的哲学反思不同,地理始终是具体存在,地缘政治理论则是服务于具体的地缘政治操作。地缘政治理论不仅应是一种"术",而更应是一种具有普遍性思考的"道"。作为一种具有普遍性哲学思考特性的理论学说,地缘政治理论必须超越具体的地理环境要素,将自身升华为关于普遍性人类文明发展的理论思考。地缘政治理论应在不变之地理环境与流变之人力、制度及文明要素之间寻求恰当结合点。对自然地理与文明历史的内在转化与相互影响,中国国家决策者应具有恰如其分把握这种转化与影响的能力,必须能洞悉、把握地理自然与人类自由、地理不变性与社会可变性之间相互影响、转化中形成的历史文明大势。借用中国古代法家的"法""术"和"势"语词,地缘政治学就是将自然地理规则的"法"、地缘政治决策之"术"与人类文明发展大"势"相结合的学问。

  中国与西方思想体系中,轴心时代的思想是最古老、最有影响力的思想,也是各自传统思想和文化的核心。当代中国在思考自身传统及其价值时,只有具有他者视野,才能返本开新。中国需要理解自身思想传统的价值,也要意识到传统的限度,中国要有现代文明的视野,也要理解率先开创现代文明的传统西方哲学和思想。西方思想和哲学在形而上层面首先假定世界是二元对立的存在。二元对立结构是西方形而上学思想的基本思维模式及结构,并具有解释世界的强大能力。中国思想体系中,"道"是一个贯彻一切而具有本体性的概念。老子的"道生一,一生二,二生三,三生万物,万物负阴而抱阳,冲气以为和"之说,给予了世界万物之来源与发展一个解释,老子"道论"思想之最高蕲向则在"天人合一"。中国人思想倾向于"天人合一"思维模式,向来拒斥"二元对立"思维。

地缘政治理论发端于西方,深受西方"二元对立"思维影响,西方人始终是从"二元对立"思维看待"海权"与"陆权"间关系的。中国在引进西方地缘政治理论之际,既要看到海权与陆权的对立性,也要认识到二者的内在一致性。海权与陆权并非自在之物,都是服务国家利益的工具。陆权的主要任务是保证国家本土不受侵略,海权则是捍卫国家的全球商业利益及依赖于外部世界的"发展权"。对于当代中国,海权与陆权缺一不可,不是非此即彼。对于海陆复合型国家的中国,海权与陆权并重,是生存之术,亦是生存之道。中国没有西方式的"二元对立"思想传统,[①] 中国和合思维有益于人们超越西方地缘政治学海陆二元论基础上的对抗思维,有益于彰显地缘政治内嵌的联合性逻辑,也有助于构建合作性地缘政治新秩序。海权与陆权是区分的,但区分不等于分裂与对立,而是为了更好地统合。中国应以自身特有的"和合"文化为规范,建构地缘政治研究的中国话语,超越西方传统地缘政治的冲突文化,以和谐世界为价值取向,探索中国和平发展的可行战略以及全球及区域地缘政治体系和平转型之现实路径。

"海权论"与"陆权论"的诉说与兴盛,在具体时空内是具有必然性与合理性的,伴随历史发展,这两种理论也必然将被超越。第二次世界大战后产生并流行的"边缘地带"学说,就是顺应世界发展大势而对"海权论"与"陆权论"的超越。"边缘地带"理论有重要假设——"谁统治边缘地带,谁就能统治欧亚大陆;谁统治欧亚大陆,谁就能控制世界的命运"[②]。其道出了"边缘地带"兼具"海权属性"与"陆权属性"的地

---

① 钱穆:《中国文化史导论》,商务印书馆1994年版,第17—19页。
② [英]杰弗里·帕克:《二十世纪的西方地理政治思想》,李亦鸣等译,解放军出版社1992年版,第133页。

缘特质，以及边缘地带国家均衡发展"海权"与"陆权"的必要性。"边缘地带"说并不能刻板套用于今日中国海权、陆权之发展，但其能为中国在稳固陆权的基础上拓展海权的战略提供思路指引。冷战结束后，伴随着俄罗斯国力下降，"作为东亚中心"的中国由于"已经逐渐形成了一个强大的以海洋为导向的经济基础，其与它的大陆性质结合在一起之后，使它能够开辟出一个单独的大陆海洋兼具的地缘战略辖区"①。此处所指"大陆海洋兼具"道出了中国在区域内的超然地位和整合能力。但是，"海陆复合型"地缘也赋予中国易受伤害性。"没有一个欧亚大陆边缘地区国家有能力将所有边缘地区国家或地区组织起来，就因为边缘地区既易遭受心脏地带国家的攻击，也易遭沿岸国家攻击。"② 海陆复合型国家，在其发展中，既可能从海陆复合型地理中获益，也可能深受海陆复合型地理之害，这恰是中国地缘政治面临的情况。

　　对于国家发展而言，发展海权与发展陆权在本质上并不冲突，海权理论、陆权理论都是为近现代西方国家的发展及霸权提供理论指导。海权国与陆权国之间的冲突，其实质是国家之间利益、发展模式的冲突，而并非海权与陆权之间的冲突。陆权理论代表学者麦金德是英国人，海权理论代表学者马汉是美国人，边缘地带理论代表学者斯皮克曼是美国人，都来自海权国家。海权论、陆权论及边缘地带论，都是海权国家地缘政治需要的思想产物，都服务于海权国家发展，都是为海权国家全球性的地缘战略谋篇布局，都是顺应历史发展趋势而对实现政治需要做出的理论总结。海权国家从未认为陆权与其发展不兼容，而总是试图将海权与陆权相结合，美国是这方面的杰出典范。美国的崛起是基于陆权建构与海权扩张的相互结合。源于美国的边缘地带理论是海陆复合型理论，是对陆权论、海权论的修正，最终帮助西方赢得冷战。现代海权、陆权的背后，是一套现代性制度建构（主要是现代民族国家、现代市场经济体系、现代商业体系、现代金融及现代政治制度）与一套现代性价值体系（自由、民主、平等、公平及正义等）。所有近现代崛起的大国都具有不同程度的现代性。

　　秦始皇统一中国是中国历史的第一次大转折（即从封邦建国体制向

---

① ［美］索尔·科恩：《地缘政治学：国际关系的地理学》，严春松译，上海社会科学院出版社2011年版，第7—8页。

② ［美］索尔·科恩：《地缘政治学：国际关系的地理学》，严春松译，上海社会科学院出版社2011年版，第26页。

中央集权"大一统"皇权体制转型的周秦之变）。其确立起以皇权为核心的国家与社会二元合一的结构模式，在其中，国家权力凌驾于社会之上，与此相伴随的具体政治体制、经济及文化转型都是这一转变的具体体现。秦制皇权专制体制代替周制封建制的后果是，最高权力的皇权与臣民之间的所有中间缓冲力量被铲除殆尽，由此衍生出肆无忌惮而凌驾于一切之上的皇权，与此相对应的则是极度萎缩的民间社会，以及一个个沉默至极的奴性个体。在皇权社会中，皇权直接支配国家的土地、人口，由平民而非贵族组成的军队确保皇权专制权力下的所有臣民作为皇帝奴仆的身份平等，流官制则使官员权力不再源于宗族祖先而是源于皇帝授权。这就是秦朝至清朝中国两千余年帝制社会的实质。

自19世纪中期西方列强通过鸦片战争打开中国大门开始，中国就迈向历史的第二个大转折进程，迈向了从传统封闭的小农社会向现代开放的工商社会的转型，自此，世界史和中国史不再各行其道，中国历史不再自外于自近代肇始的世界性文明整合进程。[①] 自鸦片战争始，中国历史就是中国人为文明的改弦易辙而持续奋斗并不断融入现代文明及不断接受西方文明挑战的历史。找到华夏文明生存及返本开新之道的一个关键是，务必使数千年依赖于大陆发展的中国文化传统同海洋文明进行深度融合。中国古代文明农耕特性太强大，海洋性格被遮蔽，只是边缘小传统，直到晚清，中国海洋性文化才被西方海洋文明激发出来，并逐步成为当今中国文明的主要构成。中国传统文明具有海洋因素是现代中国较快融入全球化进程的重要原因。不过，中国沿海区域海洋文化深受中原农耕文化影响，与西方海洋文化差别很大。西方海洋民族权利意识浓厚，崇尚自由，追求民主，并最早缔造现代国家。中国海洋群体是在重农抑商的皇权专制体制下生存发展，权利意识淡薄，与官府搞好关系是其发展的必要前提，寻租是其经营的重要手段。相较于追求自由、独立、自治，中国商人阶层更愿意做红顶商人。中国商人经济上富足而政治上脆弱，始终没有成为政治成熟的阶级，生存发展取决于政府权力及意志。中国广东、福建、江浙等沿海地区是中国经济最发达之地，其商业阶层及中产阶级依然保持传统中国海洋群体性格。他们是理性经济动物，并重视伦理。作为西方文明源头的古希腊城邦，其在轴心文明时代就从政治层面界定与确立公民自由，古希腊

[①] 陈乐民：《读黄仁宇〈中国——一部大历史〉》，《读书》1993年第11期。

哲学家亚里士多德讲"人是政治的动物",中世纪欧洲自治城市中的资产阶级,其权利意识也很强。在中国,自轴心文明时代开始,中国人就缺乏对自由、权利意识的塑造。中国沿海商业群体有精明的商业头脑,政治意识与追求权利的胆识尚待提升。

人类文明发展脱离不了地缘政治、地缘经济,就此而论,人类文明就是地缘文明。地缘政治、地缘经济在某种程度上就是一国地理位置对国家的政治与经济的约束。文明而非地缘,才是地缘文明的核心。对地缘文明发展的探讨固然需要借助"地缘政治""地缘经济"分析范式,但"地缘经济""地缘政治"也必须高瞻远瞩,以从"地缘文明"中获得历史愿景。文明发展离不开地缘,但文明发展必须超越地缘的限制与束缚,这种超越不仅基于物质发展,也要基于具有普遍性、超越性的思维与精神。

中国传统的"一思维"与"大一统秩序",在精神气质上内嵌着普遍性、超越性,但却被皇权秩序的封闭性、等级性及专制性所抑制与异化,最终使华夏文明走向窒息与停滞。自西而来的现代文明,在撞击中国文明时,也击碎了束缚中国发展的"布罗代尔钟罩"——皇权秩序,从而激活中国文明的普遍性、超越性。现代文明有浓烈海洋气息与海权操作特征,其促使中国文明从传统陆权文明迈向海陆兼具的现代地缘文明。现代文明具有普遍性、全球性及开放性特征,其首先是伴随海洋文明发展而发展。海洋所具有的流动性、自由性及开放性为现代文明的全球性、普遍性扩张提供了地理便利,但海洋的上述特性却来自现代文明。陆权和海权之"权",不仅是政府的强制性权力,也是民众天赋的在陆地和海上谋生发展及创造的权利。不管是在陆地,还是在海上,这种权利都应受到人类社会共同的尊重和保护,也应被人民平等而自由地享有。

中国的"一"思维、"大一统"秩序思想,是中华文明走向开放与普遍性的精神基因,但这种精神动力,只有在砸碎了专制皇权秩序的前提下,才能释放。华夏文明发展中,曾经历两次地缘文明整合。第一次发生在皇权秩序框架之内,总体性特质为大陆文明的中国文明在内部得到最高层次整合——游牧文明与农耕文明的统一平衡,其完成于清王朝政权的建立与巩固,但这种整合并不具有现代性。第二次整合——陆地文明与海洋文明的整合,是伴随裹挟现代性的西方文明对中国皇权秩序的撞击、皇权秩序的解体及中国的对外开放而展开,中国目前尚处于第二次地缘文明整合进程中。

古代中国总体上是传统陆权国家，其基于小农经济、臣民社会及皇权专制体制而建构，封闭性、内敛性、专制性是其主要特征。现代陆权与海权是基于现代商品经济、市场经济、市民社会及现代共和政体而建构。中国自近代以来的现代化努力的终极愿景，就是要建构一个统筹海权与陆权的"中国现代文明秩序"。海权与陆权，都涉及"权力"，但权力源泉并非大陆与海洋，而是基于陆地、海洋地理的文明形态及其演进。

历史上，"曾有许多游牧部族侵入中国，甚至还取某些王朝而代之；但是，不是中国人被迫接受入侵者的语言、习俗或畜牧经济，相反，是入侵者自己总是被迅速、完全地被中国化"。"其原因在于中国较与世隔绝，它仅仅受到西北游牧民的侵略。中国无须与侵入印度的一批批具有较先进的文化，因而能在不同程度上保持其种族和文化特点的民族打交道。"[1] 在现代西方文明进入中国前，中国周边民族发展水平一直低于中国。较低级文明是没有能力同化较高级文明的。近代，中国在海权与陆权方面面临的挑战，是比中国文明发展水平更高的文明对中国的挑战，是基于开放性、流动性秩序的现代工商社会对中国基于封闭性、固定性秩序的小农社会的挑战。

中国的"一思维""大一统"思想作为一种规范性理论，其内嵌着超越性思绪和天下性情怀，也内含着对文明的整合性、开放性及包容性，但其需要克服等级思维与等级体制的牢笼。中华文明是多种平等文明间交融而成的多元一体，而非以汉文明或大陆文明为中心的多元一体。"大一统"论的天下性，不仅是中国国家、国族的自我诠释，也能对世界其他社会构成一种现代性的规范标准。对中国而言，现代"大一统"，意味着从基于封闭、等级及专制秩序的传统"大一统"走向基于开放、平等及自由秩序的现代"大一统"。尽管中国王朝国家自诩为普遍主义的天朝，但地理空间上，它历来都是区域性的。中国王朝国家始终彰显着对中国社会及周边的文化教化功能。伴随西方现代帝国的兴起，商业贸易、科学与技术理性、军事力量越来越成为凝聚现代国家的主导性力量，从此中国古老王朝国家逐渐丧失文明教化功能，并在西方世界主导的去宗教化、去道德化的"祛魅"过程中，被卷入西方国家主导的普遍历史和普世帝国的

---

[1] ［美］斯塔夫里阿诺斯：《全球通史：从史前史到21世纪》（上册），吴象婴、梁赤民、董书慧、王昶译，北京大学出版社2005年版，第128页。

建构进程，并丧失了东亚文明的中心地位，沦为世界文明的边缘。① 华夏文明曾拥有一个以地理奠基、以五服和朝贡制度为形式，以及以和而不同、兼收并蓄的天下情怀为精神升华的天下体系。中国古代王朝国家对天下体系的建构，在地理上一直在突破。古人认为，中国就是中原，即汉族的世界。中国的边疆理念史中，人们长期视中原周边是蛮、夷、戎、狄，只有汉族可称华族。随着中国对东亚、东南亚、中亚发挥重大影响，"天下"的地理范围已远超"天下"概念的原始地理含义。"天下"概念的本质性、结构性解构与突破，始于1840年英国发动的对华的鸦片战争这一现代性事件，此后，伴随着西方文明对"天下体系"的解构与渗透，中国人眼中的"天下"逐渐变成近现代的"世界"。②

目前，中国传统天下体系的地理、制度内涵在当代已无现代价值，其真正有益于人类社会开拓光明未来的是它的精神内核——天下情怀。"天下"精神倡导"以天下为一家，以中国为一人"，这并非指天下所有人都归属皇室一家，臣服皇帝一人。其基本精神是"同气相求"③ "民胞物与"④。中华民族今日天下情怀，彰显着人的尊严及平等性，其不囿于一国之眼光，而必是全球视野，从而将具环宇之感召力。天下情怀指导下的国际社会建构，将能超越由文化异质性民族国家组成的对峙性国际体系。若要重振及发展儒学"天下"观内嵌的普遍主义，就必须将儒学从与"中国"的固定或特定联系中"解放"出来，同时将"中国"置于"现代世界"之中，重构"中国自身"与"外部世界"的关系。只有建立或重构普遍主义视野，中国才能拥有把握世界的能力，才能将陌生的"外部世界"纳入自身所熟悉的经验与文明底色；越是深入了解世界实现与趋势，越是深度融入世界，就越是需要经变革或创新将自身"内部"缔造为统一而高效之整体，以及将从前天下理念中"内外无别"的"中国"转变为一个基于主权原则的具有明确外部与明确疆界的现代民族国家，这

---

① 强世功：《文明终结与世界帝国——如何理解中国崛起面对的全球秩序》，《开放时代》2022年第2期。

② 任剑涛：《中华文明究竟要为整个人类承担些什么？》，http://www.aisixiang.com/data/107211.html，2022年4月18日。

③ 陈戍国点校：《四书五经》，岳麓书社1991年版，第142页。

④ （宋）张载：《西铭》，转引自朱贻庭主编《中国传统伦理思想史》，华东师范大学出版社2003年版，第359页。

是应对"外部世界"挑战的关键前提。

1949年中华人民共和国成立，中国文明也走出其发展的历史最低谷。中华人民共和国解决了中华民族在面对西方列强扩张时的生存危机问题，避免了中国在现代化转型过程中的文明解体，将中国历史中的诸多制度、观念要素创造性转化到国家制度当中。中华人民共和国赋予"大一统"体制以民族国家的主权外观，并以人民至上替代皇权至上，实现国家正当性原则的更新，确立人民至上的根本政治原则，以及以法治替代礼治。中华人民共和国的合法性不仅来自中国共产党对未来美好生活图景的承诺，也来自其对中国文明复兴责任的承担。中国社会进入现代转型后，其被置身于更大的文明空间结构中，也迈向更高层级的文明，并深刻融入现代世界而与之相互塑造，共同推动人类历史迈向真正的世界历史。

在中国传统文明与现代文明的冲突与交融中，交汇、创新永远比寻求自身特点重要。身处改革开放与全球化进程中的中国，其处于"古、今、中、外"时空交错的环境。中国必须面对传统与现代的矛盾、中西文明的碰撞、文明的普遍性与特殊性间的调适以及全球化中各国多样性文化间的协调等。"古今之争"（传统与现代的不协调与矛盾）源于"中外之争"（中西方文明间的差异与碰撞）。中国传统文化与现代化间的矛盾是时间"断裂"（中国传统文明由于缺乏现代启蒙，从而未能及时迈向现代进程，也由于遭遇西方文明的入侵而发展中断）的结果，中西方文明间的碰撞则是西方文明在空间上以野蛮方式扩张至中国的产物。中国的现代化之路并非完全自觉自愿之选择。从辛亥革命到中华民国，再到中华人民共和国，中国传统皇权专制制度从形式到内容逐渐走向崩溃，中国吸纳西方民主与法治思想，并将其"中国化"。中国社会的现代化蓝图是在其传统"底色"基础上绘就的。近代以来，中国传统文明艰难的现代化进程与中西方文明的碰撞，相互纠缠，形成复杂之局面。中西方文明碰撞在导致中国传统文明、文化发展断裂的同时，也将现代性输入中国，而传统文明的断裂及现代性在中国传布则为中国现代化及中西文明融合提供了可能性。但是，文化传承的断裂，也使中国现代化进程缺少一个可依靠的关键支撑。中国在现代化方面需要赶超西方，而对传统文化则需要扬弃。现存的传统始终是人类生活的延续。英国作家 G.K. 切斯特顿曾说："传统即是给予我们社会中最不显眼的那个阶层——那就是我们的先人——投票的权利。这是一种让死去的先人享受的民主。传统拒绝向一小批偶然还在世的、傲慢无比的权势集团投降。"① 中国需要借助全球化发展自身经济，却不希望因此失去自身的本有文化身份，传统也是中国对抗西方文化渗透的利器，中国在推进改革开放的同时，也始终高举传统文化大旗。

一国崛起，不能纯粹依赖外部机缘，而必须具备厚实的内在基本要素。首先，必须拥有稳定、高效且体现民众利益的政治制度，以赢得民众对政府的支持拥护。其次，必须要建构汲取能力强大且高效的财政体系，以汲取国家发展目标所需之充足资金。高效财政体系离不开合乎民意之政治体制。高效财政手段是保持军事优势的前提，缺乏足够军事优势，任何合理对外战略都只能是虚幻之景。上述一切都离不开具有高效资源动员、聚集及整合能力的国家"大一统"体制的安排与建构。

中国的发展无法离开以地缘政治、地缘经济及地缘文化为基础的地缘文明，地缘文明表现为权力、市场及文化在空间中的配置，其本质上是人地关系。人是在特定社会结构中的人，特定社会结构是影响地缘文明表现水平的深层内容，而地理环境则是不同社会结构的物质载体。相同地理环境，配之以具有不同文化、文明背景的社会人群，将彰显出迥异的人地关系、创造力。地缘文明中，静态的地理是被动性存在，具体地理空间的战略功能、价值将由变动不居的政治、经济、军事及文化等文明因素决定。一国或民族所据有的地理区域并非僵死固定的不变物质空间，而是一个能被不同文明方向与不同文明层次来定位的精神—政治空间。纵观近现代世界秩序，其主导力量的依次更替，其根本决定因素是不同国家之间文明力量的此消彼长。

现代中国人在通过"大一统"逻辑理解中国历史之际，还需思考，为何"大一统"会具有强大的制度、身心规训能力？为何其能整合各种不同之思想及行动，且历久而弥新？同时，应正确把握"大一统"与个人独立及精神自由的关系，并应在现代世界中为它找到适当位置。只有从当下现代化与全球化的情境出发，超越"复古"与"革新"、"中"与"西"的二元对立分划，才能赋予"大一统"新的生机，使之超越急功近利需求及地方性知识，成为对现代普遍问题的政治和文化回应，并最终完成"大一统"的现代转化。

---

① G. K. Chesterton, *The Ethics of Elfand*, London, 1916, p. 2, 转引自相蓝欣《从"中体西用"到"落后就要挨打"——中国对外思想的变迁与内涵》，www.aisixiang.com/data/112791.html，2022年5月4日。

近现代，中国国家安全、发展面临的挑战，既来自陆地方向，也来自海洋方向。就历史趋势而言，中国发展的面向，不仅包括陆地文明，而且包括现代海洋文明，必须走基于现代性的海陆统合发展的道路。在中国文明向现代海洋、大陆文明的转型中，从治理理论到治理策略，从国家治理组织体系的团队视野、机构设置到人财物等资源动员方式，传统"大一统"已无法适应现代文明及国家系统运营之需求。历史召唤新时期的全局性解决方案。

为应对现代文明及西方势力的挑战，中国必须基于现代性及尊重人民主体性的前提建构富有创造性的新的"大一统"内部秩序。从地缘文明视角看，建构基于海洋文明（海权）、大陆文明（陆权）统筹发展的现代"大一统"秩序，是中国实现现代化及国家崛起的必经路径。中国文明基因中内嵌"合和"精神的"大一统"，将为中国海洋文明与大陆文明的统合发展提供价值、思维的指引及制度框架。

主要参考文献

一 中文参考文献

（一）著作

1. 中文著作

曹永年编著：《内蒙古通史》，内蒙古大学出版社2007年版。

陈鼓应、赵建伟：《周易今注今译》，商务印书馆2005年版。

陈其人：《东西方经济发展比较研究》，东方出版中心2010年版。

陈修斋、萧萐父主编：《哲学史方法论研究》，武汉大学出版社1984年版。

陈赟：《庄子哲学的精神》，上海教育出版社2016年版。

范文澜：《中国通史简编》，人民出版社1965年版。

费孝通：《中国绅士》，惠海明译，中国社会科学出版社2006版。

冯天瑜：《封建考论》（修订版），中国社会科学出版社2010年版。

冯天瑜：《中国文化生成史》（上册），武汉大学出版社2013年版。

冯友兰：《新理学》：生活·读书·新知三联书店2007年版。

甘黎明、刘新光：《宏基初奠：秦汉改革及其因果成败》，南京大学出版社2000年版。

葛剑雄：《统一与分裂》，商务印书馆2013年版。

韩立民、叶向东主编：《2008中国海洋论坛论文集》，中国海洋大学出版社2008年版。

何新：《圣灵之歌：〈楚辞〉新考》，中国民主法制出版社2008年版。

洪汉鼎：《诠释学——它的历史和当代发展》，人民出版社2001年版。

侯家驹：《中国经济史》（下），新星出版社2008年版。

黄进华：《皇权悲剧》，中国三峡出版社2006年版。

黄仁宇：《黄仁宇作品集》（下），长江文艺出版社2002年版。

姜以读、李容生编著：《中国古代政府管理思想精粹》，国家行政学院出版社2000年版。

姜义华：《中华文明的经脉》，商务印书馆2019年版。

蒋百里：《国防论》，上海世纪出版集团2011年版。

蒋庆：《公羊学引论》，辽宁教育出版社1995年版。

金耀基：《中国政治与文化》，牛津大学出版社1997年版。

军事科学院战略理论和战略研究部编：《安邦大略——中国历代国家安全战略思想论析》，军事科学出版社2007年版。

李渡：《明代皇权政治研究》，中国社会科学出版社2004年版。

李鸿章：《李鸿章全集》，时代文艺出版社1998年版。

李零：《茫茫禹迹：中国的两次大一统》，生活·读书·新知三联书店2016年版。

李泽厚：《中国思想史论》，安徽文艺出版社1994年版。

林语堂：《中国人》，学林出版社1994年版。

刘从德：《地缘政治学：历史、方法与世界格局》，华中师范大学出版社1998年版。

吕庆业、姜玉山主编：《中国法家文化名著》，延边大学出版社1995年版。

吕文郁：《春秋战国文化史》，东方出版中心2007年版。

骆世明等编著：《农业生态学》，湖南科学技术出版社1987年版。

马驰：《唐代番将》，三秦出版社2011年版。

《毛泽东选集》第2卷，人民出版社1991年版。

梅桐生译注：《春秋公羊传全译》，贵州人民出版社1998年版。

孟森：《明清史讲义》（上册），中华书局1981年版。

牟宗三：《中国哲学的特质》，上海世纪出版集团2008年版。

牛彤：《孙中山宪政思想研究》，华夏出版社2003年版。

戚俊杰、刘玉明主编：《北洋海军研究》，天津古籍出版社1999年版。

戚其章：《国际法视角下的甲午战争》，北京大学出版社2001年版。

启良：《中国文明史》上卷，花城出版社2001年版。

钱穆：《国史大纲》（修订本），商务印书馆1994年版。

钱穆：《中国历代政治得失》，生活·读书·新知三联书店 2002年版。

钱穆：《中国文化史导论》，商务印书馆 1994 年版。

秦晖：《传统十论——本土社会的制度文化与其变革》，复旦大学出版社 2003 年版。

秦晖：《问题与主义》，长春出版社 1999 年 12 月版。

秦英君主编：《中国文明进程与世界》，首都师范大学出版社 2000年版。

任继愈：《中国哲学发展史》（先秦卷），人民出版社 1983 年版。

史哲解译：《李鸿章乘机图谋权势韬略》，中国致公出版社 2003年版。

《孙中山全集》第五卷，中华书局 1985 年版。

汤志钧编：《章太炎政论选集》（下册），中华书局 1977 年版。

唐德刚：《晚清七十年》，岳麓书店 1999 年版。

唐君毅：《中国文化之精神价值》，正中书局 2000 年版。

田继周：《先秦民族史》，四川民族出版社 1988 年版。

汪高鑫：《董仲舒与汉代历史思想研究》，商务印书馆 2012 年版。

汪晖：《现代中国思想的兴起·导论》，生活·读书·新知三联书店 2004 年版。

王国猛、徐华：《朱熹理学与陆九渊心学》，西南交通大学出版社 2006 年版。

王国维等：《国史四十四讲》，北京理工大学出版社 2013 年版。

王绳祖主编：《国际关系史》（上册），武汉大学出版社 1983 年版。

王亚南：《中国官僚政治研究》，中国社会科学出版社 1981 年版。

王曾才：《西洋近代史》，正中书局 2006 年版。

魏文华编著：《董仲舒传》，新华出版社 2003 年版。

《吴大猷科学哲学文集》编辑组编：《吴大猷科学哲学文集》，社会科学文献出版社 1996 年版。

肖公权：《中国政治思想史》（一），辽宁教育出版社 1998 年版。

徐弃郁：《脆弱的崛起：大战略与德意志帝国的命运》，新华出版社 2011 年版。

许纪霖、陈达凯：《中国现代化史》（第一卷），上海三联书店 1995

年版。

许倬云：《我者与他者：中国历史上的内外分布》，生活·读书·新知三联书店 2010 年版。

阎步克：《士大夫政治演生史稿》，北京大学出版社 1996 年版。

杨国桢：《瀛海方程：中国海洋发展理论和历史文化》，海洋出版社 2008 年版。

余胜椿主编：《治国之道：中国历代治国思想精华》，求实出版社 1988 年版。

张露：《全球化时代的地缘政治与中美关系》，军事科学出版社 2013 年版。

张鸣：《中国政治制度史导论》，中国人民大学出版社 2004 年版。

张乃和：《贸易、文化与世界区域化：近代早期中国与世界的互动与比较》，吉林人民出版社 2007 年版。

张岂之：《中华人文精神》，西北大学出版社 1997 年版。

张炜主编：《中国海防思想史》，海潮出版社 1995 年版。

张文木：《世界地缘政治中的中国国家安全利益分析》，山东人民出版社 2004 年版。

张文治编：《国学治要》，北京理工大学出版社 2014 年版。

赵尔巽等撰：《清史稿》，中华书局出版 1976 年版。

周一良、吴于廑主编：《世界通史资料选辑》（近代部分）（下册），商务印书馆 1964 年版。

朱听昌：《西方地缘战略理论》，陕西师范大学出版社 2005 年版。

朱贻庭主编：《中国传统伦理思想史》，华东师范大学出版社 2003 年版。

庄国土：《中国封建政府的华侨政策》，厦门大学出版社 1989 年版。

2. 中文译著

《马克思恩格斯全集》第 1 卷，人民出版社 1956 年版。

《马克思恩格斯全集》第 3 卷，人民出版社 1965 年版。

《马克思恩格斯全集》第 4 卷，人民出版社 1958 年版。

《马克思恩格斯全集》第 12 卷，人民出版社 1998 年版。

《马克思恩格斯全集》第 16 卷，人民出版社 1964 年版。

《马克思恩格斯全集》第 44 卷，人民出版社 2001 年版。

主要参考文献

《马克思恩格斯选集》第1卷，人民出版社1972年版。

《马克思恩格斯选集》第2卷，人民出版社1972年版。

《马克思恩格斯文集》第5卷，人民出版社2009年版。

《马克思恩格斯文集》第9卷，人民出版社2009年版。

［美］阿尔弗雷德·塞耶·马汉：《海权论》，欧阳瑾译，台海出版社2017年版。

［英］安德鲁·兰伯特：《海洋与权力：一部新文明史》，龚昊译，湖南文艺出版社2021年版。

［英］安东尼·吉登斯：《民族—国家与暴力》，胡宗泽等译，生活·读书·新知三联书店1998年版。

［美］巴菲尔德：《危险的边疆：游牧帝国与中国》，袁剑译，江苏人民出版社2011年版。

［日］渡边信一郎：《中国古代的王权与天下秩序》，中华书局2008年版。

［美］费正清：《剑桥中国晚清史》（上卷），中国社会科学院历史研究所编译室译，中国社会科学出版社1985年版。

［美］费正清：《论中国》，薛绚译，正中书局1994年版。

［美］费正清主编：《剑桥中国晚清史》（下卷），中国社会科学院历史研究所编译室译，中国社会科学出版社1985年版。

［德］伽达默尔：《真理与方法》，洪汉鼎译，上海译文出版社1999年版。

［德］海德格尔：《存在与时间》，陈嘉映、王庆节译，生活·读书·新知三联书店2006年版。

［德］黑格尔：《历史哲学》，王造时译，上海书店出版社2001年版。

［美］亨利·基辛格：《大外交》，顾淑馨、林添贵译，海南出版社1998年版。

［法］基佐：《欧洲文明史》，程洪逵等译，商务印书馆1998年版。

［英］杰弗里·帕克：《二十世纪的西方地理政治思想》，李亦鸣译，解放军出版社1992年版。

［德］康德：《永久和平论》，载康德《历史理性批判文集》，何兆武译，商务印书馆1990年版。

［美］欧文·拉铁摩尔：《中国的亚洲内陆边疆》，唐晓峰译，江苏人

民出版社 2005 年版。

［法］勒内·格鲁塞：《草原帝国》，蓝琪译，项英杰校，商务印书馆 2017 年版。

［美］列文森：《儒家中国及其现代命运》，郑大华译，中国社会科学出版社 2000 年版。

［英］罗素：《中西文明比较》，载［英］罗素《一个自由人的崇拜》，胡品清译，时代文艺出版社 1988 年版。

［德］马克思：《十八世纪外交史内幕》，中共中央马恩列斯著作编译局编译，人民出版社 1979 年版。

［德］马克斯·韦伯：《经济与社会》（下卷），林荣远译，商务印书馆 1997 年版。

［德］马克斯·韦伯：《儒教与道教》，洪天富译，江苏人民出版社 1993 年版。

［英］麦金德：《历史的地理枢纽》，林尔蔚、陈江译，商务印书馆 2007 年版。

［英］麦金德：《民主的理想与现实：重建的政治学研究》，武原译，商务印书馆 1965 年版。

［法］孟德斯鸠：《论法的精神》（上下册），许明龙译，商务印书馆 2011 年版。

［英］密尔：《论自由》，程崇华译，商务印书馆 1982 年版。

［美］尼古拉斯·斯皮克曼：《和平地理学》，刘愈之译，商务印书馆 1965 年版。

［美］尼古拉斯·斯皮克曼：《和平地理学：边缘地带的战略》，俞海杰译，上海人民出版社 2016 年版。

［印度］潘尼迦：《印度和印度洋——略论海权对印度历史的影响》德隆、望蜀译，世界知识出版社 1965 年版。

［美］普雷斯顿·詹姆斯、杰弗雷·马丁：《地理学思想史》（增订本），李旭旦译，商务印书馆 1989 年版。

［美］乔万尼·阿里吉、［日］滨下武志、［美］马克·塞尔登：《东亚的复兴——以 500 年、150 年和 50 年为视角》，马援译，社会科学文献出版社 2006 年版。

［美］塞缪尔·亨廷顿：《文明的冲突与世界秩序的重建》，周琪、刘

绯、张立平、王圆译，新华出版社 2009 年版。

［美］斯塔夫里阿诺斯：《全球通史：从史前史到 21 世纪》（上），吴象婴、梁赤民、董书慧、王昶译，北京大学出版社 2005 年版。

［美］斯塔夫里阿诺斯：《全球通史：从史前史到 21 世纪》（下），吴象婴、梁赤民、董书慧、王昶译，北京大学出版社 2006 年版。

［英］汤因比：《历史研究》（中册），曹未风等译，上海人民出版社 1986 年版。

［英］温斯顿·S. 丘吉尔：《第二次世界大战回忆录》（上），史雪峰译，中国画报出版社 2015 年版。

［英］亚当·斯密：《国民财富的性质和原因的研究》，郭大力、王亚南译，商务印书馆 1979 年版。

［美］伊曼纽尔·沃勒斯坦：《现代世界体系》（第 1 卷），尤来寅等译，高等教育出版社 1998 年版。

［日］依田憙家：《日中两国近代化比较研究》，卞立强等译，上海远东出版社 2004 年版。

［美］约翰·米尔斯海默：《大国政治的悲剧》，王义桅、唐小松译，上海人民出版社 2008 年版。

［英］詹姆斯·费尔格里夫：《地理与世界霸权》，胡坚译，浙江人民出版社 2016 年版。

［美］张仲礼：《中国绅士：关于其在 19 世纪中国社会中作用的研究》，李荣昌译，上海社会科学院出版社 1991 年版。

3. 古文典籍

（东汉）班固撰：《汉书》，中州古籍出版社 1996 年版。

陈立：《白虎通疏证》，中华书局 1994 年版。

陈戍国点校：《四书五经》（上），岳麓书社 1991 年版。

陈戍国点校：《四书五经》（下），岳麓书社 1991 年版。

戴庆钰、涂小马主编：《列子·文子》，辽宁教育出版社 1998 年版。

段玉裁：《说文解字注》，中华书局 2013 年版。

冯达甫撰：《老子译注》，上海古籍出版社 2006 年版。

高流水、林恒森译注：《慎子、尹文子、公孙龙子全译》，贵州人民出版社 1996 年版。

（东汉）何休注，（唐）徐彦疏：《春秋公羊传注疏》，北京大学出版社 1999 年版。

姜建设注说：《尚书》，河南大学出版社 2008 年版。

李学勤主编：《十三经注疏·春秋公羊传注疏》，北京大学出版社 1999 年版。

鲁国尧、马智强注评：《孟子注评》，凤凰出版社 2006 年版。

马恒君译注：《庄子正宗》，华夏出版社 2005 年版。

钱玄等注译：《礼记》，岳麓书社 2001 年版。

（清）清世宗：《大义觉迷录》第 1 卷，中国社科院历史研究所清史室编，中华书局 1983 年版。

（汉）司马迁：《史记》，江俊伟、甘宏伟评注，崇文书局 2010 年版。

王国轩、张燕婴、蓝旭、万丽华译：《四书》，中华书局 2007 年版。

王洁红译注：《淮南子》，广州出版社 2004 年版。

（北齐）魏收：《魏书》，中华书局 1974 年版。

吴文涛、张善良编著：《管子》，北京燕京出版社 1995 年版。

杨靖、李昆仑、王明霞编：《大学·中庸》，敦煌文艺出版社 2015 年版。

曾振宇注说：《春秋繁露》，河南大学出版社 2009 年版。

张广保编著：《淮南子》，北京燕山出版社 1995 年版。

张觉校注：《商君书校注》，岳麓书社 2006 年版。

张觉校注：《荀子校注》，岳麓书社 2006 年版。

张双棣等注译：《吕氏春秋译注》，北京大学出版社 2011 年版。

郑之声、江涛编著：《韩非子》，北京燕山出版社 1995 年版。

周才珠、齐瑞端译注：《墨子全译》，贵州出版集团 2009 年版。

（南宋）朱熹：《四书章句集注》，中华书局 1983 年版。

（清）左宗棠：《遵旨统筹全局折》，《左宗棠全集·奏稿6》，岳麓书社 2009 年版。

（二）论文

白寿彝：《悼念顾颉刚先生》，《历史研究》1981 年第 2 期。

查灿长：《腓力二世与西班牙帝国的衰败》，《烟台师范学院学报》（哲学社会科学版）1989 年第 4 期。

陈立明：《"大一统"思想与中国国家建构》，《山东省社会主义学院学报》2021 年第 3 期。

程恭让:《哲学诠释学视域下的现代人间佛教及佛教传统再发明》,《华东师范大学学报》(哲学社会科学版) 2019 年第 6 期。

程念祺:《中国古代缺乏以社会自治为前提的县域治理》,《探索与争鸣》2009 年第 11 期。

丛日云:《"一"与"多":中西政治文化的两种个性分析》,载徐大同、高建主编《中西传统政治文化比较研究》,天津教育出版社 1997 年版。

丛日云:《先秦与古希腊思想家政治认知方式的差别》,《辽宁师大学报》1992 年第 4 期。

杜廷广:《"修昔底德陷阱"与伯罗奔尼撒战争史》,《博览群书》2018 年第 7 期。

杜赞奇:《中国世俗主义的历史起源及特点》,《开放时代》2011 年第 6 期。

段超、高元武:《从"夷夏之辨"到"华夷一体":中华民族共同体意识形成的思想史考察》,《中南民族大学学报》(人文社会科学版) 2020 年第 5 期。

范世涛:《包容性制度、汲取性制度和繁荣的可持续性》,《经济社会体制比较》2013 年第 1 期。

冯天瑜:《欧日封建制"酷似"的发现》,《浙江社会科学》2006 年 5 期。

高宣扬、闫文娟:《论狄尔泰的精神科学诠释学》,《世界哲学》2019 年第 4 期。

巩绍英:《略论秦汉以来专制主义的中央集权制度》(上),《历史教学》1965 年第 1 期。

管守新:《刘锦棠与清军收复新疆之战》,《西北民族研究》1996 年第 1 期。

郭万敏:《晚清地缘战略转型失败的原因和意义》,《时代人物》2020 年第 14 期。

何元国:《"修昔底德陷阱":一个站不住脚的概念》,《安徽史学》2020 年第 2 期。

洪汉鼎:《诠释学的中国化:一种普遍性的经典诠释学构想》,《中国社会科学》2020 年第 1 期。

洪汉鼎、李清良:《如何理解和筹建中国现代诠释学》,《湖南大学学报》(社会科学版) 2015 年第 5 期。

黄秀蓉《改土归流"夷夏变迁"与明清"改土归流"》,《广西民族研究》2007 年第 3 期。

黄玉顺:《中国"大一统"的"三时一贯"论》,《学海》2009 年第 1 期。

贾益:《从国家治理的角度思考中国历史上的"华夷"与"大一统"》,《史学理论研究》2020 年第 5 期。

姜鹏:《海陆复合型大国崛起的"腓力陷阱"与战略透支》,《当代亚太》2018 年第 1 期。

姜鹏:《海陆复合型地缘政治大国崛起的"威廉困境"与战略选择》,《当代亚太》2016 年第 5 期。

竭仁贵:《对海洋霸权与大陆均势关系的再探讨》,《太平洋学报》2015 年 1 期。

鞠海龙:《晚清海防与近代日本海权之战略比较》,《中州学刊》2008 年第 1 期。

雷大川:《"联俄政策"与近代中国的困厄——晚清对外政治战略论析》,《社会科学战线》2013 年第 10 期。

李冠群:《中美俄地缘战略互动及全球海洋秩序重建》,《亚太安全与海洋研究》2021 年第 5 期。

李怀印:《全球视野下清朝国家的形成及性质问题——以地缘战略和财政构造为中心》,《历史研究》2019 年第 2 期。

李泽厚:《漫说"西体中用"》,《孔子研究》1987 年第 1 期。

李增刚:《包容性制度与长期经济增长——阿西莫格鲁和罗宾逊的国家兴衰理论评析》,《经济社会体制比较》2013 年第 1 期。

李振宏:《从政治体制角度看秦至清社会的皇权专制属性》,《中国史研究》2016 年第 3 期。

李治亭:《论边疆问题与历代王朝的盛衰》,《东北史地》2009 年第 6 期。

厉声:《中国古代农耕与游牧社会交往的历史脉络》,《中国史研究》2015 年第 2 期。

林庆元:《甲午黄海战役的结局及其在近代海战史上的意义》,《福建论坛》（文史哲版）1994年第4期。

刘长林：《时间文化与人类的第二次文艺复兴》，《科学对社会的影响》2007年第3期。

刘家和：《理性的结构：比较中西思维的根本异同》，《北京师范大学学报》（社会科学版）2020年第3期。

刘永涛：《马汉及其"海权"理论》，《复旦学报》（社会科学版）1996年第4期。

刘泽华：《传统政治思维的阴阳组合结构》，《南开学报》（哲学社会科学版）2006年5期。

刘泽华：《为什么说王权主义是中国传统思想文化的主干？——研讨历史的思想自述之四》，《政治思想史》2013年第3期。

刘中民、桑红：《防御下的强大——第一代海洋防卫思想》，《海洋世界》2007年第1期。

吕文利：《中国古代天下观的意识形态建构及其制度实践》，《中国边疆史地研究》2013年第3期。

罗荣渠：《15世纪中西航海发展取向的对比与思索》，《历史研究》1992年第1期。

罗荣渠：《论现代的世界进程》，《中国社会科学》1990年第5期。

马戎：《中国文化与政治交往史中的"蛮夷""入主中原"》，《学术月刊》2019年第2期。

马戎：《中华文明的基本特质》，《学术月刊》2018年第1期。

马卫东：《大一统源于西周封建说》，《文史哲》2013年第4期。

孟庆涛：《法家变法与大一统帝制形成的理论逻辑》，《中南大学学报》（社会科学版）2012年第3期。

倪乐雄：《文明转型与中国近代海权的困境——难以抗拒的历史性落后》，《国际观察》2013年第2期。

彭丰文：《西汉"大一统"政治与多民族交融认同》，《民族研究》2016年版第2期。

彭鸿雁：《中国哲学的特质是实用理性还是实践理性？》，《江淮论坛》2005年第3期。

强世功：《地缘政治战略与世界帝国的兴衰——从"壮年麦金德"到"老年麦金德"》，载《中国政治学》2018年第2辑（总第2辑），中国社会科学出版社 2018 年版。

强世功：《陆地与海洋——"空间革命"与世界历史的"麦金德时代"》，《开放时代》2018 年第 6 期。

强世功：《文明终结与世界帝国——如何理解中国崛起面对的全球秩序》，《开放时代》2022 年第 2 期。

[英] 乔治·凯南：《乔治·凯南：苏联行为的根源》，张小明译，《政治研究》1988 第 1 期。

秦德君、毛光霞：《中国古代"乡绅之治"：治理逻辑与现代意蕴》，《党政研究》2016 年第 3 期。

秦晖：《"大共同体本位"与传统中国社会》（上），《社会学研究》1998 年第 5 期。

任锋：《大一统与政治秩序的基源性问题：钱穆历史思维的理论启示》，《人文杂志》2021 年第 8 期。

施展：《中国的超大规模性与边疆》，《中央社会主义学院学报》2018 年第 4 期。

汪晖：《作为思想对象的二十世纪中国——空间革命、横向时间与置换的政治》（下），《开放时代》2018 年第 6 期。

王聪延：《略论近代"海防"与"塞防海防"并重思想：以左宗棠、李鸿章为个案》，《边疆经济与文化》2015 年第 4 期。

王加丰：《西班牙帝国为什么衰落》，《浙江师大学报》（社会科学版）1997 年第 6 期。

王杰：《中国文化中的天下观》，《中国领导科学》2020 年第 2 期。

王晓夏：《海权、资本与中国经济》，《地理教学》2018 年第 6 期。

王旭：《大一统国家观的中国宪法学原理》，《法制与社会发展》2022 年第 6 期。

王正绪：《古代中国大历史的社会科学解释》，《开放时代》2016 年第 5 期。

武树臣：《"横的法"与"纵的法"——先秦法律文化的冲突与终结》，《南京大学法律评论》1996 年第 2 期。

邢忠：《"边缘效应"与城市生态规划》，《城市规划》2001 年第 6 期。

许华：《海权与近代中国的历史命运》，《福建论坛》（文史哲版）

1998 年第 5 期。

许纪霖:《天下主义、夷夏之辨及其在近代的变异》,《华东师范大学学报》(哲学社会科学版) 2012 年第 6 期。

闫恒、班布日:《夷夏关系与"大一统"的历史形态》,《中央社会主义学院学报》2021 年第 4 期。

杨建荣:《中国传统乡村中的土绅与土绅理论》,《探索与争鸣》2008 年第 5 期。

杨明洪:《论"民族国家"概念及其在"中国边疆学"构建中的重要意义》,《四川师范大学学报》(社会科学版) 2019 年第 2 期。

杨念群:《"大一统"与"中国""天下"观比较论纲》,《史学理论研究》2021 年第 2 期。

杨念群:《清朝"正统性"再认识——超越"汉化论""内亚论"的新视》,《清史研究》2020 年第 4 期。

杨念群《"天命"如何转移:清朝"大一统"观再诠释》,《清华大学学报》2020 年第 6 期。

殷之光:《"大一统"格局与中国两种延续性背后的普遍主义——评〈儒法国家:中国历史的新理论〉》,《开放时代》2016 年第 5 期。

于逢春:《中国海洋文明的隆盛与衰落》,《学术月刊》2016 年第 1 期。

于霞、吴长春:《西班牙帝国的兴衰》,《历史教学》1990 年第 1 期。

俞吾金:《超越实用理性:拓展人文空间》,《探索与争鸣》2002 年第 10 期。

俞吾金:《中国传统文化的实用理性:将民主曲解为"扯皮"》,《探索与争鸣》2009 年第 4 期。

张汉林:《要重视在具体语境中分析史料:兼谈洋务运动与明治维新的一大区别》,2014 年第 3 期。

张鸣:《皇权不确定性下的统治术——传统中国官场机会主义溯源》,《人民论坛·学术前沿》2013 年第 19 期。

张文木:《地缘政治的本质及其中国运用》,《太平洋学报》2017 年第 8 期。

张文木:《世界地缘政治体系中心区域的大国政治》,《太平洋学报》2010 年第 3 期。

赵鼎新：《中国大一统的历史根源》：《文化纵横》2009 年第 6 期。

赵卫：《包容性制度与国家繁荣——阿西莫格鲁和罗宾逊的制度决定论述评》，《山东行政学院学报》2013 年第 4 期。

赵现海：《长城与边界：明朝北疆边界意识及其前近代特征》，《求是学刊》2014 年第 4 期。

赵永春：《中国古代的"天下""中国"观》，《社会科学》2021 年第 4 期。

周益锋《"海权论"东渐及其影响》，《史学月刊》2006 年第 4 期。

（三）中文报纸

陈芝：《新的"旧世界"：海权国家能否继续主宰全球》，《经济观察报》2022 年 8 月 9 日。

董耀会：《长城沿线的农耕与游牧》，《中国文物报》2016 年 2 月 23 日。

高翔：《中国古代政治的三大传统》，《光明日报》2012 年 4 月 5 日第 11 版。

韩星：《不能把"大一统"与"大统一"混为一谈——"大一统"辩证》，《北京日报》2021 年 1 月 4 日。

刘怡：《海防 VS 塞防：甲午前清廷国防的战略两难》，《时代周报》2014 年 10 月 27 日。

马戎：《中华文明独一无二的特质》，《北京日报》10 月 22 日。

倪乐雄：《航母与中国的海权战略》，《南方都市报》2007 年 3 月 21 日。

萧功秦：《从千年文明史看中国大转型》，《南方都市报评论周刊》2009 年 11 月 29 日。

严行健：《海权兴衰与大国兴衰——重读肯尼迪的〈英国海上主导权的兴衰〉》，《中国社科报》2017 年 2 月 9 日。

杨小凯：《资本主义≠经济成功》，《南方周末》2002 年 8 月 8 日。

姚大力：《西方中国研究的"边疆范式"：一篇书目式述评》，《文汇报》2007 年 5 月 7 日。

姚满林：《诠释学史上的三个经典命题》，《中国社会科学报》2016 年。

张宇燕：《国家兴衰的基本逻辑》，《文摘报》2021 年 6 月 1 日。

张云江、田亮：《道安：不依国主则法事难立》，《中国民族报》2022年3月15日。

二　英文参考文献

（一）英文著作

Alison Kitson, *Germany 1858 – 1990: Hope, Terror and Revival*, New York: Oxford University Press, 2001.

Barry Buzan and Richard Little, *International Systems in World History*, Cambridge: Cambridge University Press, 2001.

Melvyn P. leffler, *A Preponderance of Power: National Security, the Truman Administration, and the Cold War*, California: Stanford University Press, 1993.

（二）英文论文、报告

Donald W. Meinig, "Heartland and Rimland in Eurasian History", *Western Political Quarterly*, Vo l.9, No.3, 1956.

Halford J. Mackinder, "The Geographical Pivot of History", *The Geographical Journal*, Vol. 23, No. 4, 1904.

三　网络资源

毕竞悦：《中国改革的不惑之年》），www.chinareform.net/index.php? m = content&c = index&a = show&catid = 268&id = 25201，2022年7月2日。

［美］布热津斯基：《几颗老式水雷即可重创中国经济》，https://m.aisixiang.com/data/47812.html，2021年11月7日。

谌震：《呼唤新世纪的英雄——读梁启超的〈李鸿章传〉》，1872.cmhk.com/ziliaoku/4550.html，2022年1月4日。

程志华：《再论哲学之极——牟宗三论儒学之为"道德的宗教"》，http://m.aisixiang.com/data/128287.html，2021年9月30日。

邸永君：《"效法先贤　任重道远"系列之六三：边疆治理》（http://www.cssn.cn/mzx/yysx/201511/t20151109_2564858.shtml?COLLCC=1263571321&）。

干春松：《王道与天下》，http://www.aisixiang.com/data/131711.html，

2022年3月27日。

郭齐勇：《儒家道统是中国立国之魂》，http：//m.aisixiang.com/data/80607.html，2021年11月27日。

何伟亚：《朝贡体系、礼仪与中国中心史观的转变》，http：//www.aisixiang.com/data/122268.html，2021年7月28日。

胡小君：《先秦儒家具备人文宗教特质》，http：//www.cssn.cn/zhx/zx_zxrd/202006/t20200624_5147527.shtml，2022年3月25日。

《甲午回眸：甲午英雄丁汝昌》，www.360doc.com/content/18/0513/16/39078747_753602219.shtml，2022年12月11日。

《李鸿章签订〈马关条约前后〉》，www.360doc.com/content/22/0818/11/76496706_1044339213.shtml，2022年8月9日。

李零：《大一统的模式是古代的世界化》，https：//wenhui.whb.cn/third/baidu/201905/31/267143.html，2022年12月3日。

梁启超：《〈春秋中国夷狄辨〉序》，https：//www.douban.com/group/topic/3125633/？_i=6787423ruz7wB8，6788363ruz7wB8，2022年2月21日。

刘璐璐：《从制海权的角度反思中日甲午海战》，http：//www.aisixiang.com/data/136245.html，2022年1月3日。

刘泽华、张清俐：《洞察中国古代历史的王权主义本质——访南开大学荣誉教授刘泽华》，http：//www.aisixiang.com/data/89799.html，2022年6月28日。

路高学：《国学博士论坛：董仲舒与大一统》，http：//www.guoxue.com/？p=34809，2021年9月13日。

强世功：《陆地、海洋与文明秩序》，https：//www.sohu.com/a/313003534_115479，2020年2月24日。

秦晖：《传统中国社会的再认识》，https：//3g.163.com/news/article/5CMCUH0I00013FL0.html，2022年8月10日。

任洪生：《海权竞争中失败的国家：16世纪的西班牙帝国》，http：//www.aisixiang.com/data/119494.html，2021年4月5日。

阮炜：《地缘文明绪论》，http：//m.aisixiang.com/data/17598.html，2021年9月19日。

苏浩：《走向"新大陆时代"——新型国际关系建构的地缘基础》

（上），https：//www.sohu.com/a/225279667_486911，2022年7月10日。

孙开泰：《孔子的大一统思想》，http：//blog.sina.com.cn/s/blog_4ee37f260100a2kx.html，2021年7月3日。

汪晖：《帝国的自我转化与儒学普遍主义》，http：//www.aisixiang.com/data/38091.html，2022年6月20日。

汪晖：《两洋之间的新大同想象》，http：//www.aisixiang.com/data/106828.html，2022年1月14日。

韦森：《论三种社会秩序》，http：//m.aisixiang.com/data/88668.html，2021年6月9日。

向松祚：《争夺全球金融制高点》，https：//www.financialnews.com.cn/yh/xw/201203/t20120319_4051.html，2021年12月19日。

熊培云：《从国家解放到社会解放》，http：//www.aisixiang.com/data/39527.html，2022年3月3日。

徐晓全：《中国古代皇权与相权之争及其对制度变迁的影响——皇权与相权之争的制度分析》，http：//m.aisixiang.com/data/38368.html，2021年1月19日。

许纪霖：《华夏与边疆——另一种视野看"中国"》，http：//www.aisixiang.com/data/80216.html，2021年5月21日。

许纪霖、施展：《农耕、游牧与海洋文明之间的中国》（下），http：//m.aisixiang.com/data/105500.html，2017-08-11/2021-08-19。

杨小凯：《为什么工业革命在英国而不在西班牙发生？》，http：//m.aisixiang.com/data/41205.html，2021年6月9日。

张文木：《"瓦良格"航母点亮中国海权之灯》，https：//www.hswh.org.cn/wzzx/llyd/zz/2013-05-02/14338.html，2022年11月1日。

赵鼎新：《文明竞争中的决定因素——农业政体与草原政体的冲突形成和发展规律》，http：//www.aisixiang.com/data/59828.html，2021年6月2日。

朱富强：《人类社会秩序如何"自发"扩展？哈耶克自生自发秩序观的检视》，www.aisixiang.com/data/118168-10.html，2023年1月2日。

左宗棠：《遵旨统筹全局折》，https：//baike.baidu.com/item/遵旨统筹全局折/9205636？fr=aladdin，2022年4月5日。

后　　记

　　"大一统"秩序是中国古代政治文明、地缘文明发展、演变的重要特征，也是现代中国实现海洋文明与大陆文明统合发展不可或缺的前提。笔者对中国"大一统"秩序、中国地缘文明的统合发展问题一直有所关注，并试图探寻二者之间的关联性，尝试对这方面的研究尽绵薄之力。笔者在汲取、总结前人相关研究成果的基础上，经过两年时间完成拙作《"大一统"秩序与中国地缘文明的统合》。

　　本书对"大一统"秩序与中国地缘文明发展之间关系的论述，尽管在时间维度上纵贯中国文明史中的两千余年，在空间上横跨中外关系，但囿于笔者水平的有限，本书的思想深度还有待提高，对一些问题的论述浅尝辄止，尤其是对"大一统"秩序与地缘文明发展之间的内在关联及相互影响、相互建构的论述还不够充分。期待本书的出版，能起到一个抛砖引玉的作用。

　　在传统中国社会，"一统"概念总体上是对应于政治学视域中的国家整合；"大一统"通常被视为政治价值命题，无论是统治者，还是平民，都崇尚高层次的国家整合，拒斥国家分裂或地方割据势力的存在；"大一统国家"始终自觉致力于提高国家整合层次，国家在遭逢分割、分裂后也能恢复一统之国家。"大一统"的意义远不止于政治层面。所谓"大一统"，其实质是政治秩序、文明秩序的统一，文明秩序的统一与政治秩序的统一互为前提，相互建构，万邦协和、天下大同是"大一统"的理想局面。"大一统"在中国文明史中的存续、发展，为世界处理具有相异文化、文明的不同民族之间、不同国家之间的关系树立了典范。对当代中国发展而言，"大一统"文化传统孕育或推动着中国国家、社会治理模式的创新，基于现代性的"大一统"也是人类文明新形态的必要构成。

　　通过"大一统"秩序展开的政治、经济、社会、文化及文明整合是中华文明在历史上曾经昌盛及绵延不绝的关键。王朝国家是特殊的，"大一统"则是普遍性存在。历史上,"中国"表现为不同王朝,但所有王朝都有一贯的"中国意识""中华意识",都自觉维护中华文明,都以"中国"正统自居,都秉持坚定的历史连续意识而为前朝修史。历史上,中国之所以能在分裂后重归一统,旧王朝覆灭后又被新王朝承续,遭受浩劫的文化也能被激活而再造繁荣,就是因为具有超越性的"大一统"文化和文明意识发挥了动力作用。历史上,内嵌"中道""仁爱"精神的"大一统"文明发展模式自觉主动地在中国大地建构出迥异于近代民族国家的族群、文明共同体。"大一统"是中国能长久维持统一的牢固文化和文明基础。

在中国传统国家治理中,"大一统"秩序发挥着关键作用,"大一统"始终是中国文明的重要特征,也是中国文明发展延续的关键依凭,其在中国文明的发展中发挥着积极效应,也对中国文明发展带来过消极影响。"大一统"本身是文明发展的必然现象及文明发展题中应有之义,但"大一统"与不同的价值、不同的体制相结合,却会产生不同的社会效应。历史上,当"大一统"体制与专制皇权相结合并成为皇权赖以独断专行的工具之际,"大一统"也会成为阻碍中华文明进步发展的"紧箍咒"。

关于"大一统"秩序给中华文明发展所带来的消极影响,笔者在书中着墨不多,这是本书存在不足之处。"大一统"秩序在当代的延续发展及其对中国现代化进程所产生的积极意义,如何建构现代"大一统"秩序,以及现代"大一统"如何助推中国当下海陆地缘文明统合发展,对于上述问题,笔者的阐释与论述是不够充分的,这也是笔者今后需要继续探究与加强研究的内容。就实现中华文明的延续、推进中华文明的现代化而言,"大一统"的现代性转换及对其积极意义的挖掘和可能带来的消极影响的剖析,毫无疑问,是必要的。

"大一统"开创了人类国家治理的新模式,具有强大发展动力、广阔发展前途,符合人类文明发展方向,是中国人文化、文明自信的关键支点。人民是历史前进的根本动力,"大一统"秩序在历史上的巨大生命力,其根源在于华夏各民族所具有的创造力。我们有理由坚信,一种释放、尊重及激发中国人民创造力的现代"大一统"秩序,将助推中国实现自身文明的伟大复兴。

对于拙作的完成,首先要感谢中国社会科学出版社的责任编辑梁剑琴老师。梁老师提出了许多宝贵意见,多次对稿件认真仔细校阅。还要向对本书的出版提供帮助与支持的其他中国社会科学出版社的老师们,表达我诚挚的谢意!

最后,还需提及的是,本书出版得到云南财经大学博士学术基金全额资助,在此向云南财经大学表达我深深的谢意!